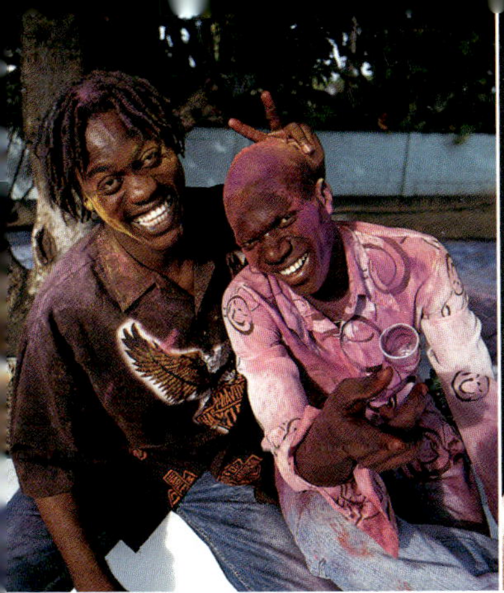
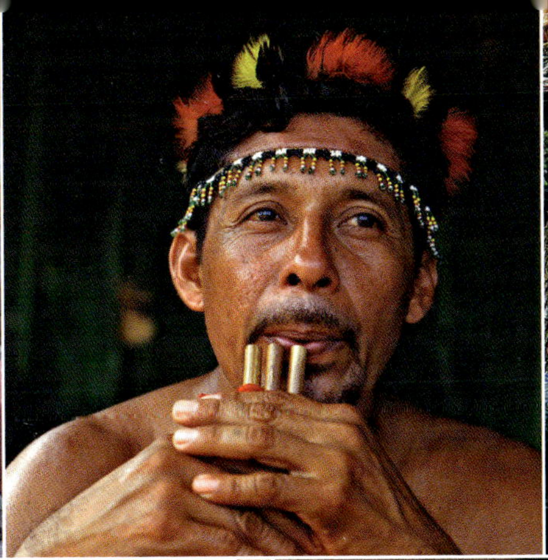
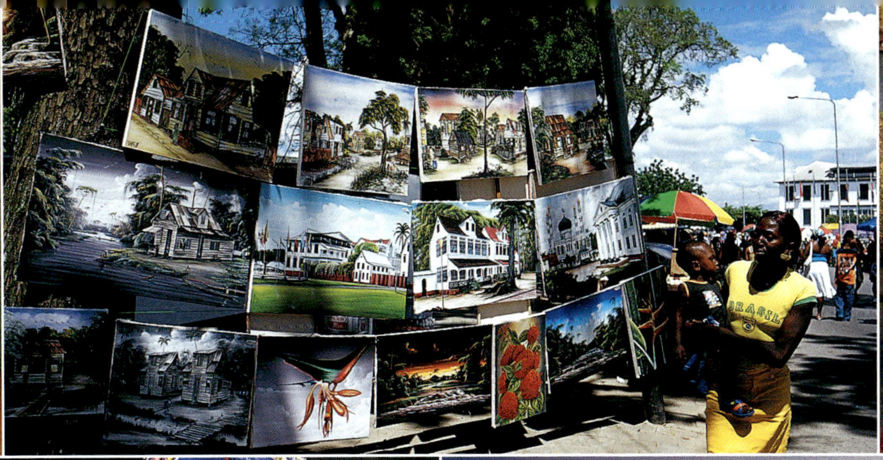
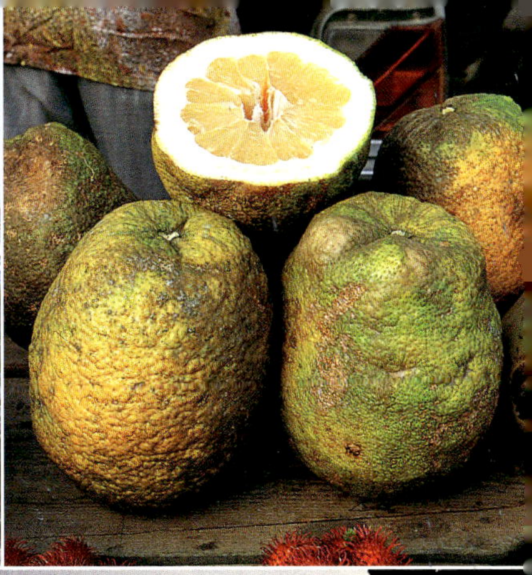
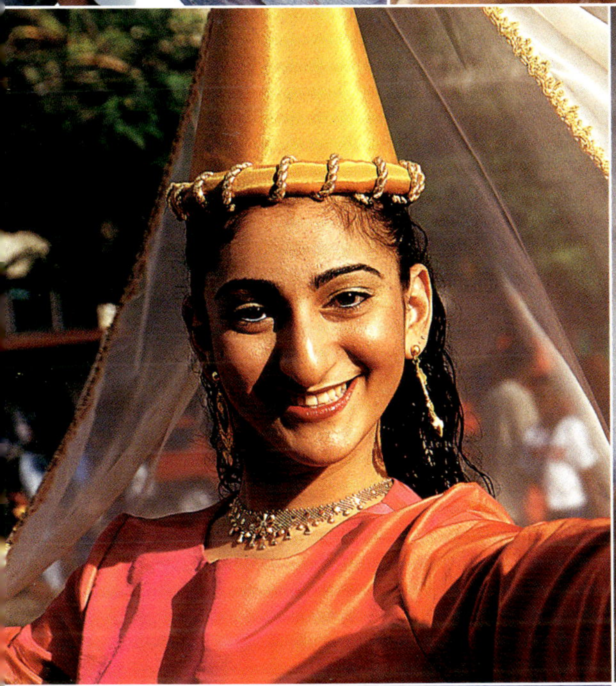
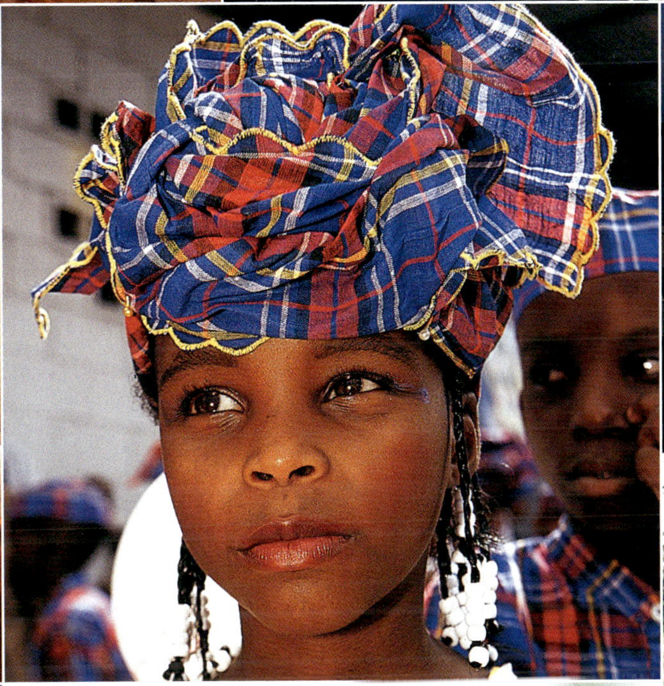
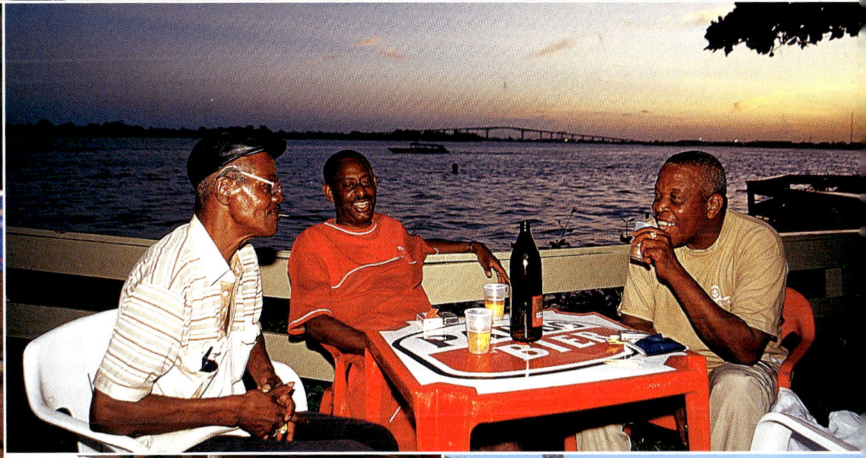
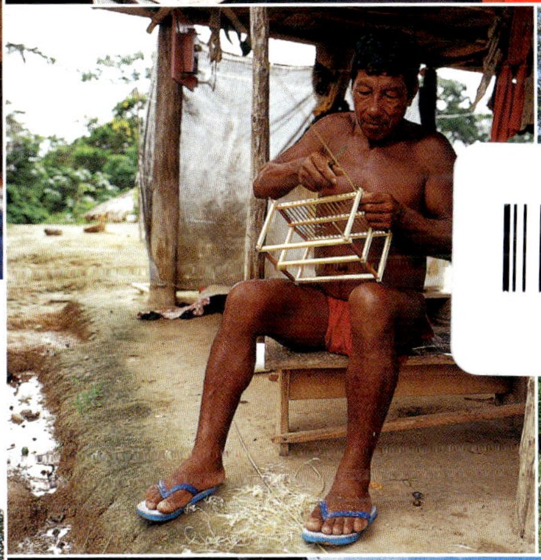

LET OP !
NADERING
DREMPEL
NA 100 M
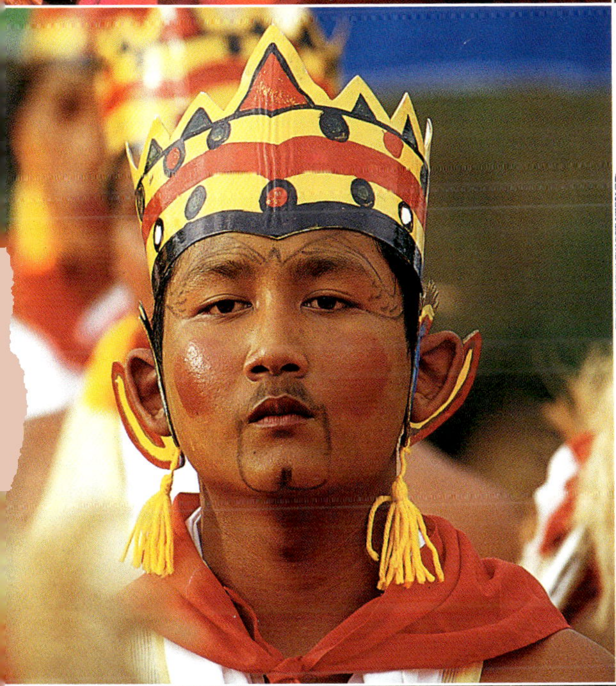
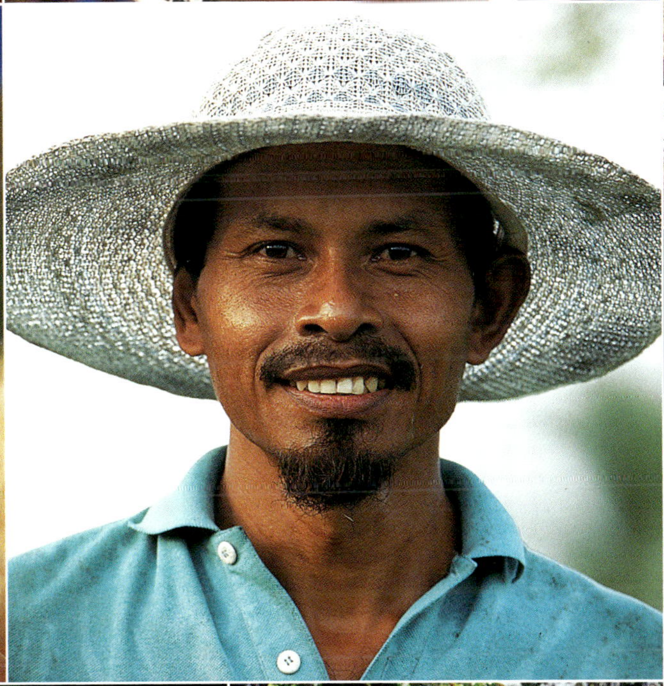
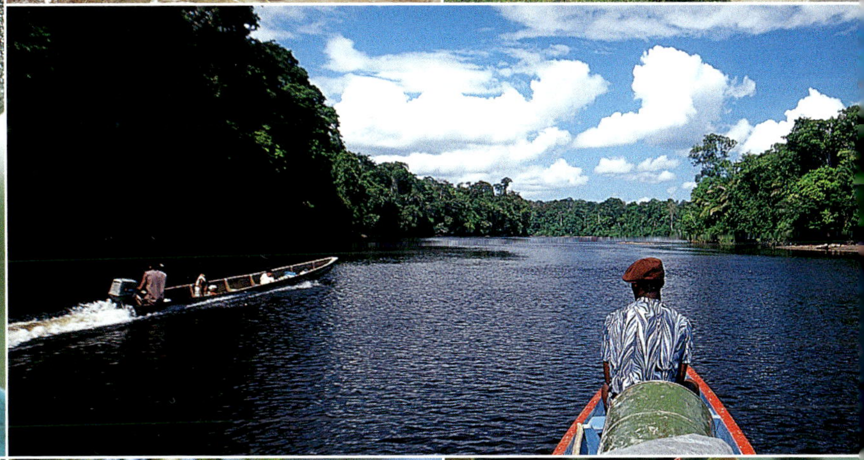
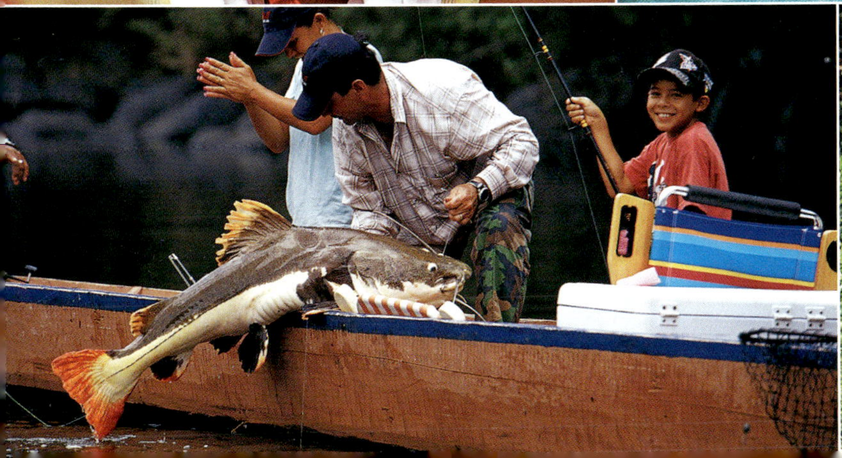
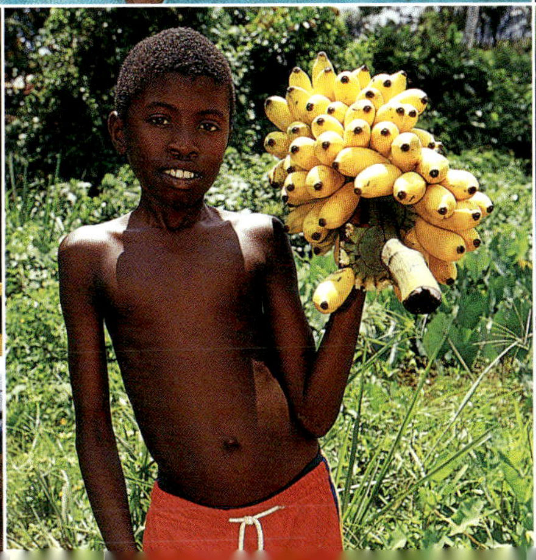
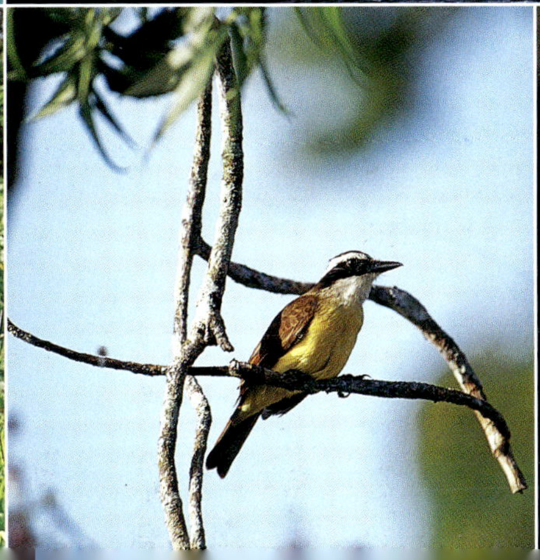
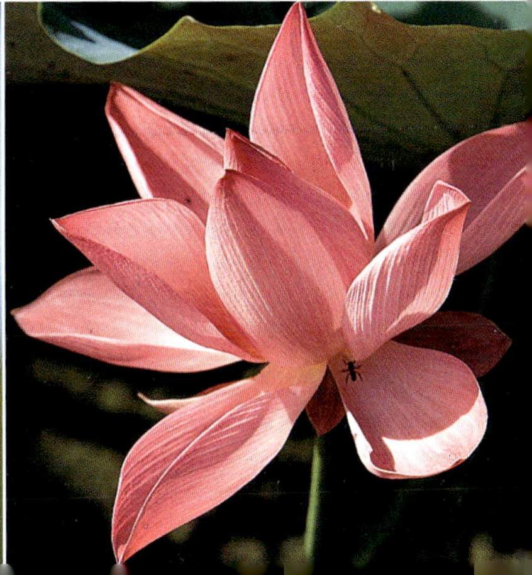

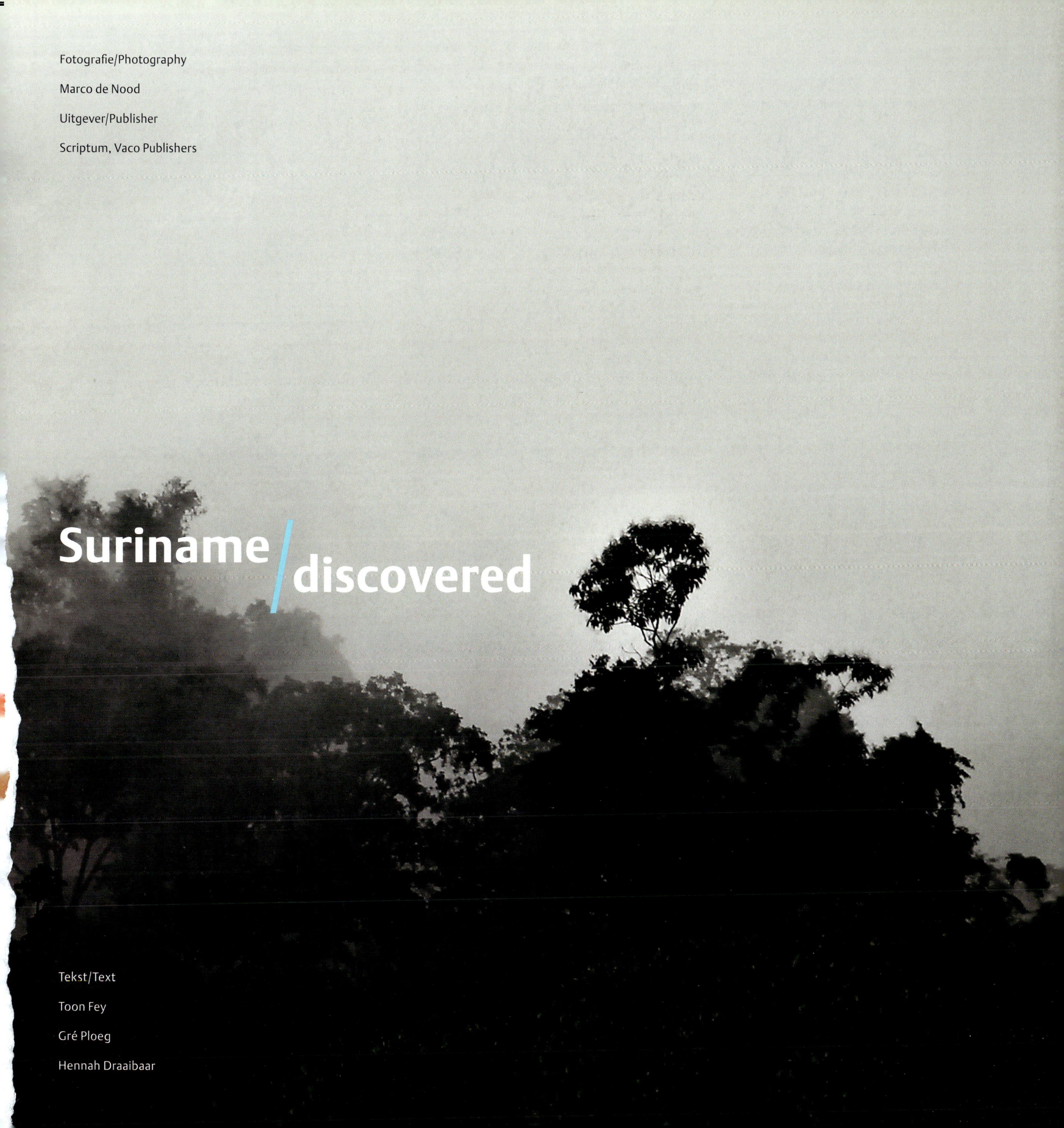

Fotografie/Photography

Marco de Nood

Uitgever/Publisher

Scriptum, Vaco Publishers

# Suriname / discovered

Tekst/Text

Toon Fey

Gré Ploeg

Hennah Draaibaar

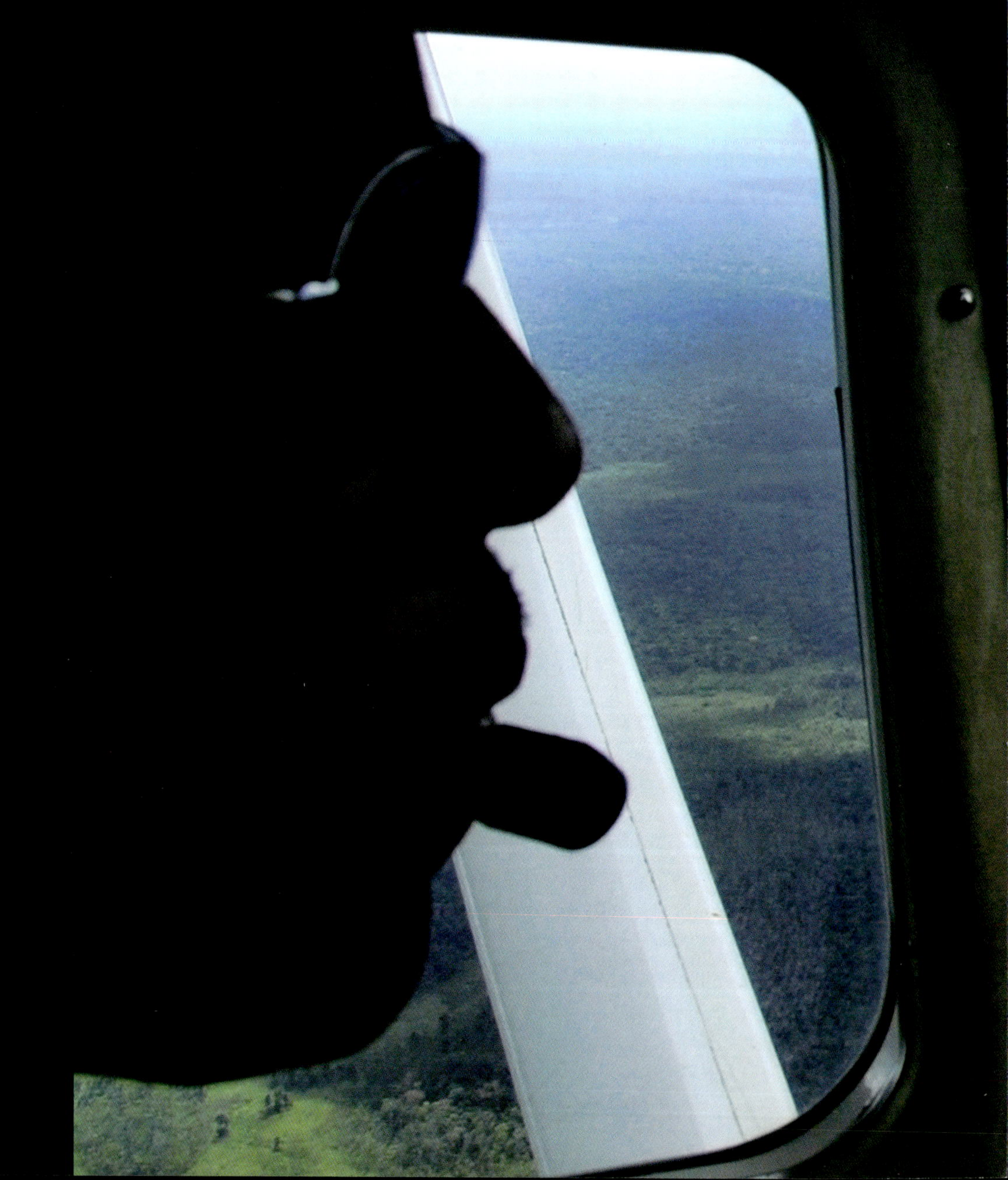

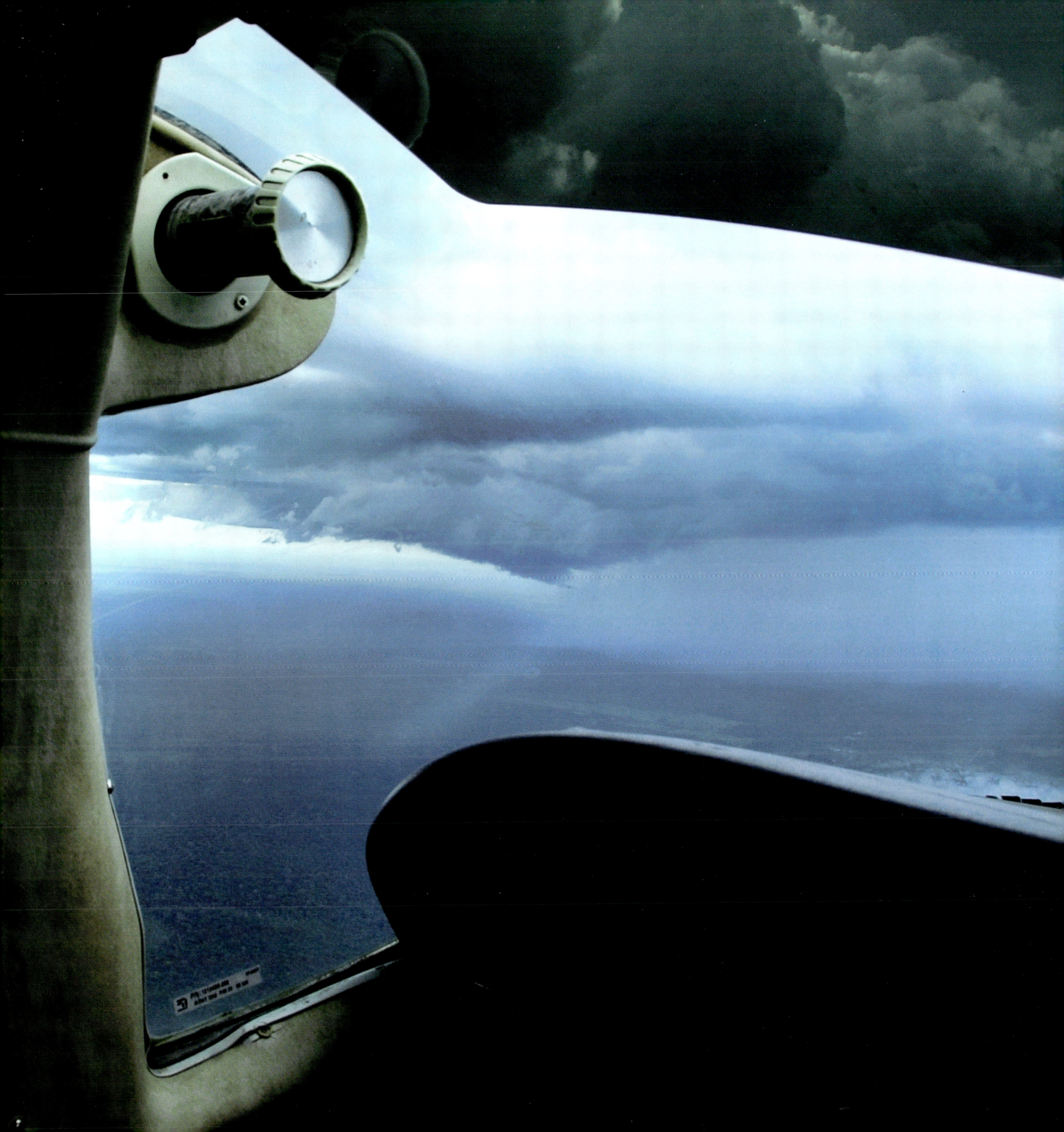

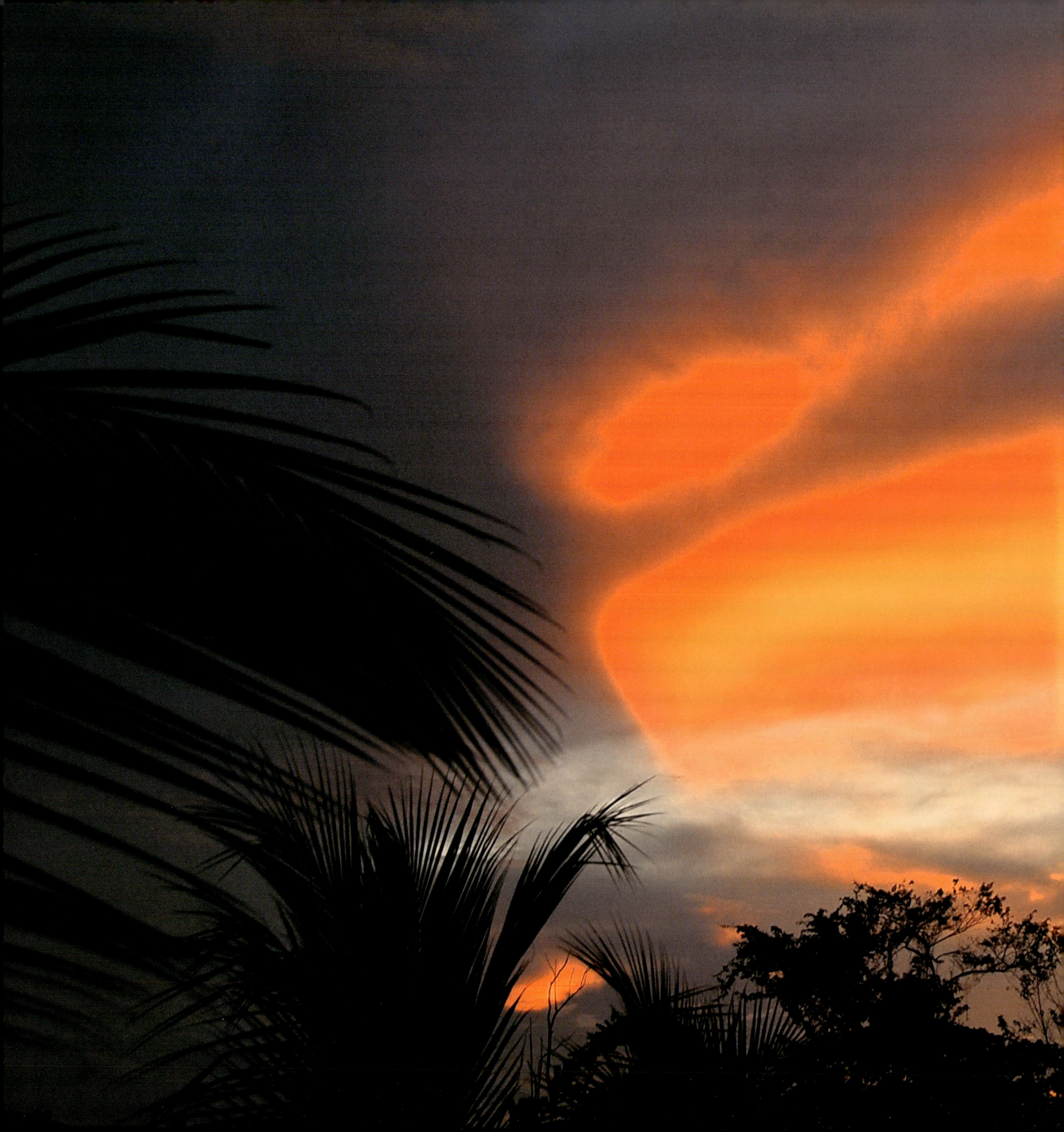

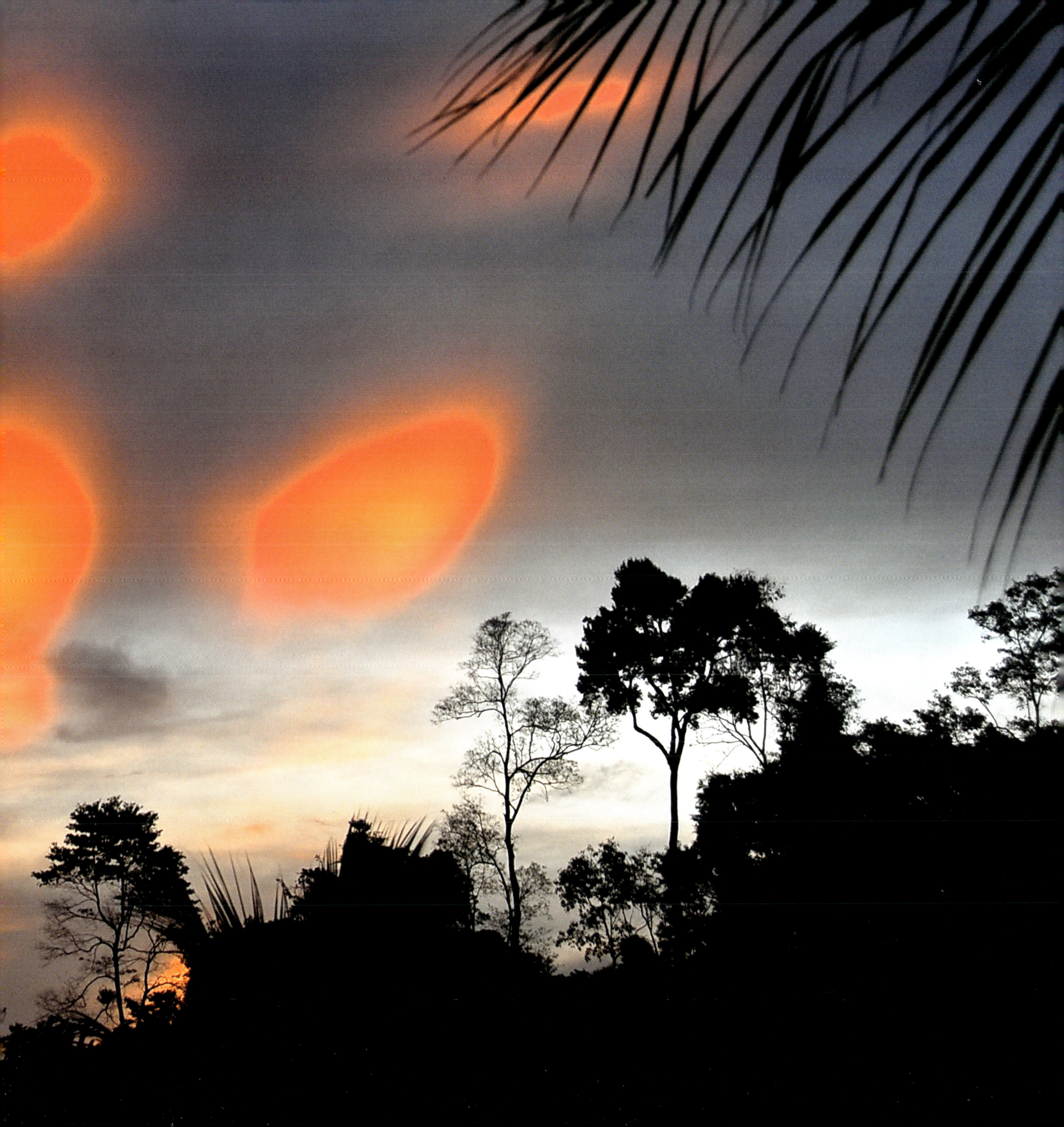

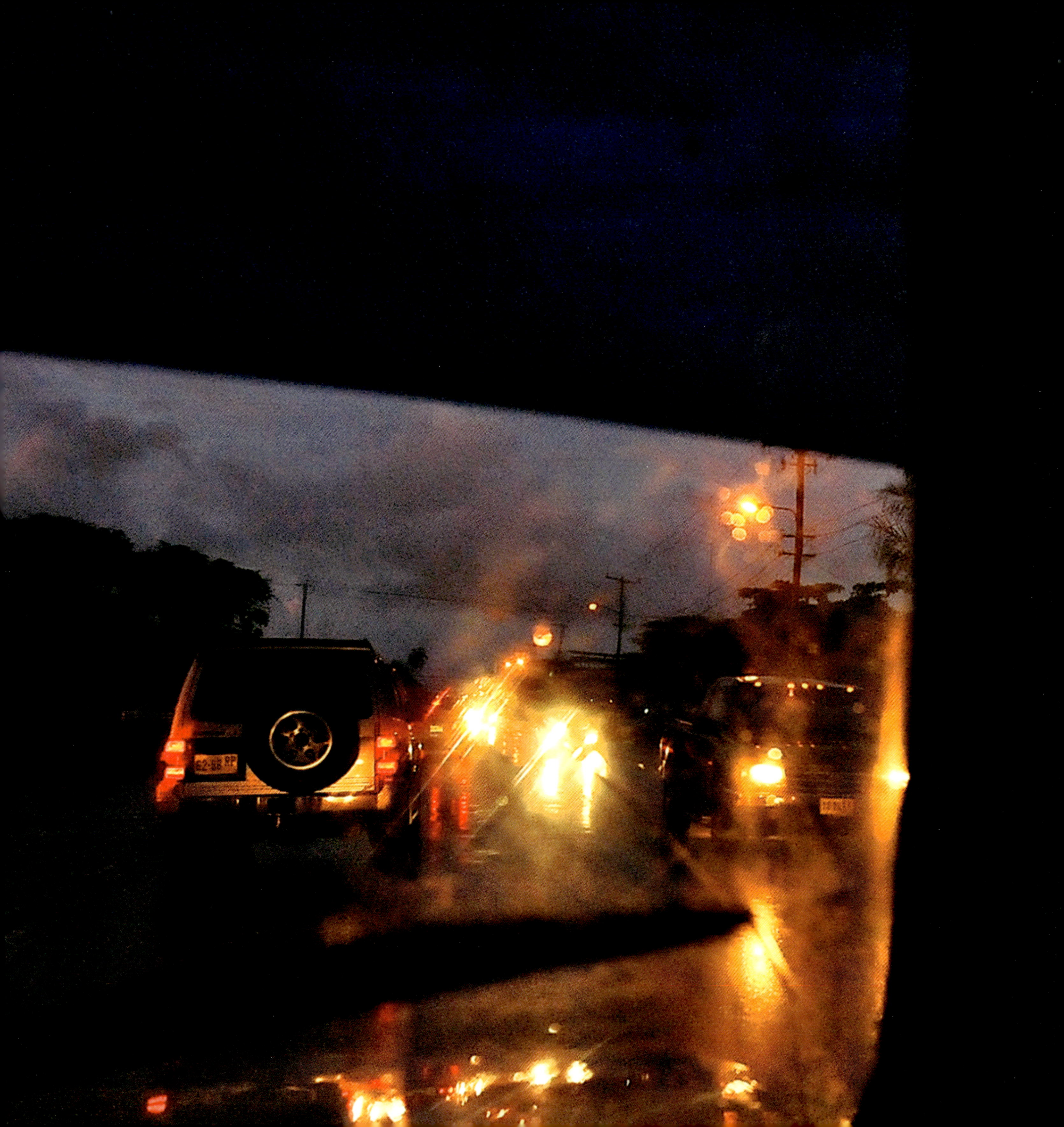

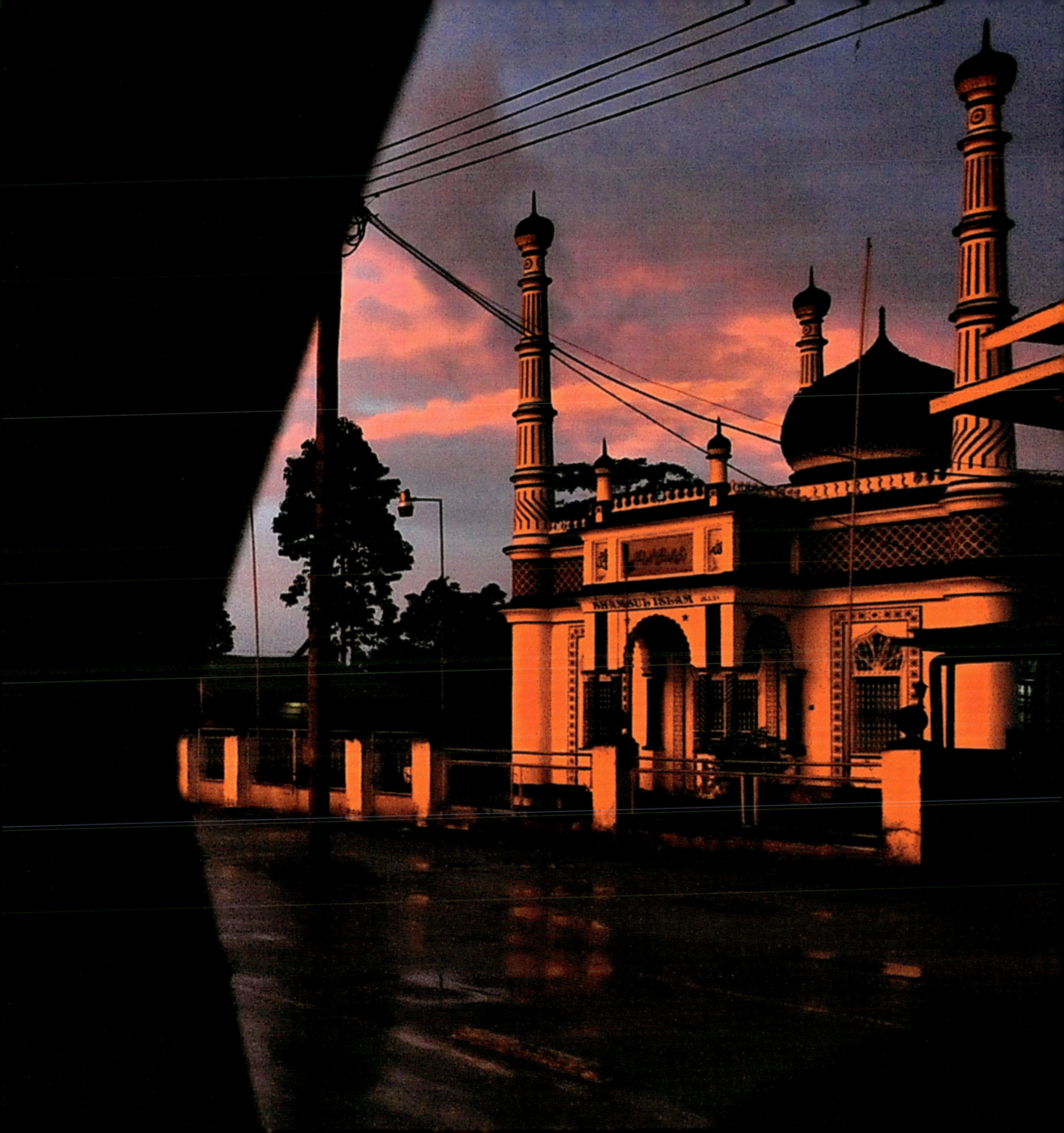

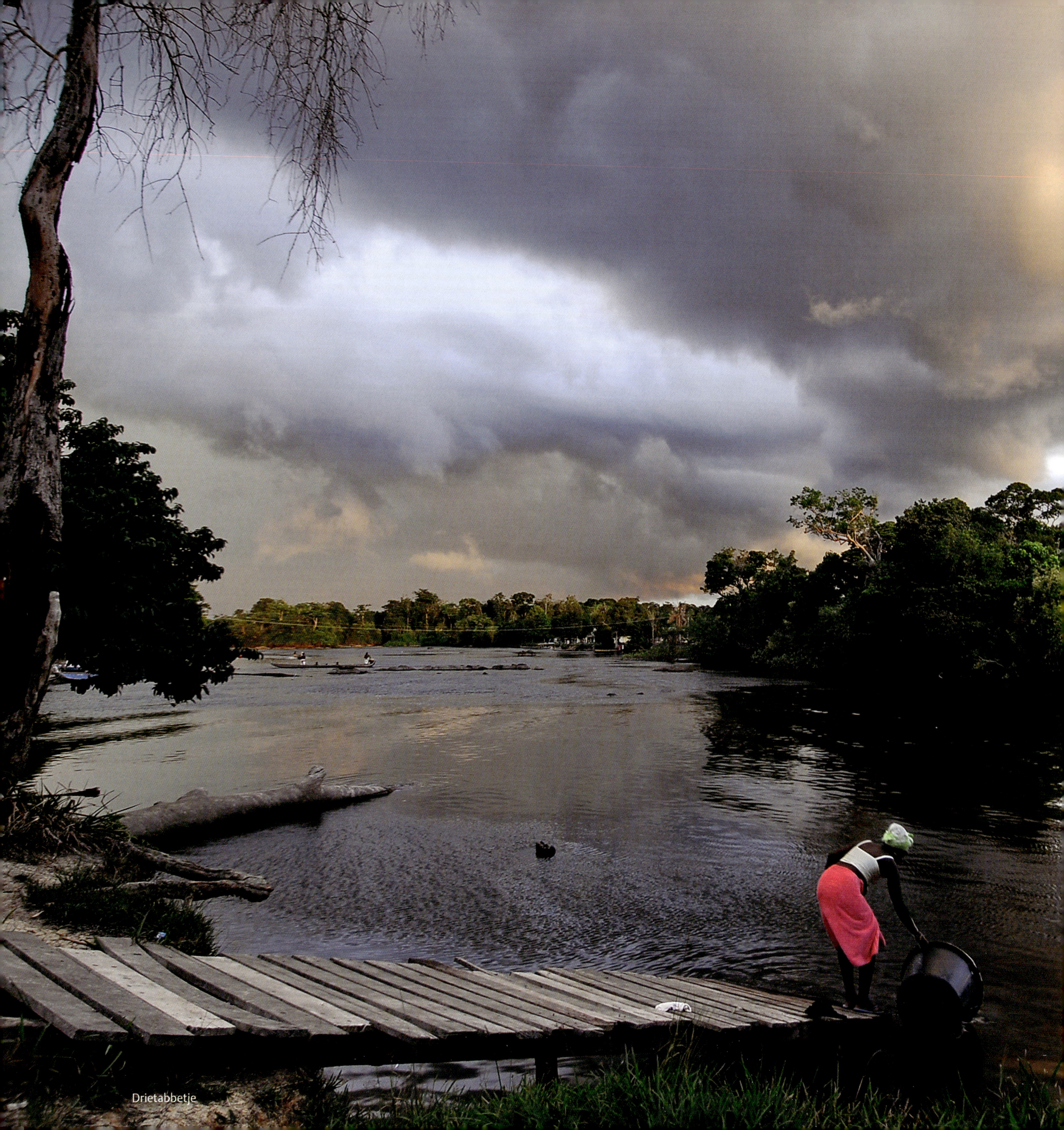

Drietabbetje

# Inhoud / Content

SURINAME DISCOVERED

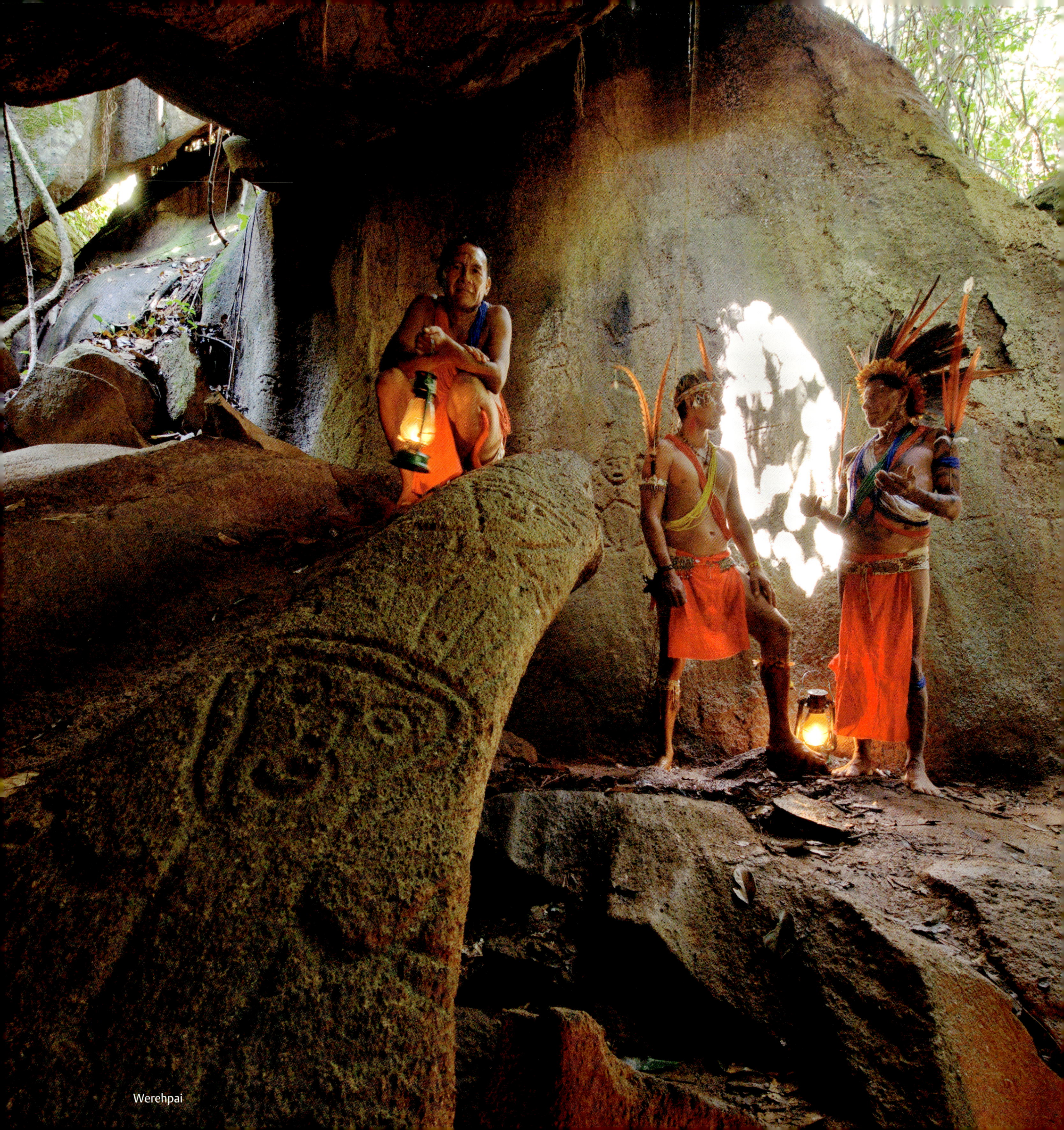

Werehpai

# Voorwoord / Foreword

TOON FEY

## Dit is een fotoboek over een bijzonder land

Nadat in 2005 de eerste druk van *Suriname Discovered* was verschenen, werd al snel duidelijk dat het boek in een behoefte voorzag. Ons uitgangspunt was: het moest een boek over Suriname worden zoals dat nog niet bestond en dat zich het best liet beschrijven als 'een prachtig boek over een prachtig land'. Uit de lovende reacties na het verschijnen mochten we opmaken dat dit kennelijk was gelukt. Dat bleek ook uit de verkoop; de niet afnemende vraag naar het boek leidde tot meerdere herdrukken. Met opnieuw een herdruk op komst, besloten wij tot een geheel herziene uitgave. Dit bood immers de gelegenheid om waar mogelijk de kwaliteit te verbeteren en sommige zaken te actualiseren. Daar kwam nog iets anders bij. Fotograaf Marco de Nood heeft de afgelopen jaren bepaald niet stilgezeten, met als resultaat een omvangrijke verrijking van zijn Suriname-archief. Foto's van spectaculaire, nauwelijks bereikbare plekken in het binnenland, tot voor kort onbekende rotstekeningen en bijzondere dier- en vogelsoorten (om maar enkele voorbeelden te noemen) konden zo aan deze editie worden toegevoegd. En niet te vergeten: schitterende portretten van kinderen, vrouwen en mannen van de melting pot die Suriname vormt.

Een fotoboek spreekt ten dele voor zich; ieder beeld vertelt immers een verhaal. Maar de opvallende verscheidenheid van ras, religie en cultuur die foto's uit Suriname zo gevarieerd en kleurrijk maken, vraagt toch om enige achtergrondinformatie en die is in dit boek dan ook te vinden. Een land waarin de moskee en de synagoge broederlijk naast elkaar staan, moet immers een bijzondere geschiedenis kennen.
Het laatste deel van het boek bestaat uit een serie verhalen en foto's van Surinamers uit allerlei lagen van de bevolking. Hierdoor kan de lezer zich een redelijk goed beeld vormen van de Surinaamse samenleving.

*Suriname Discovered* laat zich beleven als een overrompelende reis door een fascinerend en wonderschoon land. Om dit te kunnen verwezenlijken, konden wij rekenen op de enthousiaste medewerking van een groot aantal Surinamers. Wij durven er op te vertrouwen dat het resultaat hen niet teleurstelt.

*Grantangi gi ala den sma di wroko nanga unu na tap' a buku disi!*

**Toon Fey**
*eindredacteur*

## This is a book about an extraordinary country

After the first edition of *Suriname Discovered* appeared in 2005, it soon became clear that the book fulfilled a need. Our starting point was that it must be a book about Suriname like no other, which could best be described as 'a fantastic book about a fantastic country'. From the enthusiastic responses we received after the book was published we can assume that we had achieved that goal. It was also reflected in the sales: the sustained demand led to several reprints.
With yet another reprint on the way, we decided to revise the book completely. After all, it gave us the opportunity to improve the quality where possible and to update the text in places. And, on top of that, photographer Marco de Nood has not been sitting still in recent years, and has significantly added to his portfolio on Suriname. That meant we were able to add pictures of spectacular, hardly accessible locations in the interior, only recently discovered rock drawings, and exceptional species of animals and birds, to mention only a few examples. And of course, not forgetting wonderful portraits of the children, women and men who make up the melting pot that is Suriname.

A photographic book speaks partly for itself – each image tells a story. But the striking variety of races, religions and cultures that makes pictures from Suriname so diverse and colourful call for a little background information. And that, too, can be found in this book. A country in which mosque and synagogue stand next to each in brotherhood must have a fascinating history. The last part of this book consists of a series of stories and pictures of Surinamese people from all segments of the population, which will give the reader a reasonably good idea of the nature of Surinamese society.

*Suriname Discovered* is an overwhelming journey through a fascinating and beautiful country. In making that journey we were able to count on the enthusiastic cooperation of a large number of Surinamese people. We are certain that the result will not disappoint them!

*Grantangi gi ala den sma di wroko nanga unu na tap' a buku disi!*

**Toon Fey**
*final editor*

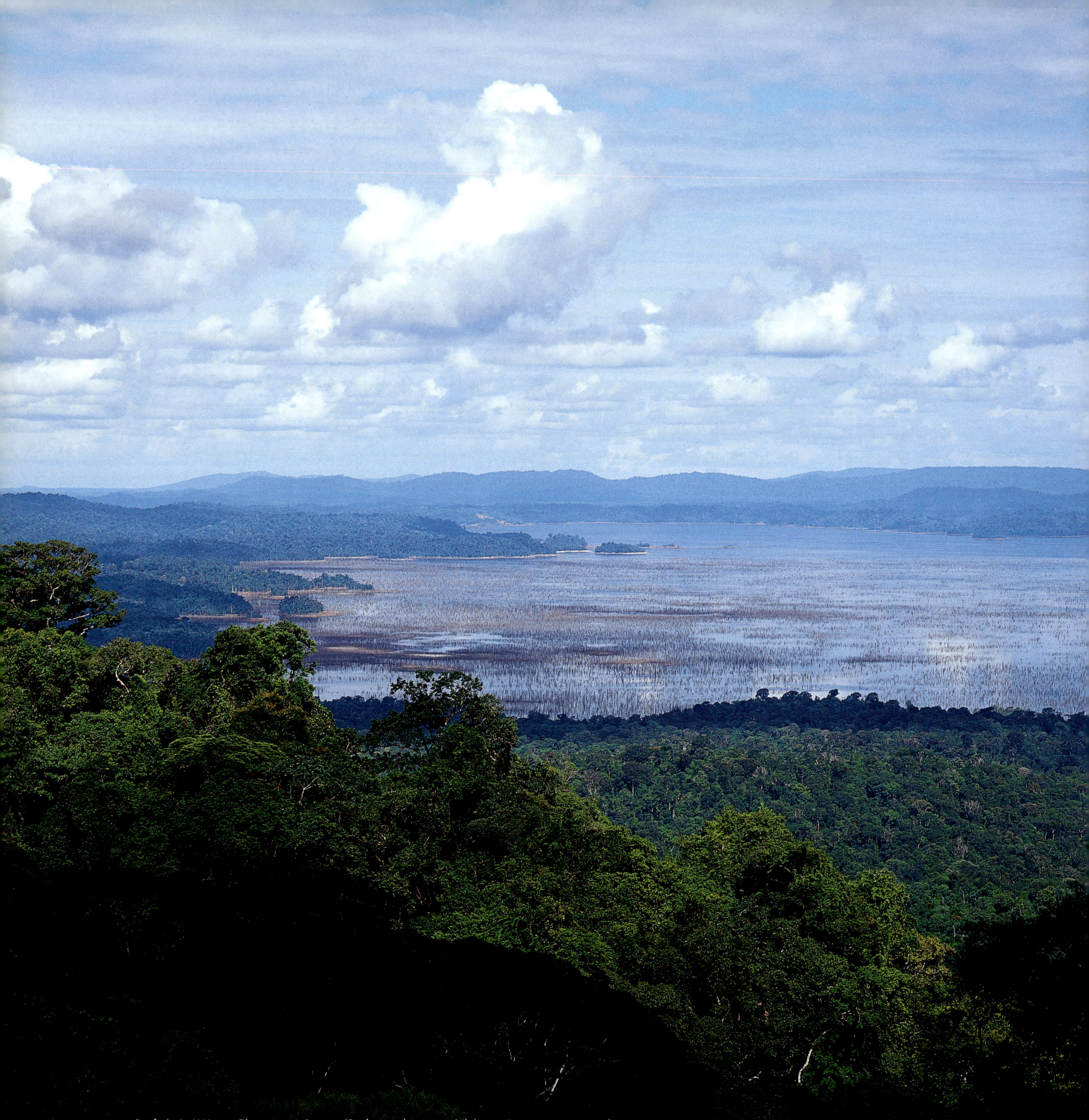

Prof. dr. ir. W.J. van Blommensteinmeer/Brokopondo reservoir lake

# Het regenwoud / The rainforest

***TOON FEY***

Wie – zoals de meeste bezoekers – Suriname via het luchtruim binnenkomt, krijgt in korte tijd twee van de drie voornaamste landschapstypen te zien. Achter de mangrovekust strekt zich een lage vlakte uit met moerassen, kronkelende stroompjes, afwateringskanalen en een paar brede rivieren. Tegen de tijd dat de landing wordt ingezet, wordt het landschap duidelijk droger. De vegetatie verandert, hier en daar blinkt wit zand. Deze nog steeds tamelijk vlakke omgeving na de waterrijke kuststrook staat bekend als het savannegebied. Hier bevindt zich ook het internationale vliegveld en niet voor niets heet het bijbehorende plaatsje Zanderij. Wie dóór zou vliegen, ziet de omgeving vervolgens veranderen in een heuvelachtig, soms zelfs bergachtig gebied dat op een paar kale rotsformaties na geheel is bedekt met tropisch regenwoud. Dit eindeloze, monotone landschap beslaat maar liefst 94 procent van Suriname.

De dominante aanwezigheid van het tropisch regenwoud laat zich eenvoudig verklaren, tenslotte loopt de evenaar maar 250 kilometer ten zuiden van Suriname. De regenval in het bergachtige binnenland kan oplopen tot een gemiddelde van 2.000 millimeter per jaar. Nederland, ter vergelijking, heeft een gemiddelde van 750 millimeter. Aan deze overvloed van hemelwater dankt Suriname zijn buitengewoon rijke plantenwereld. Het aantal bekende boomsoorten in Suriname bedraagt tot nu toe ruim 800, in heel Europa is dit getal al lang geleden blijven steken op ongeveer 100 soorten. Het tropisch regenwoud is een uniek fenomeen en laat zich in diversiteit en rijkdom met geen enkele andere natuurlijke omgeving vergelijken. Dankzij de stabiele klimaatzone nabij de evenaar heeft het zich miljoenen jaren min of meer ononderbroken kunnen ontwikkelen waardoor een volkomen uitgebalanceerd en complex ecosysteem is ontstaan waarin, om een veelzeggend voorbeeld te noemen, plagen niet voorkomen. Van de enorme rijkdom aan genetisch materiaal, de mogelijkheden voor de farmacie of de relatie tussen plant en dier is op wetenschappelijk gebied nog maar weinig ontdekt. Het algemene belang van de tropische regenwouden is bekend; dankzij de hoge zuurstofproductie worden ze wel 'de longen van de wereld' genoemd.

## Zwevende tuin

Vanuit de lucht laat de opbouw van het regenwoud zich goed bekijken. Het broccoliachtige kronendak vormt een min of meer aaneengesloten 'zwevende tuin' op een hoogte van 20 à 30 meter boven de grond. Hier speelt zich een groot deel van het dierlijke leven af. Er leven niet alleen insecten, hagedissen, slangen en vogels maar ook grotere dieren als luiaards, boomstekelvarkens, apen en miereneters. Door de dichtheid van dit groene dak weet op de meeste plaatsen maar één procent van het zonlicht de bodem te bereiken. Maar weinig planten maken hier een kans, voor zaden en kiemplanten is het wachten op het omvallen van een woudreus die daarbij bomen in zijn omgeving meesleept en zo een open plek schept. Ondanks de onvoorstelbare productiviteit van het regenwoud is de bodem uitgesproken arm als gevolg van de uitspoeling van mineralen door de vele neerslag. Alleen in de bovenste strooisellaag en de dunne humuslaag daaronder vinden de wortels van de bomen voedsel, de diepere wortels dienen alleen voor houvast. Dat de strooisellaag ondanks de voortdurende regen van bladeren, takken, dode insecten en ander organisch afval zo dun blijft, wordt veroorzaakt door een leger van mieren, kevers en allerlei andere insecten. Zij bevorderen een snelle organische afbraak door dit natuurlijke afval tot een minimum te verkleinen. Bacteriën en schimmels zetten dit fijne materiaal vervolgens om in voedingsstoffen voor planten en bomen. Dankzij de efficiency van dit proces maakt de bodem

It – like most visitors – you arrive in Suriname by air, you will see two of the three most important landscape types in rapid succession. Behind the mangrove forests of the coast stretches a low plain made up of swamps, winding streams, drainage canals and a few broad rivers.

By the time the aircraft begins its descent, the landscape has become much drier. The vegetation changes, and here and there you catch a glimpse of white sand. The wet coastal area merges into savannah. This is where Suriname's international airport is located, next to the aptly named village of Zanderij ('sandpit'). If you continued your flight, you would see the landscape change once again into a hilly, sometimes mountainous region covered entirely (except for a few bare rock formations) with tropical rainforest. Endless and monotonous, the forest covers 94 per cent of the country.

The dominance of rainforest is easy to explain – after all, Suriname is only 250 kilometres north of the equator. Rainfall in the mountainous interior is spectacularly high and sometimes reaches an average of 2,000 millimetres per year. In comparison, the Netherlands has an annual average of 750 millimetres. Thanks to its abundant rainfall, Suriname boasts a huge variety of flora: to date the number of known tree species is over 800, while for the entire continent of Europe this figure has been stable at around 100 for many years. The tropical rainforest is a unique phenomenon that cannot be compared to any other natural environment in terms of richness and diversity. Thanks to the stability of a climate zone so close to the equator it has been able to evolve more or less undisturbed for millions of years, creating a perfectly balanced and complex ecosystem. Scientists as yet know relatively little of the immense diversity of genetic material there, of the scope for new pharmaceutical products or of the relationship between flora and fauna. But the value of the rainforest to the planet as a whole is well-known: they are the 'lungs of the world'.

## Floating garden

The composition of the rainforest can clearly be seen from the air. The broccoli-like treetops form an almost uninterrupted 'floating garden' at a height of 20 to 30 metres above the ground. This is where most of the animal life is to be found: insects, lizards, snakes and birds, as well as larger creatures such as sloths, tree porcupines, monkeys and ant-eaters. The thick canopy prevents almost 99 per cent of sunlight reaching the ground in most places. Few plants can survive here. Seeds lie in wait for some forest giant to crash down, dragging other trees with it and creating an open space. Despite the unimaginable productivity of the rainforest, its soil is practically infertile: the heavy rainfall washes away all the minerals. Tree roots find nourishment only in the top layer and the thin layer of humus directly below. Their deeper roots merely provide stability. Although there is a constant supply of leaves, twigs, dead insects and other organic waste, the humus layer remains thin thanks to an army of ants, beetles and other insects. They rapidly break this waste down into the tiniest elements. Then bacteria and fungi take over, converting the fine material into nutrients for plants and trees. The efficiency of this process makes it look as if someone has cleared the ground under the canopy.

Suriname is very aware that the rainforest is of crucial importance and is irreplaceable. The Central Suriname Nature Reserve covers 1.6 million hectares and is one of the largest in the world.

## Savannah

The transitional area between rainforest and coast consists of savannah – tropical

van het bos een haast opgeruimde indruk. Van de wezenlijke en onvervangbare waarde van het regenwoud is Suriname zich wel degelijk bewust. Het Centraal Suriname Natuurreservaat is met een oppervlakte van 1,6 miljoen hectare één van de grootste regenwouden ter wereld.

## Savannes

Het overgangsgebied tussen het tropisch regenwoud en de kuststrook bestaat uit savannes. Deze laten zich het best omschrijven als tropische graslanden met verspreide groepjes bomen en struiken. Tijdens de droge perioden droogt de bodem hier zo sterk uit dat het regenwoud daardoor een halt wordt toegeroepen. De Surinaamse savannes zijn ontstaan tijdens de laatste ijstijd, toen het klimaat uitgesproken droog was en het regenwoud zich alleen kon handhaven dankzij de bergstijgingsregens in de hoger gelegen delen van het binnenland. Toen het klimaat na de ijstijd weer vochtiger werd, breidde het regenwoud weer uit en handhaafde de savanne zich alleen in de drogere gebieden. De oppervlakte van de savanne nam toen sterk af. Dat de savannes in de loop van de tijd nooit helemaal zijn dichtgegroeid, is al van oudsher te danken aan een menselijke ingreep: brandstichting. Door de savanne plaatselijk af te branden, werd deze toegankelijk en vervolgens trok de herstellende vegetatie jachtwild aan. Onderzoek heeft aangetoond dat deze methode al zo'n 10.000 jaar geleden werd toegepast. Na de eerste regens herstelt een afgebrande savanne zich razendsnel dankzij een overdaad aan zonlicht en de nieuwe voedingsstoffen in de achtergebleven as. De savannes beslaan maar een klein deel van het totale grondoppervlak, maar vormen dankzij de typische flora en fauna een waardevol element in het Surinaamse landschap. Het feit dat ze al vele duizenden jaren als woon- en jachtgebied voor de bewoners dienen, heeft ze tot een nationaal erfgoed gemaakt. Het fijne, witte zand in de savannegebieden is onder meer bruikbaar in de bouw en voor verwerking tot glas. Door de toegankelijkheid van het gebied is het in trek bij natuurliefhebbers en recreanten.

## Zwampen

De brede kustvlakte wordt van nature gedomineerd door zoetwatermoerassen, de zogeheten zwampen. Meestal zijn ze niet dieper dan een meter en bestaat de bodem uit een dikke laag veen. Op de drogere delen groeien bomen of struiken. Als uitgesproken wetlands oefenen deze visrijke gebieden een grote aantrekkingskracht uit op allerlei vogels en amfibieën. Voor de bewoners is het een uitstekende omgeving om te jagen, te vissen en klein hout te verzamelen. Van enige natuurlijke afwatering van de zwampen is nauwelijks sprake en toen er behoefte aan meer landbouwgrond ontstond (bijvoorbeeld voor de aanleg van plantages) werden delen van het gebied ingepolderd door middel van afwateringskanalen en sluisjes. Dankzij de vruchtbare grond functioneerde de kuststrook al vroeg als voorraadkamer en ontwikkelde deze zich al snel tot het dichtst bewoonde en bebouwde gebied van het land. Door de groei van de bevolking, het wegennet en de rijstvelden en de vondst van olievelden is op sommige plaatsen het natuurlijke karakter van de zwampen verdwenen, maar een blik op de kaart leert dat er ook nog grote gebieden intact zijn. De aanleg van polders betekent overigens niet dat de afwatering nu moeiteloos verloopt; tijdens natte perioden kampt Paramaribo en omgeving nog steeds met wateroverlast.

## Riviermondingen

Dichter bij de kust laat de invloed van de zee zich duidelijk gelden. Sommige zwampen zijn brak, in de riviermondingen



grasslands with sporadic clumps of trees or bushes. In the dry season, the ground here loses so much water that it forms a barrier to the rainforest. The Surinamese savannahs were formed during the last Ice Age, when the climate was extremely dry and the rainforest only survived thanks to rain falling on mountain slopes in the higher parts of the interior. When the climate became wetter after the end of the Ice Age, the rainforest expanded again and the savannah survived in the drier areas in much reduced form. The fact that it survived at all is due to human intervention. Indigenous peoples set fire to parts of the savannah, allowing vegetation to grow and attracting wild animals to be hunted. Research has shown that this method was first used around 10,000 years ago. After rain, burnt-out savannah revives exceptionally quickly due to the sunlight and new nutrients in the ash. Although it covers only a small proportion of the total area of Suriname, the savannah is a valuable element in the landscape because of its flora and fauna. The fact that indigenous people have lived and hunted here for many thousands of years makes it part of the national heritage. The fine white sand of the savannah is used in construction and for manufacturing glass. Its accessibility makes it attractive to nature enthusiasts and holidaymakers.

## Swamps

The broad coastal area is dominated by freshwater marshes or swamps. They are generally no more than a metre deep, and the soil is composed of a thick layer of peat. Trees and bushes grow in the drier parts. These wetlands, with their abundance of fish life, attract all kinds of birds and amphibians, and form a perfect environment for hunters and fishermen. There is little natural drainage. When the need arose for agricultural land for plantations, canals and ditches were dug to drain parts of the area. Very early on its fertile soil made the coast Suriname's breadbasket. It developed rapidly into the most densely populated area of the country. Population growth, the road network, rice paddies and the discovery of oil have meant that some of the swamps have lost their natural identity, but a look at a map shows that large areas remain intact. And the ditches and canals do not ensure perfect drainage: in the wet season Paramaribo and its surroundings still often suffer from flooding.

## Estuaries

Closer to the coast the influence of the sea is obvious. Some swamps are brackish, and shrimp, crab and saltwater fish live in the river estuaries. In the wet season, in periods of peak flow, the salt water in the Suriname River can reach Paramaribo, in periods of low flow even further upstream. Dolphins and sharks can be then observed as far inland as the Paranam bauxite harbour. A protective strip of mangrove forests forms the border between land and sea. Although the Guyana Current brings a continuous supply of mud from the Amazon, other parts of the coast are threatened by erosion. Robust dykes have been constructed at Nickerie to hold back the sea.

leven garnalen, krabben en vissoorten die voornamelijk in zee voorkomen. In de regentijd, bij een grote waterafvoer, dringt de zoutwatergrens in de Suriname rivier door tot Paramaribo, bij een geringe waterafvoer verder stroomopwaarts. Dolfijnen en haaien kunnen dan ook tot de bauxiethaven Paranam worden waargenomen. De grens van land en zee wordt op de meeste plaatsen gevormd door een beschermende strook mangrovebossen. Hoewel de Guyanastroom voortdurend modder vanuit de monding van de Amazone aanvoert, wordt tegelijkertijd de kust op sommige plaatsen door afkalving bedreigd. Bij Nickerie zijn stevige dijken aangelegd om het opdringende zeewater te keren.

## DE INHEEMSE BEVOLKING

Leende het gesloten Surinaamse regenwoud zich voor menselijke bewoning? Het antwoord is ja. Zij het op bescheiden schaal. Dat de indianen (tegenwoordig meestal inheemsen genoemd) de eerste bewoners van het Noord- en Zuid-Amerikaanse continent waren, zal iedereen bekend zijn. Minder bekend is het feit dat dit enorme continent – zeker in vergelijking met Europa en Azië – heel lang onbewoond is gebleven. Zo'n 30.000 jaar geleden trokken vanuit Azië de eerste mensen via de toen nog droge Beringzee het Amerikaanse continent binnen. Op zoek naar nieuwe jachtgebieden trokken deze stammen steeds zuidelijker om ongeveer 12.000 jaar geleden Zuid-Amerika te bereiken. De oudste sporen van menselijke bewoning in Suriname zijn gevonden in het savannegebied van Sipaliwini dat destijds door het drogere klimaat aanzienlijk groter was dan nu. Het is bekend dat deze eerste bewoners regelmatig delen van de savanne in brand staken; hierdoor ontstond een min of meer open terrein met jonge begroeiing dat allerlei jachtwild aantrok. Stenen vuistbijlen en messen, speer- en pijlpunten maken duidelijk dat deze bewoners nog voornamelijk van de jacht en het verzamelen leefden. Het belangrijkste wapen was de pijl en boog waarmee op herten en kleinere dieren werd gejaagd. Dankzij een spectaculaire vondst in 2000 in het Surinaamse binnenland is aan onze kennis van de cultuur van deze eerste bewoners waardevolle informatie toegevoegd. In de omgeving van het Trio-dorp Kwamalasamutu werd door een bewoner die zijn jachthond zocht, een verzameling van 313 rotstekeningen (petroglyfen) ontdekt die daar tussen de drie- en vijfduizend jaar geleden zijn aangebracht. Volgens de vinder was deze plaats eerder voor hem in een droom verschenen. Door de Trio-indianen is deze plaats na de ontdekking vernoemd naar een mythische heldin: Werehpai. Behalve afbeeldingen werden in de spleten van de rotsformatie ook enkele fraaie, verstopte potjes gevonden die vermoedelijk een kostbare inhoud hadden. Dit, en het feit dat Werehpai op een plaats ligt die zich eigenlijk niet leent voor menselijke bewoning, maakt het zeer waarschijnlijk dat deze plaats en voorstellingen een religieuze betekenis hadden. Hoewel het wetenschappelijk onderzoek nog niet is afgerond, mag men vaststellen dat Werehpai van onschatbare betekenis is voor onze kennis van de vroege bewoning van het Amazonegebied.

Dat de akkerbouw in de loop van de tijd een steeds belangrijkere rol ging spelen in het leven van de inheemsen, kunnen we concluderen uit de vondst van gebakken potscherven. Voor het bereiden van bepaald voedsel waren dergelijke potten immers onmisbaar. Nog steeds is pottenbakken een typisch inheemse bezigheid. De toename van akkerbouw leidde tot een



## THE INDIGENOUS POPULATION

Was the inaccessible Surinamese rainforest fit for human habitation? The answer is 'yes', on a modest scale. Most people will know that the indians (now usually called 'indigenous people') were the first inhabitants of the North and South American continent. What is less well-known is that this vast continent – especially when compared to Europe and Asia – was uninhabited for a long time. The first people to come to the American continent migrated from Asia around 30,000 years ago, crossing the Bering Strait, which was then dry. Looking for new hunting grounds, these tribes moved steadily further south, reaching South America some 12,000 years ago. The oldest traces of human habitation in Suriname were found in the savannah area of Sipaliwini which, because of the dry climate, used to be much larger than it is now. We know that these first inhabitants regularly used to set parts of the savannah on fire to create more or less open land with young vegetation, that would attract all kinds of game for hunting. Stoned fist axes, knives, spearheads and arrowheads show that these people lived mainly from hunting and gathering. Their main weapon was the bow and arrow, which they used to hunt deer and smaller animals.

A spectacular discovery in 2000 in the interior of Suriname added valuable information to our knowledge of the culture of these first inhabitants. Near to the Trio village of Kwamalasamutu a villager who was looking for his hunting dog stumbled on a collection of 313 rock drawings (petroglyphs) which had been created between 3,000 and 5,000 years ago. The man who discovered them said that the spot had appeared to him earlier in a dream. After the drawings had been discovered, the Trio indians called the spot 'Werehpai', after a mythical heroine. In addition to the drawings, a number of beautiful pots were found hidden in cracks in the rocks. They are suspected to have had valuable contents. This, and the fact that Werehpai is not very suitable for human habitation, makes it very probable that the location and the drawings had a religious significance. Although Werehpai has not yet been fully researched, it can be assumed that it is of inestimable value for our knowledge of the early inhabitants of the Amazon region.

We can conclude from the baked earthenware pot fragments that agriculture played an increasingly important role in the lives of the early indigenous peoples. These pots were indispensable for the preparation of certain food. Pottery remains a typical activity of Suriname's indigenous people to this day.

As agriculture took hold, the people became less nomadic and a more close-knit social structure developed. Local population growth forced some tribes to search for new lands. They moved to the north along the rivers, eventually reaching the coastal plains of the Guyanas. All kinds of archeological finds have given us a reasonably good idea of how these early coastal dwellers lived. They included the Arawak, who arrived in the current coastal strip of Suriname from the mouth of the Orinoco a few centuries after the start of the modern era. The Arawak practised a strikingly efficient form of agriculture, as witnessed by the discovery of irrigation canal systems and raised fields near Hertenrits. These methods enabled them to use the fertile but marshy environment to build up a permanent way of life. The situation changed with the arrival of another indian tribe, the Caribs, roundabout 1100. Many of the Arawak were driven from their land and forced to return to slash-and-burn agriculture to survive. The longstanding conflict between these tribes was still going on when the first Europeans started to settle in the coastal strip. The fact that their numbers dwindled rapidly after that can to a large extent be

minder nomadisch bestaan en het ontstaan van een hechtere sociale structuur. Plaatselijke bevolkingsgroei dwong sommige stammen ertoe om op zoek te gaan naar nieuwe gebieden. Via de rivieren trokken zij in noordelijke richting, om ten slotte de kustvlakten van de Guyana's te bereiken. Dankzij allerlei archeologische vondsten kunnen we ons een redelijk goed beeld vormen van het bestaan van deze eerste kustbewoners, zoals die van de Arowakken die enkele eeuwen na de jaartelling vanaf de monding van de Orinoco de huidige kuststrook van Suriname binnentrokken. De Arowakken bedreven een opvallend efficiënte akkerbouw, zoals bleek uit de vondst van slotenstelsels en opgehoogde akkers bij de Hertenrits. Dankzij deze ingrepen kon men gebruik maken van de vruchtbare maar moerasachtige omgeving en een permanent bestaan opbouwen. Deze situatie veranderde door de komst van een andere indianenstam, de Caraïben, vanaf ongeveer 1100. Veel Arowakken werden van hun grondgebied verdreven en vielen noodgedwongen terug op zwerflandbouw. De voortdurende conflicten tussen deze stammen deden zich nog steeds voor toen de eerste Europeanen zich in de kuststrook vestigden. Dat hun aantal daarna sterk verminderde, is voor een belangrijk deel te wijten aan de introductie van de voor de inheemsen onbekende Afrikaanse en Europese ziekten waartegen zij lichamelijk slecht bestand bleken. Dit was, net als een inheemse opstand tegen de blanke bezetters die de jonge kolonie ernstig bedreigde, één van de redenen waarom zij niet als slaaf werden gebruikt. Dankzij de inheemsen leerden de Europeanen nieuwe gekweekte gewassen kennen, zoals aardappel, mais, pinda, cassave, tabak, cacao en tomaat. Dat de inheemse stammen in het binnenland heel lang een nomadisch, teruggetrokken bestaan hebben geleid, blijkt uit de 'ontdekking' van de Akurio's in de jaren zestig van de vorige eeuw. Het aantal inheemsen in Suriname ligt in de buurt van de tienduizend waarvan er minder dan tweeduizend in het binnenland leven.

## Marrons

Het lijkt enigszins onlogisch om de marrons, de directe afstammelingen van de Afrikaanse slaven die door Europese handelaren vanuit Afrika naar de Nieuwe Wereld werden gedeporteerd, op deze pagina's naast de oorspronkelijke bewoners van het Zuid-Amerikaanse continent te plaatsen. Maar op grond van hun levenswijze en de diepe verbondenheid met hun natuurlijke omgeving, is dit zeker niet misplaatst. Niet voor niets zijn de marrons eeuwenlang aangeduid als 'bosnegers'. Het huidige woord 'marrons' is ontleend aan een oude Spaanse term waarmee zoiets als 'ontsnapt vee' werd aangeduid. Niet onbegrijpelijk want de marrons danken hun bestaan aan het ontvluchten van het harde en vernederende slavenleven op de plantages. Praktisch beschouwd was zo'n ontsnapping niet bijzonder riskant want de plantagehouders konden zich hoogstens enkele 'blankofficieren' (gewapende bewakers) veroorloven. In de meeste gevallen bleven de ontsnapte slaven in de buurt van de plantage. Dit bood de mogelijkheid om 's nachts voedsel te bemachtigen bij aangelegde akkertjes. Wanneer meerdere ontsnapte slaven elkaar troffen, werden dergelijke activiteiten beter georganiseerd en vonden er korte nachtelijke overvallen plaats waarbij allerlei onmisbare goederen zoals wapens en gereedschap – maar soms ook vrouwen – werden buitgemaakt. Wanneer dergelijke groepjes te groot werden om onopgemerkt te blijven, trokken deze via de rivieren verder landinwaarts.
De rivieren boden immers bescherming; na de eerste *sula's* (stroomversnellingen) werd het voor het koloniaal gezag steeds moeilijker om de achtervolging in te zetten.



attributed to the introduction of previously unknown African and European diseases against which they proved to have little resistance. This, together with an uprising of indigenous people against the white occupiers that seriously threatened the survival of the young colony, was one reason why they were not used as slaves. The native people introduced the Europeans to new cultivated crops, like potatoes, maize, peanuts, cassava, tobacco, cocoa and tomatoes. The fact that the indigenous tribes in the interior led an isolated, nomadic existence is shown by the 'discovery' of the Akurio in the 1960s. There are around 10,000 indigenous people living in Suriname, less than 2,000 of whom live in the interior.

## Maroons

It seems a little illogical to place the maroons, the direct descendants of the African slaves brought to the New World by European slave traders, on these pages next to the original inhabitants of the South American continent. But their way of life and deep connection with their natural surroundings fully justifies this. The maroons have been known as 'bosnegers' (forest negroes) for many centuries, and with good reason. The name 'maroon' is derived from an old Spanish word indicating runaway cattle. This is understandable as the maroons are the descendants of slaves who fled the hard and humiliating life on the plantations. In practical terms, escaping was not very risky because the plantation owners could only afford a handful of 'blankofficieren' (armed guards). In most cases, the escaped slaves remained close to the plantation, so that they could steal food from the fields at night. If a group of escaped slaves met up, they would organise these activities better and conduct short nocturnal raids to steal weapons, tools and – sometimes – women. When the groups became too large to remain unnoticed, they would go further inland, along the rivers. The rivers provided some protection for them: after the first *sula's* (rapids) it was increasingly difficult for the colonial authorities to pursue them. To survive in the forest, the 'weglopers' (runaways; this was the name often given to them by the colonists) used their African background, conducted raids on plantations, and applied the knowledge they had acquired from encounters with indian tribes. After some time, small communities grew up, with 'kostgrondjes' (small plots of land to grow crops for food) and children were more often born in the interior. Although the colonial authorities mounted increasingly ambitious penal expeditions and the punishments for captured runaway slaves were extremely cruel, the raids on the plantations continued unabated. Their familiarity with the terrain proved invaluable for the maroons during confrontations. Eventually the situation developed into what can best be described as a guerrilla war against the white plantation owners and the colonial administration. The costs of the expensive, extremely heavy but rarely successful penal expeditions were such a burden on the colony's budget that the colonists eventually had to agree to the peace negotiations proposed by the maroons. The latter proved to be self-confident and skilful negotiators. In 1760 a peace agreement was reached with the first tribe (the Dyuka), quickly followed by agreements with other prominent tribes. The year is very significant, as it shows that the escaped slaves obtained their freedom well over a century before the abolition of slavery in Suriname in 1863. One of the requirements that the maroons had to fulfil was to avoid contact with the plantation slaves.

Not surprisingly, the culture of the maroons still has many African influences. After all, a significant part of the 'weglopers' comprised slaves born in Africa and they took their heritage with them into the

Om in het regenwoud te kunnen overleven, maakten de 'weglopers' (zoals zij vaak door de kolonisten werden genoemd) gebruik van hun Afrikaanse achtergrond, de overvallen op plantages en de kennis die hun ontmoetingen met indiaanse stammen opleverden. Na verloop van tijd ontstonden kleine gemeenschappen, voorzien van kostgrondjes en werden er steeds vaker kinderen in het binnenland geboren. Hoewel de strafexpedities die het koloniaal gezag ondernam grootschaliger werden en de straffen voor gevangen genomen ontsnapte slaven buitengewoon wreed waren, verminderden de overvallen op de plantages allerminst. De vertrouwdheid met het terrein betekende tijdens confrontaties een belangrijk voordeel voor de marrons. Uiteindelijk ontstond er een situatie die zich het best laat omschrijven als een guerrillaoorlog tegen de blanke plantagehouders en het koloniaal bestuur. De lasten van de kostbare, loodzware maar weinig succesvolle strafexpedities drukten zo zwaar op de uitgaven van de kolonie dat men ten slotte moest ingaan op de door de marrons voorgestelde vredesonderhandelingen. Hierbij toonden de marrons zich zelfbewuste, behendige onderhandelaars. In 1760 werd met de eerste stam (de Dyuka), een vredesverdrag bereikt, spoedig gevolgd door verdragen met andere belangrijke stammen. Dat jaartal mag als zeer opmerkelijk worden beschouwd want dit betekende dat al ruim een eeuw vóór de afschaffing van de slavernij in Suriname in 1863, de ontsnapte slaven hun vrijheid kregen. Eén van de eisen waaraan de marrons moesten voldoen, was het vermijden van contacten met de plantageslaven. Dat de cultuur van de marrons nog steeds sterke Afrikaanse invloeden kent, is niet verwonderlijk. Tenslotte bestond een belangrijk deel van de 'weglopers' uit slaven die in Afrika waren geboren en namen ze – vaak niet lang na aankomst op de plantage – hun gedachtegoed mee naar het bos. Hoewel de marrons, mede dankzij hun afgezonderde bestaan, samenlevingen opbouwden met een authentieke cultuur, wetten en gewoonten, onderhielden ze wel degelijk contacten met de kuststrook en de stad. Zij domineerden het transport op de rivier en werkten korte of lange tijd in de houtkap, balata(rubber)-productie of vonden ander betaald werk. Pogingen om de marrons méér bij de Surinaamse maatschappij te betrekken, onder meer door hen te christenen, hebben nooit veel succes opgeleverd. De laatste decennia hebben zich steeds meer (voornamelijk jonge) marrons in Paramaribo gevestigd als gevolg van de soms moeilijke levensomstandigheden in het binnenland waar bijvoorbeeld het onderwijs en andere voorzieningen ernstig tekortschieten.
Over de toekomst van de marrons kan men zich zorgen maken. Hun leefomgeving wordt bedreigd door grootschalige goud- en bauxietwinning en houtkap. Vooral de kwikvervuiling van het water als gevolg van de illegale goudwinning vormt een ernstige bedreiging. Eén van de positieve perspectieven ligt wellicht in het snel toenemende ecotoerisme dat in de meeste gevallen op verantwoorde wijze wordt opgezet. Gelukkig dringt steeds meer het besef door dat de marroncultuur bescherming verdient. Tenslotte gaat het om een cultuur die sterk afwijkt van de andere Surinaamse culturen. Terwijl in de omringende ex-kolonies (Brazilië, Jamaica etc.) de ontvluchte slaven na de afschaffing van de slavernij integreerden in de bestaande samenleving, slaagden de Surinaamse marrons erin om tot op de dag van vandaag hun eigen leven te leiden.



forest, often not long after arriving on the plantation. Although the maroons, partly thanks to their isolated existence, built up societies with an authentic culture, laws and customs, they did maintain contact with the coastal regions and the city. They dominated the transport on the river and worked for short periods or longer as loggers, in the production of balata (rubber), or doing other paid work. Attempts to bring the maroons more into mainstream Surinamese society, for example by converting them to Christianity, have never been very successful. In recent decades, more – usually younger – maroons have settled in Paramaribo because of the sometimes difficult living circumstances in the interior where educational and other services, for example, are seriously lacking.

Fears for the future of the maroons are justified. Their living environment is under threat from large-scale gold and bauxite mining and from logging. Contamination of the water with mercury, as a by-product of illegal gold mining, is a particularly serious threat. One of the more positive aspects is perhaps the rapidly growing eco-tourism that, in most cases, is being developed in a responsible way. Fortunately there is increasing awareness that the maroon culture needs protecting. It is, after all, very different from the other cultures in Suriname. While escaped slaves in the surrounding ex-colonies (Brazil, Jamaica, etc.) integrated into wider society after independence, the Surinamese maroons succeeded in leading their own lives right up to the present day.

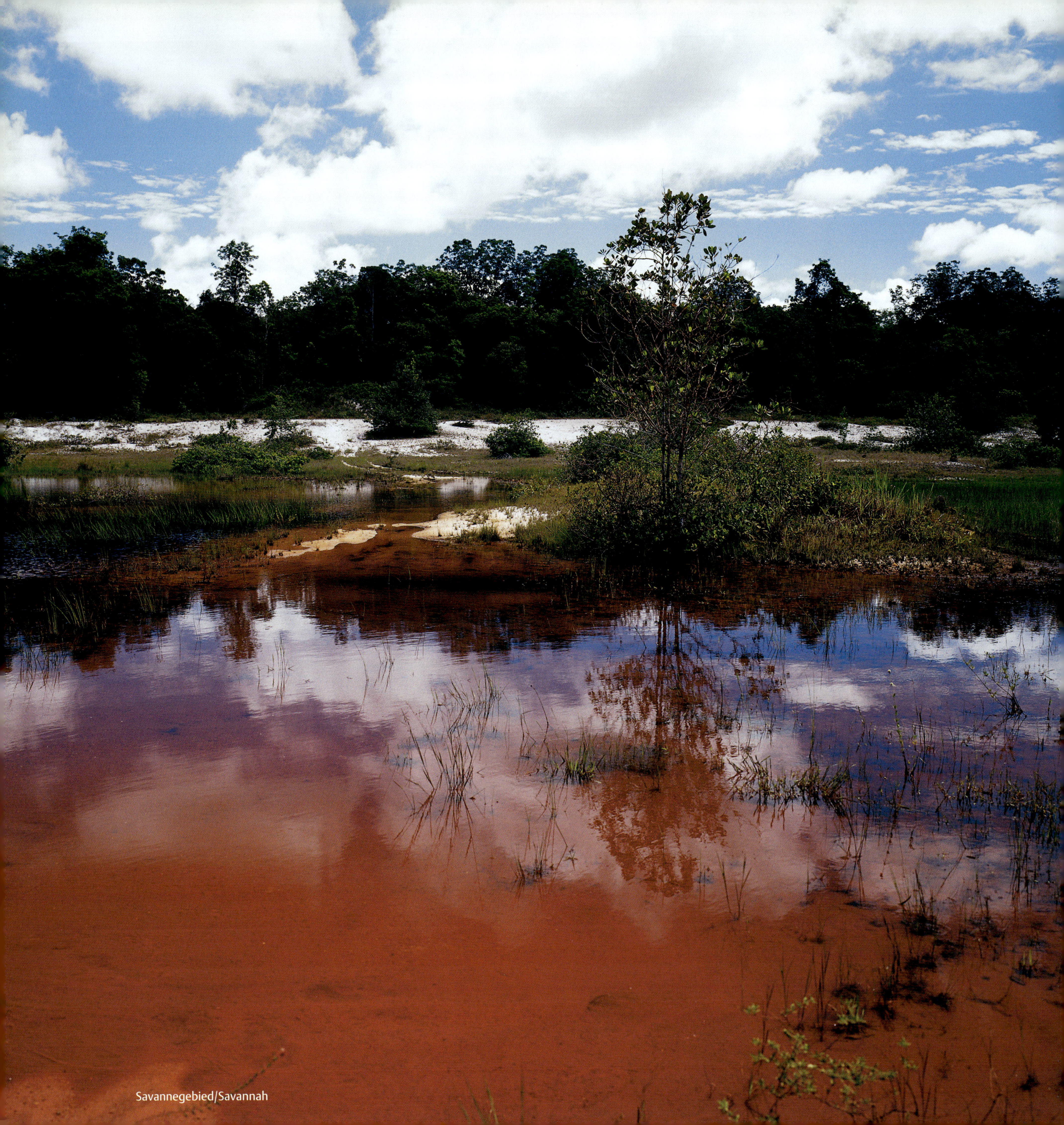

Savannegebied/Savannah

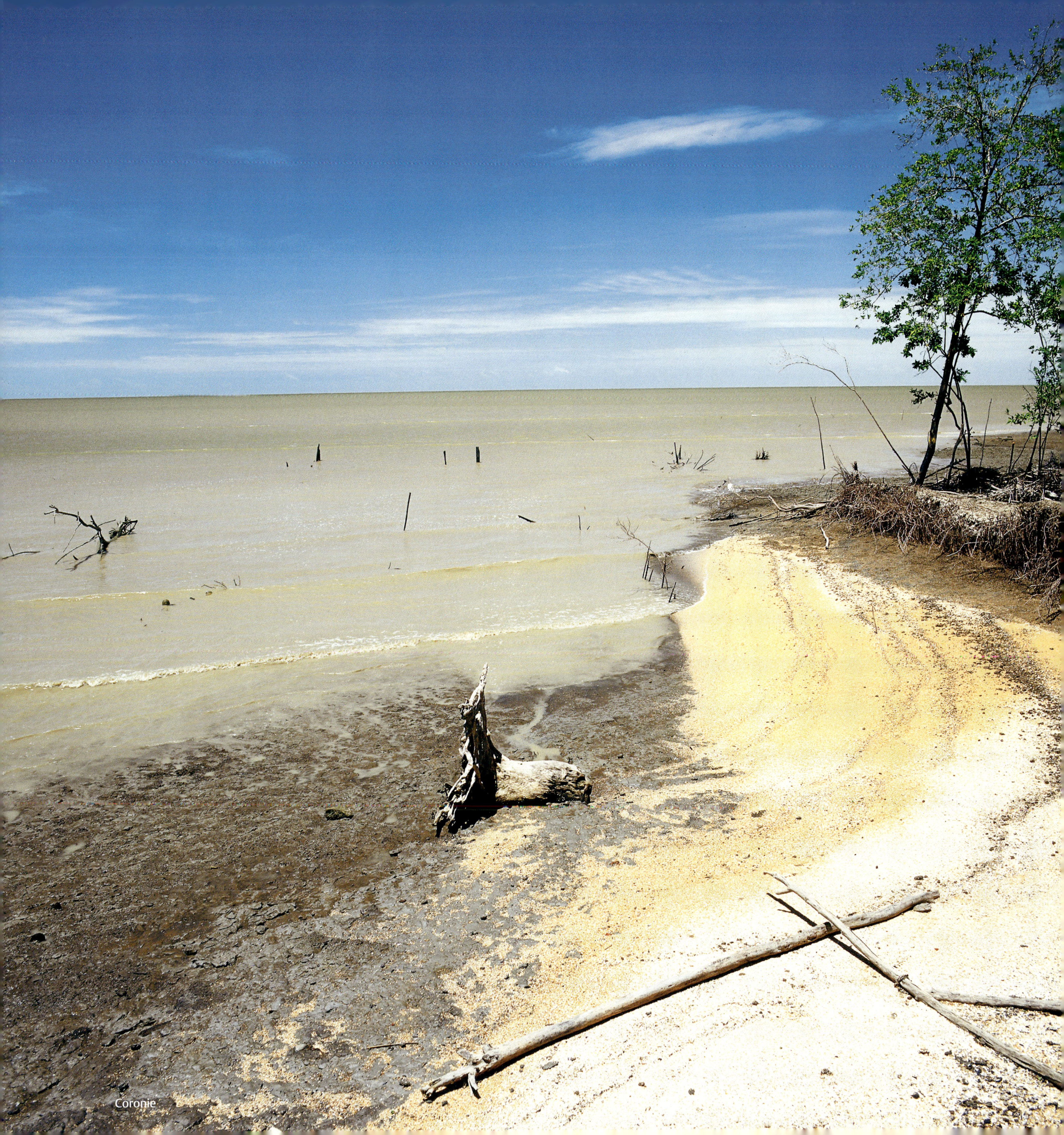

Coronie

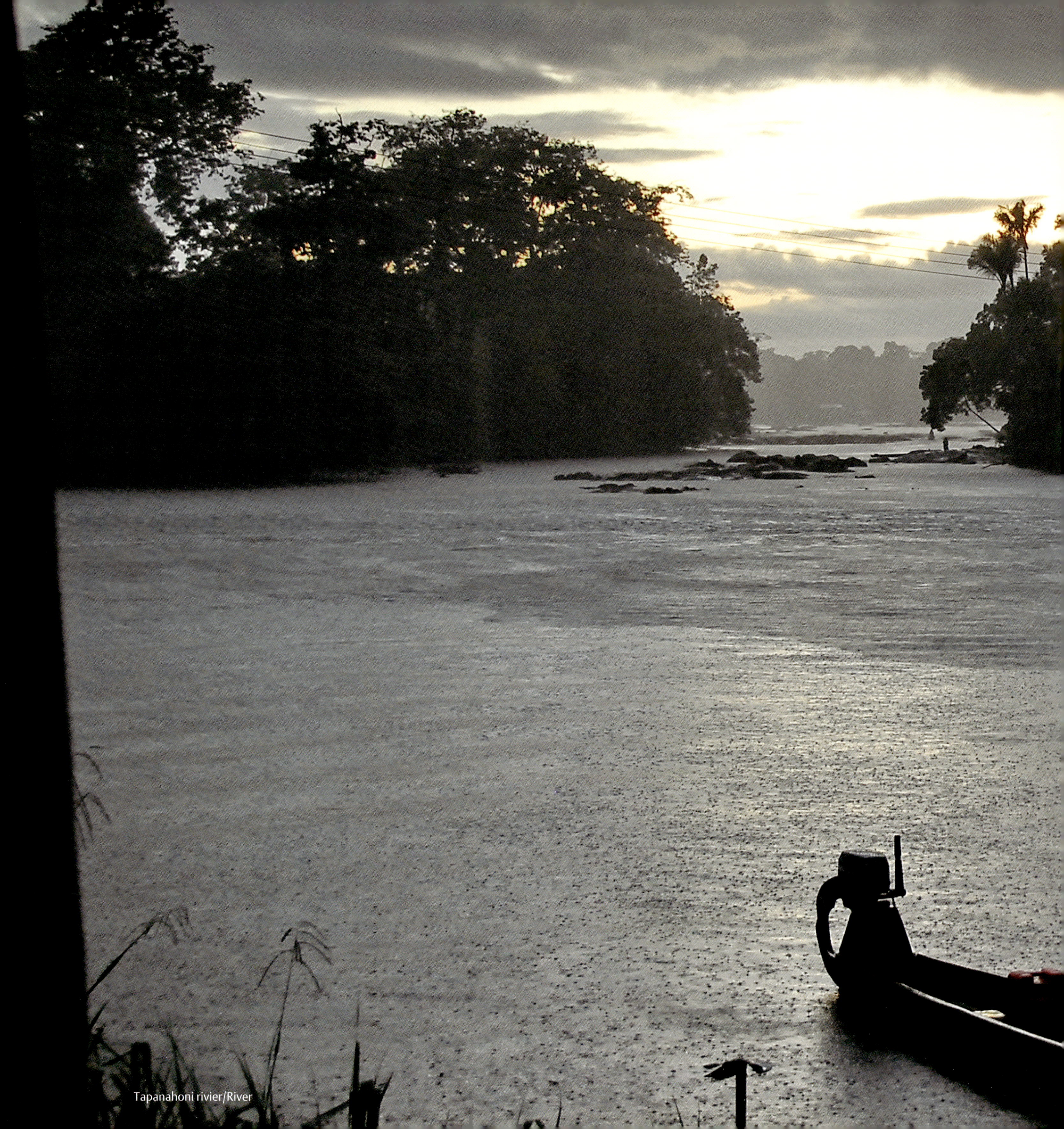

Tapanahoni rivier/River

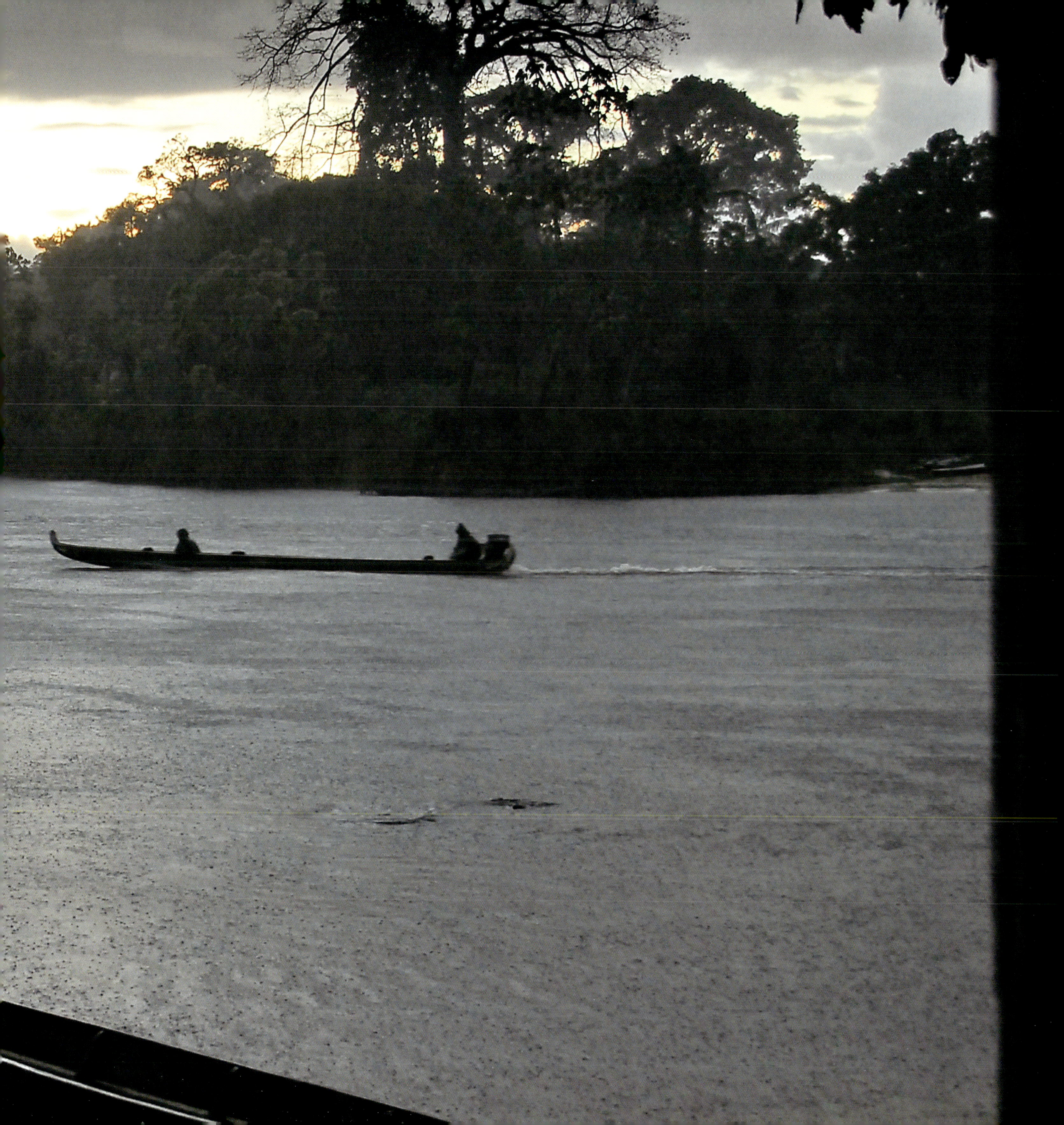

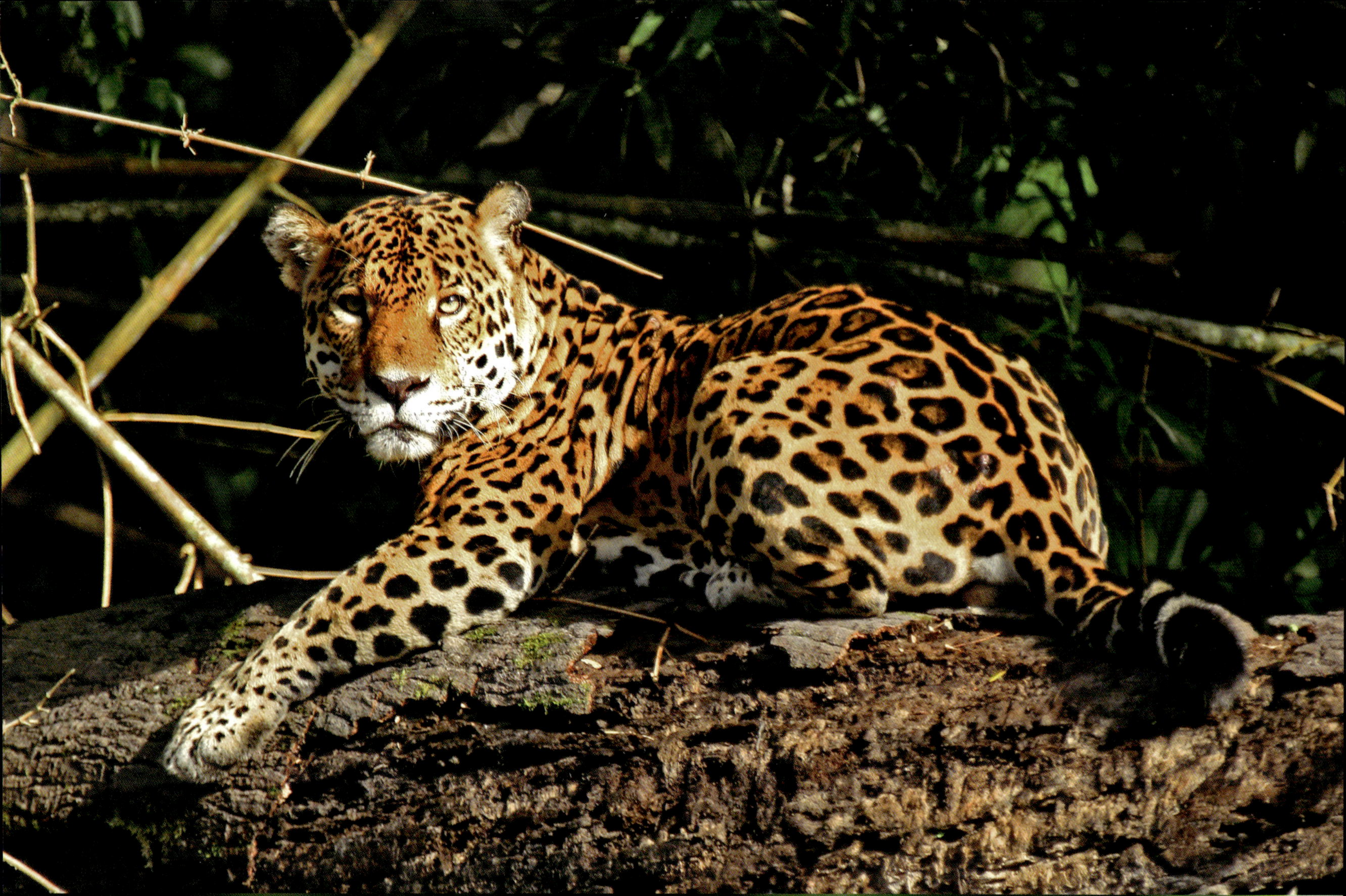

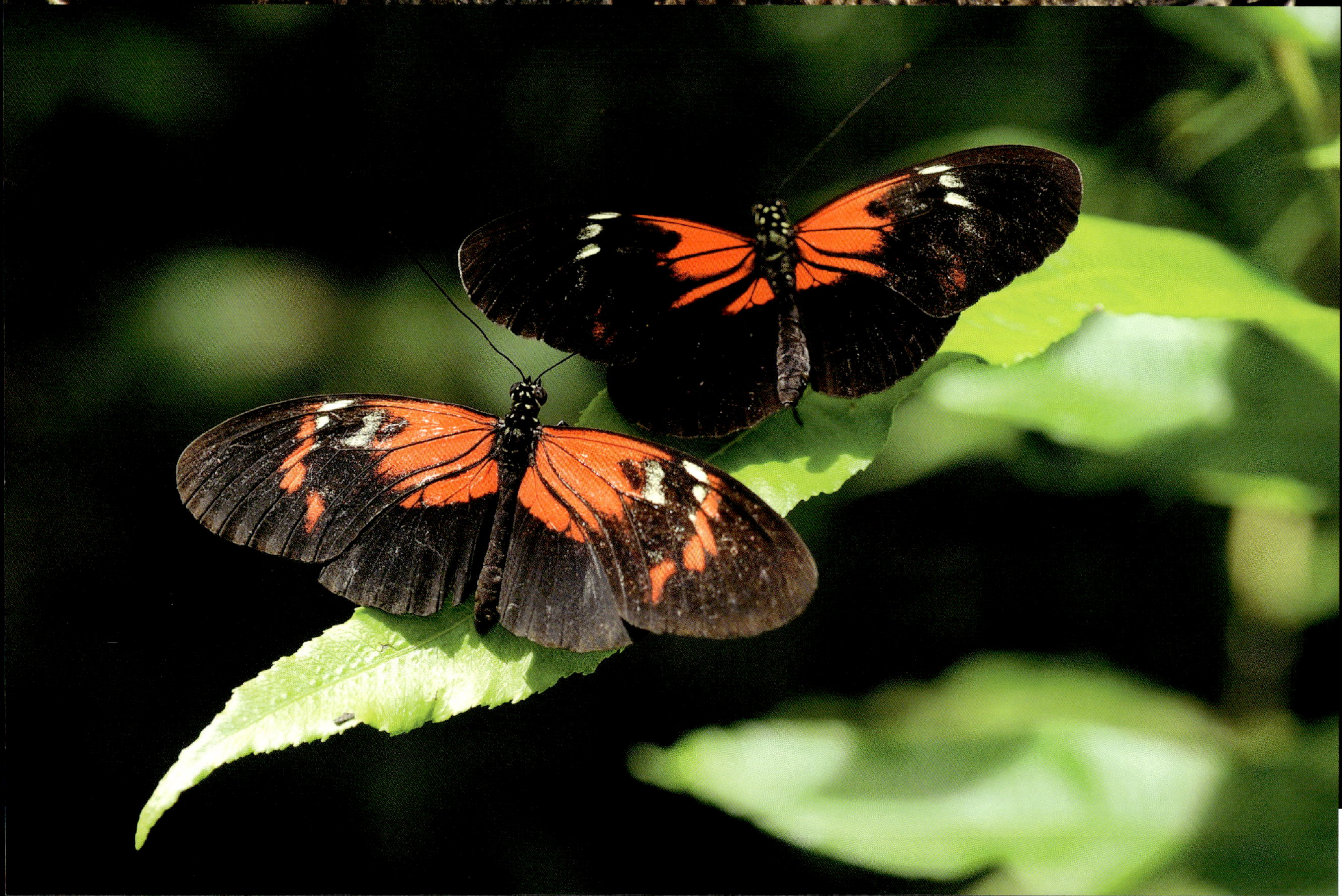

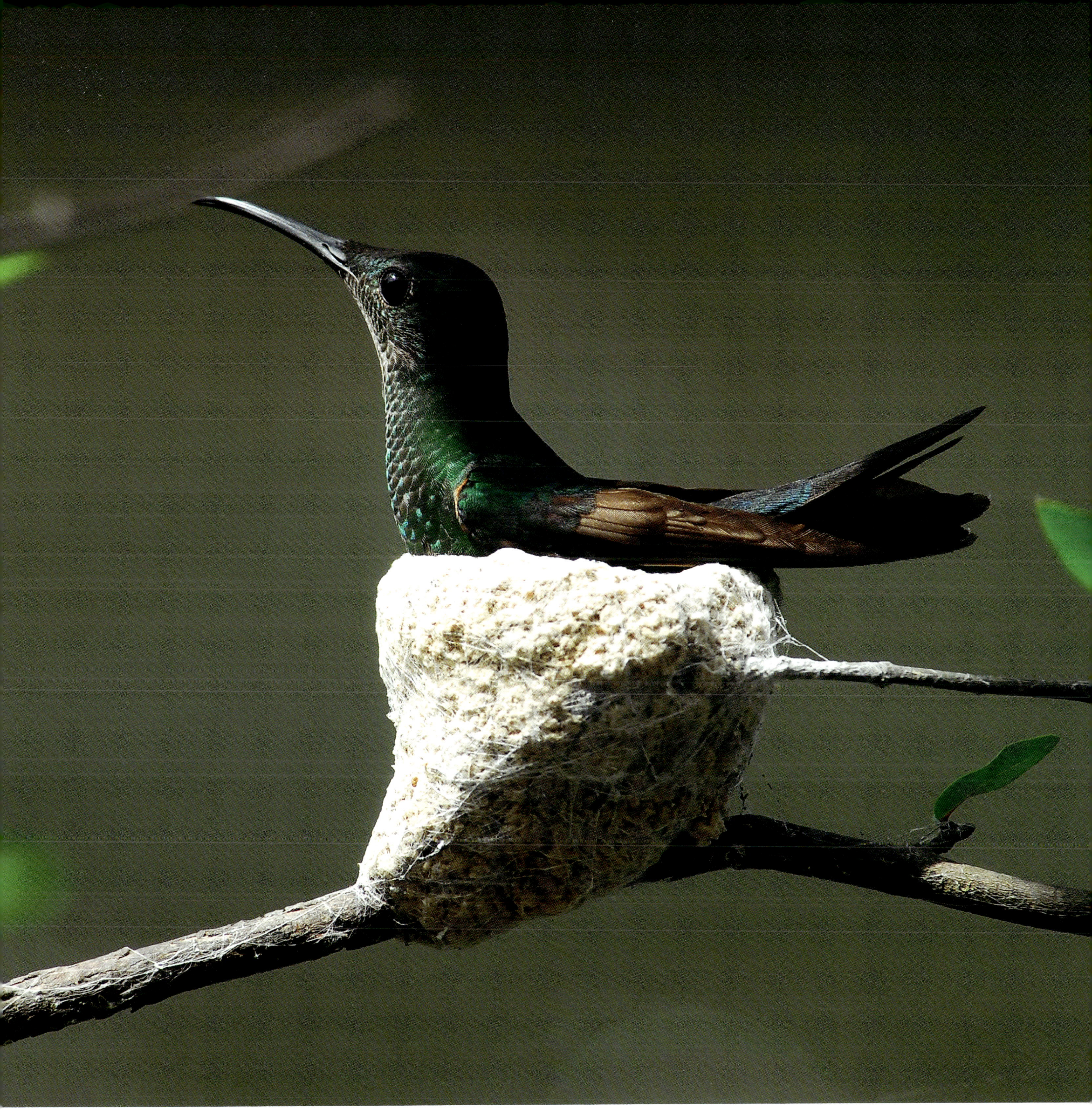

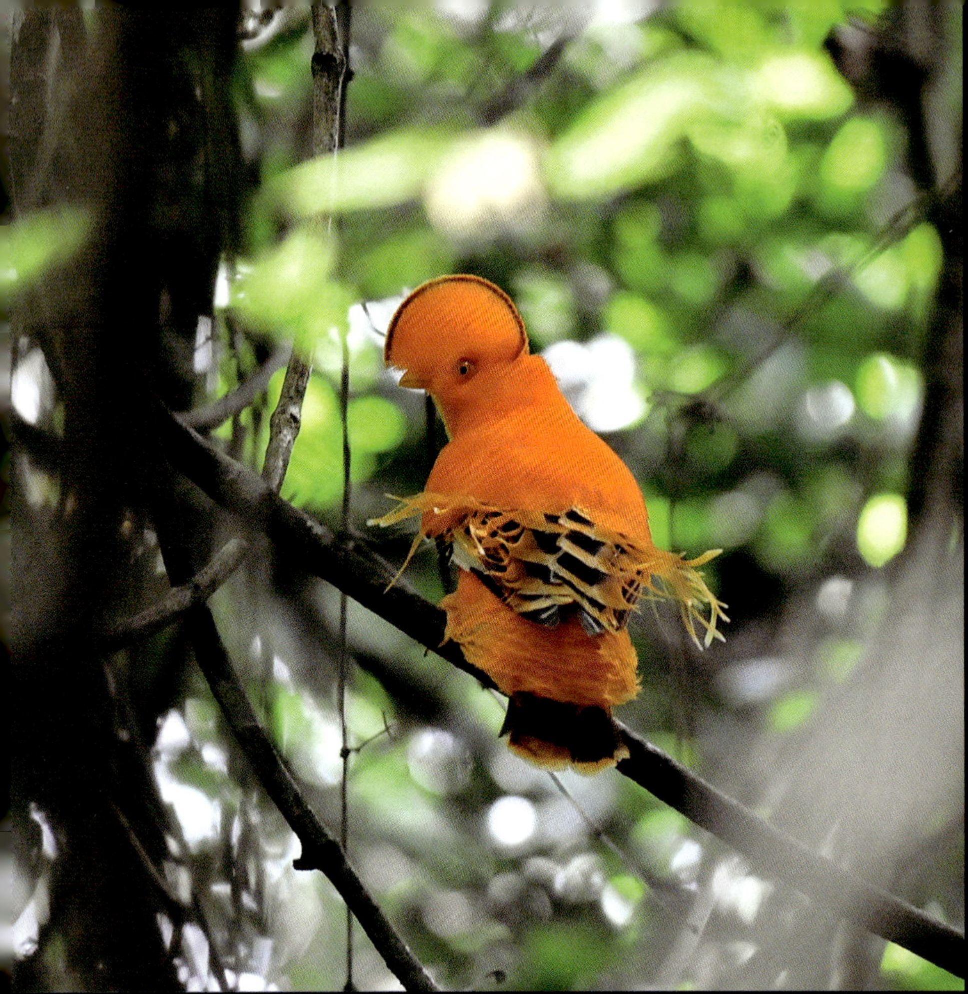

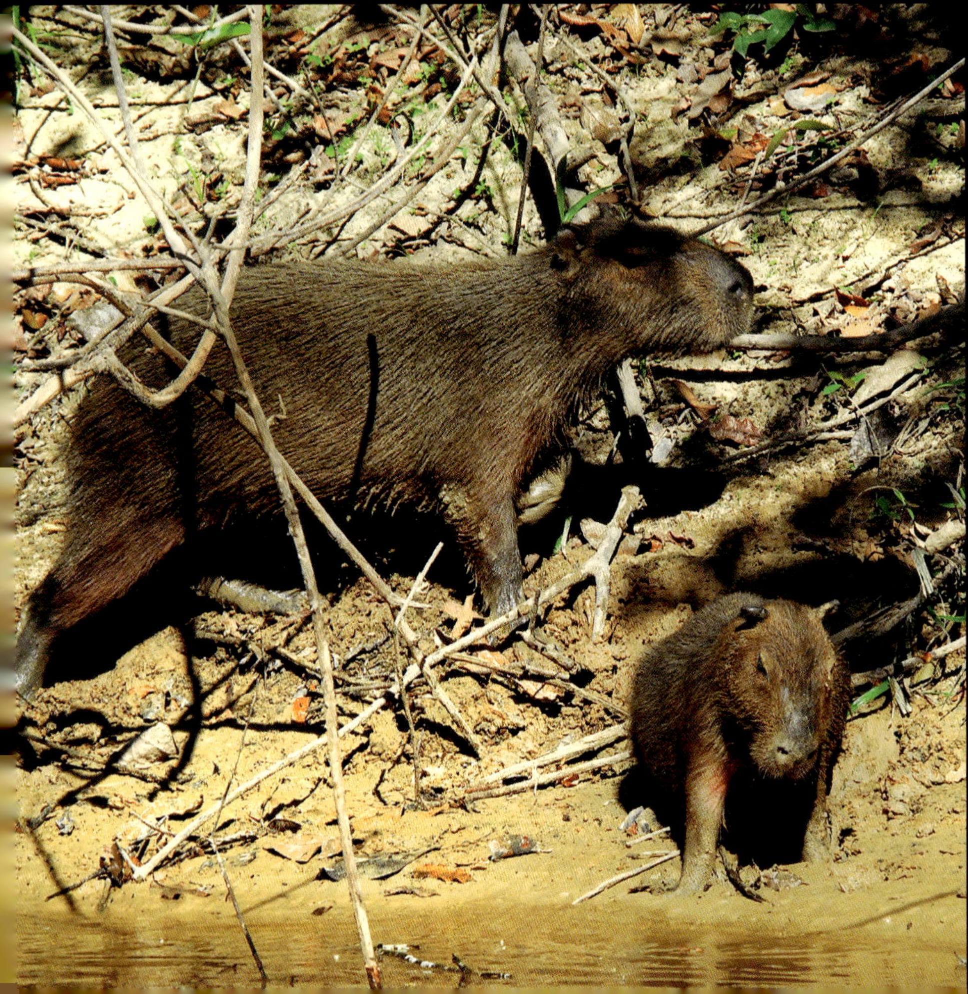

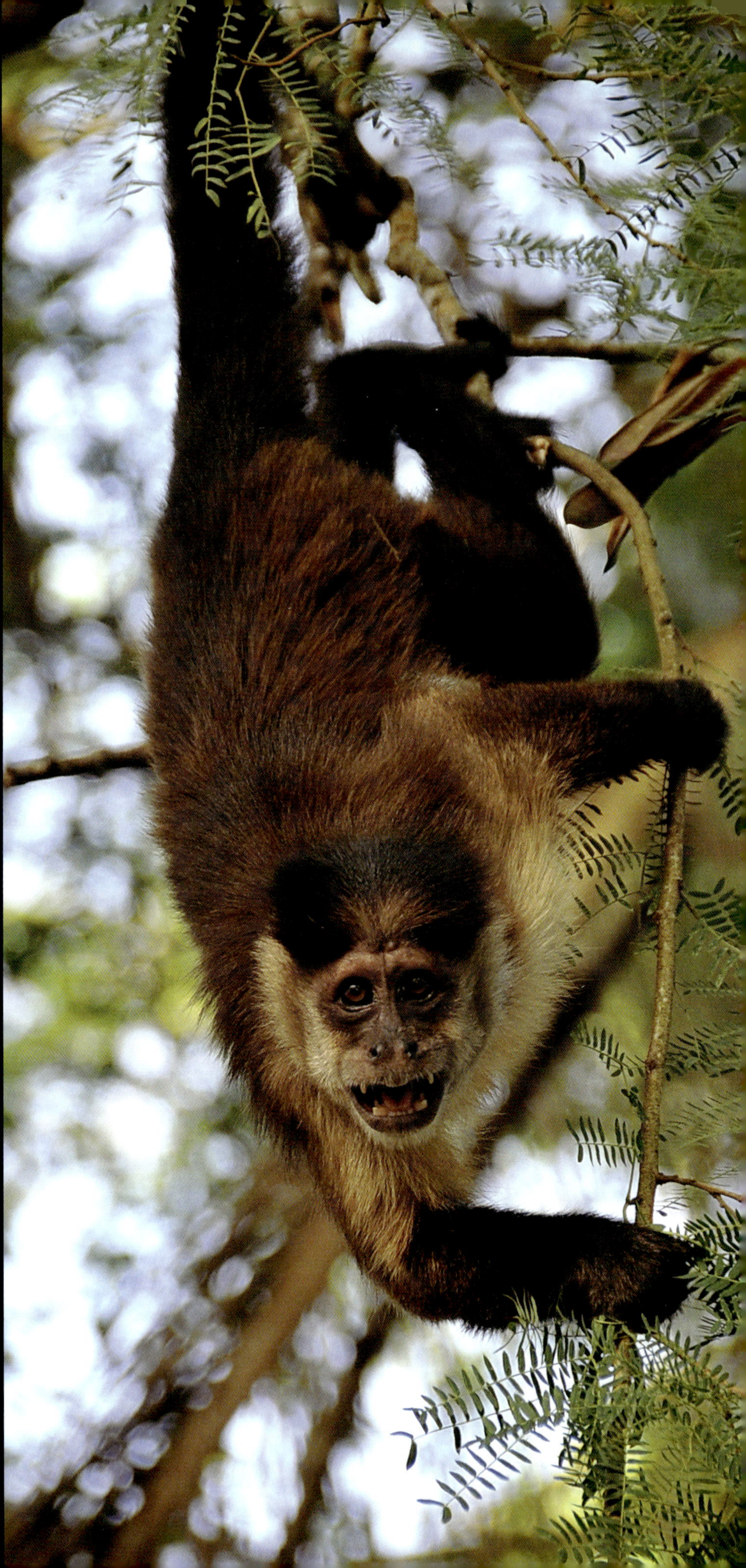

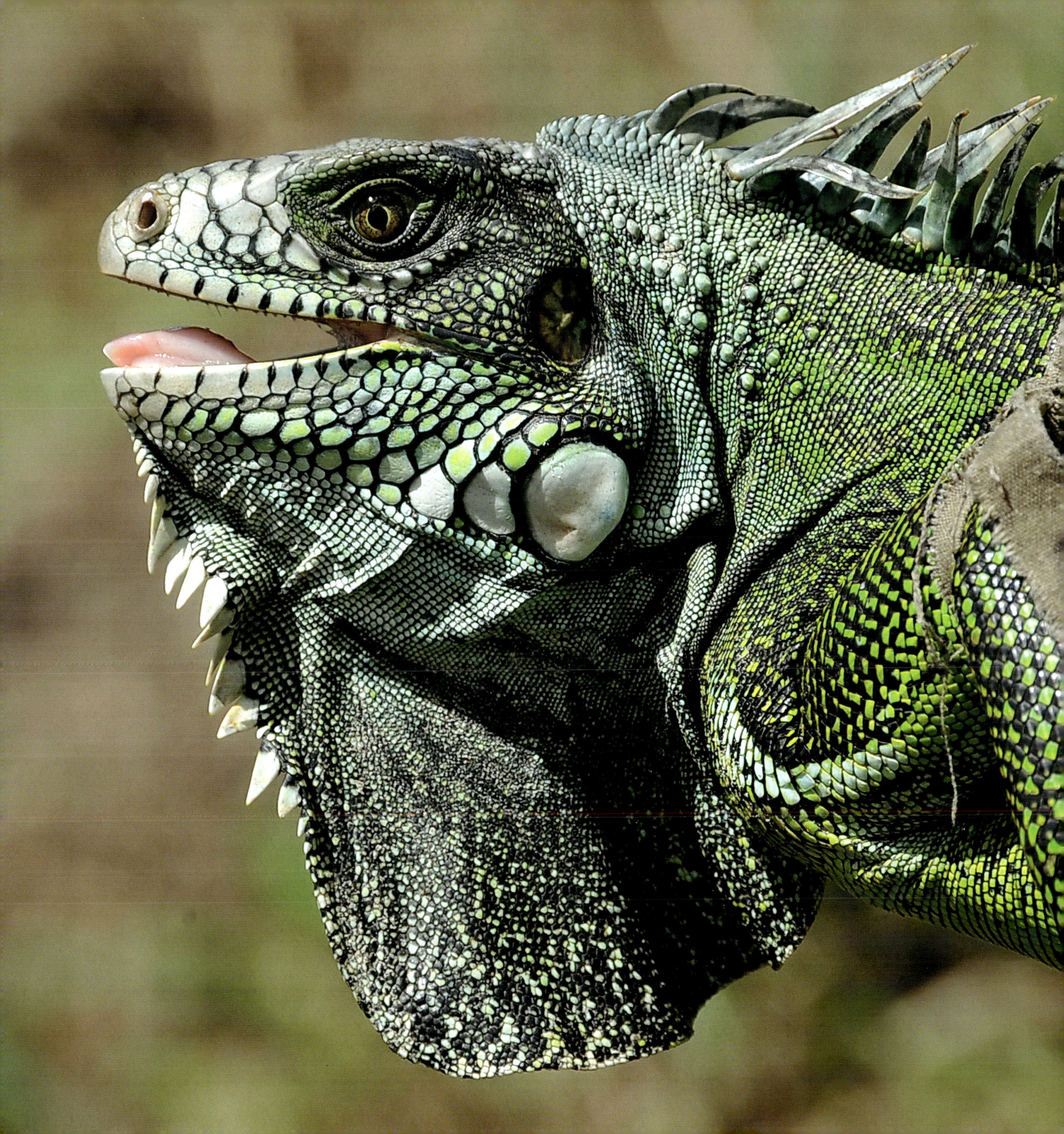

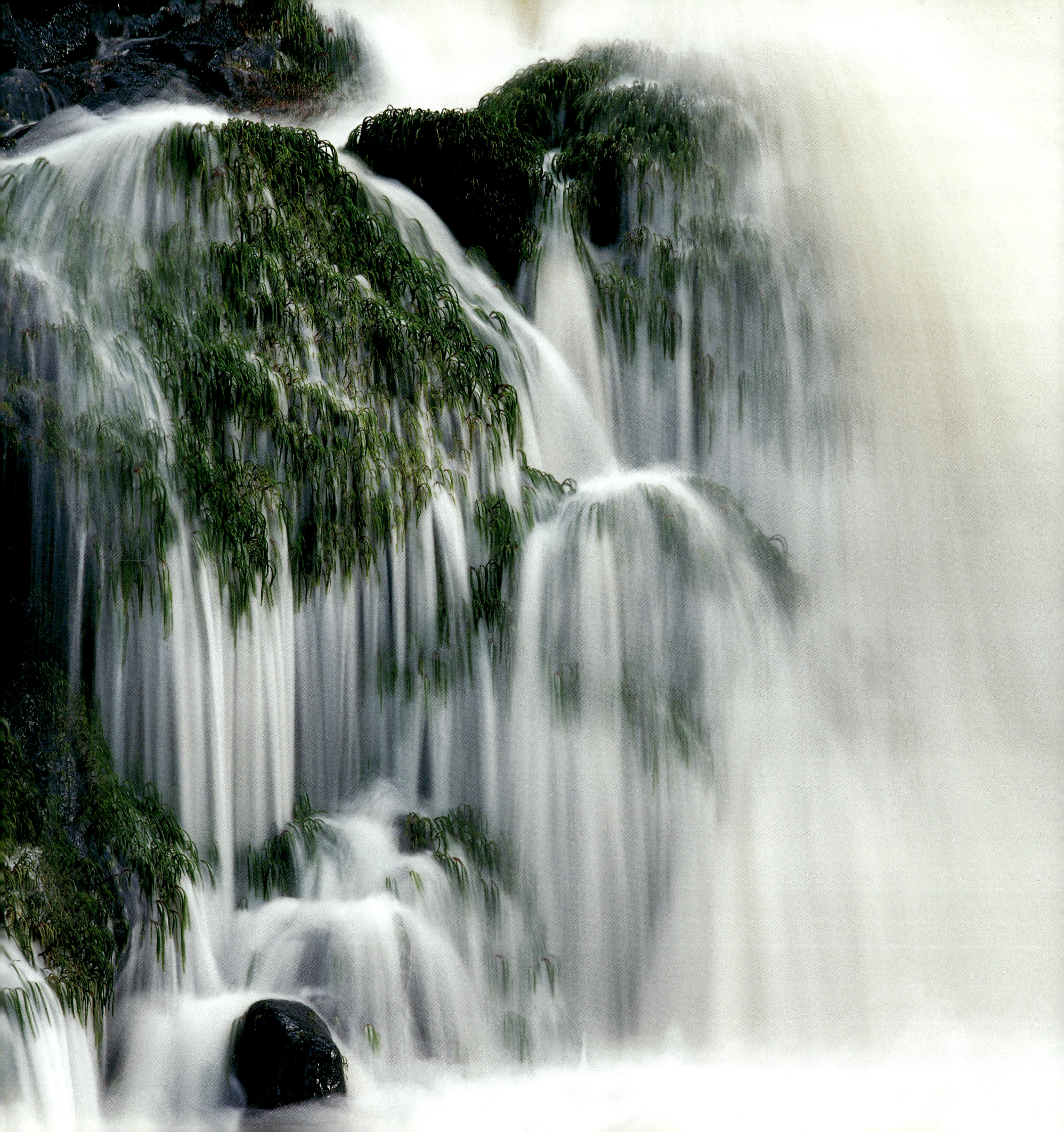

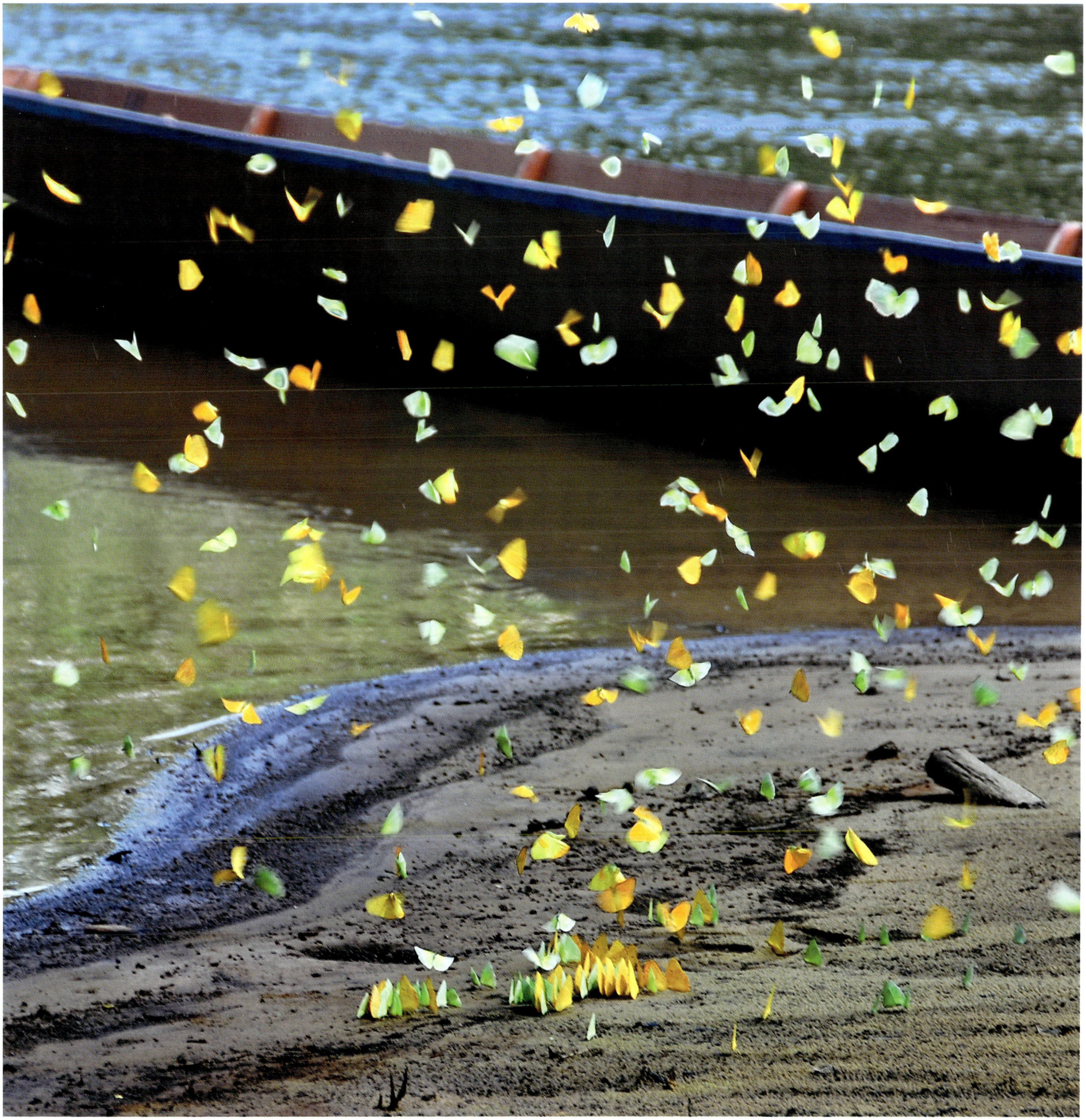

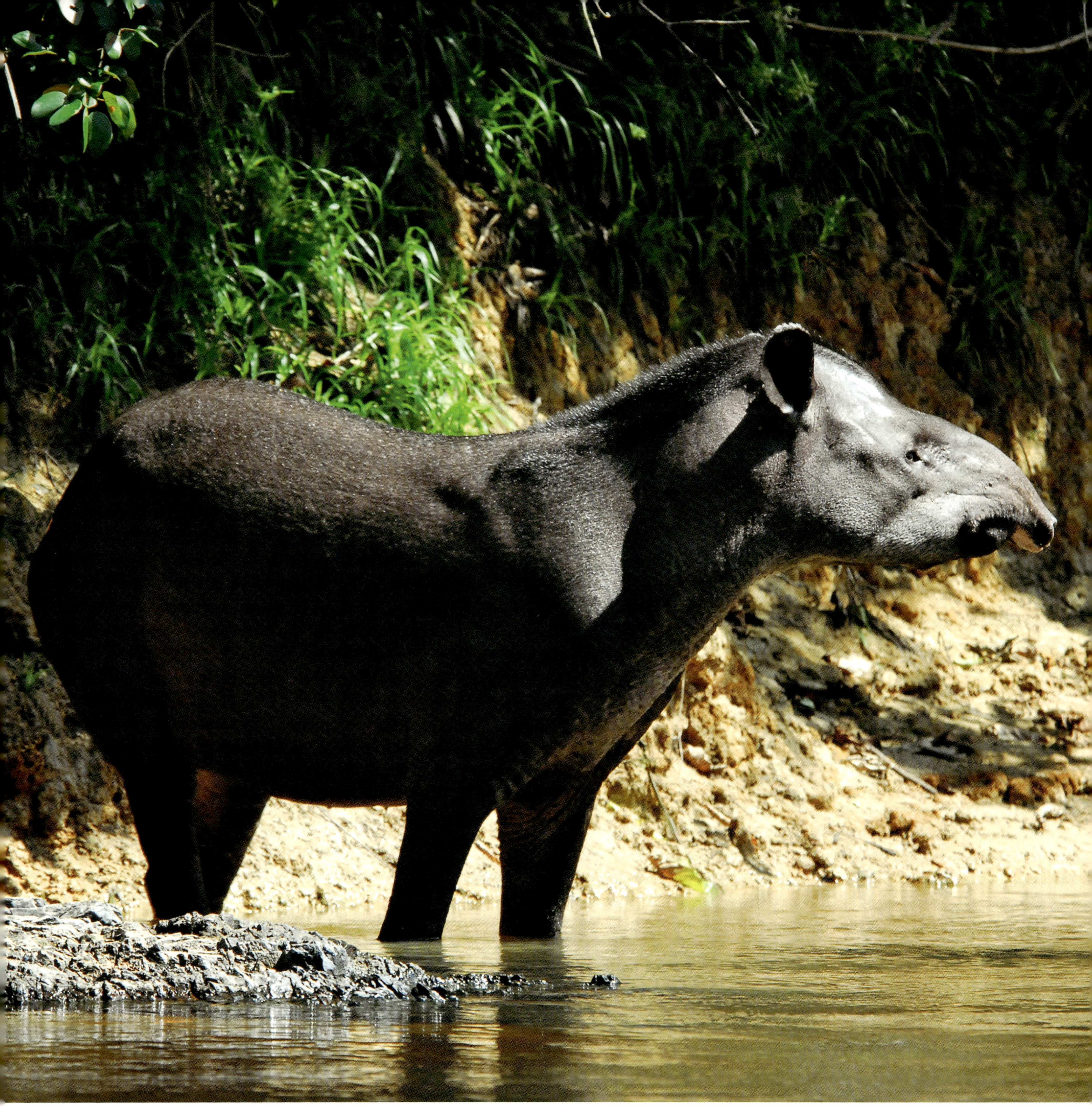

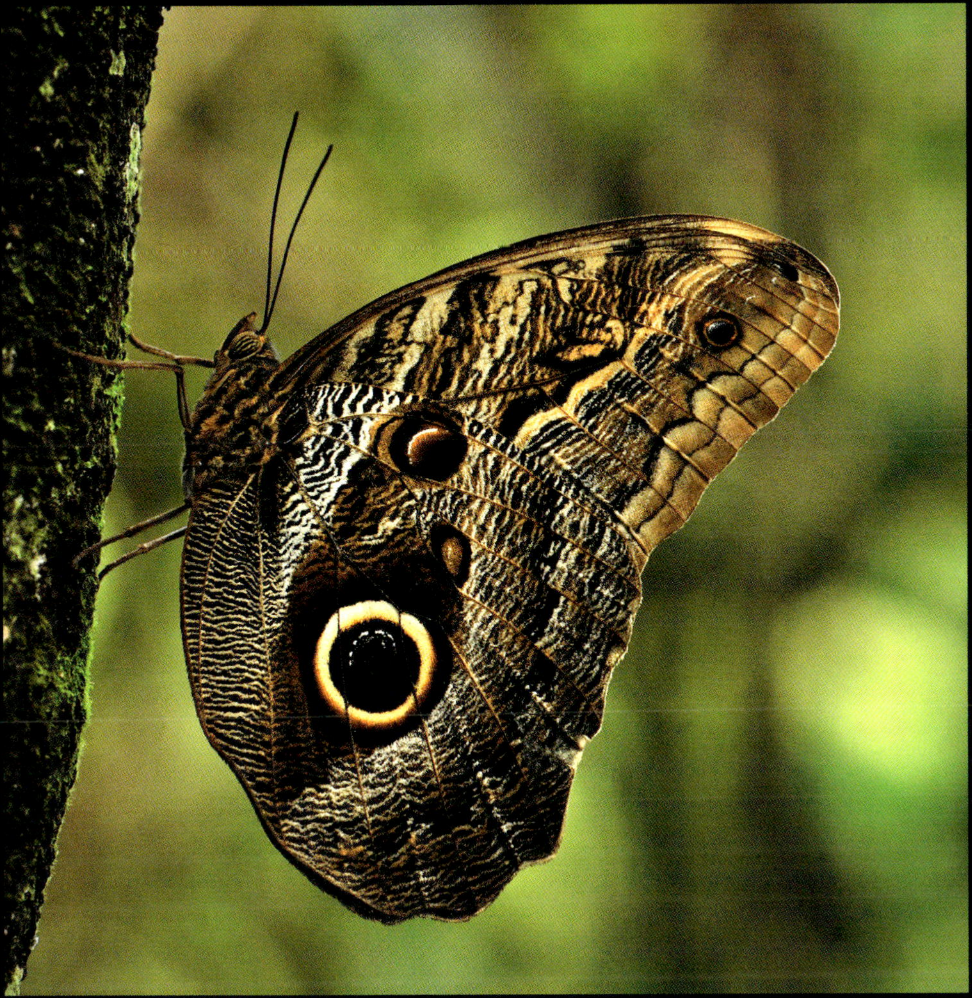
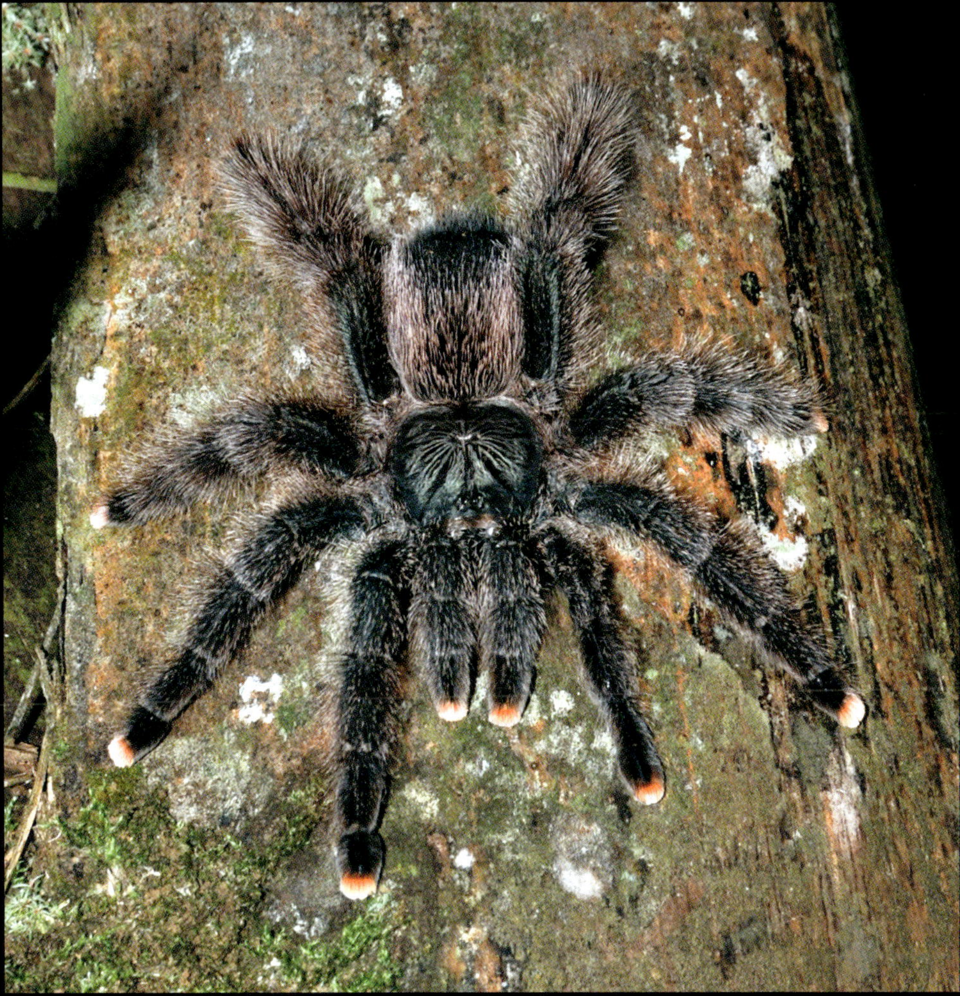
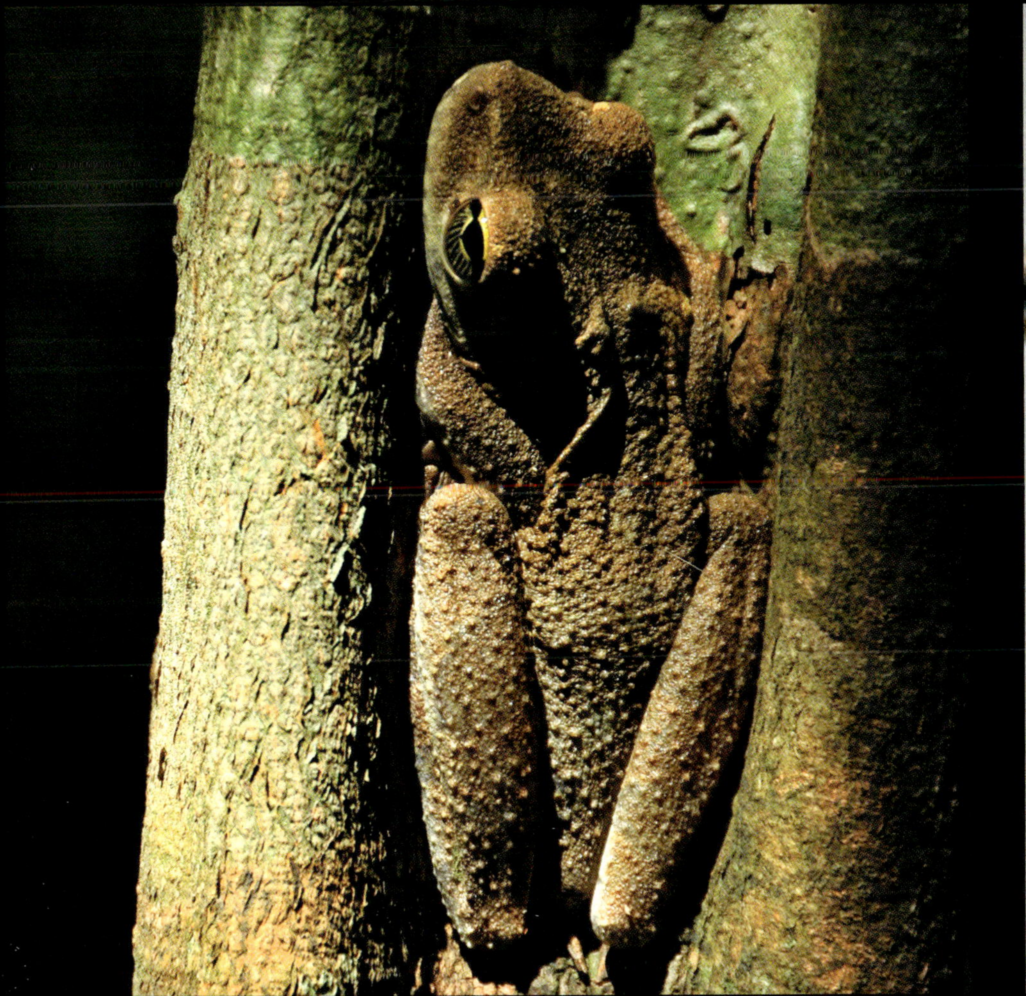
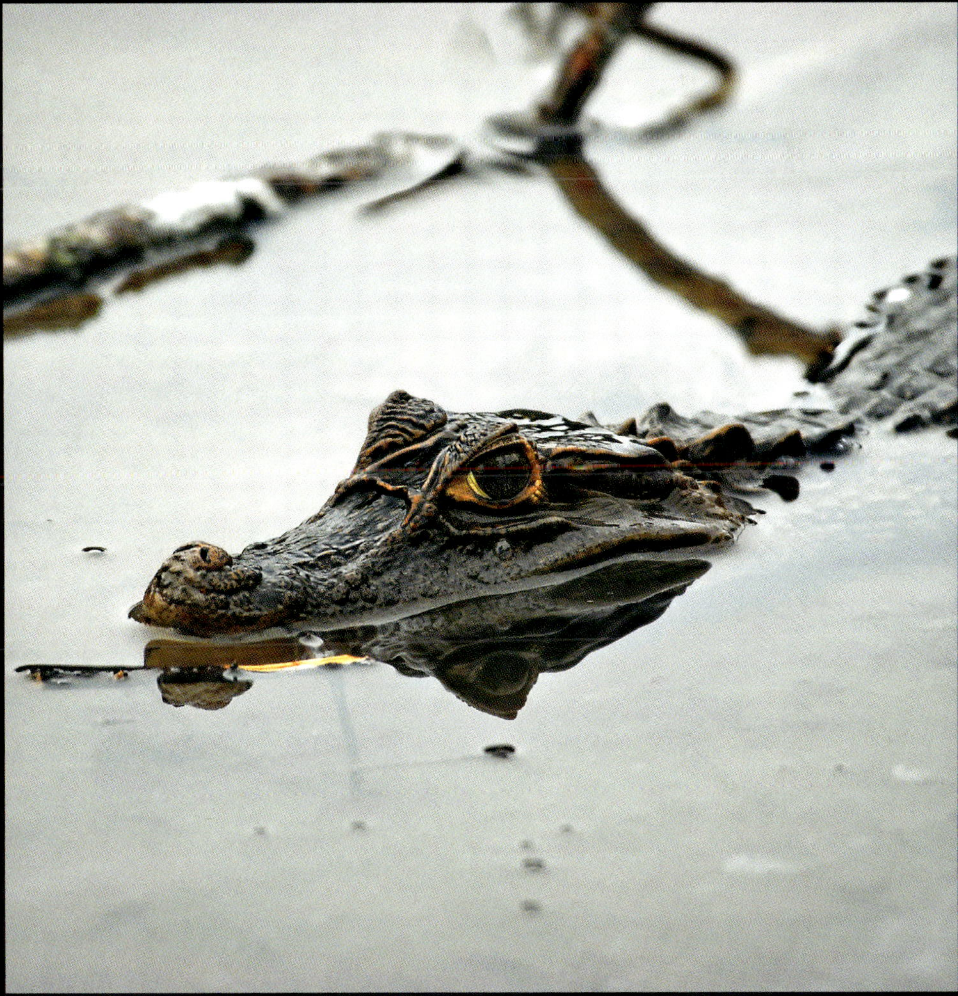

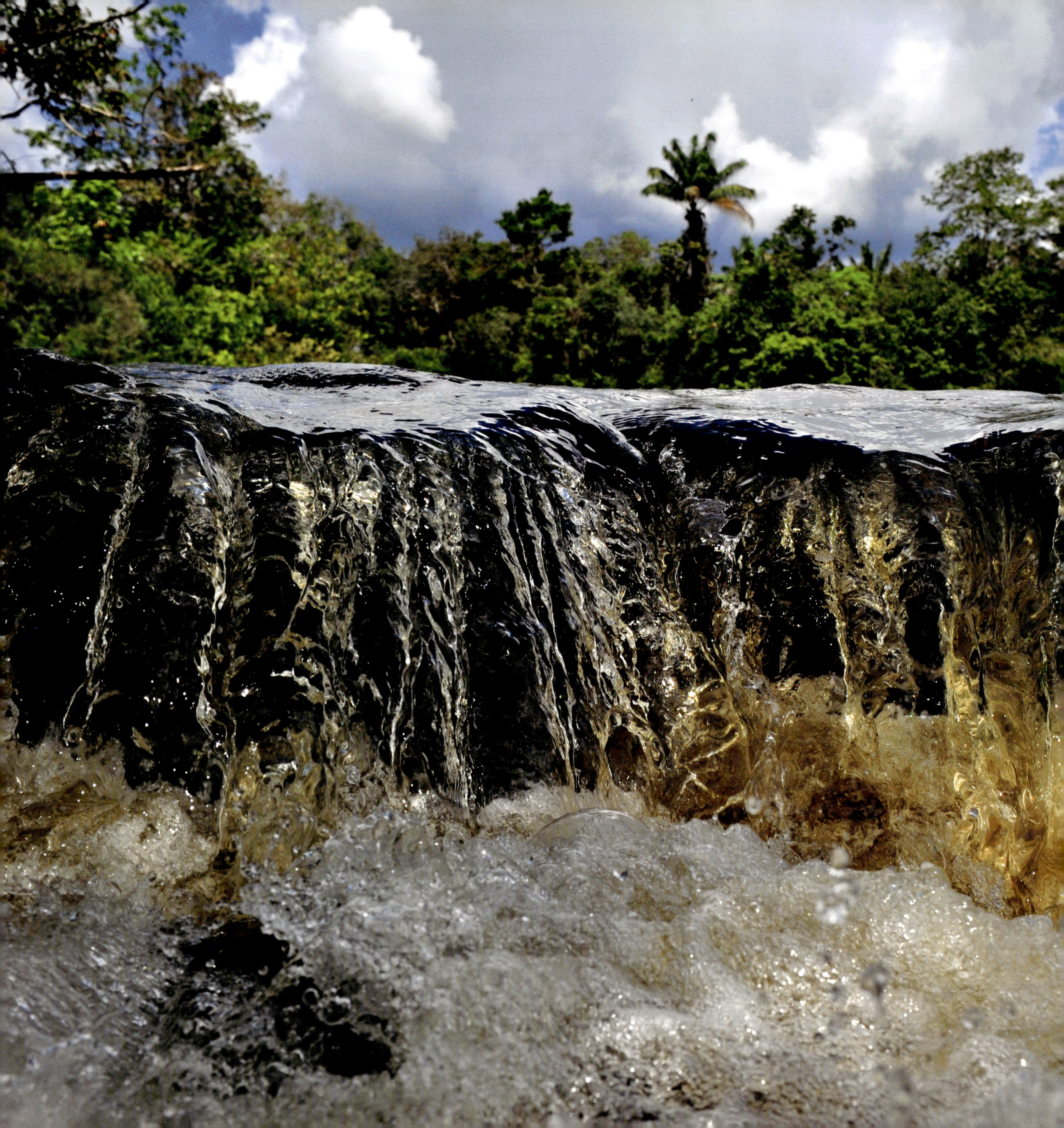

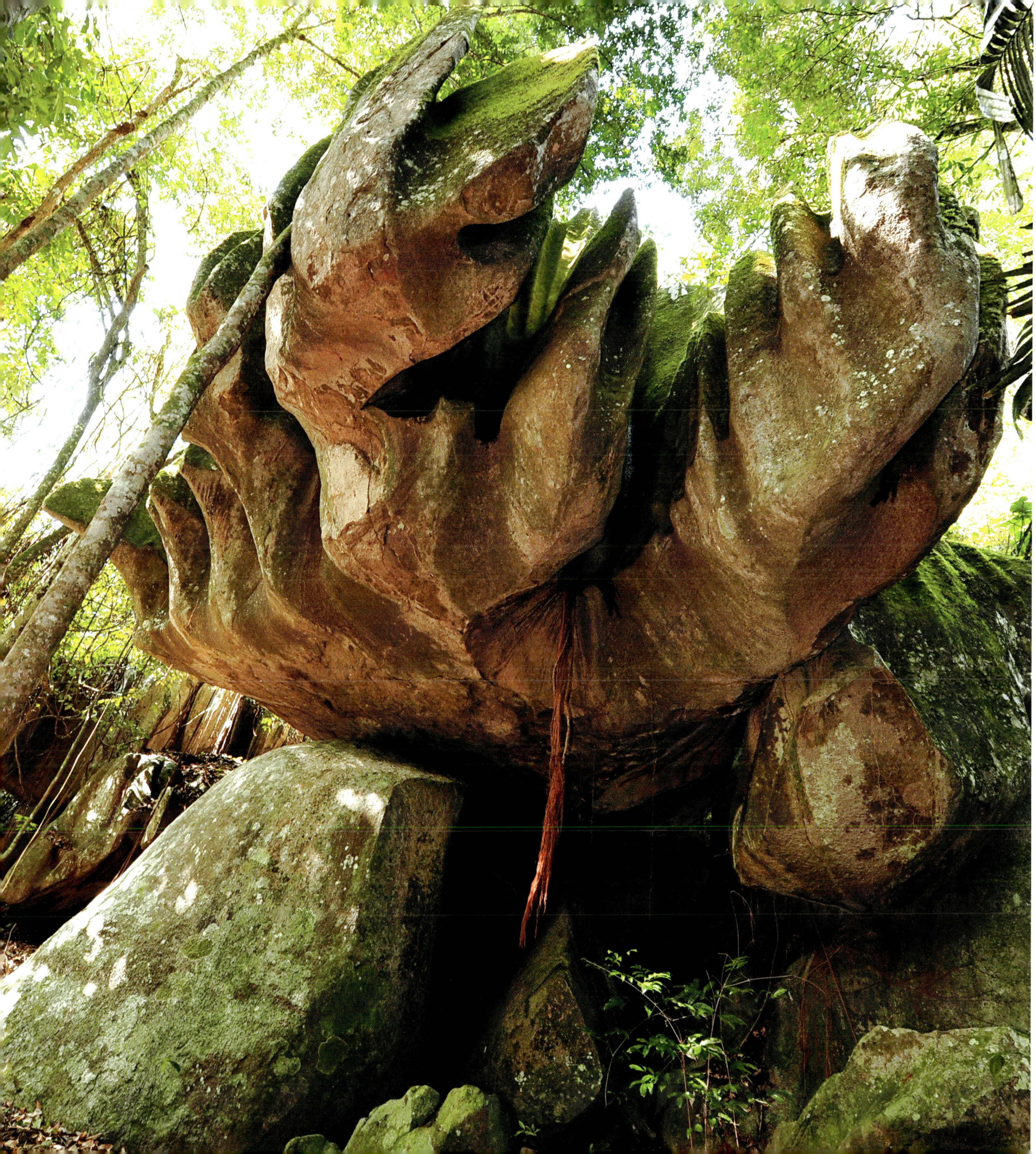

Grotingang/Cave entrance, Werehpai

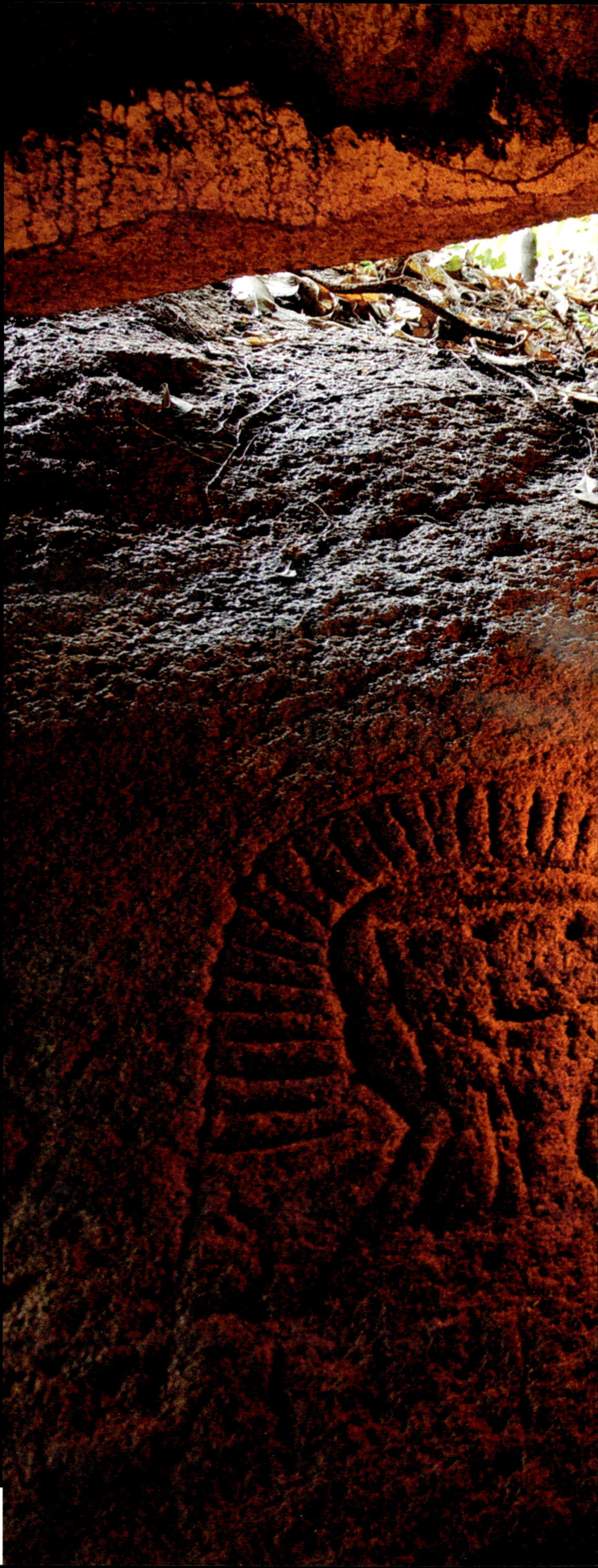

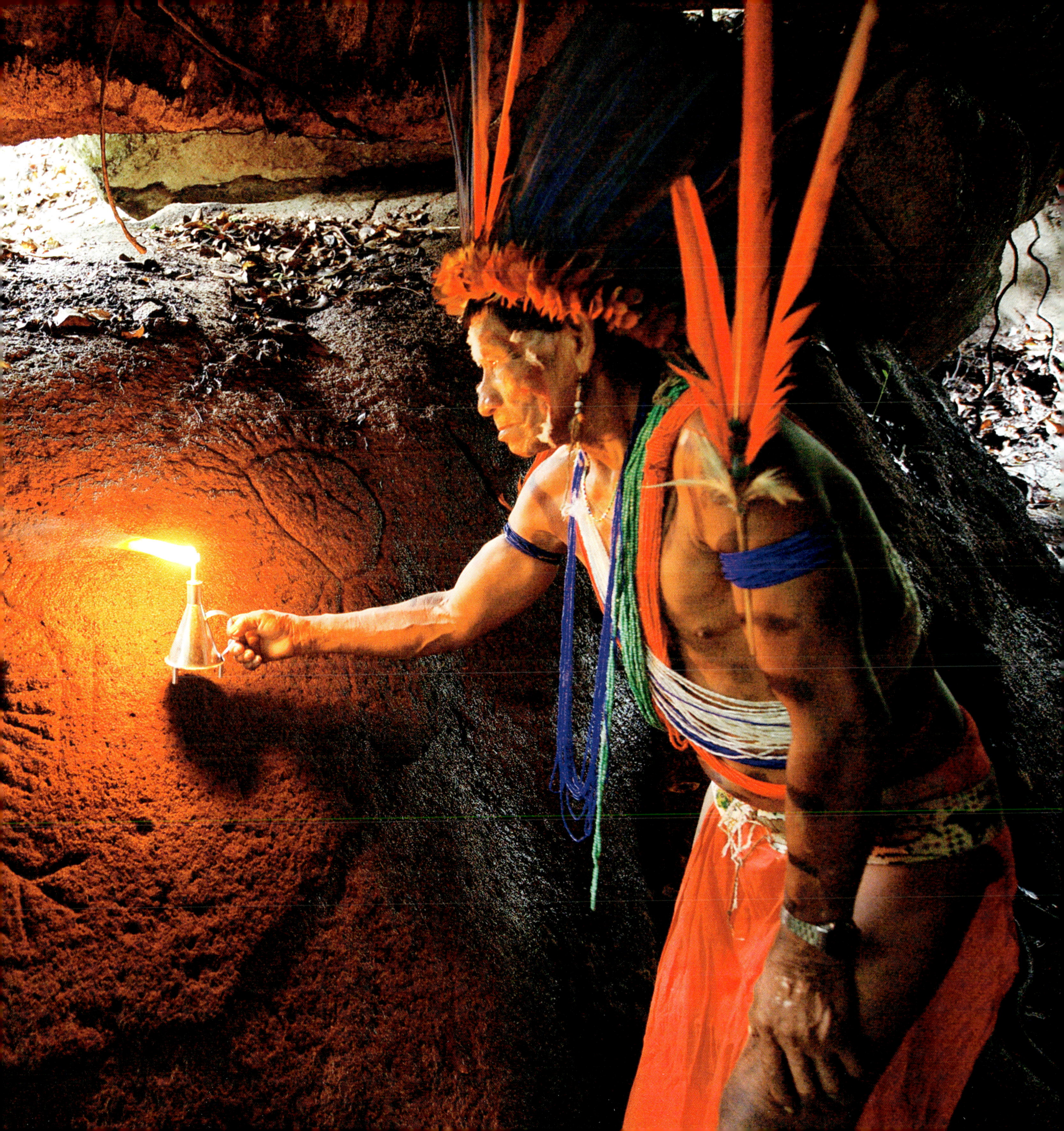

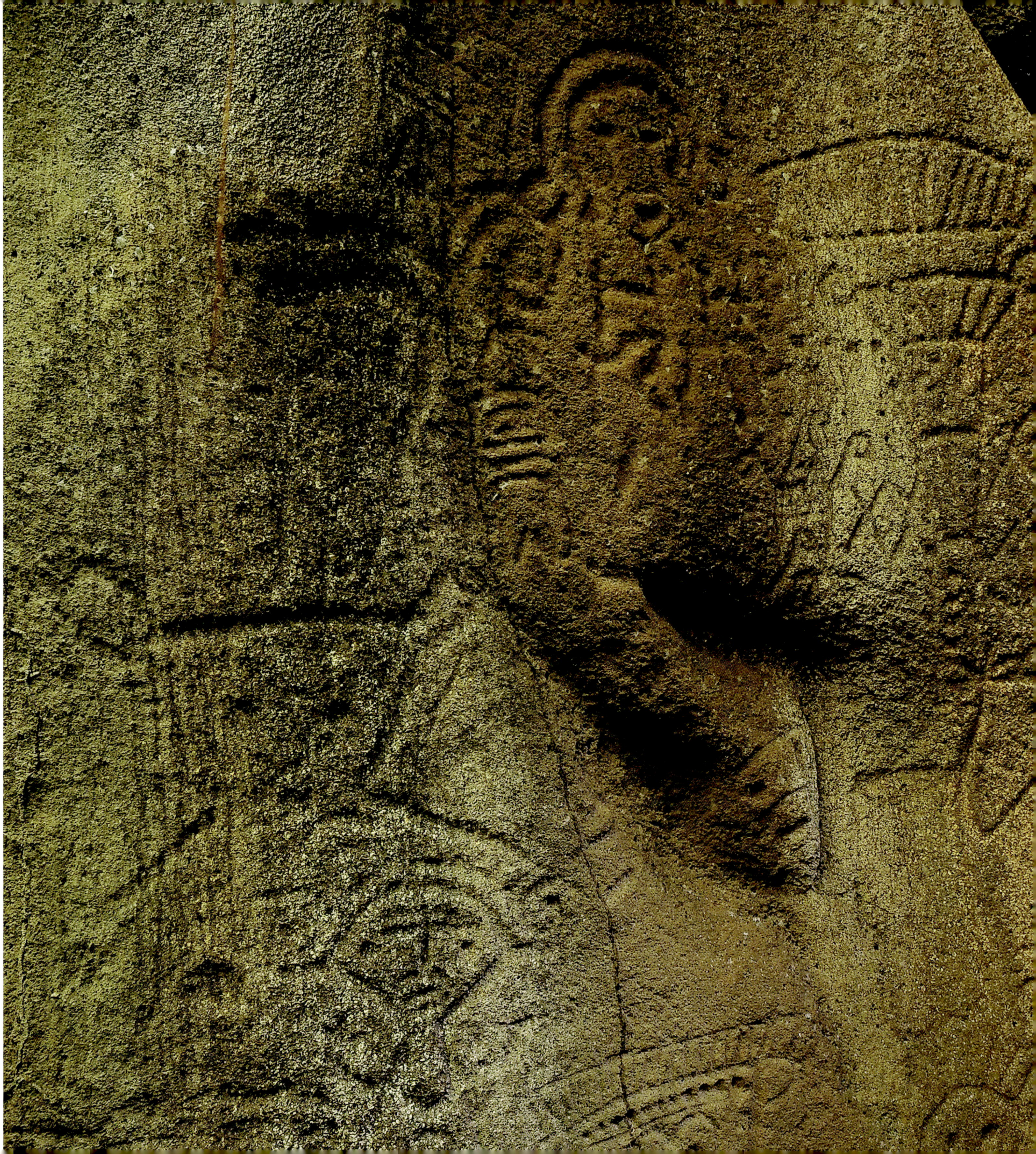

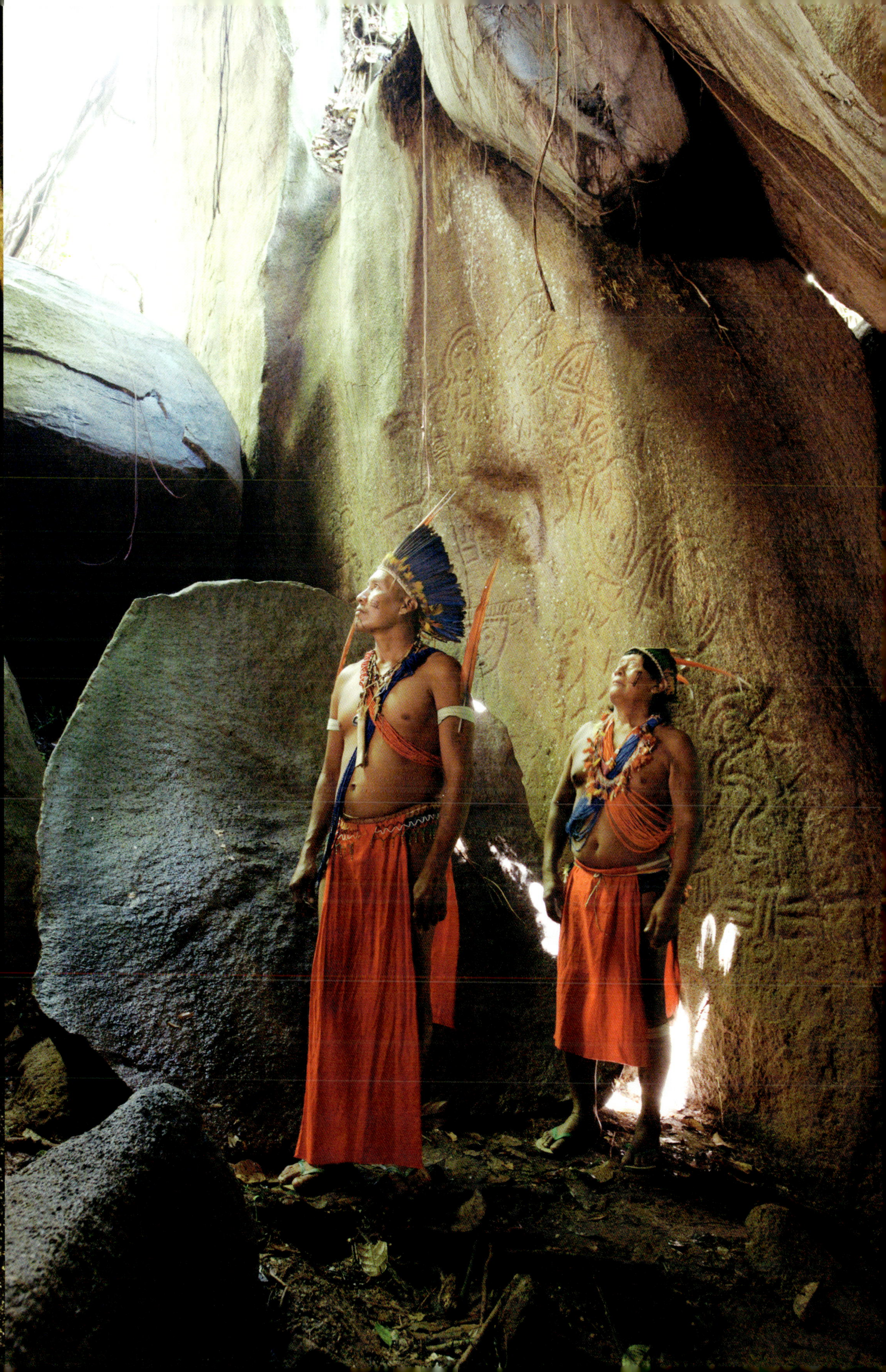

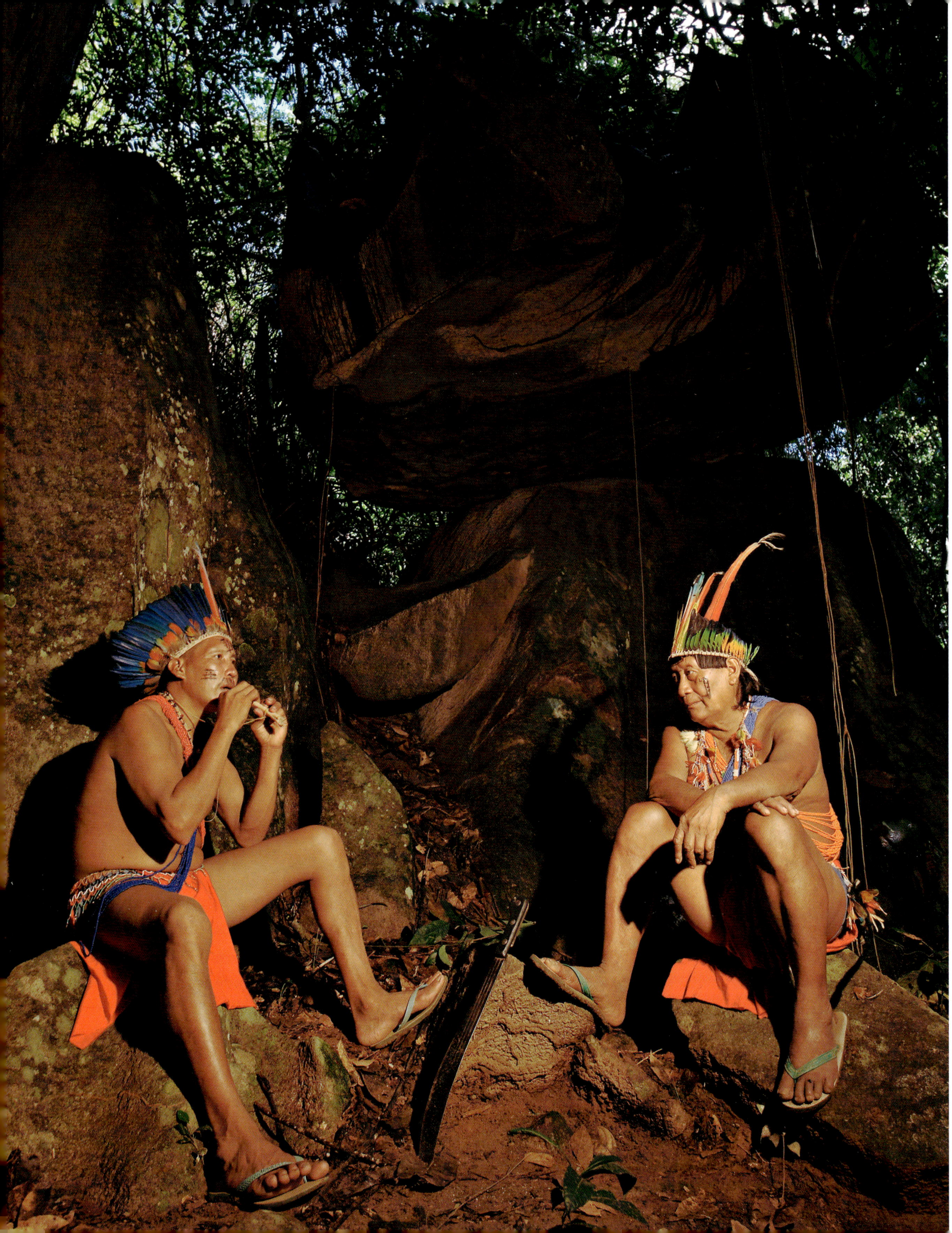

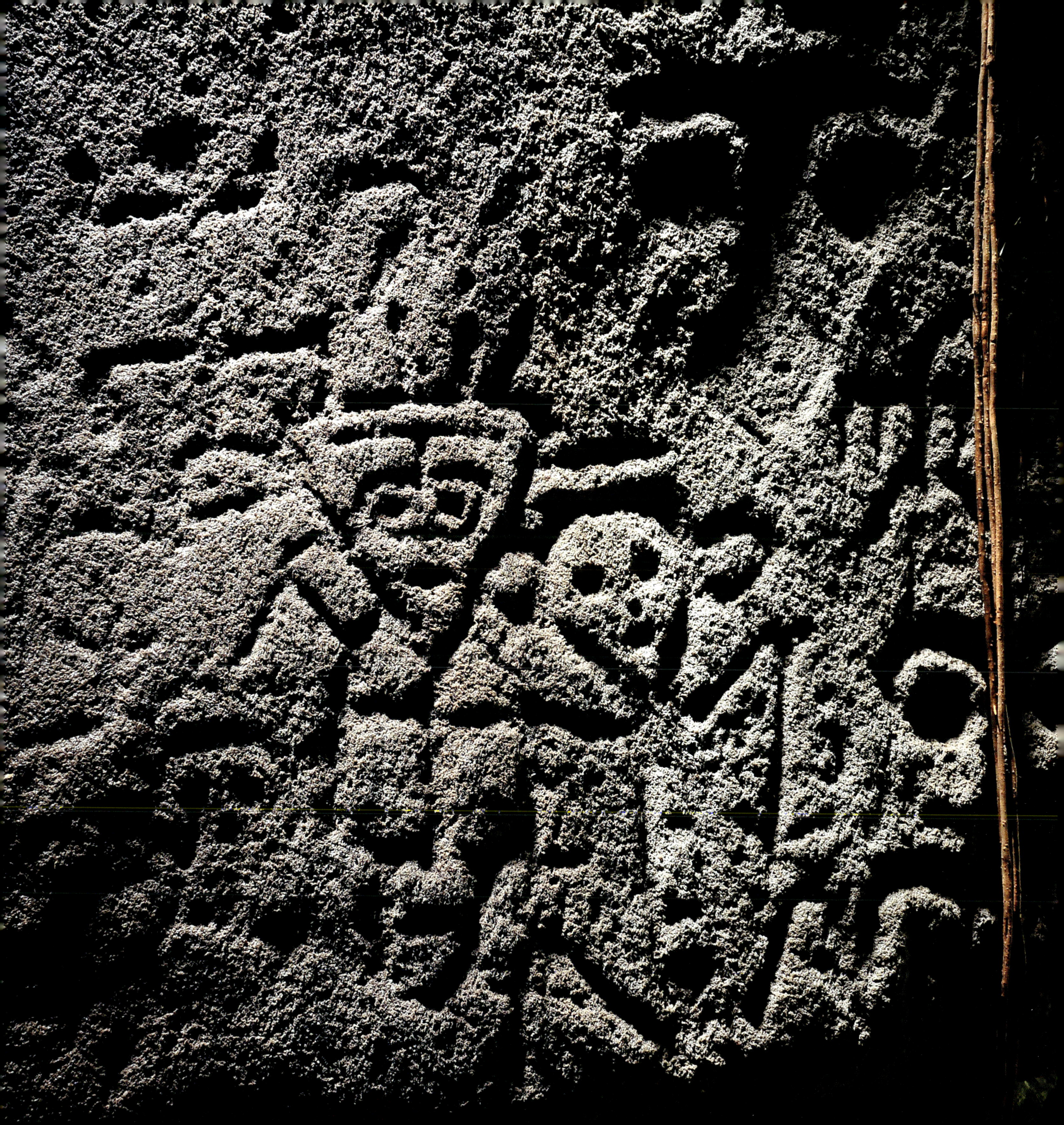

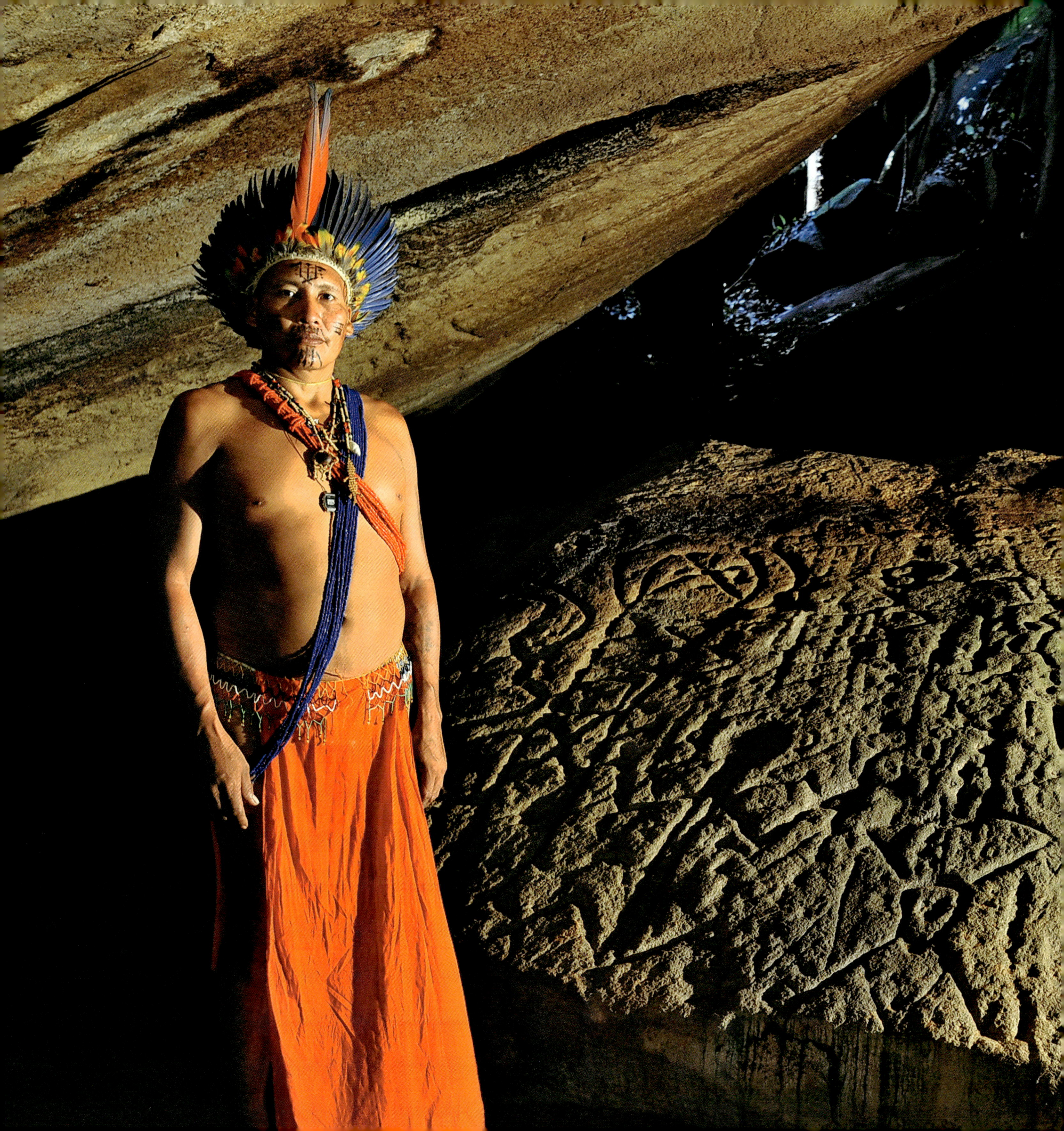

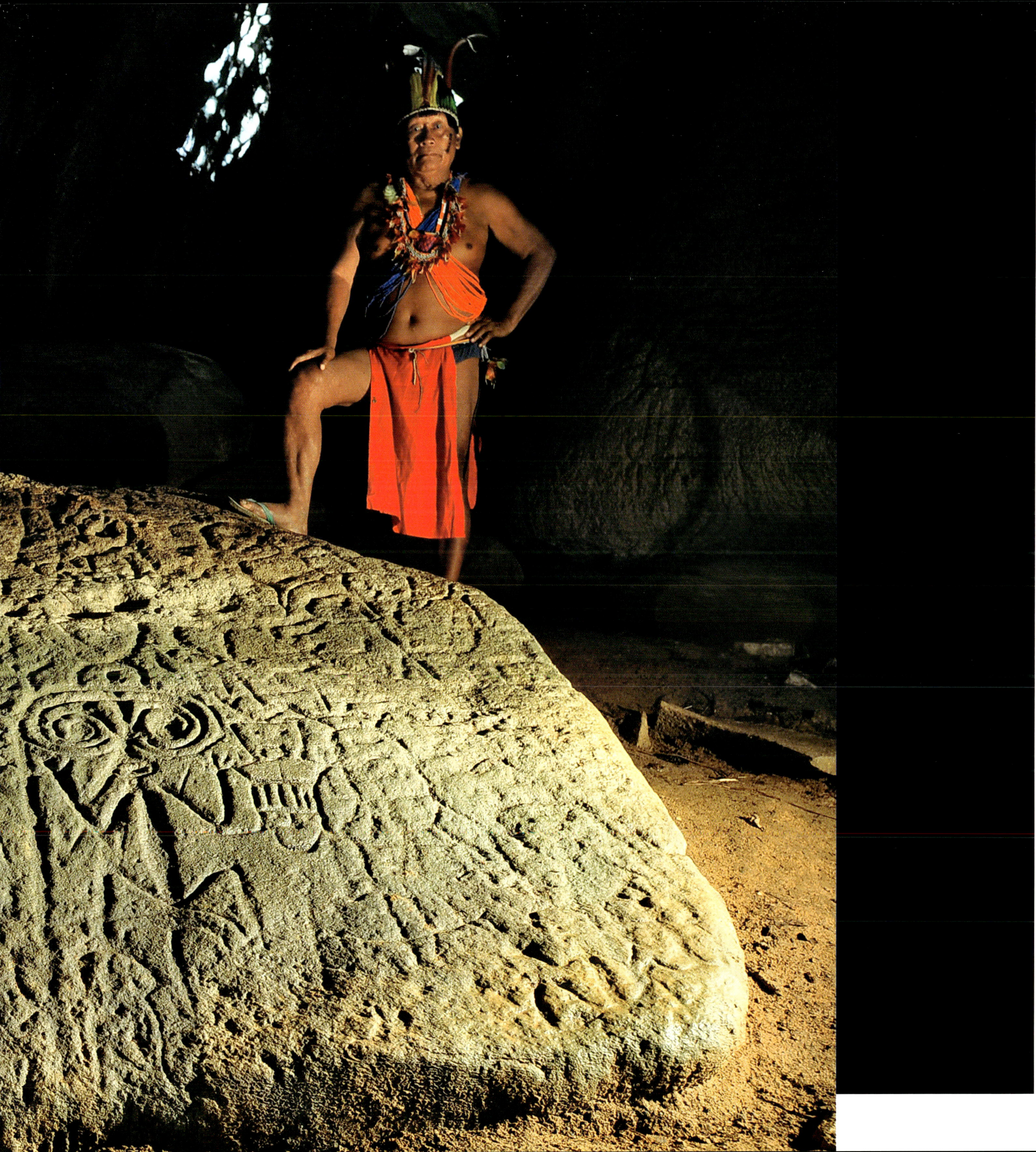

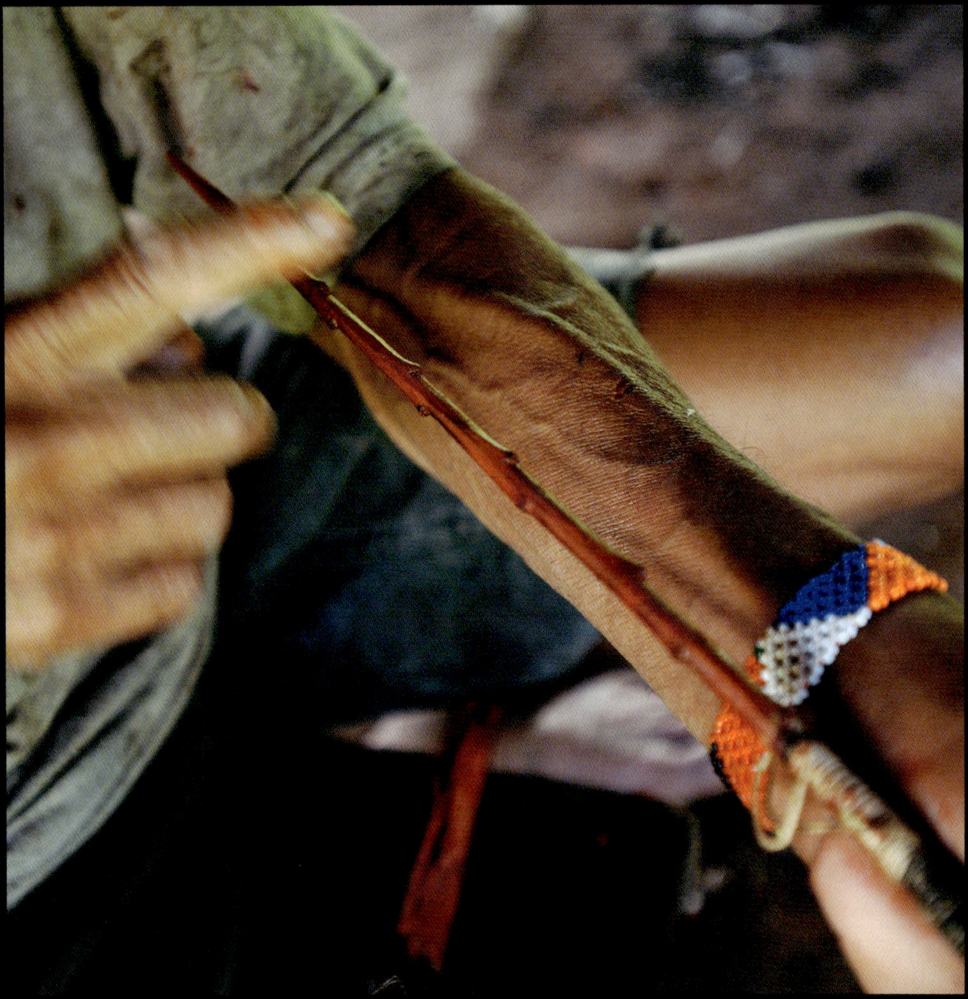
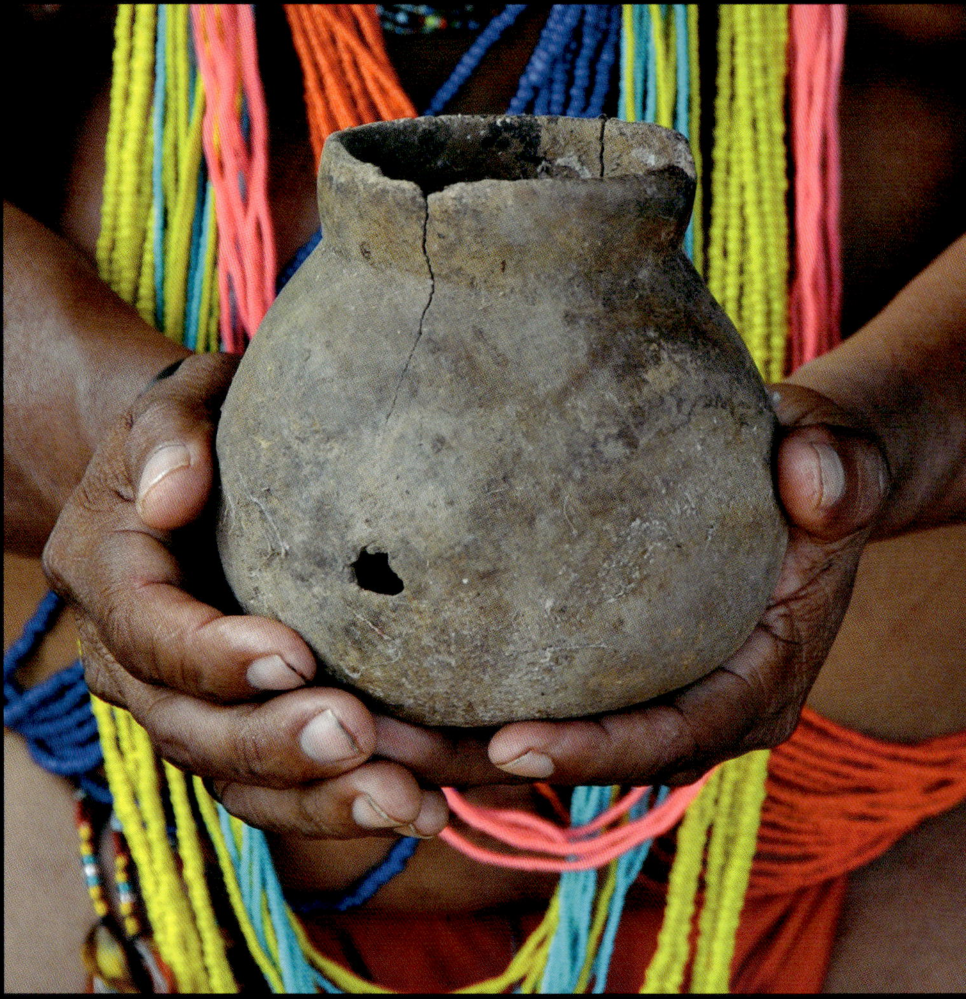
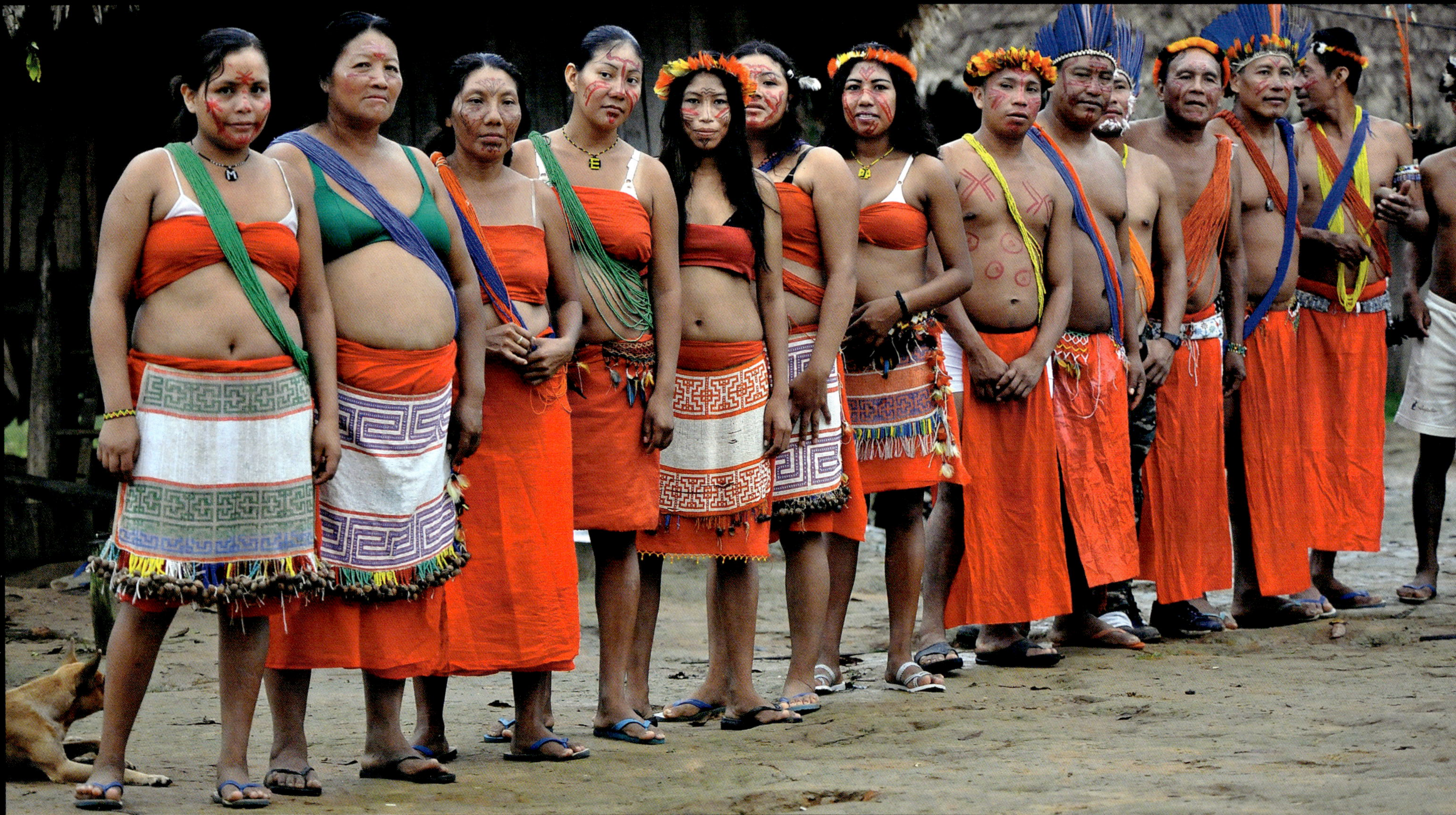

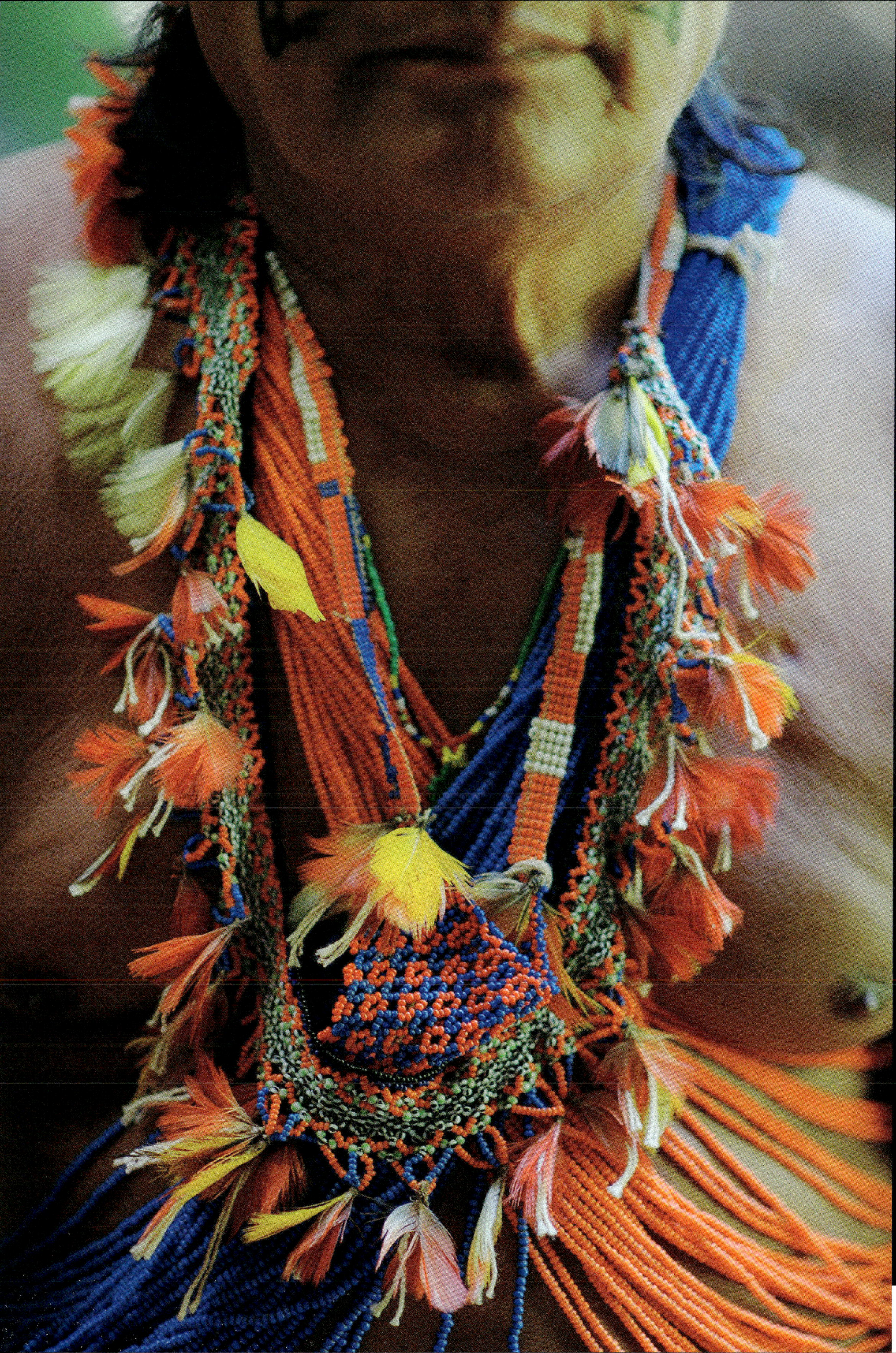

Indianen/Indians, Kwamalasamutu

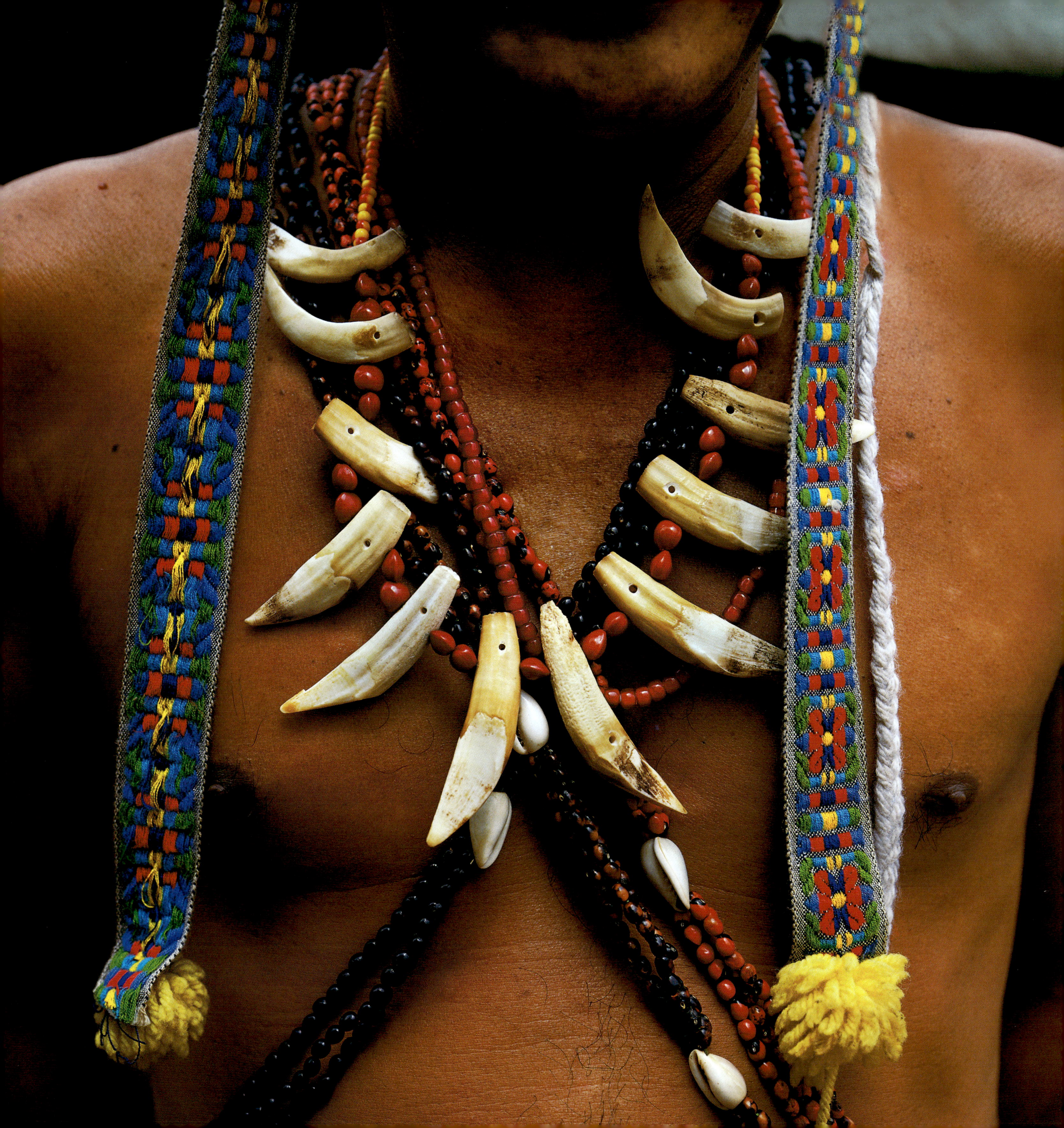

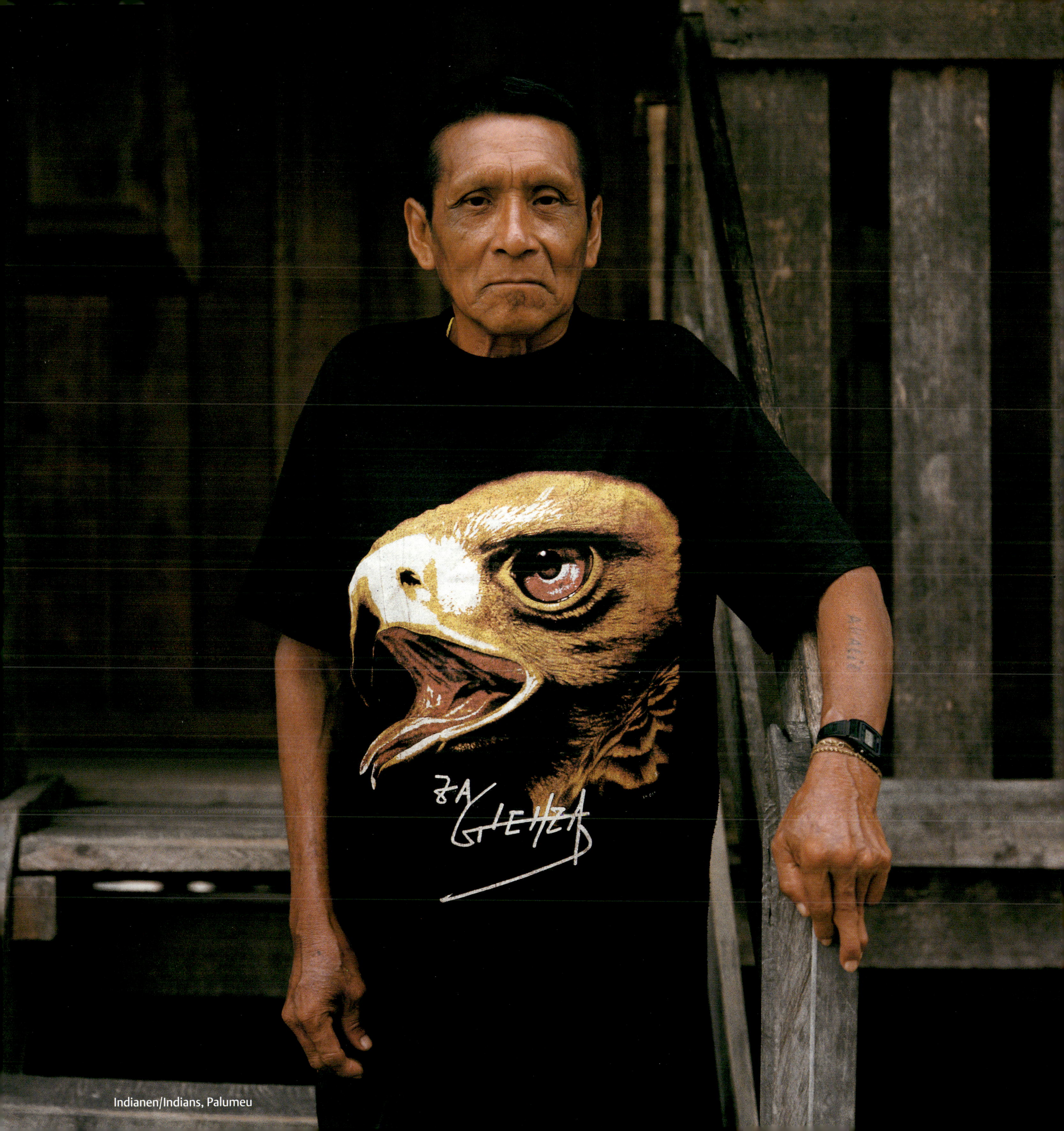

Indianen/Indians, Palumeu

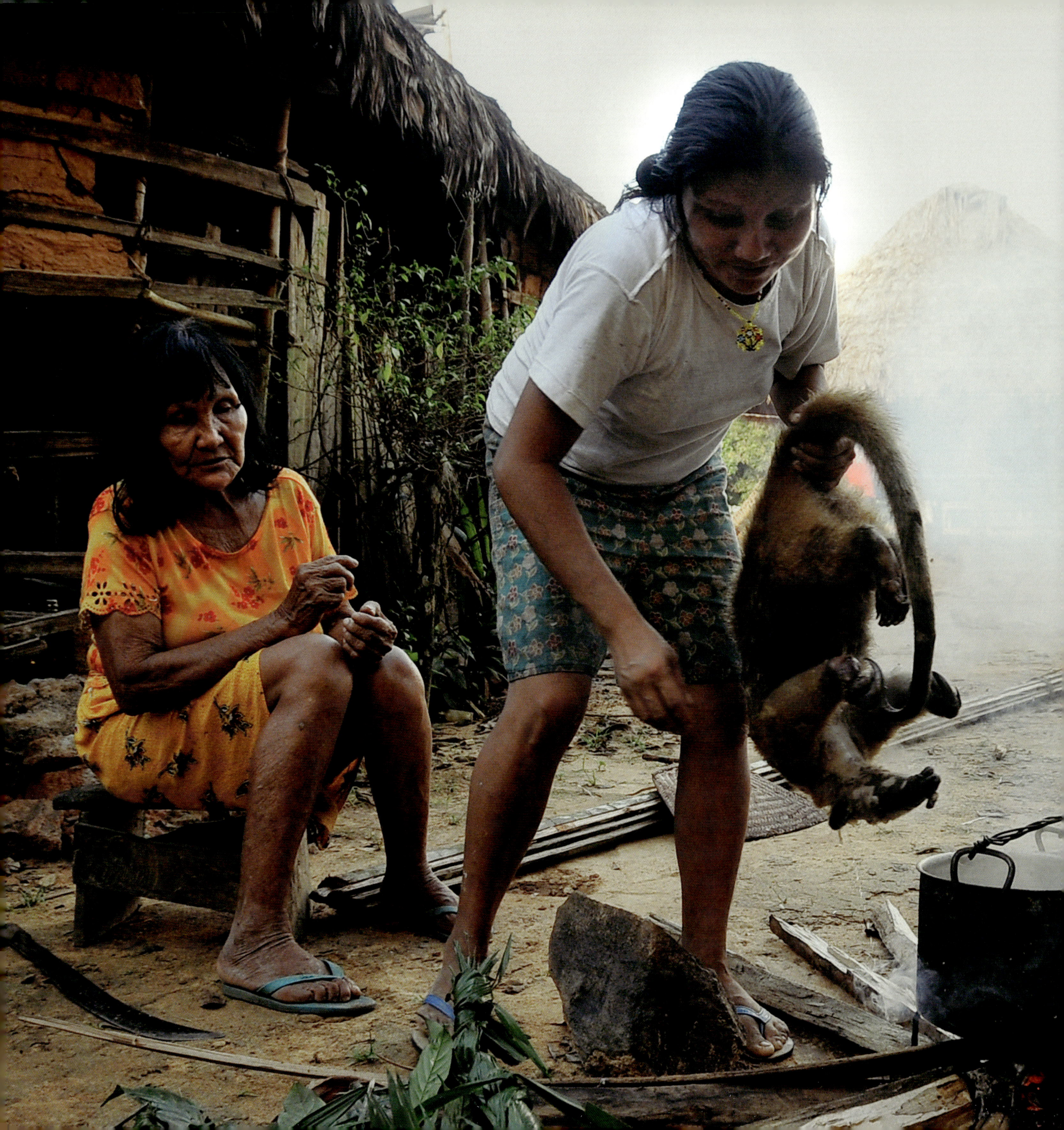

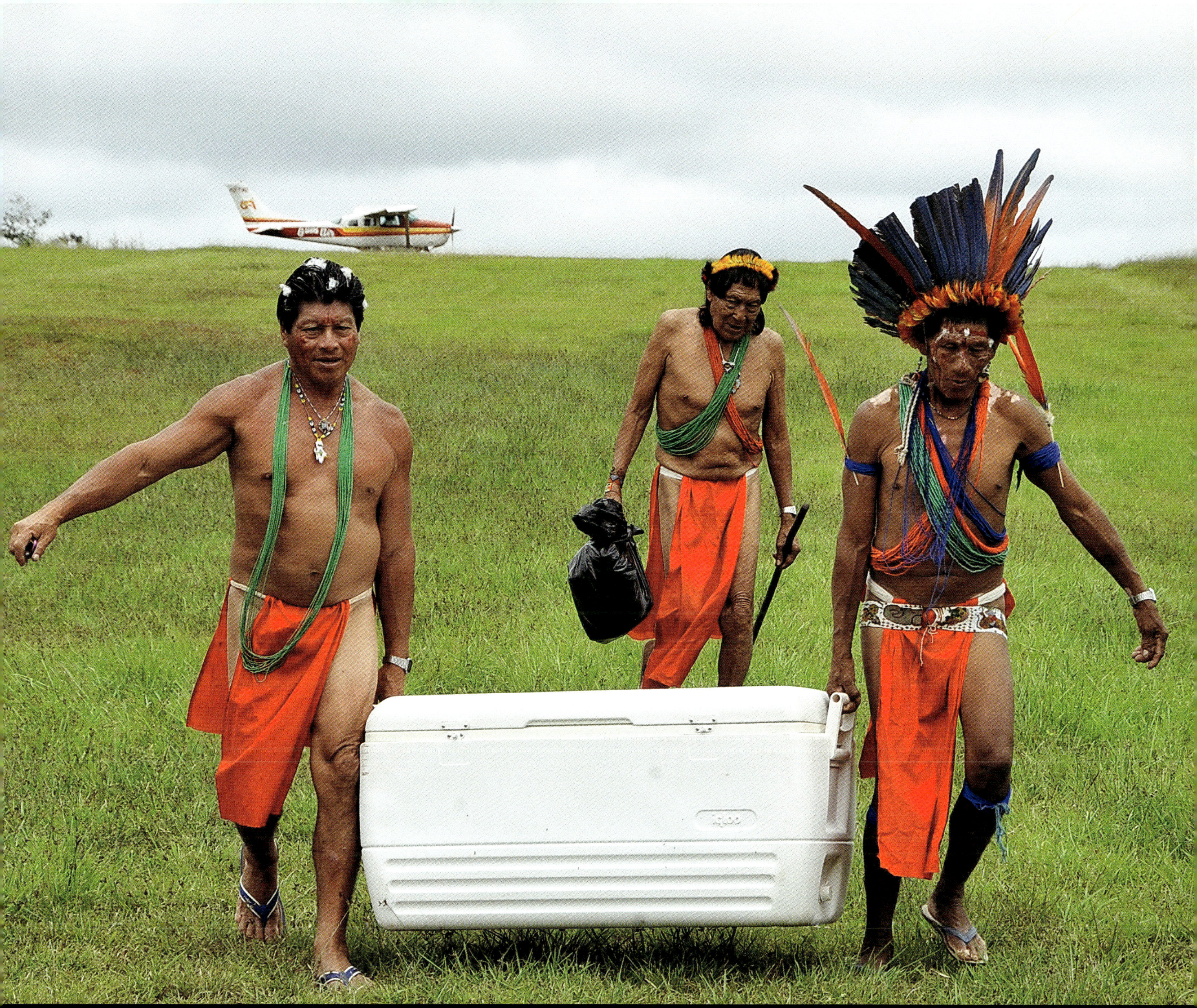

 Vliegveld/Airstrip, Kwamalasamutu

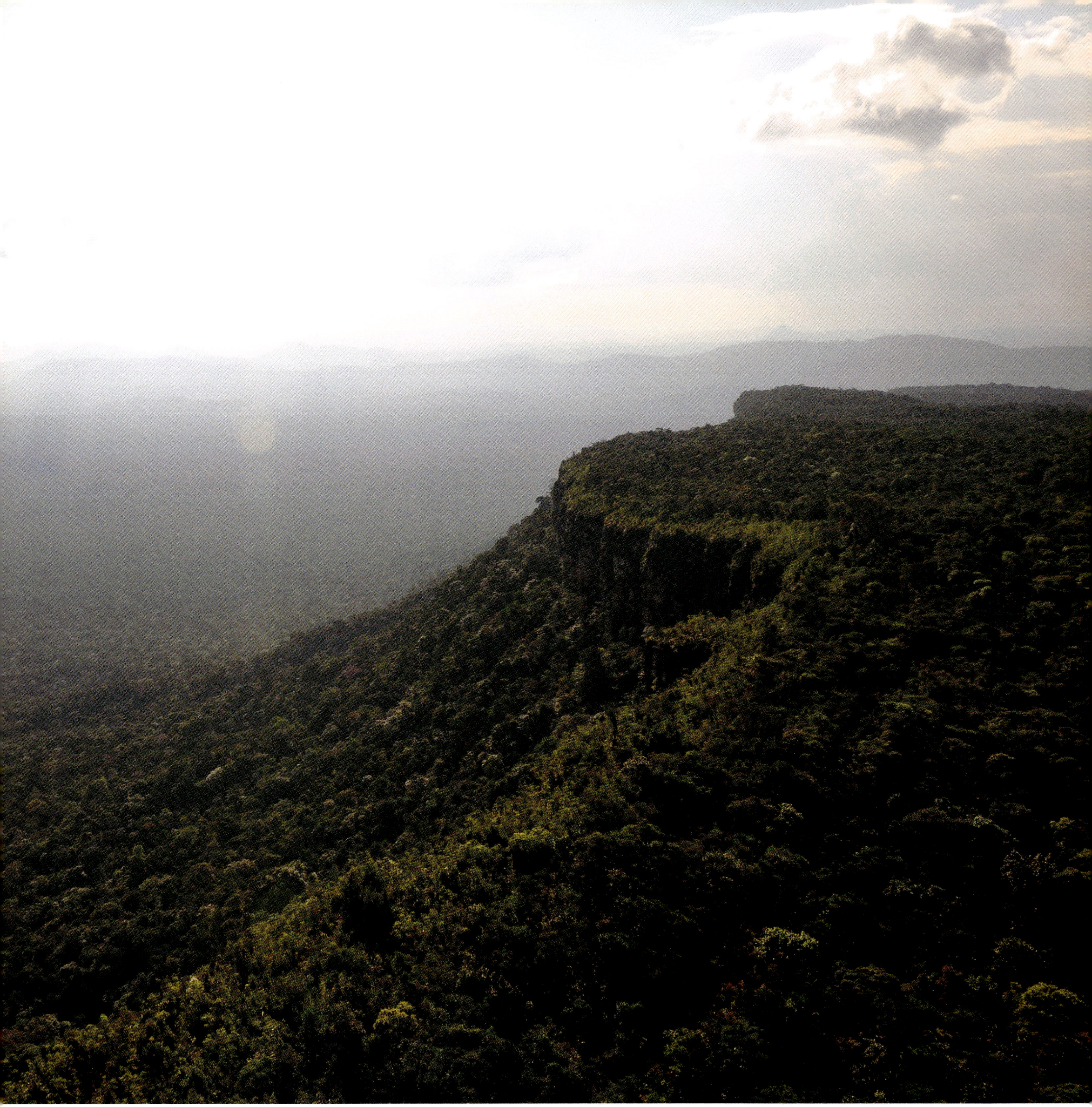

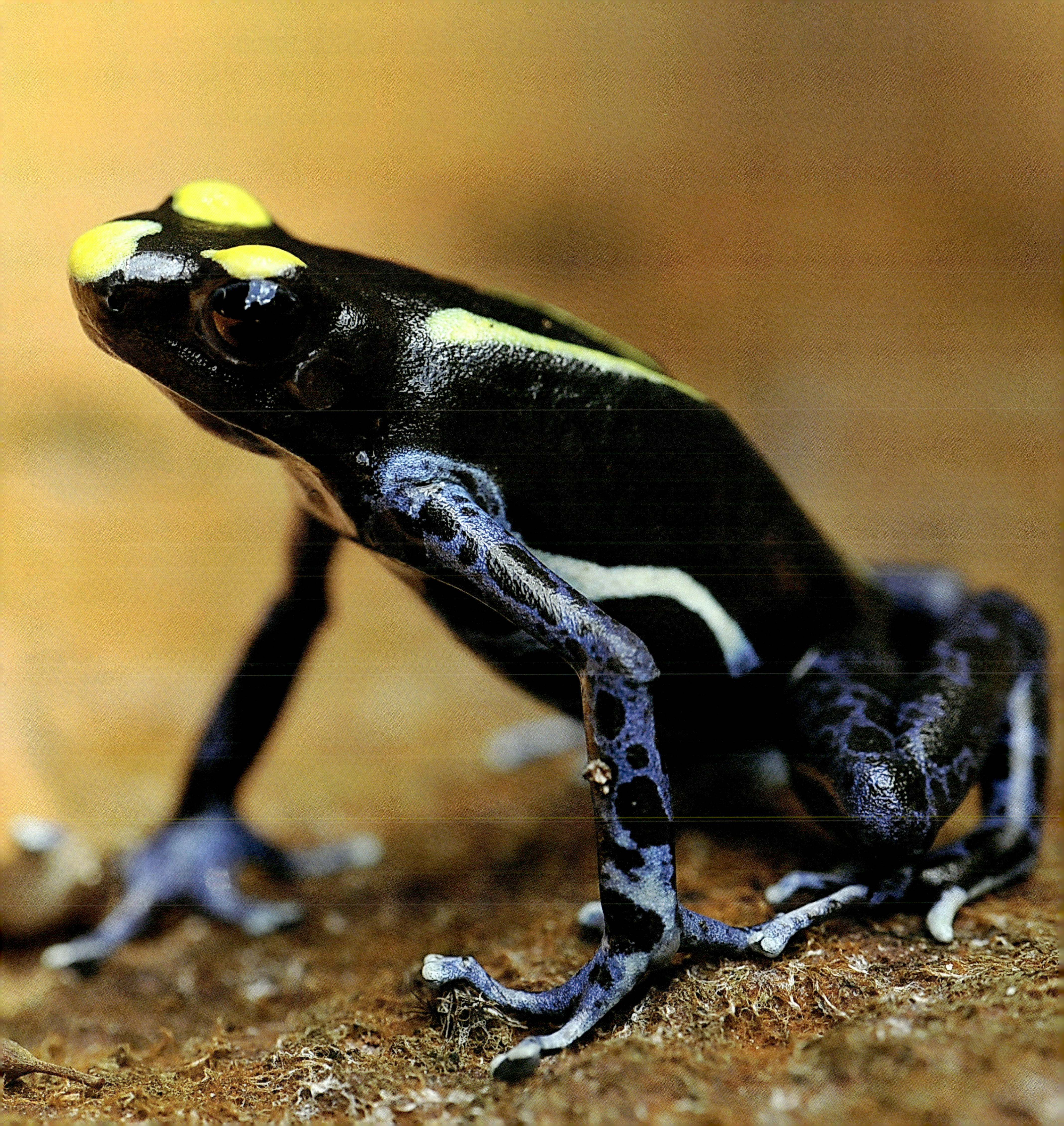

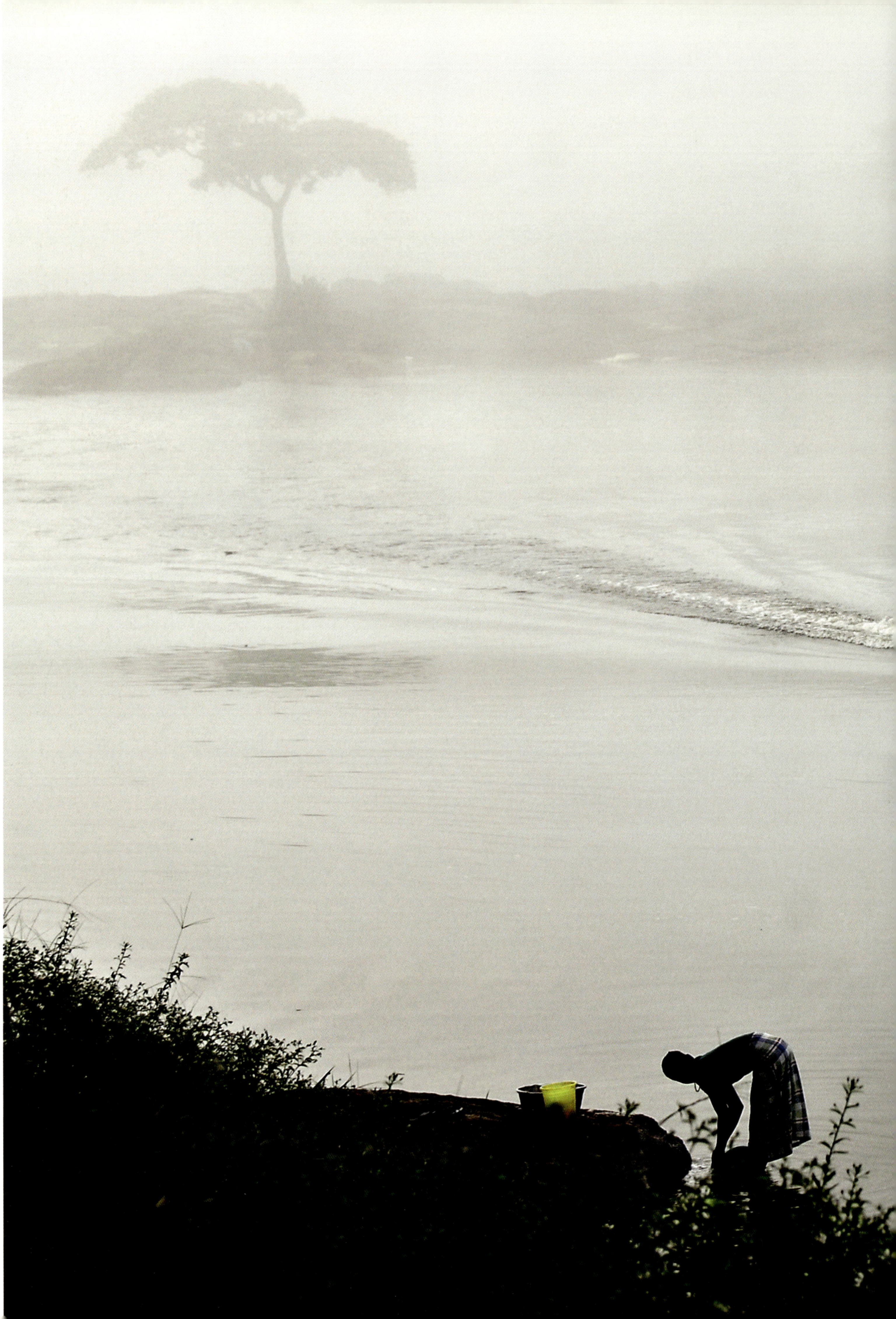

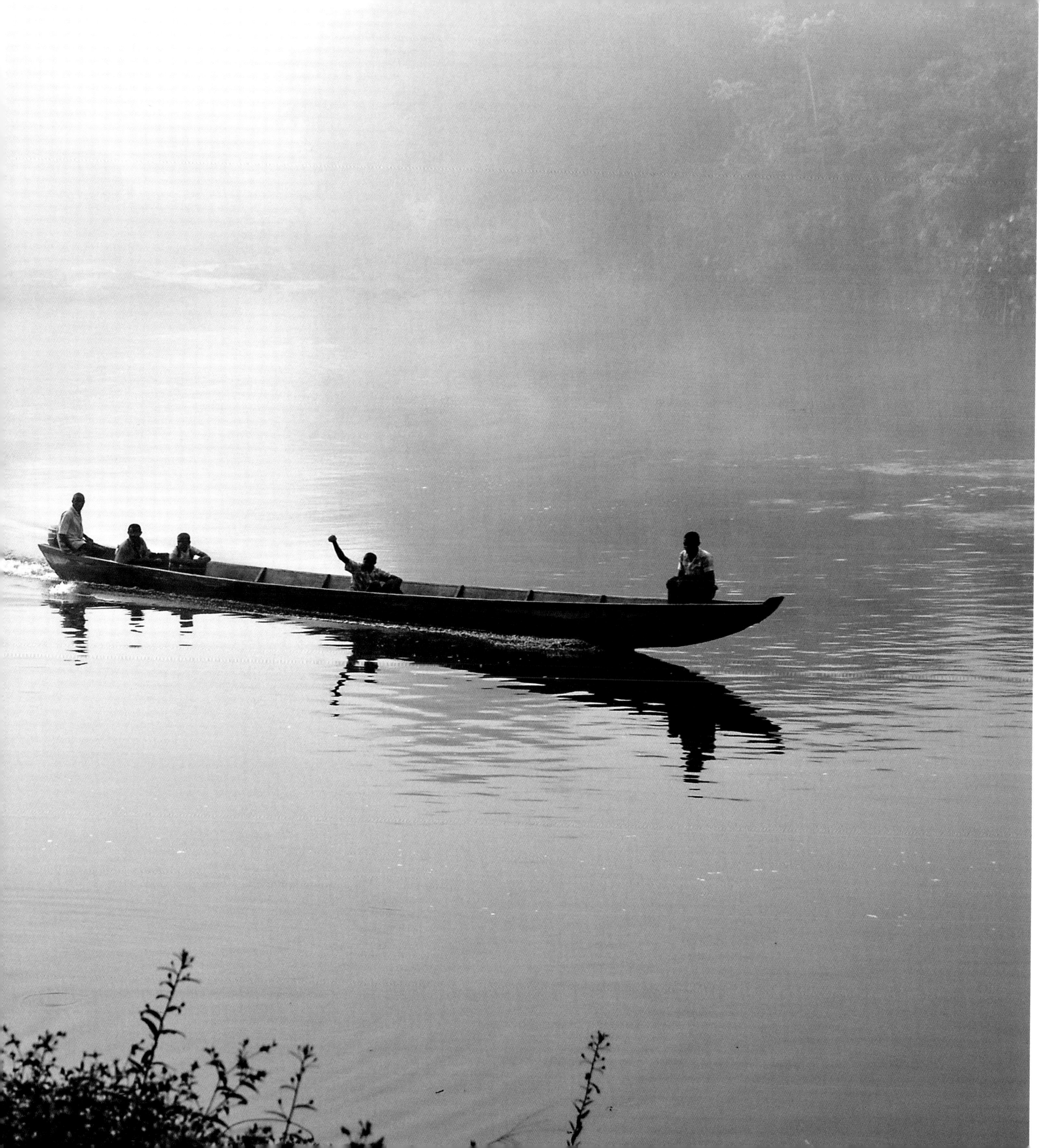

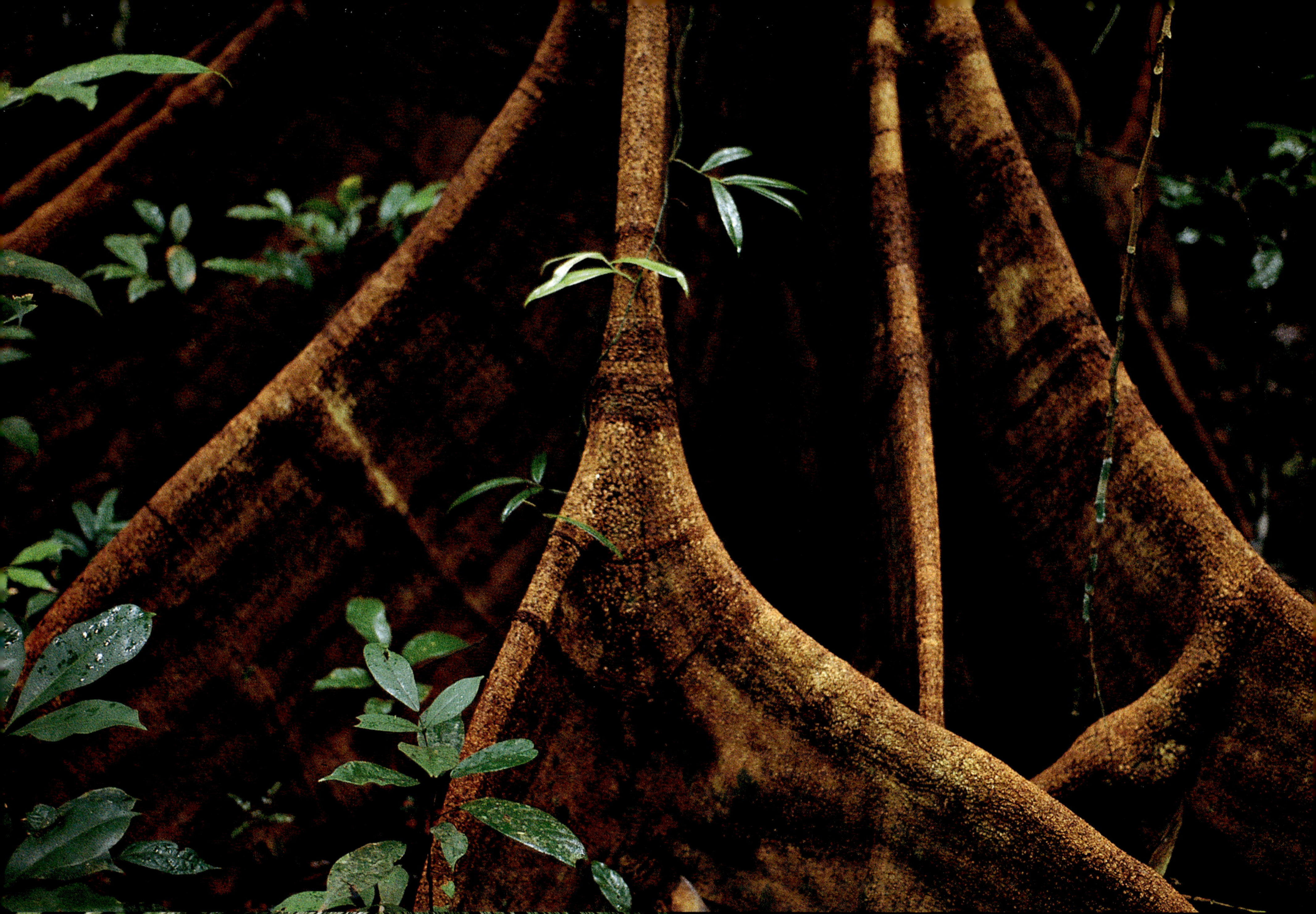

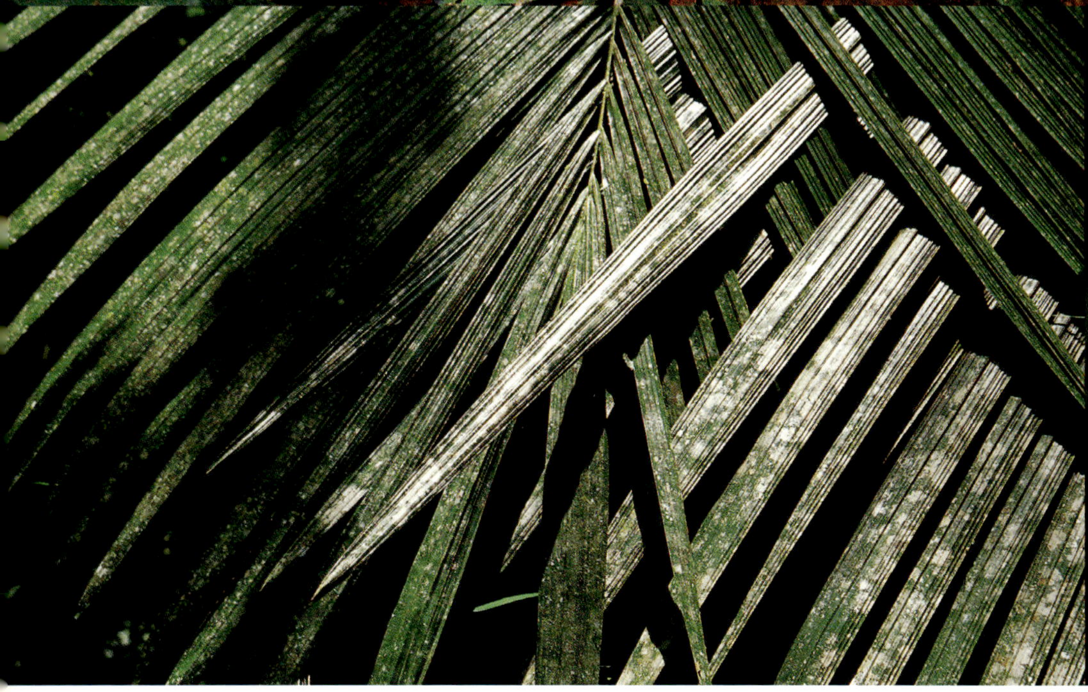

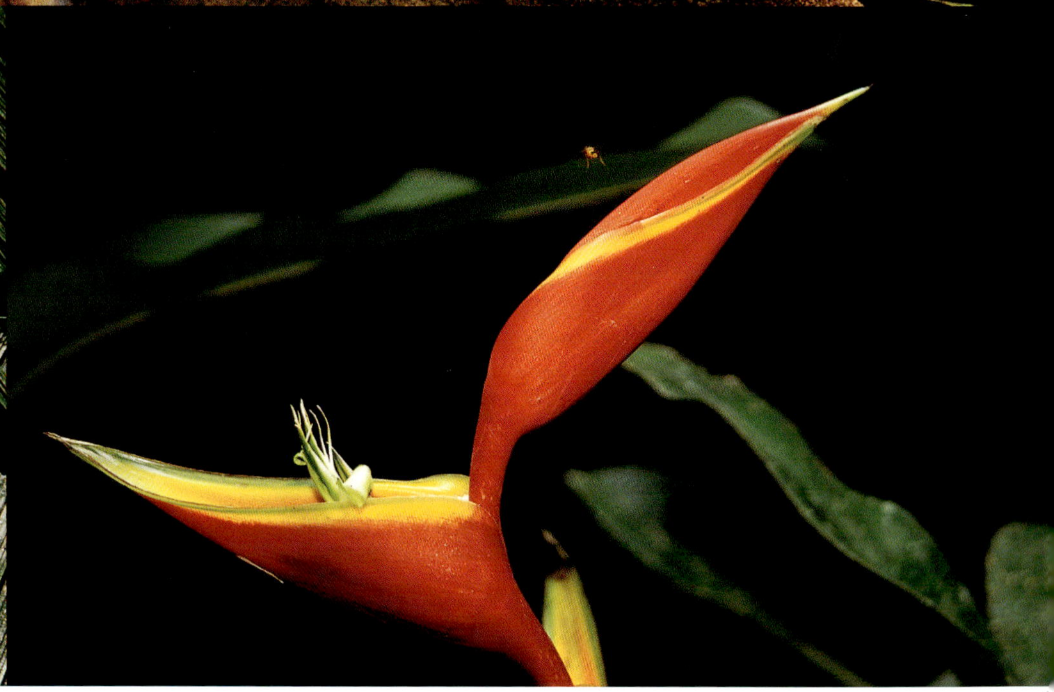

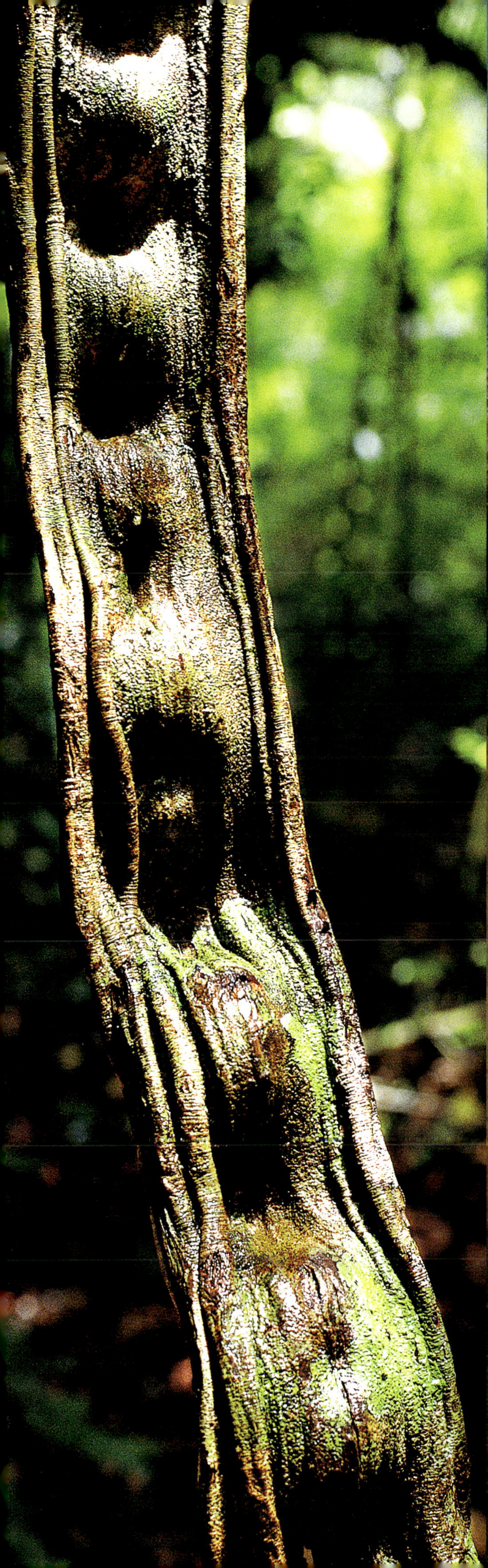

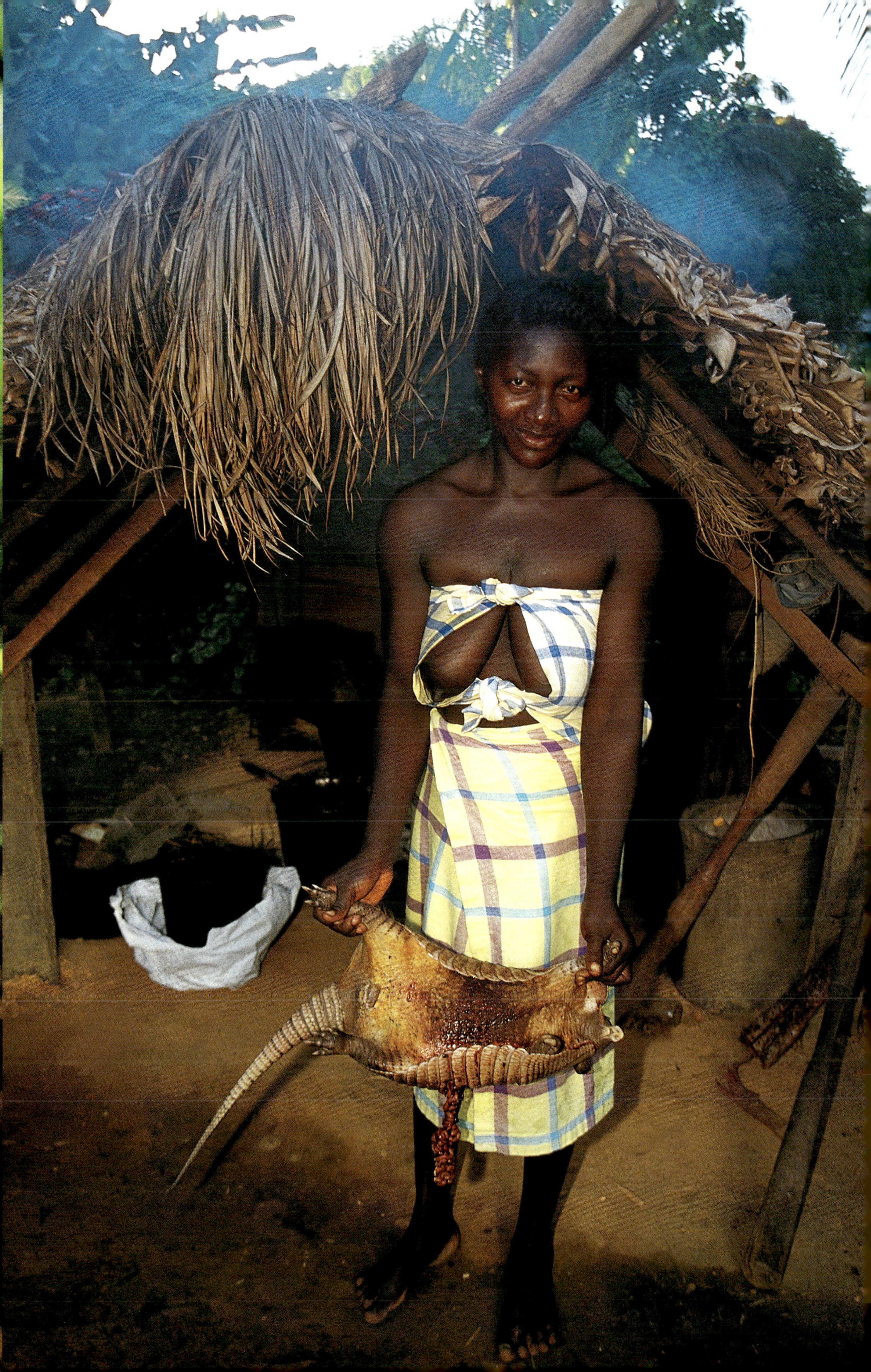

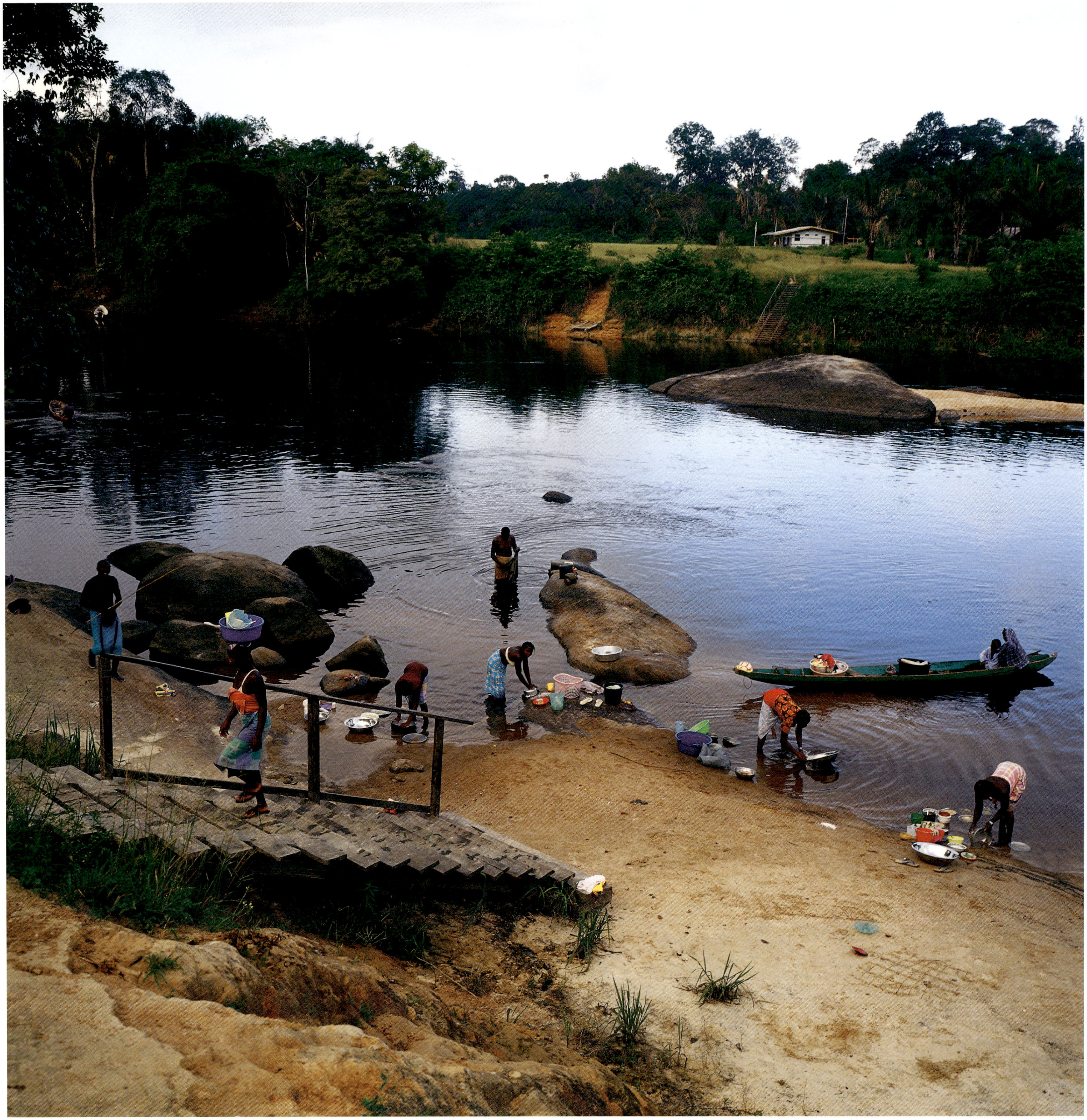

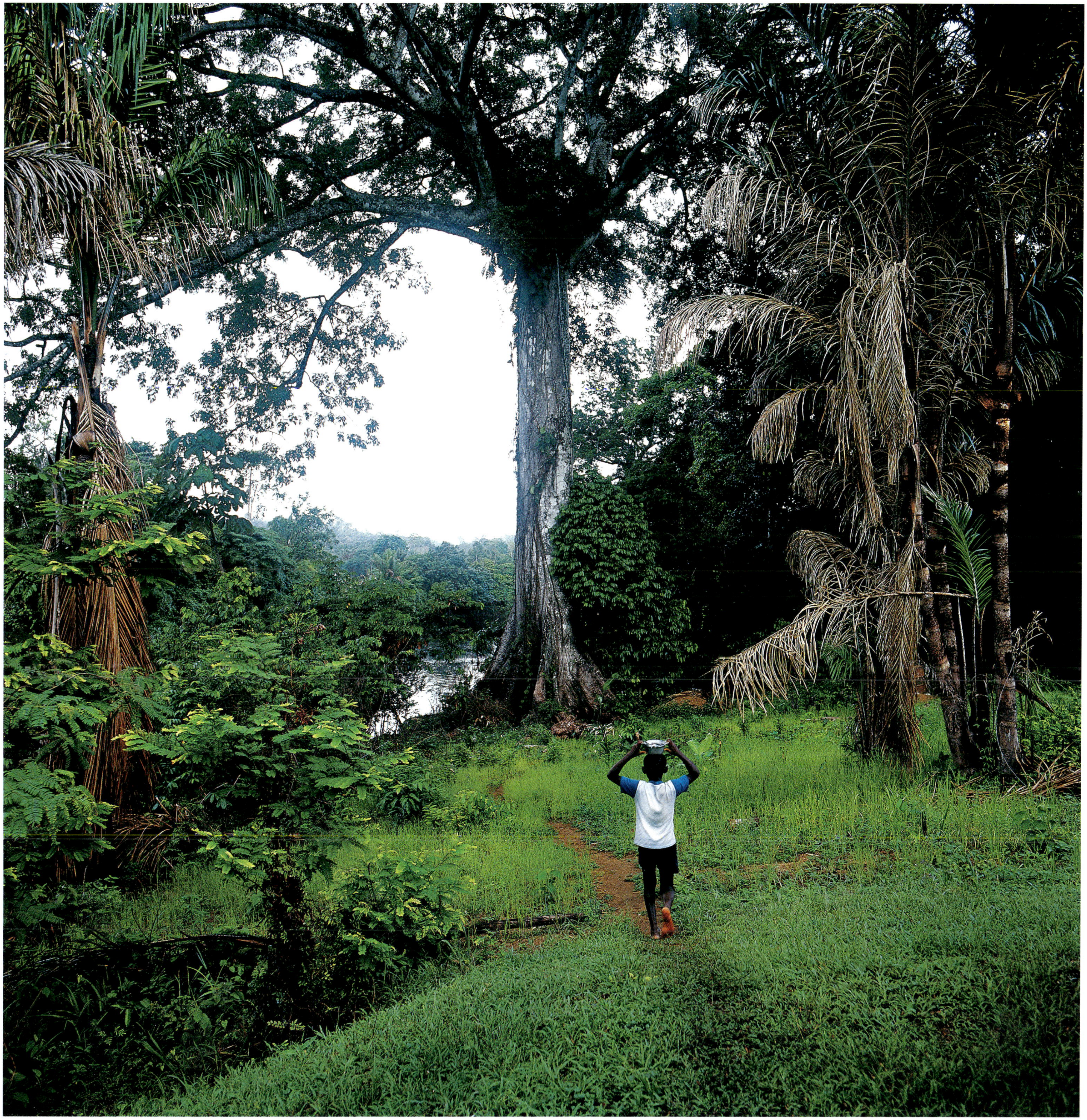

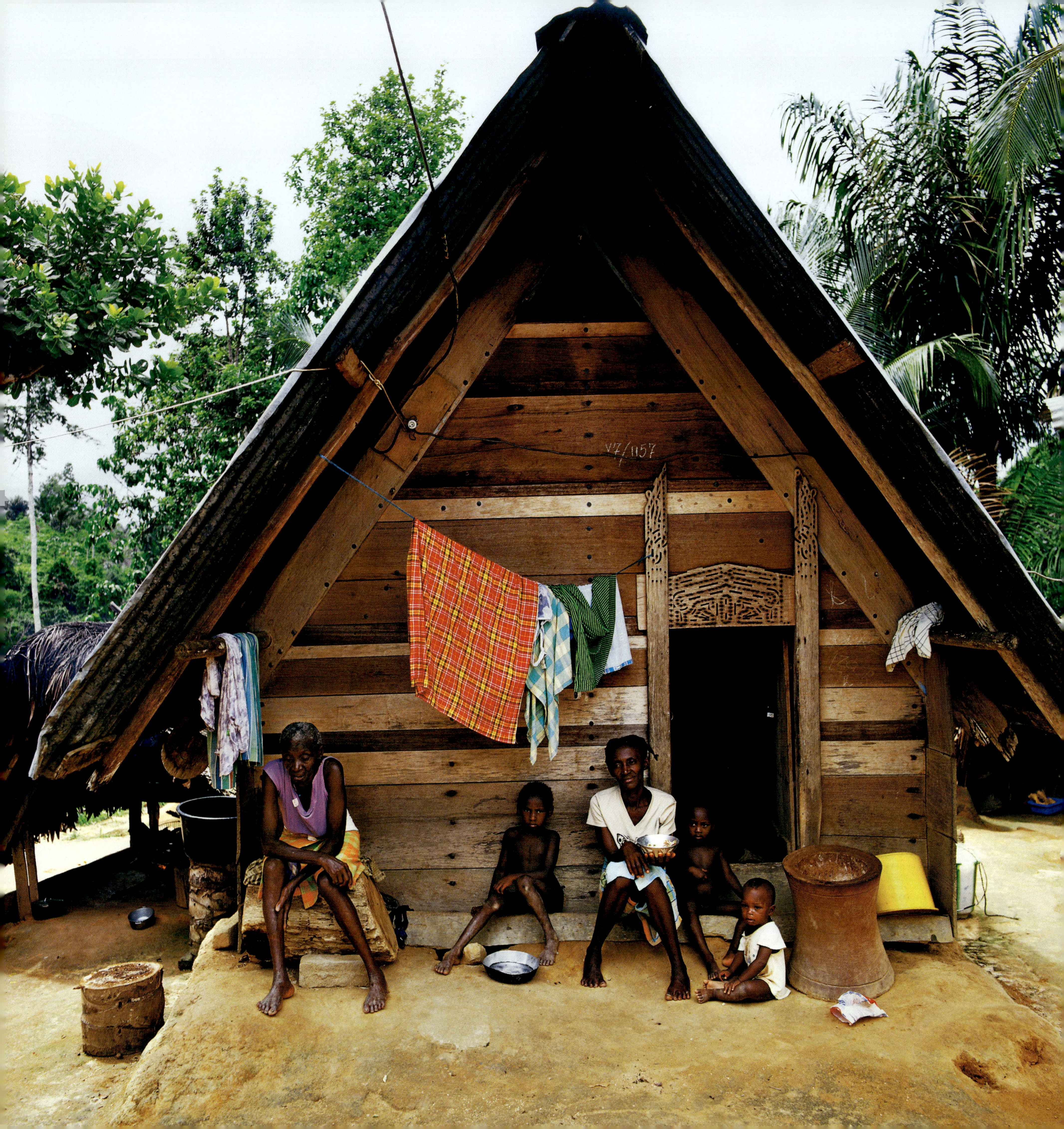
V7/1157

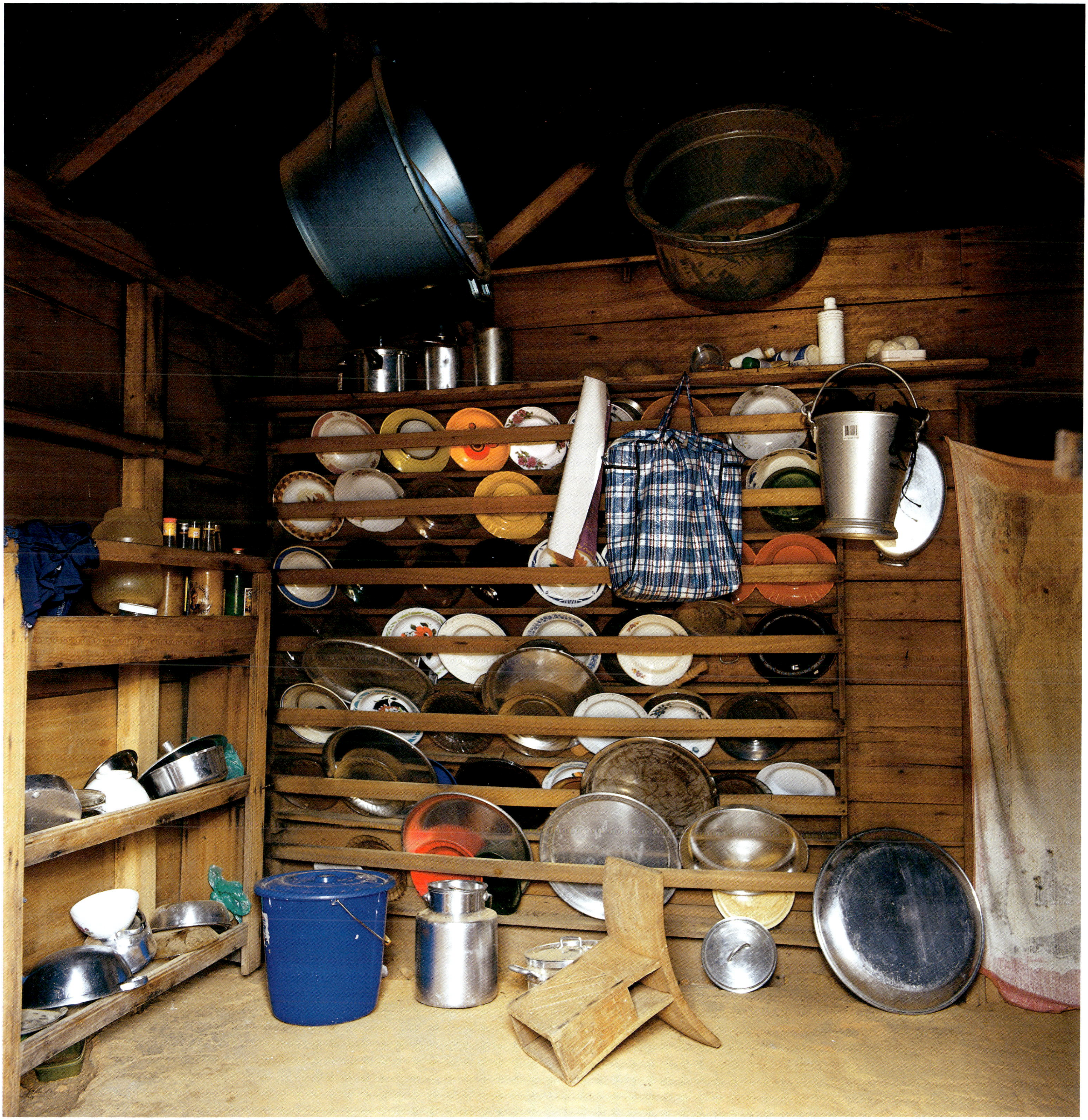

Bendekondre (Boven Suriname/Upper Suriname)

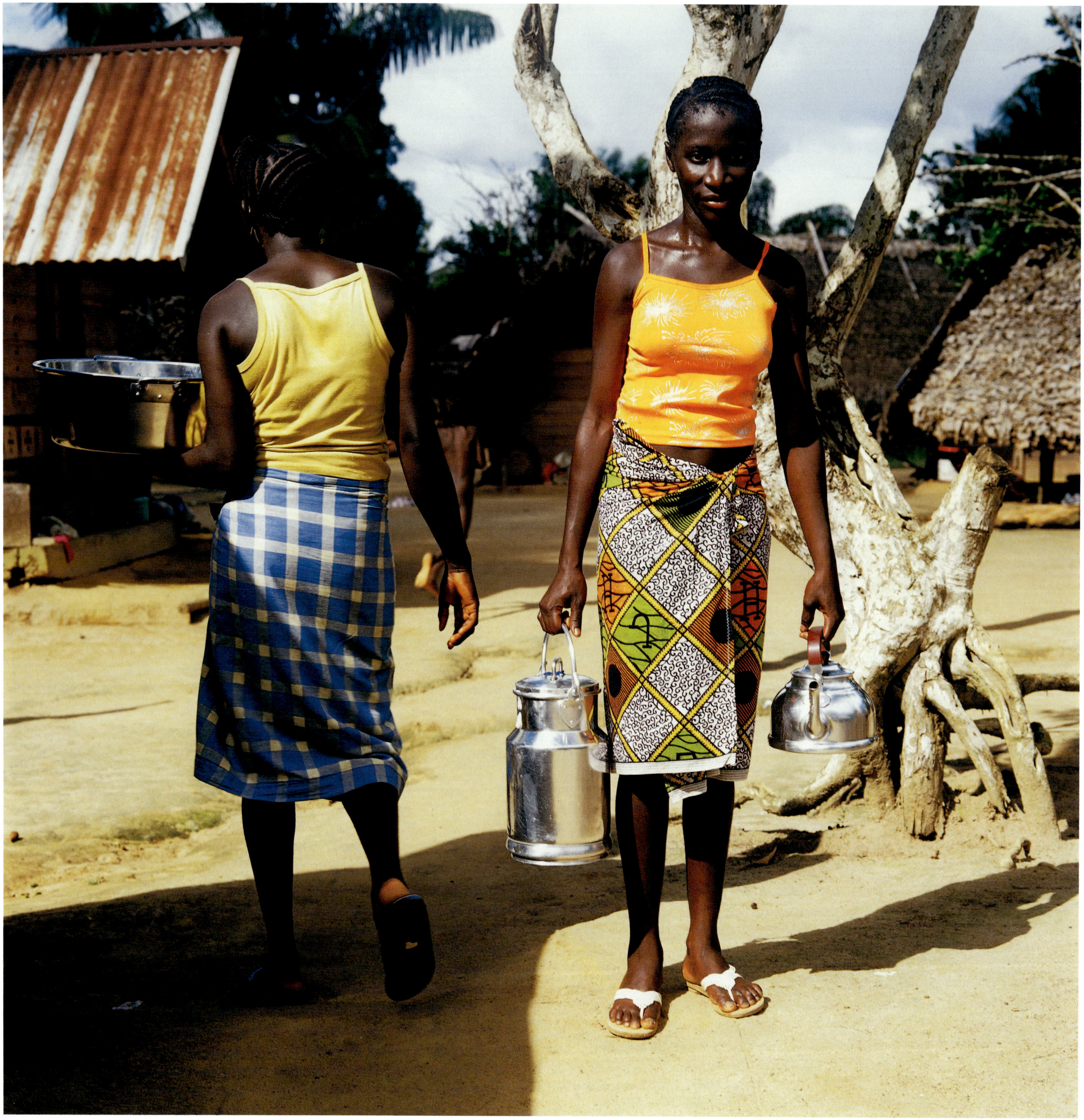

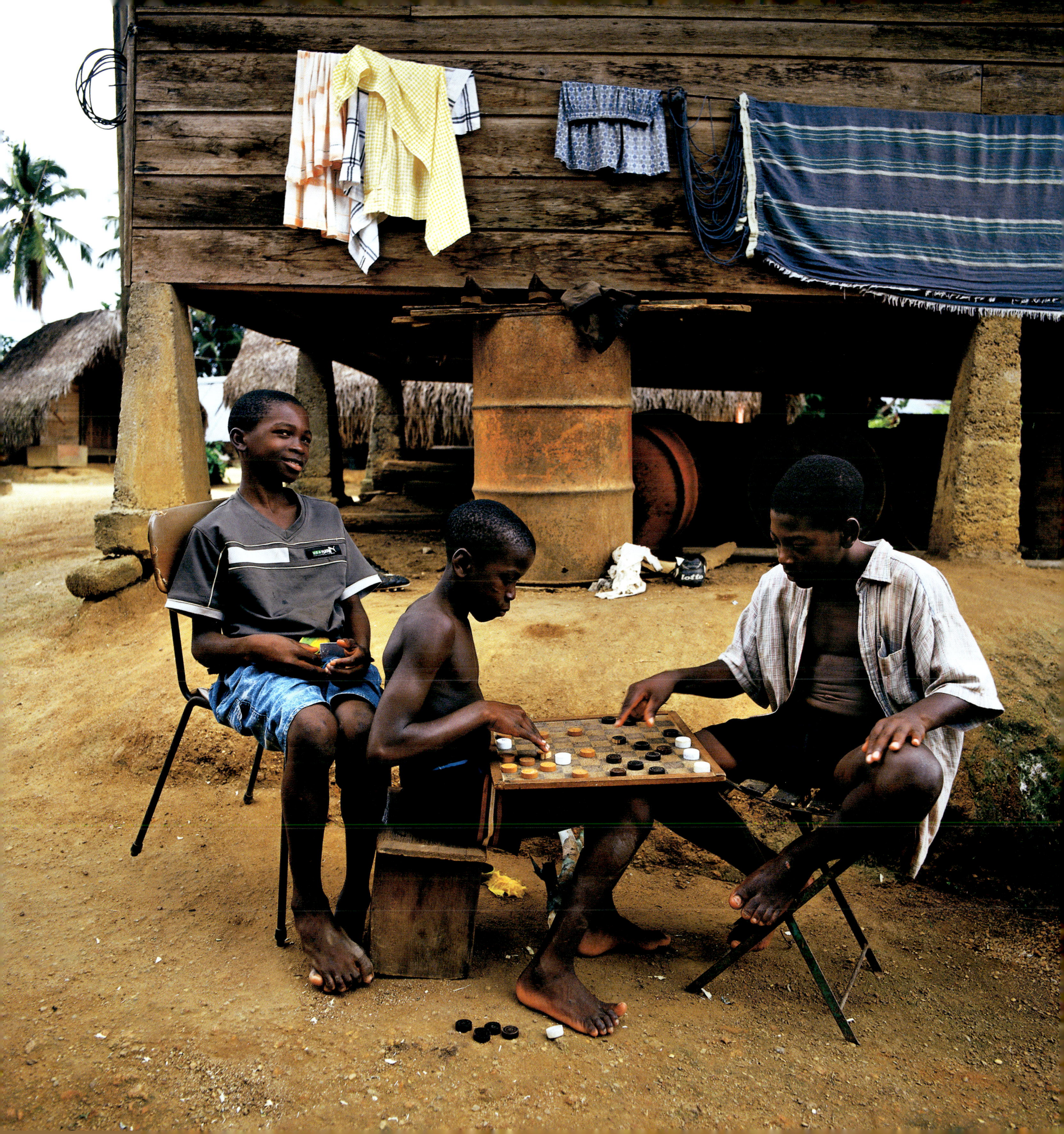

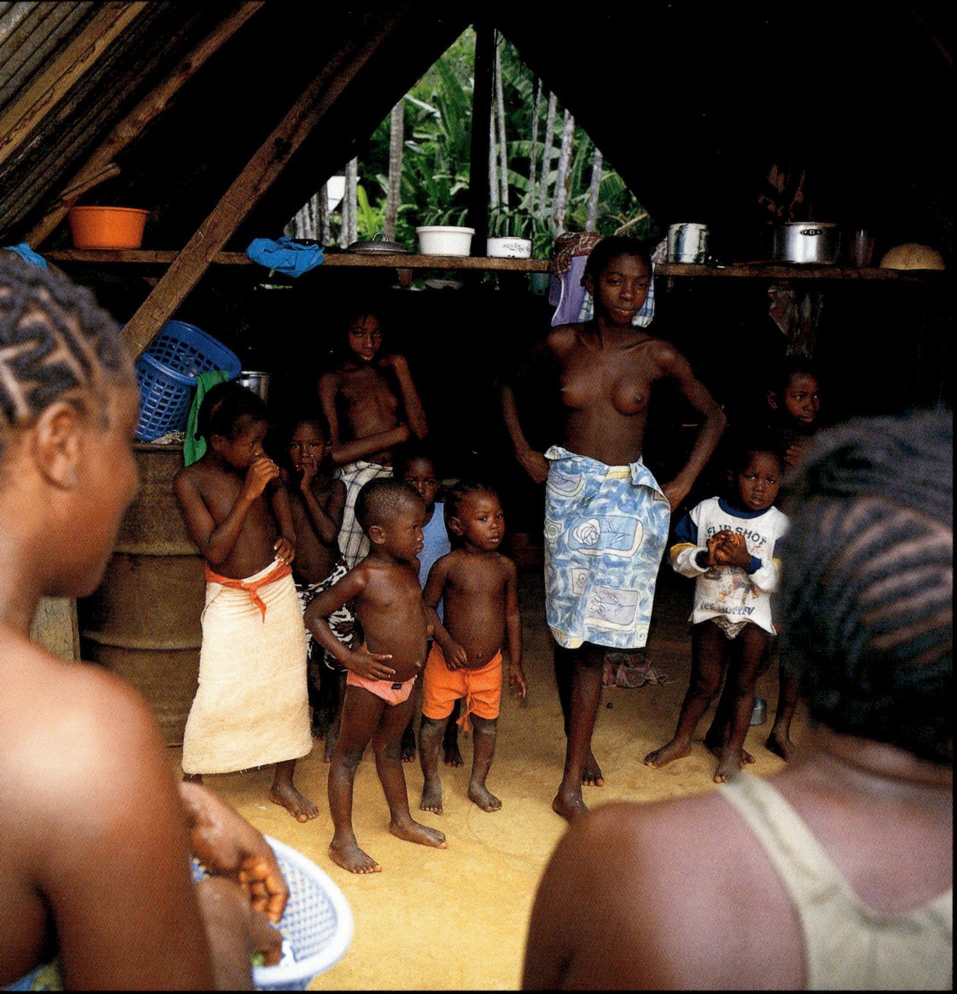

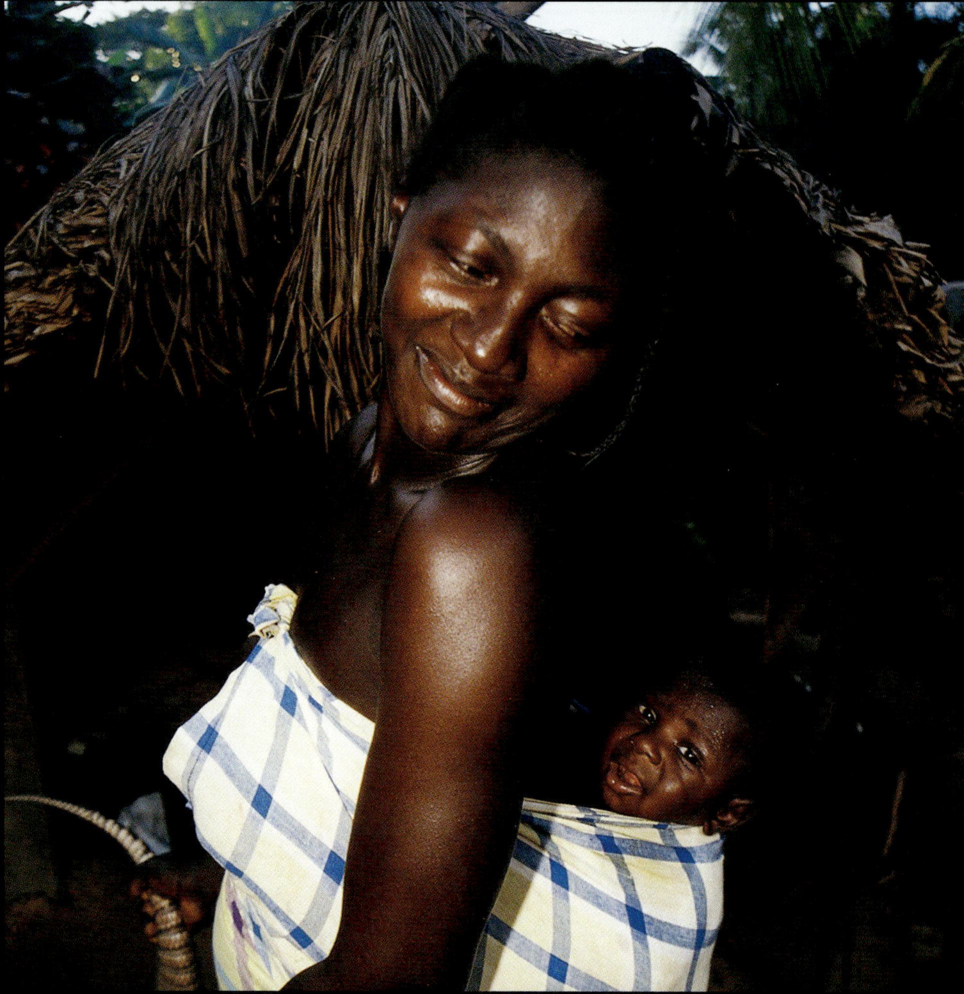

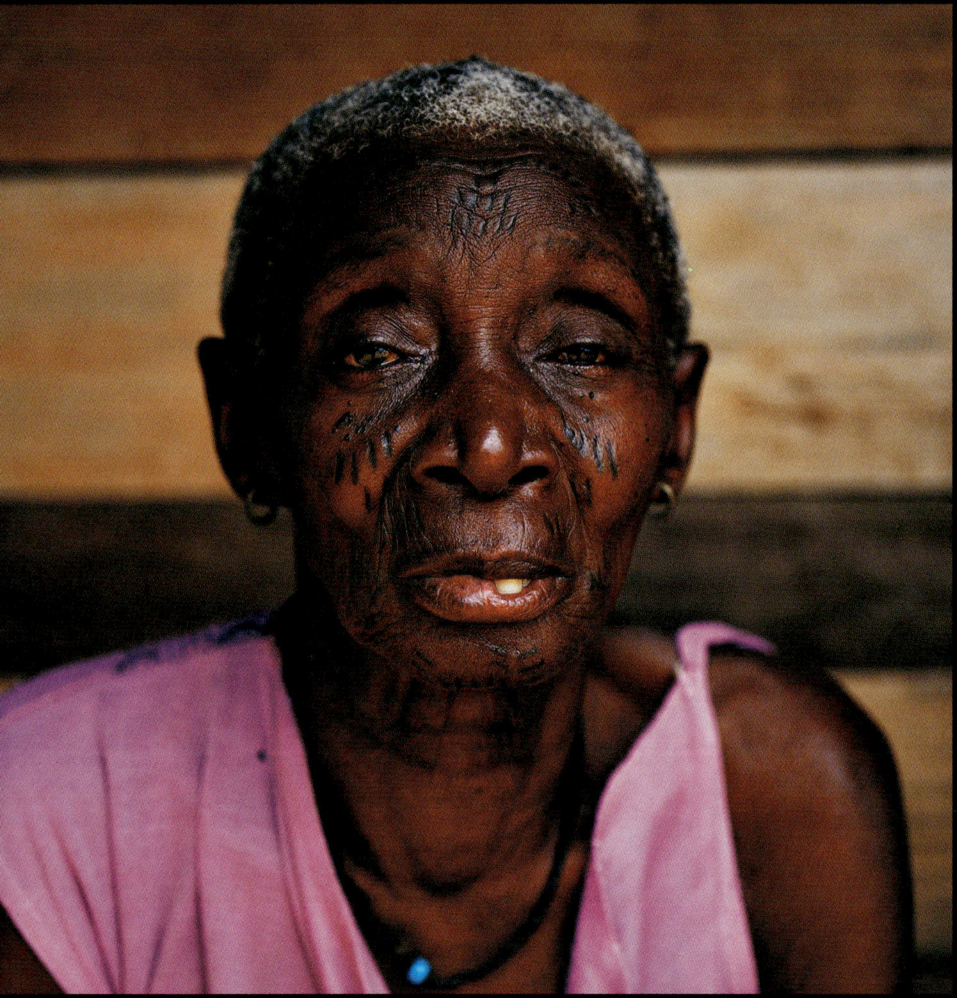

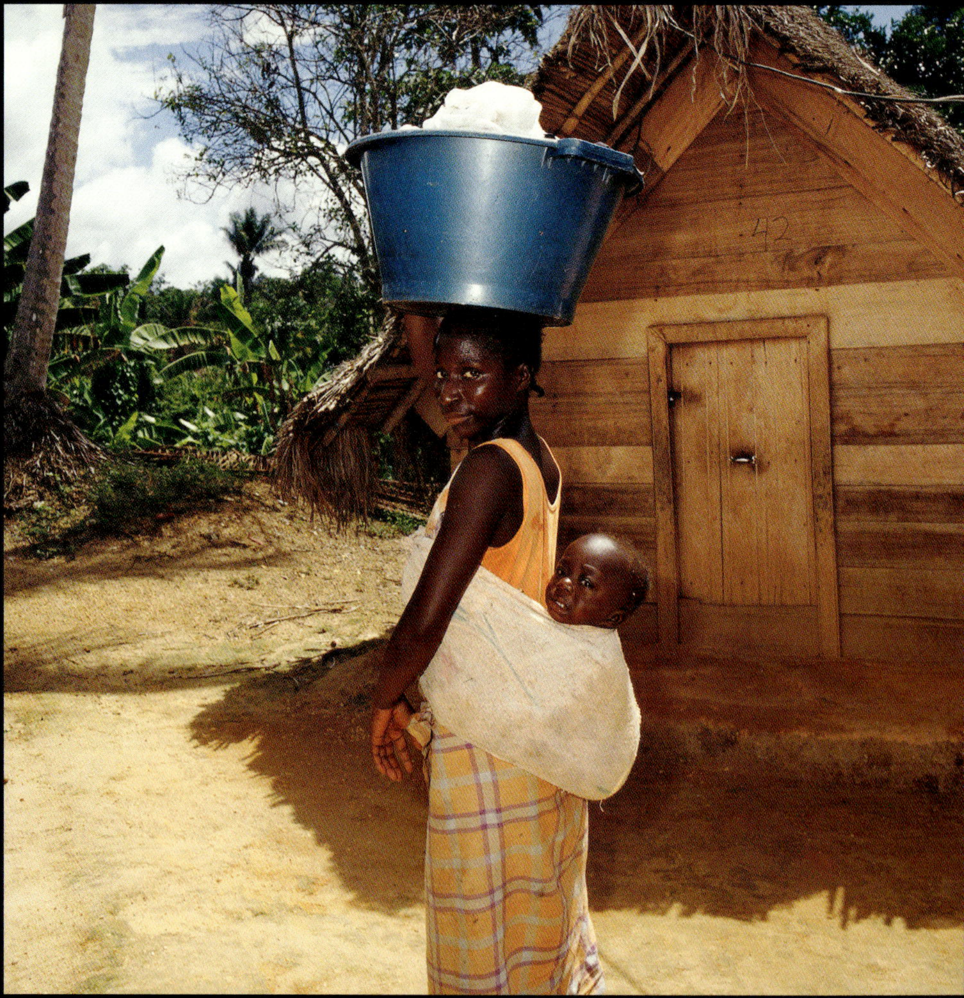

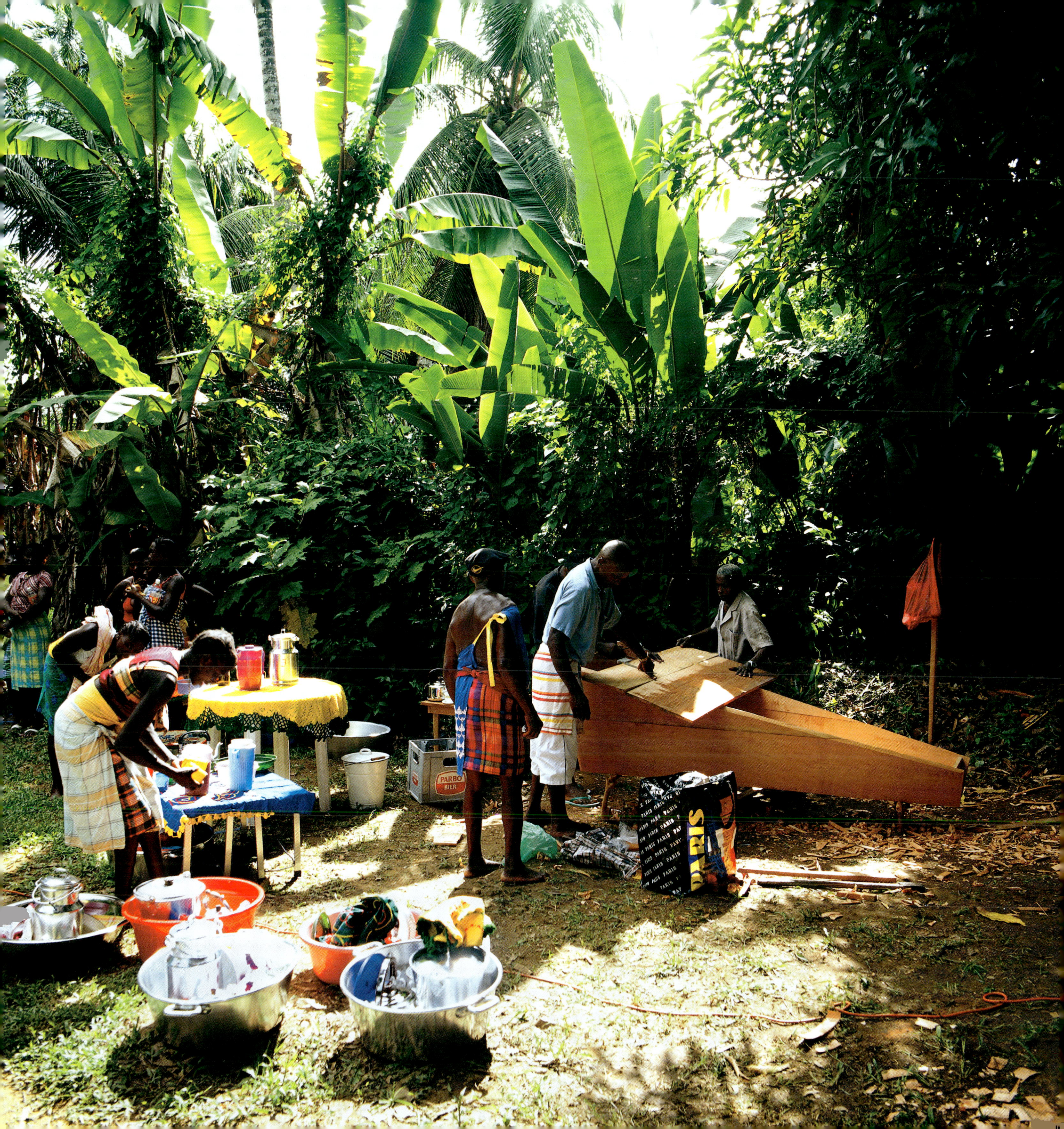
PARBO
BIER
PARIS

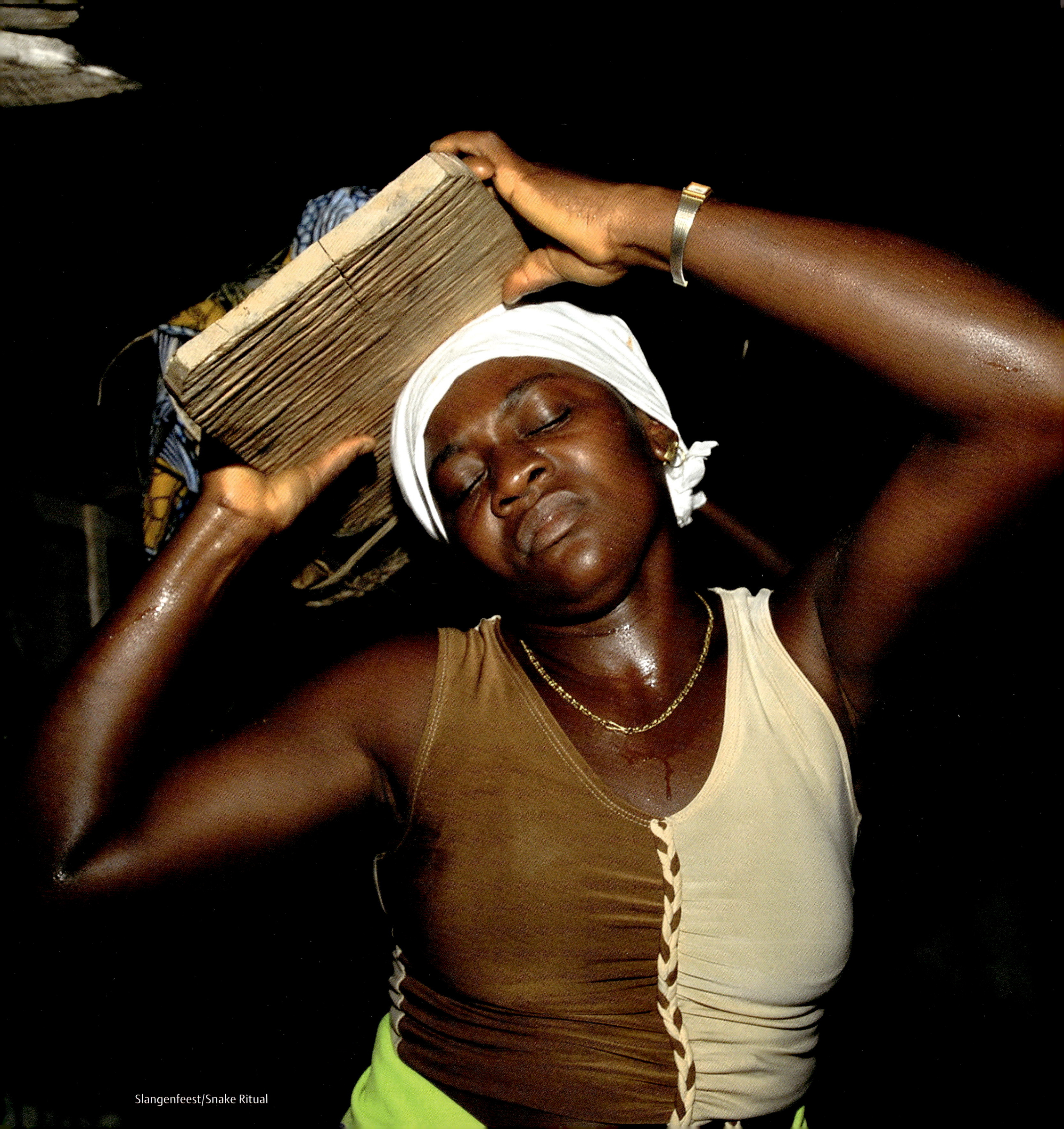

Slangenfeest/Snake Ritual

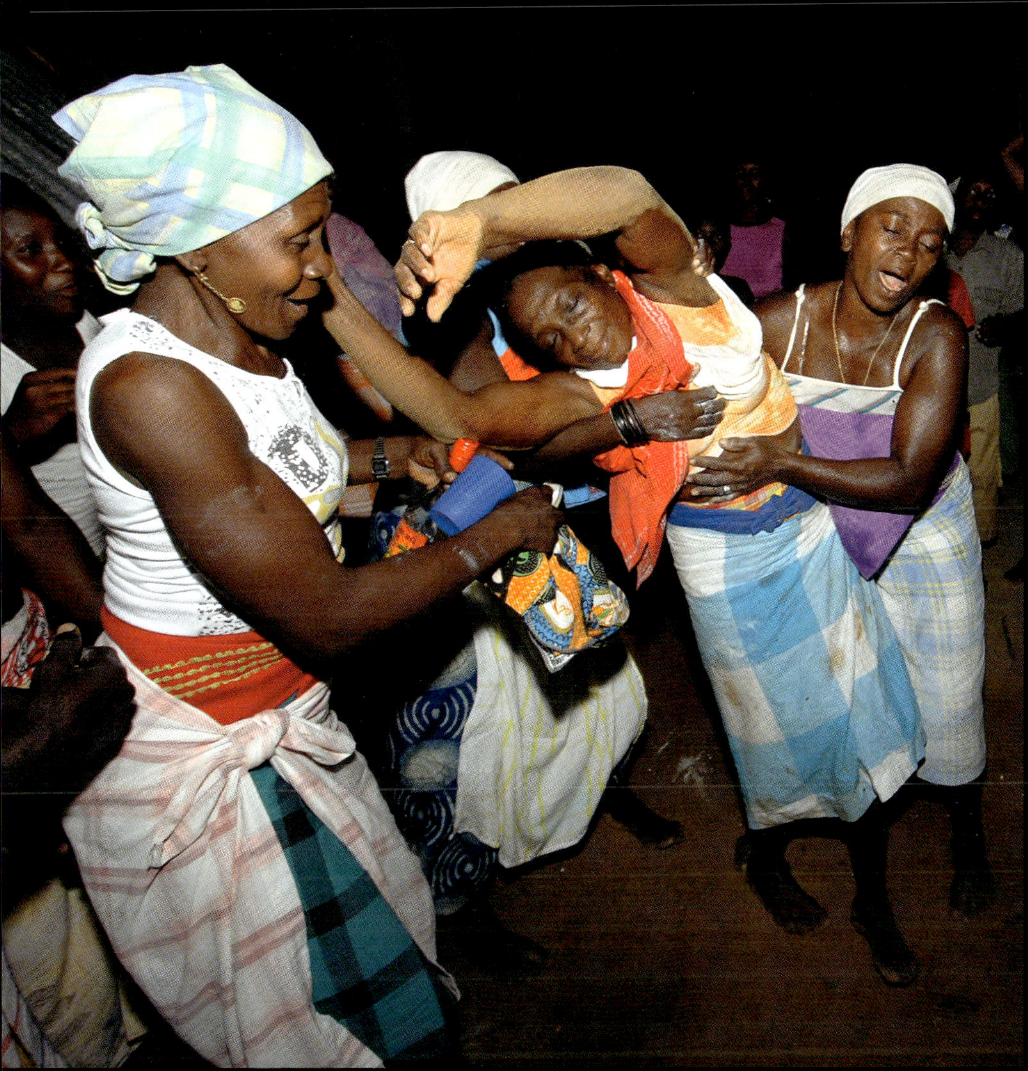

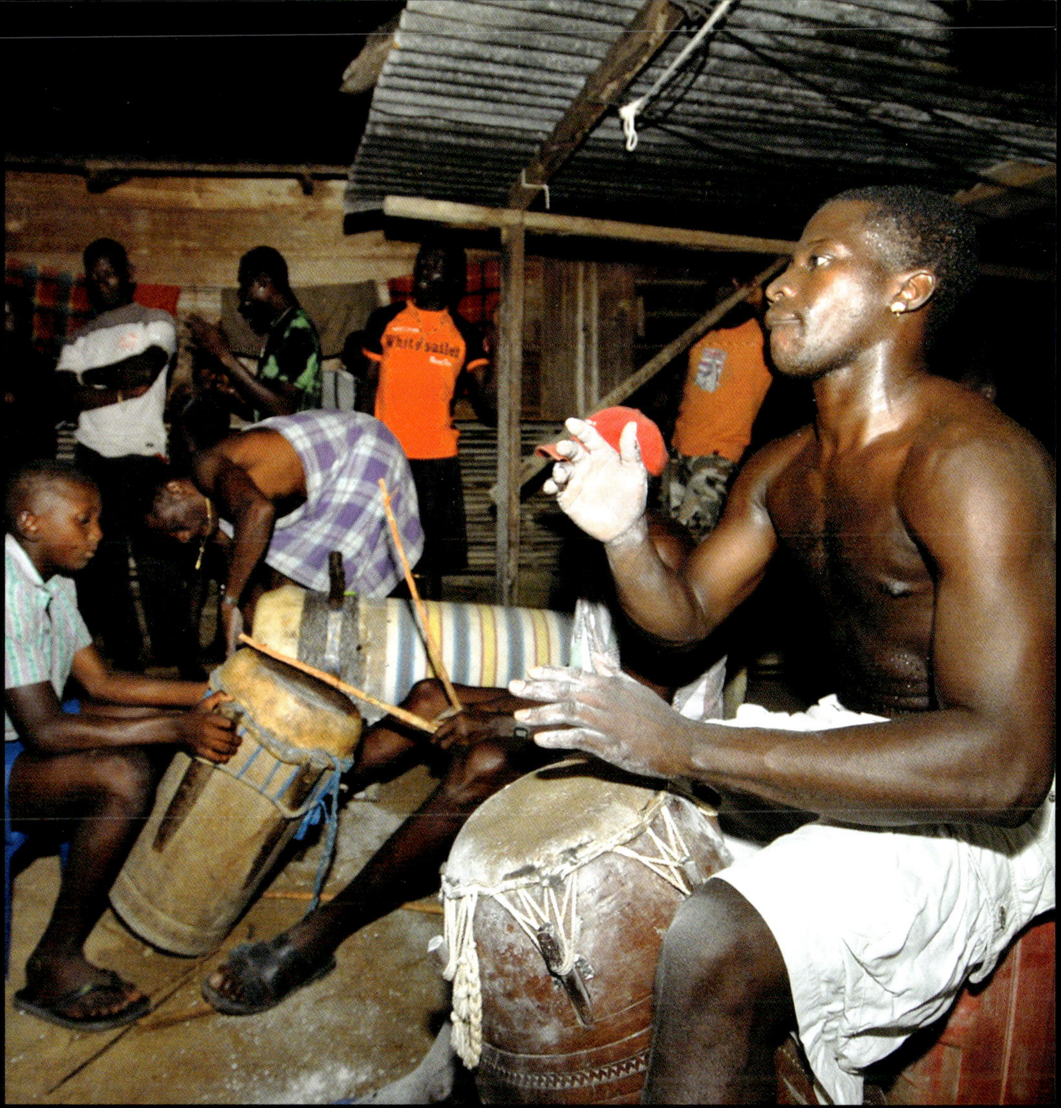

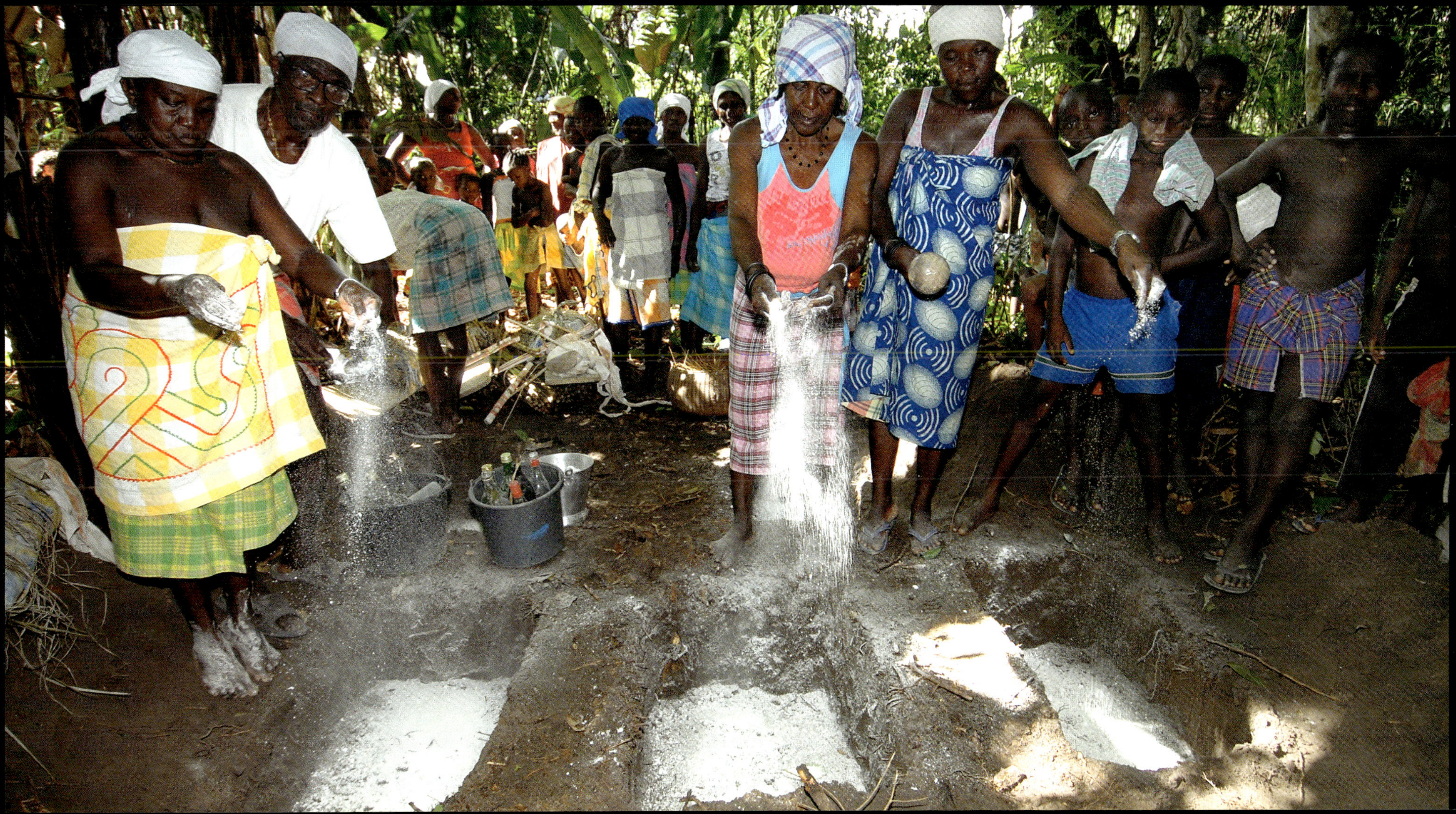

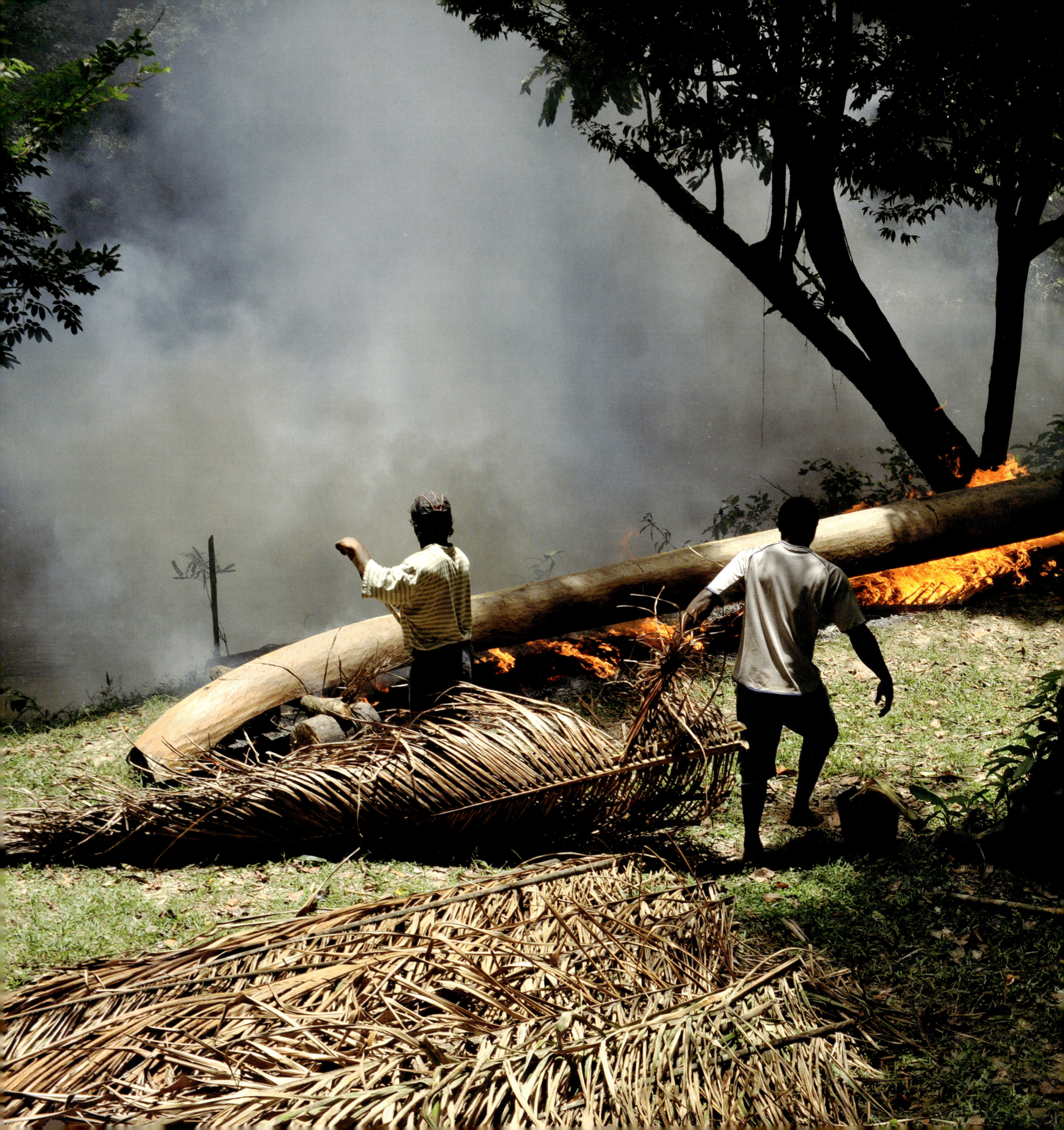

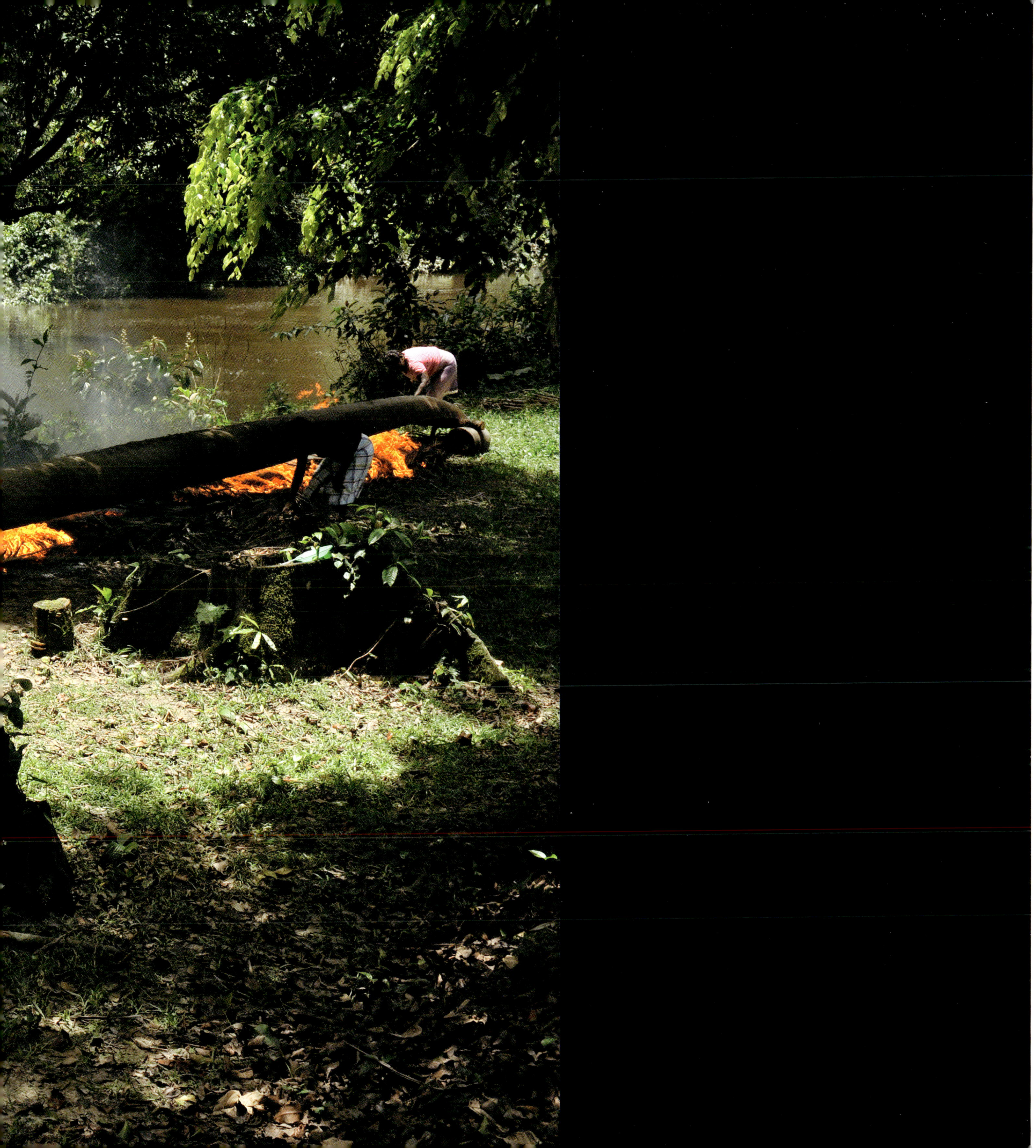

Awarradam (Boven Suriname/Upper Suriname)

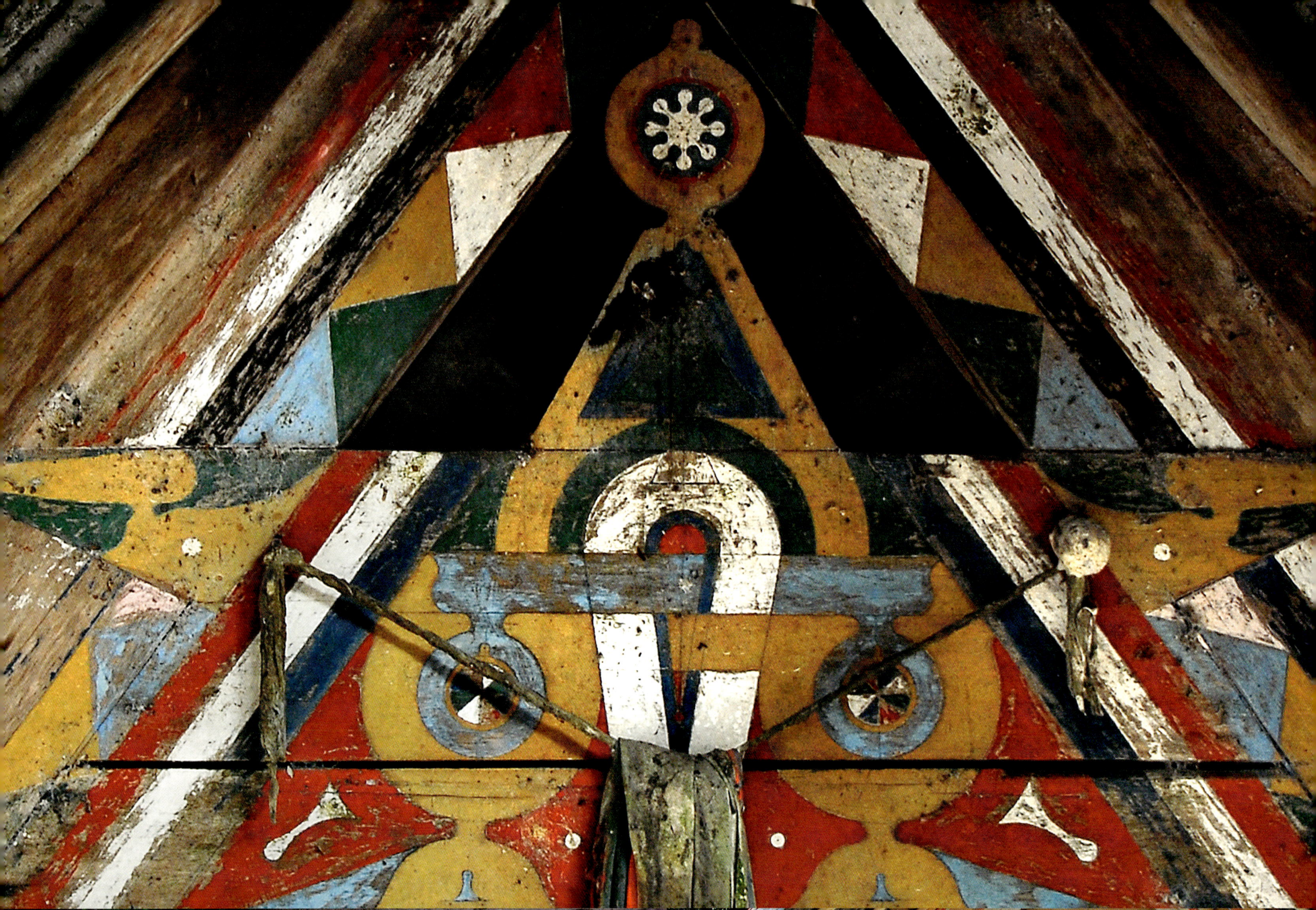

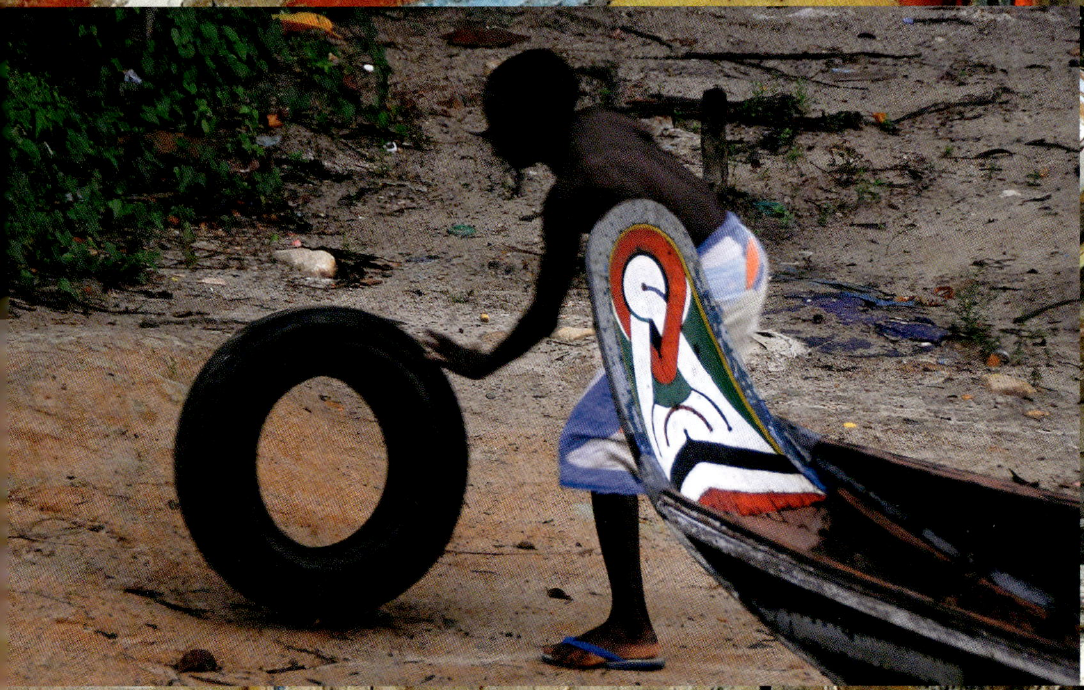

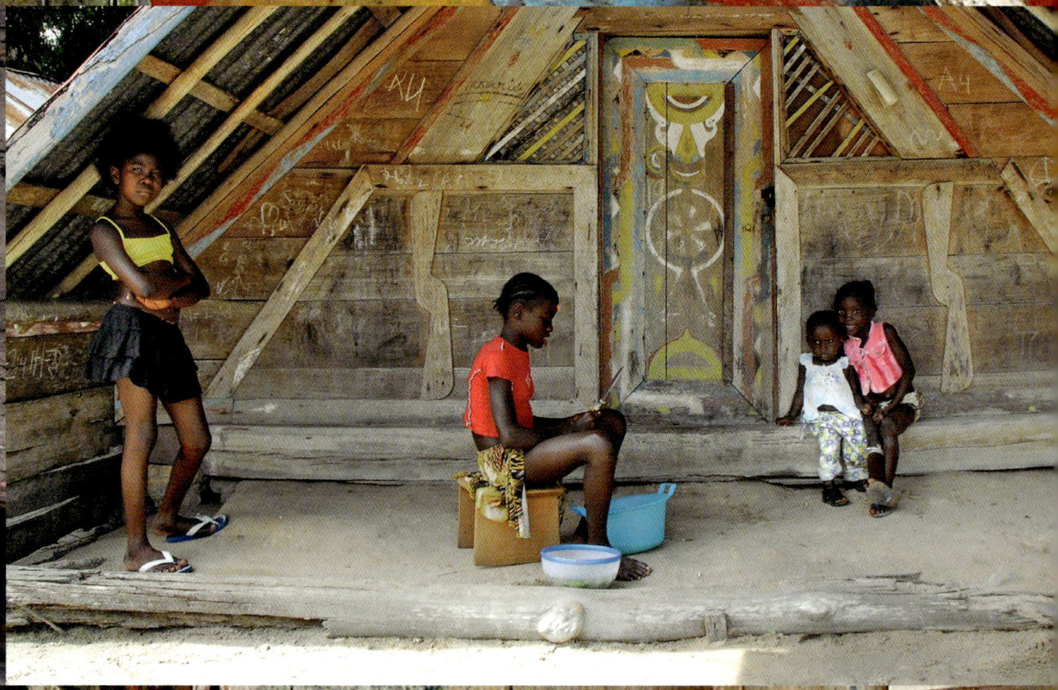

Drietabbetje, Marowijne

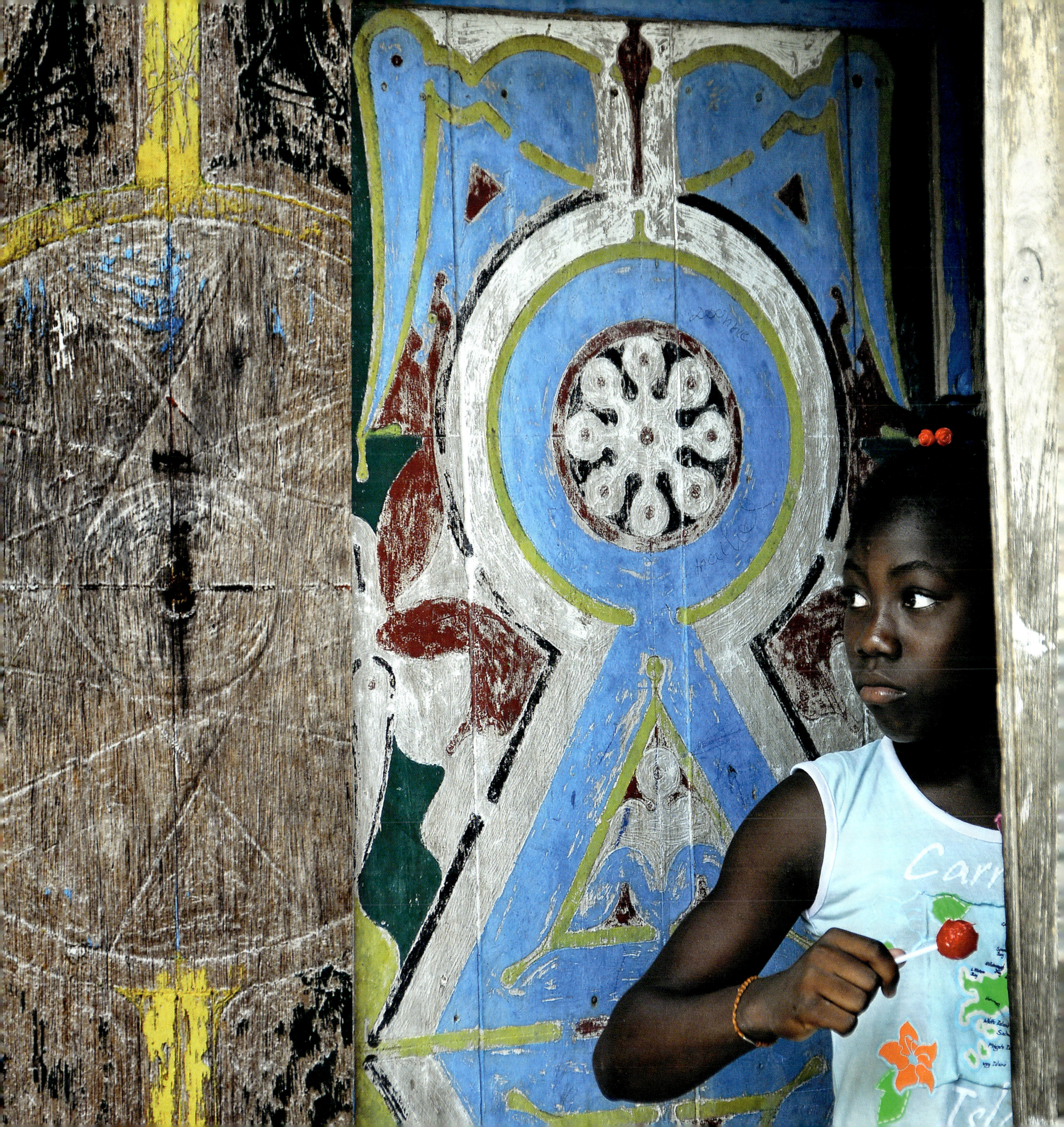

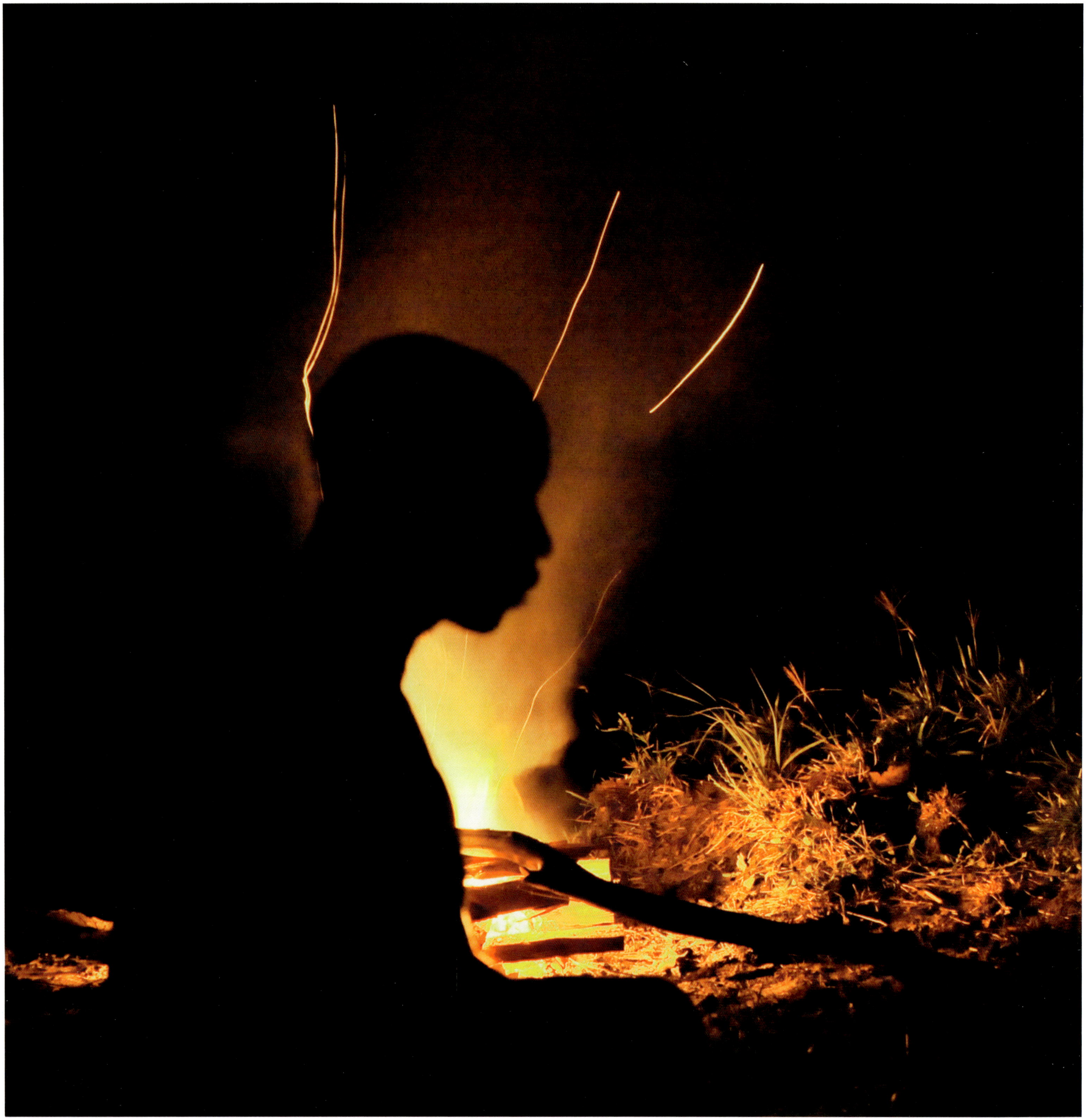

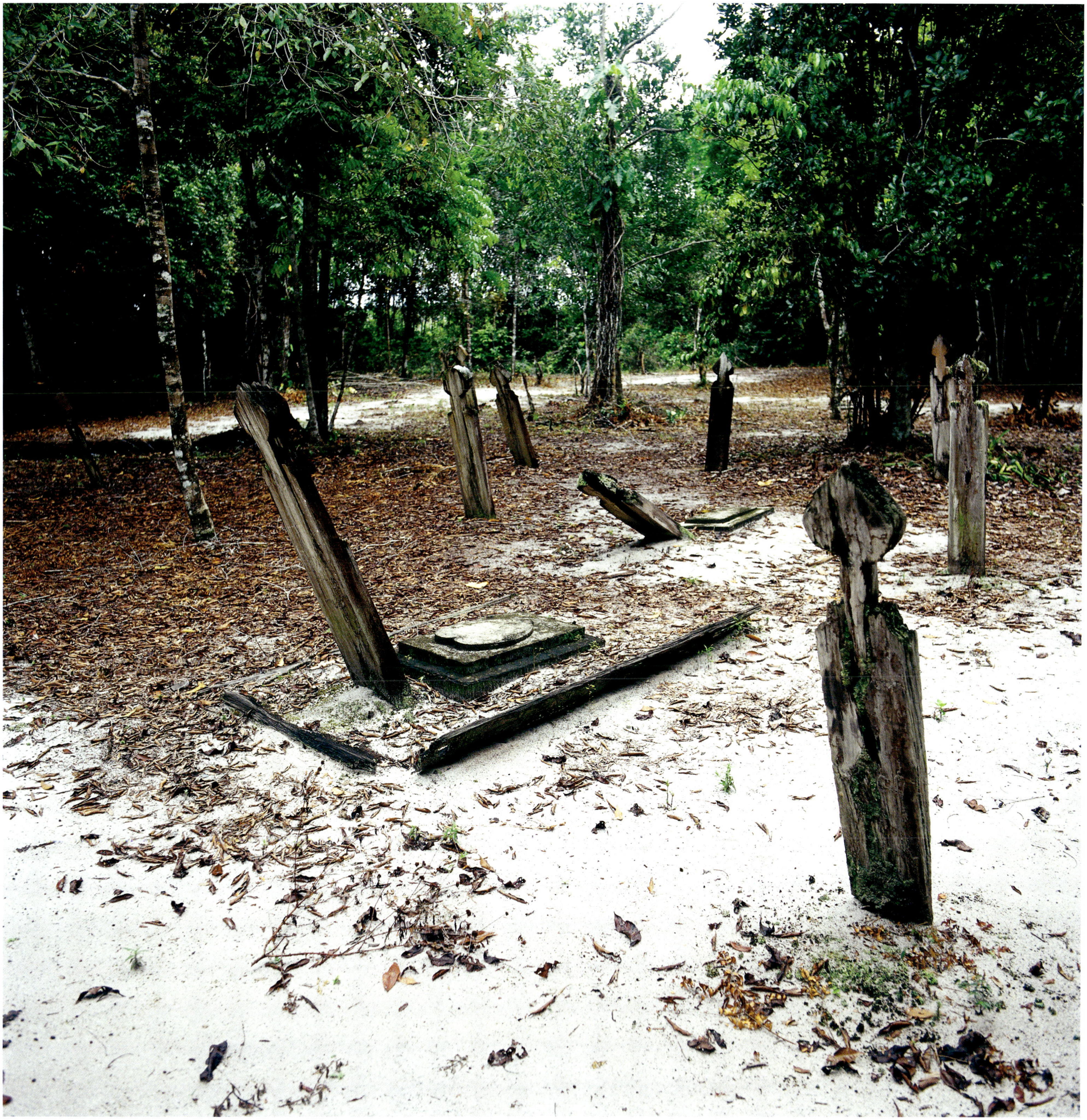

 Slavenbegraafplaats/Slave cemetery, Jodensavanne

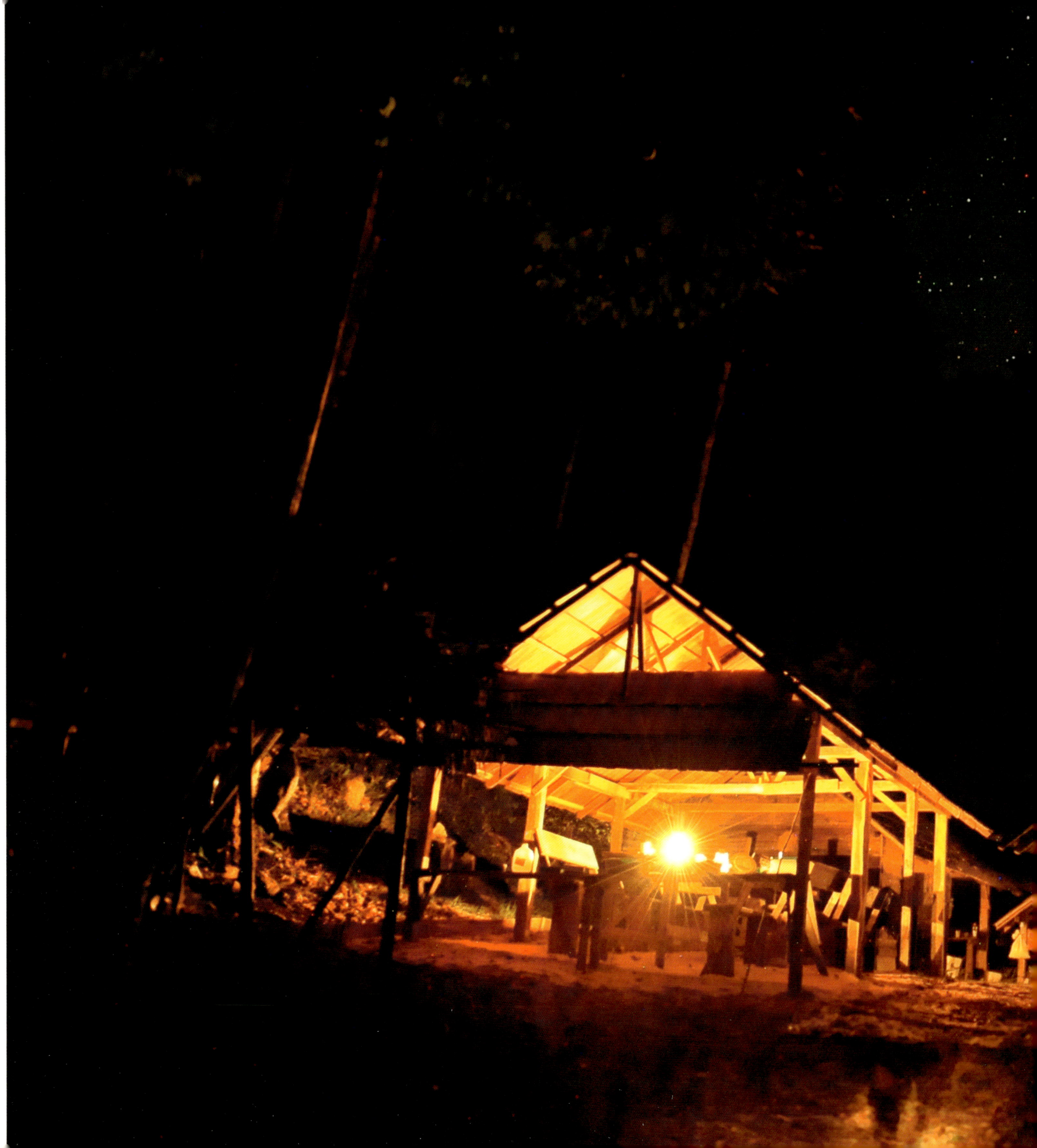

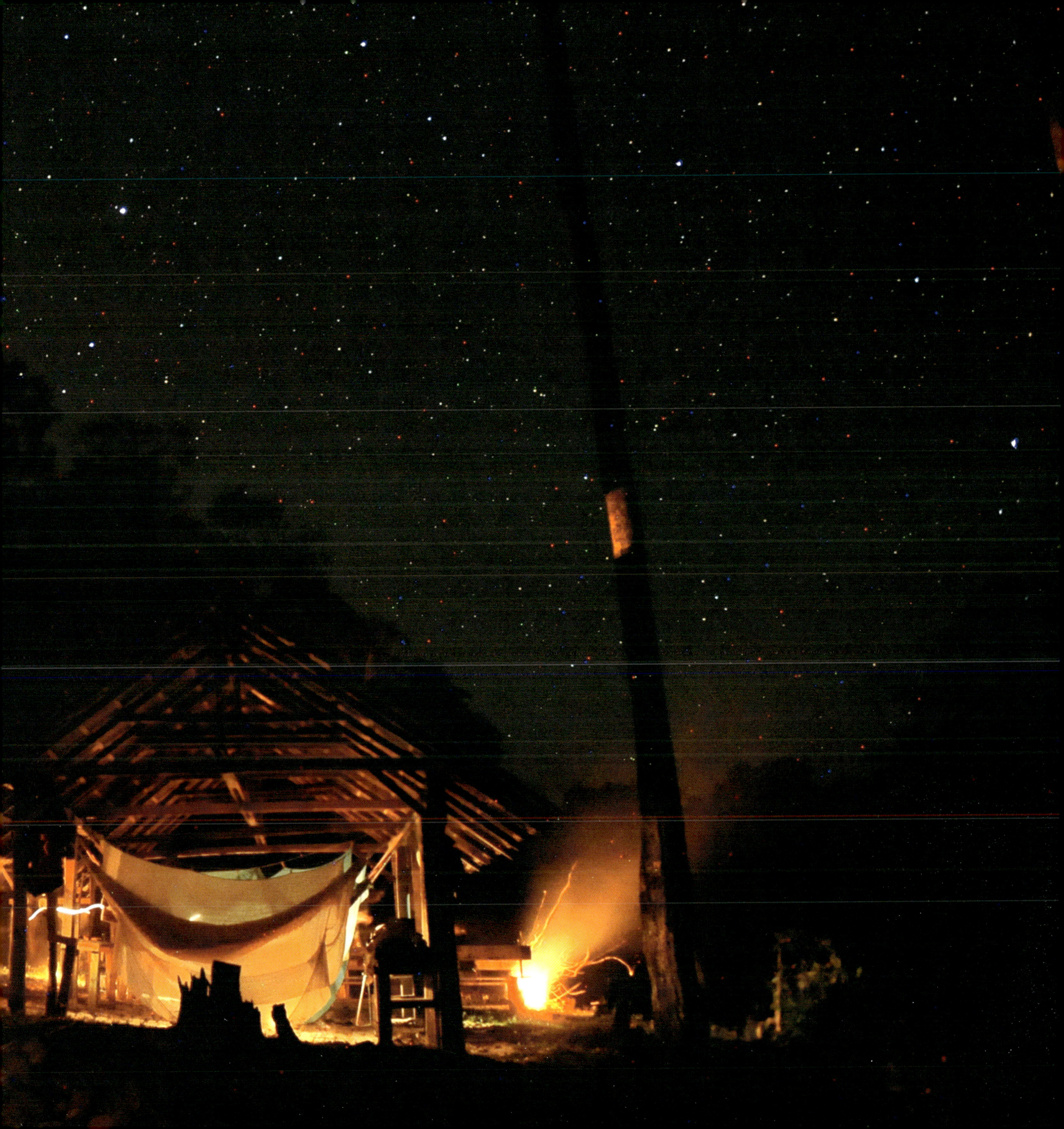

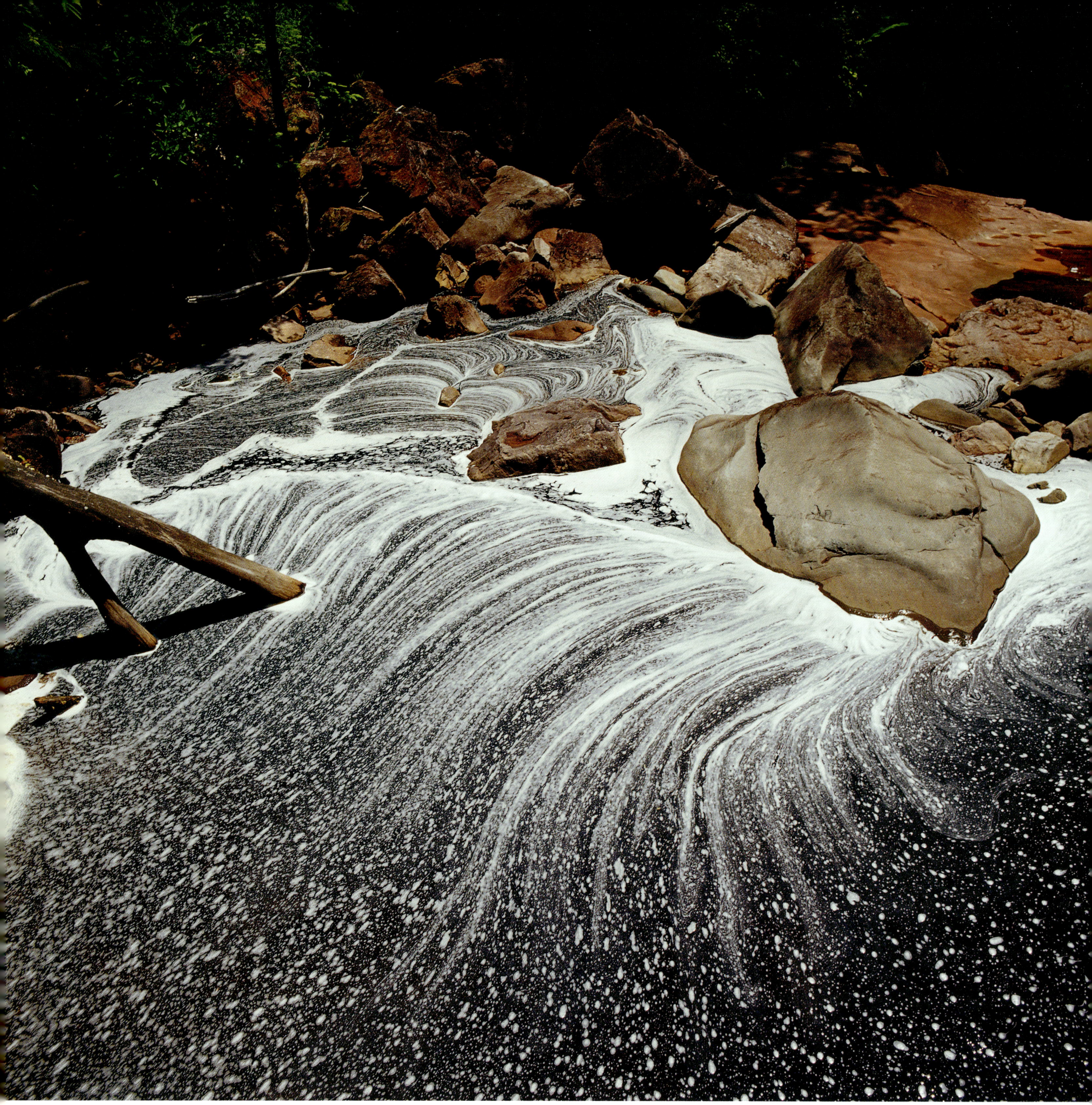

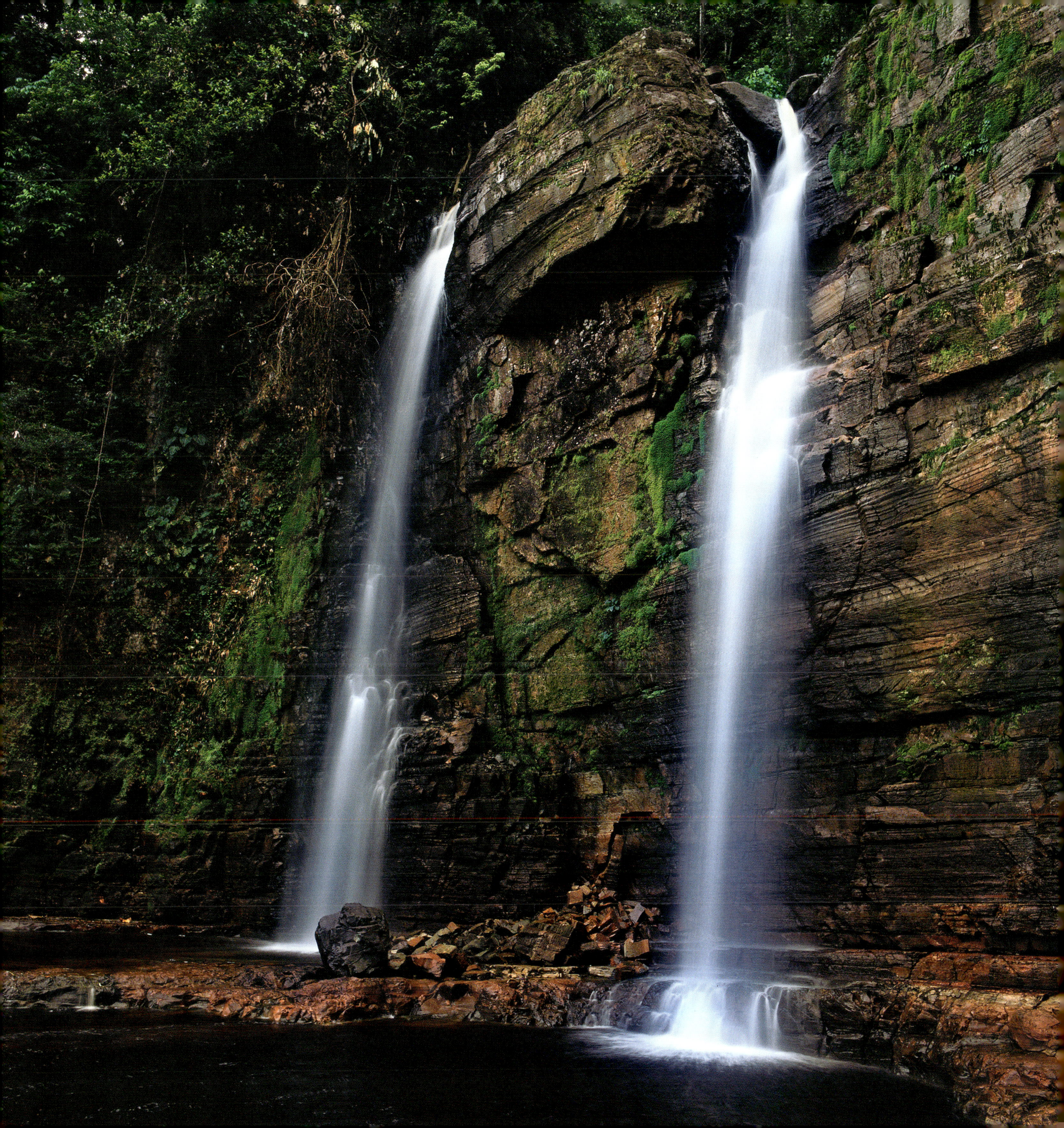

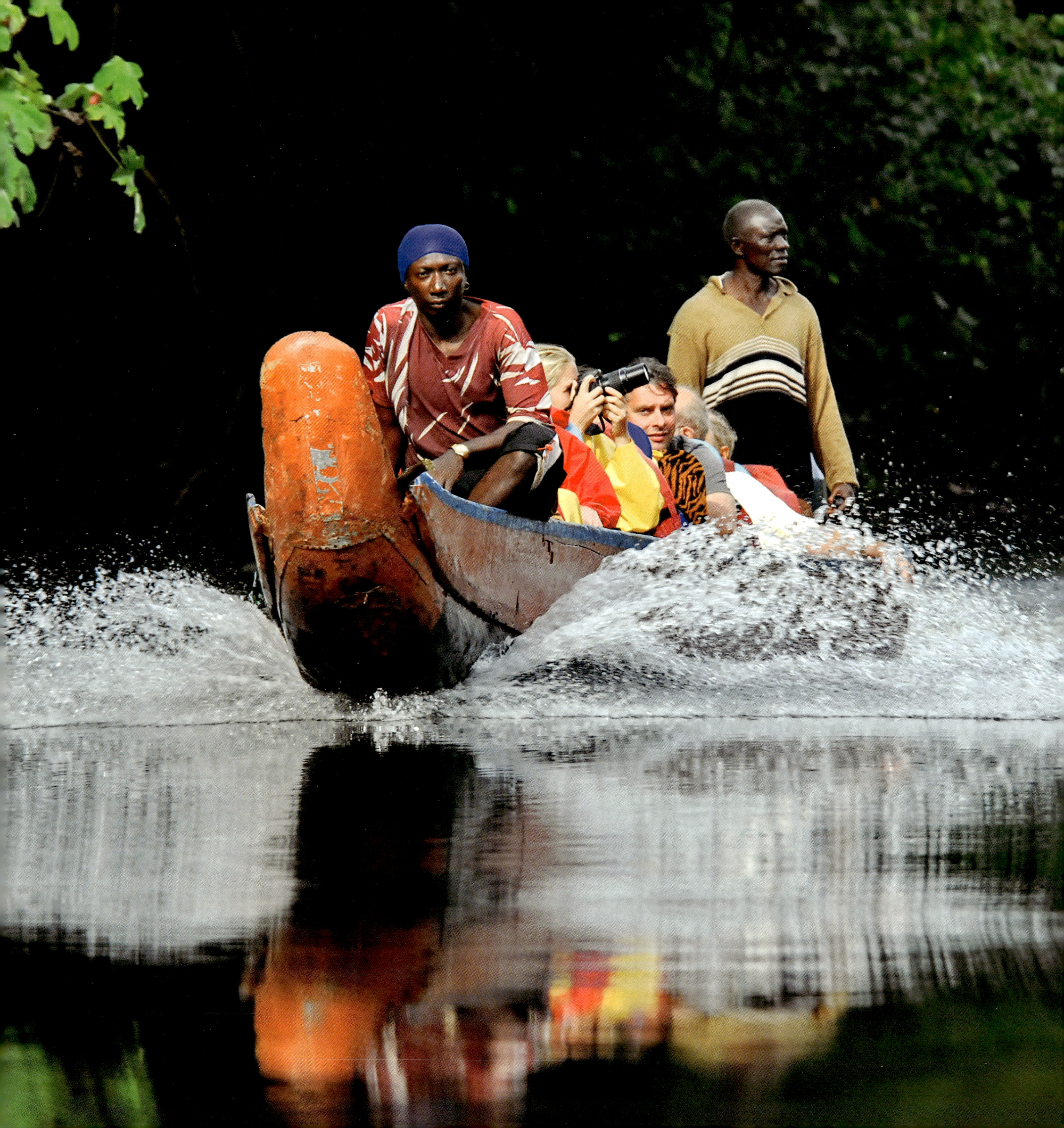

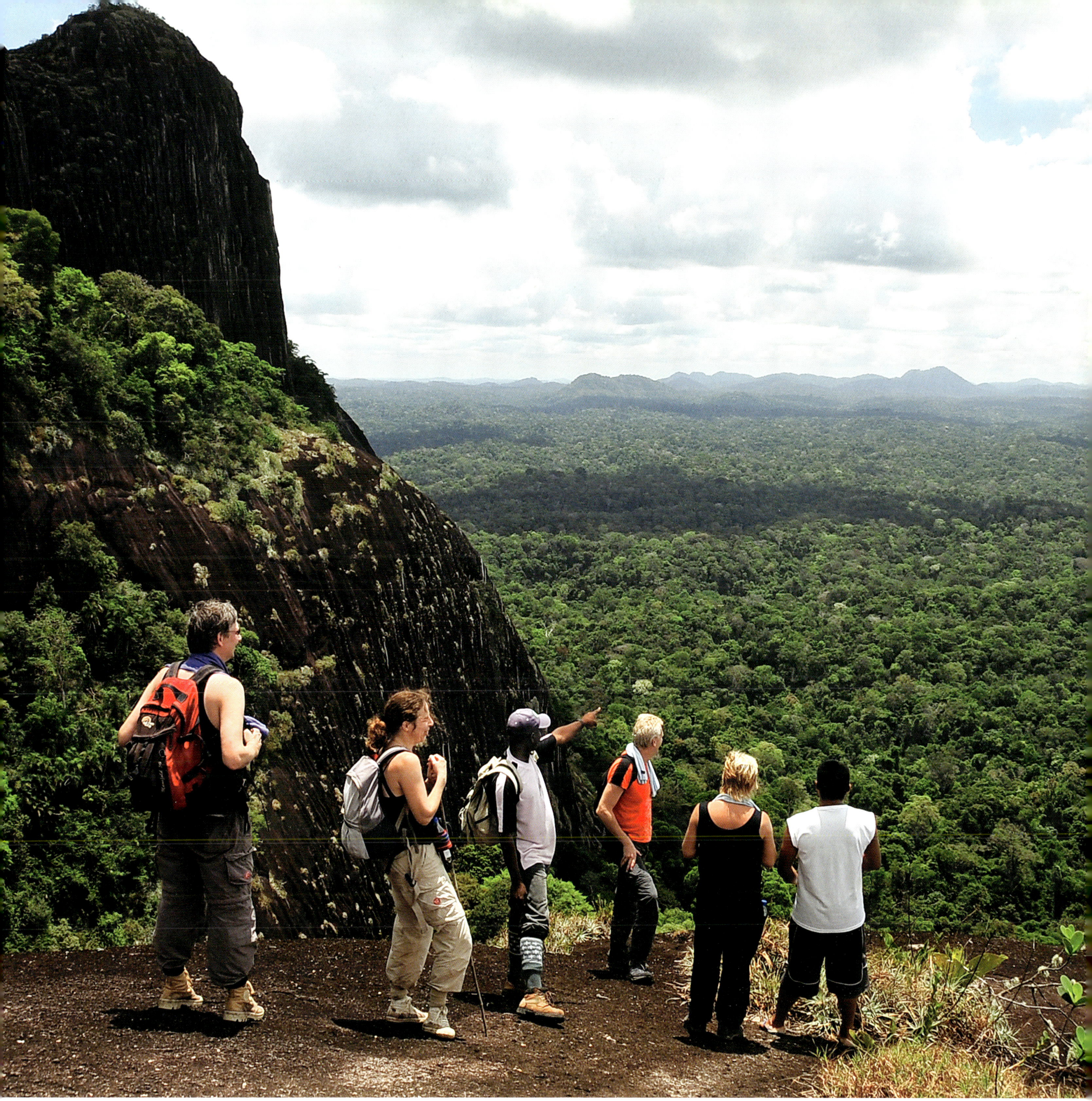

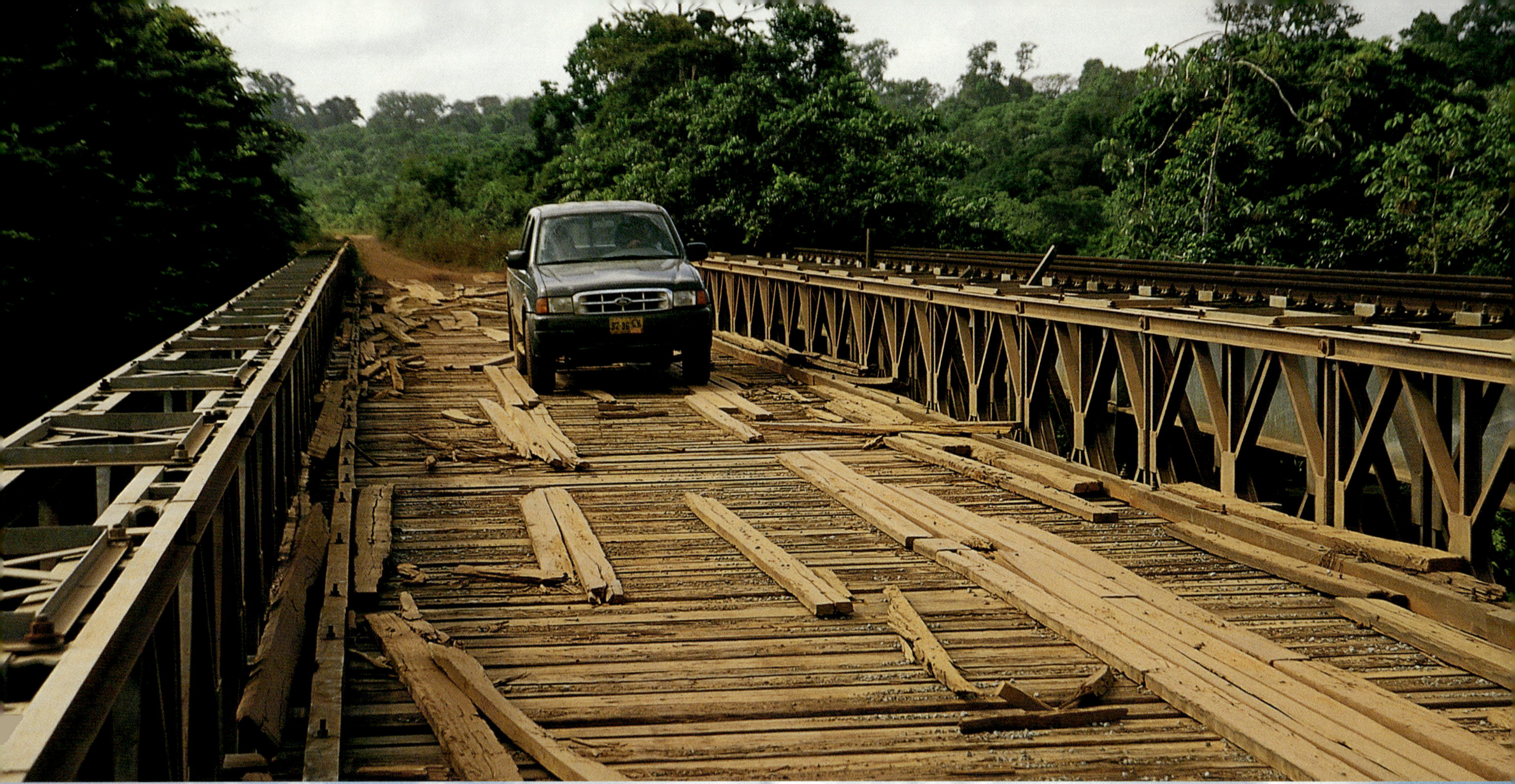

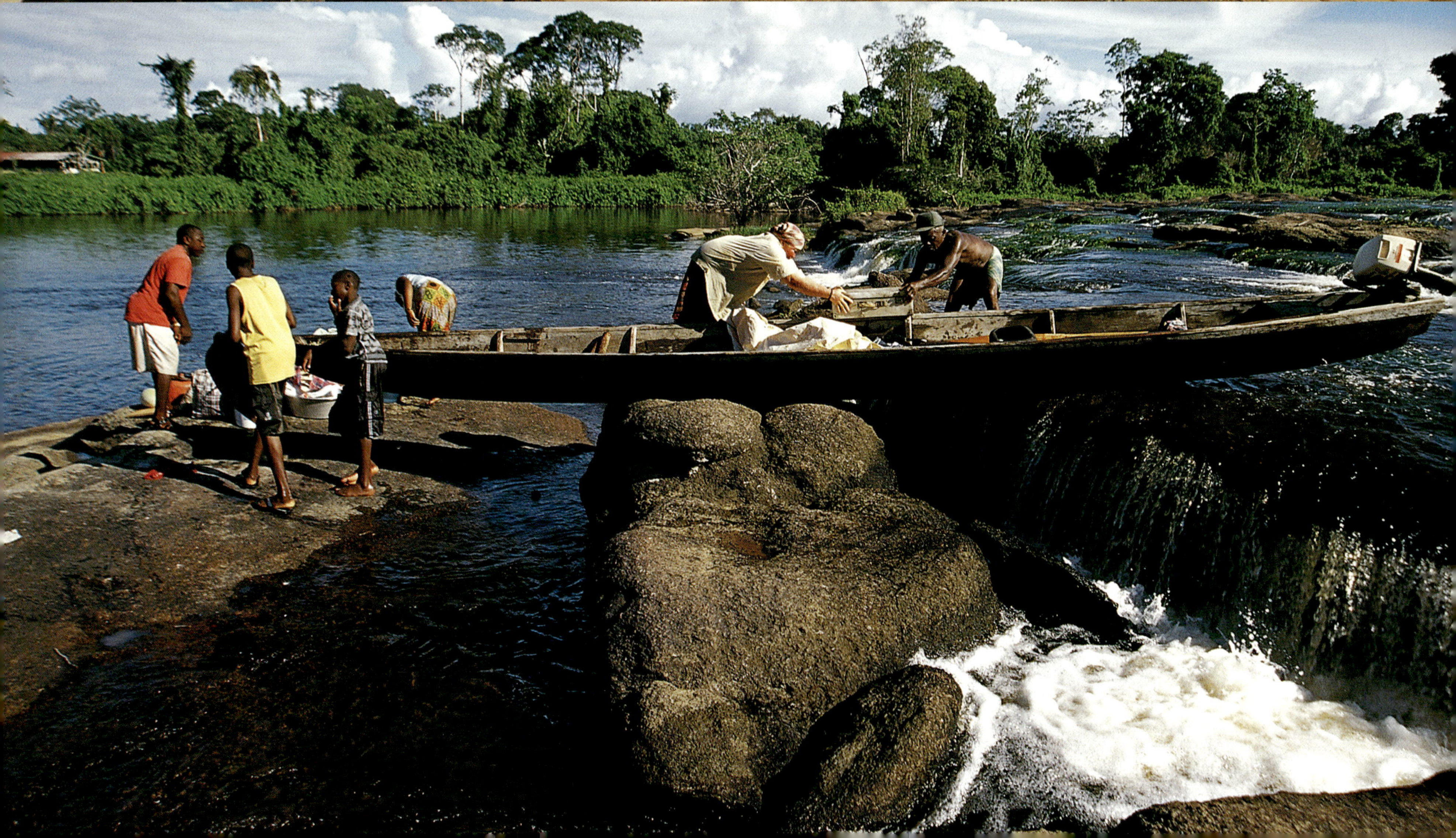

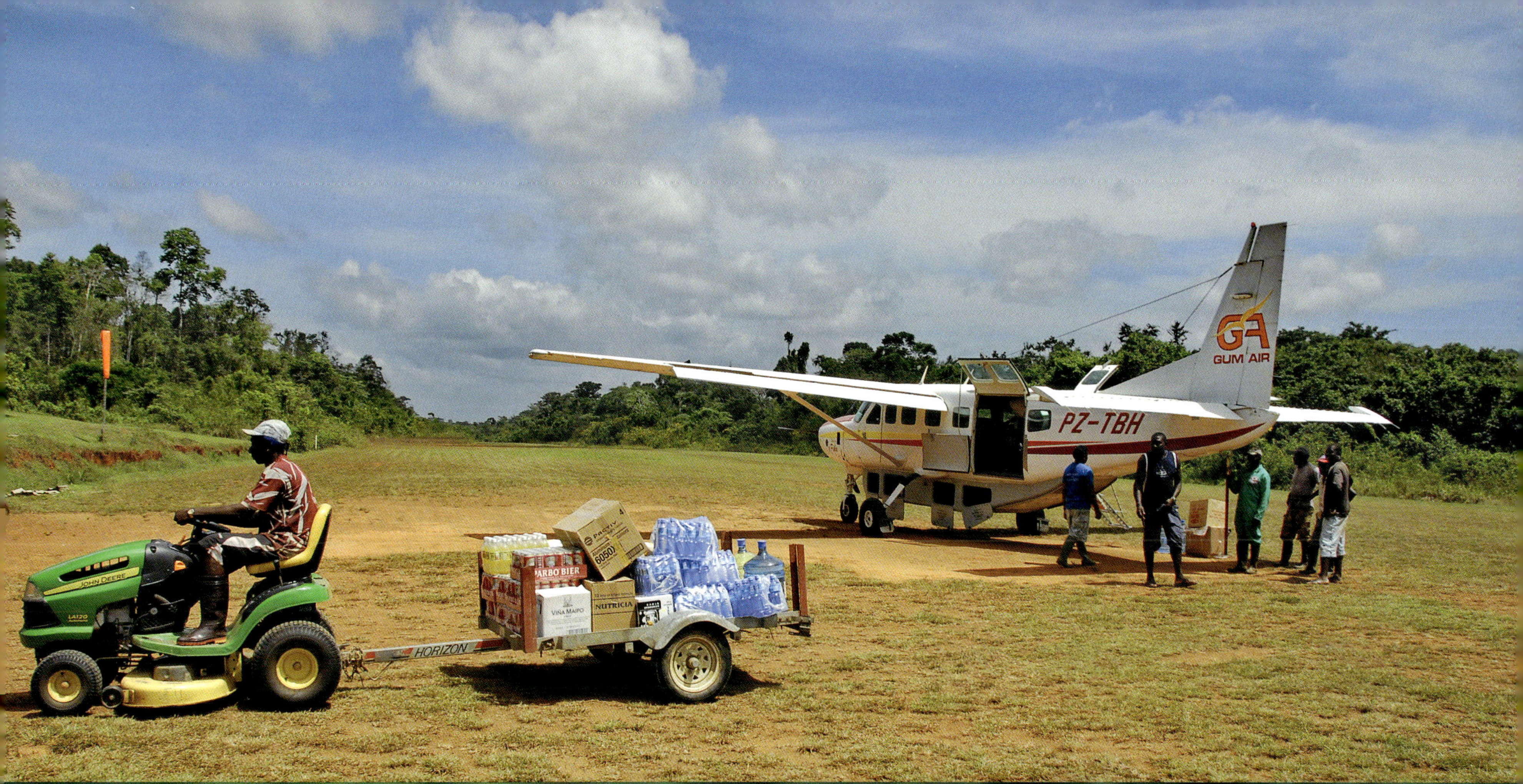
GA
GUM AIR
PZ-TBH
JOHN DEERE
PARBO BIER
NUTRICIA
HORIZON

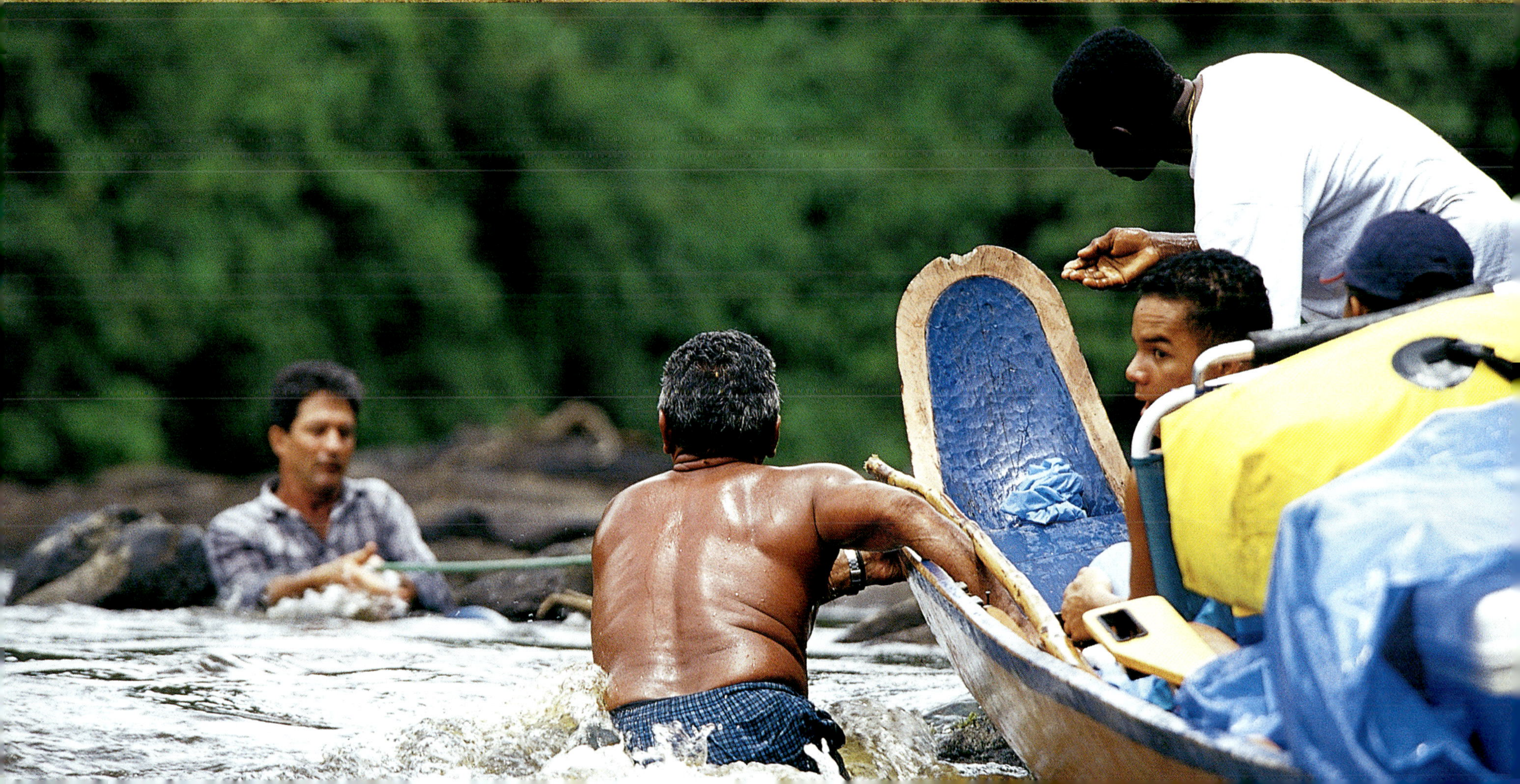

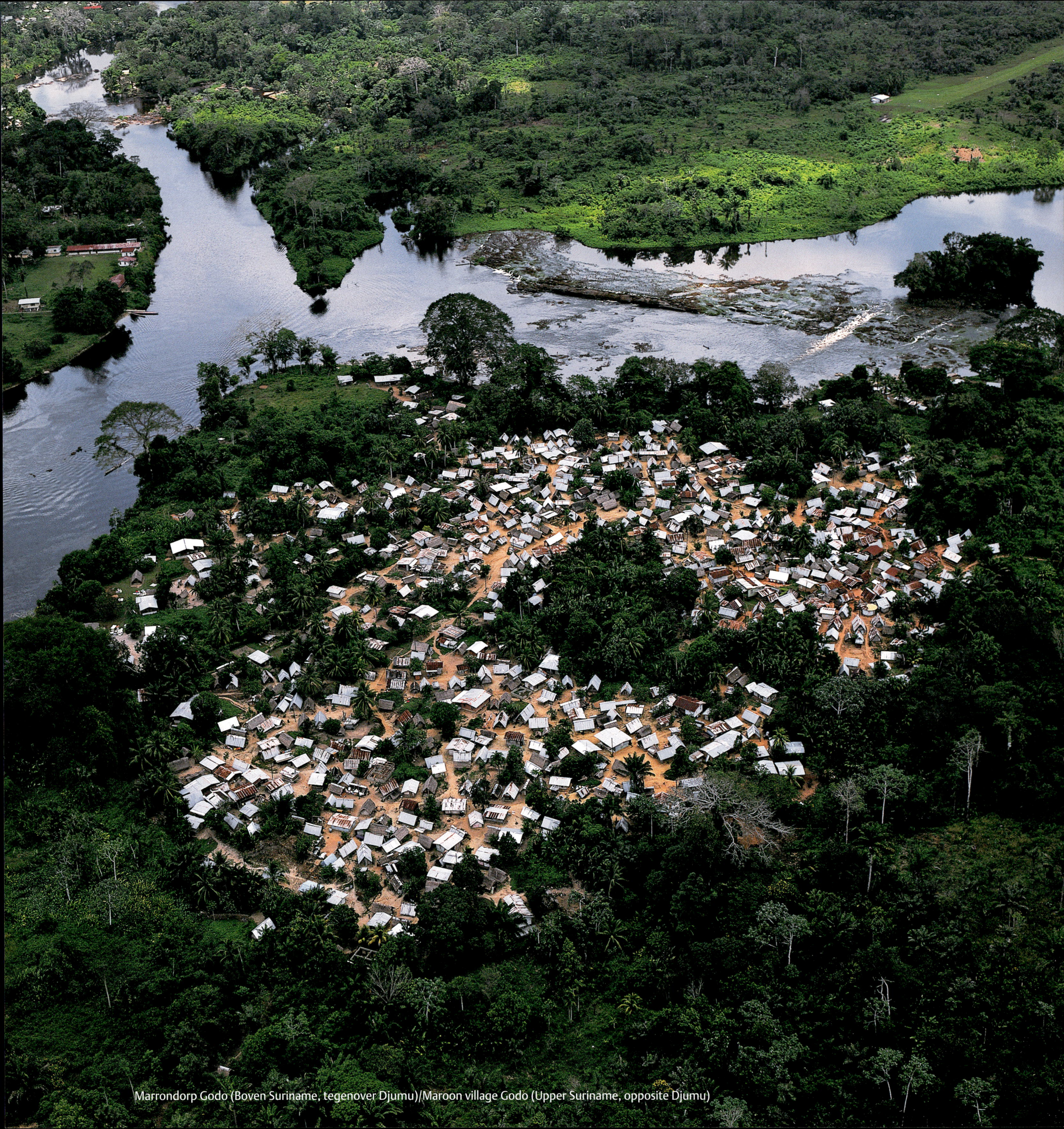

Marrondorp Godo (Boven Suriname, tegenover Djumu)/Maroon village Godo (Upper Suriname, opposite Djumu)

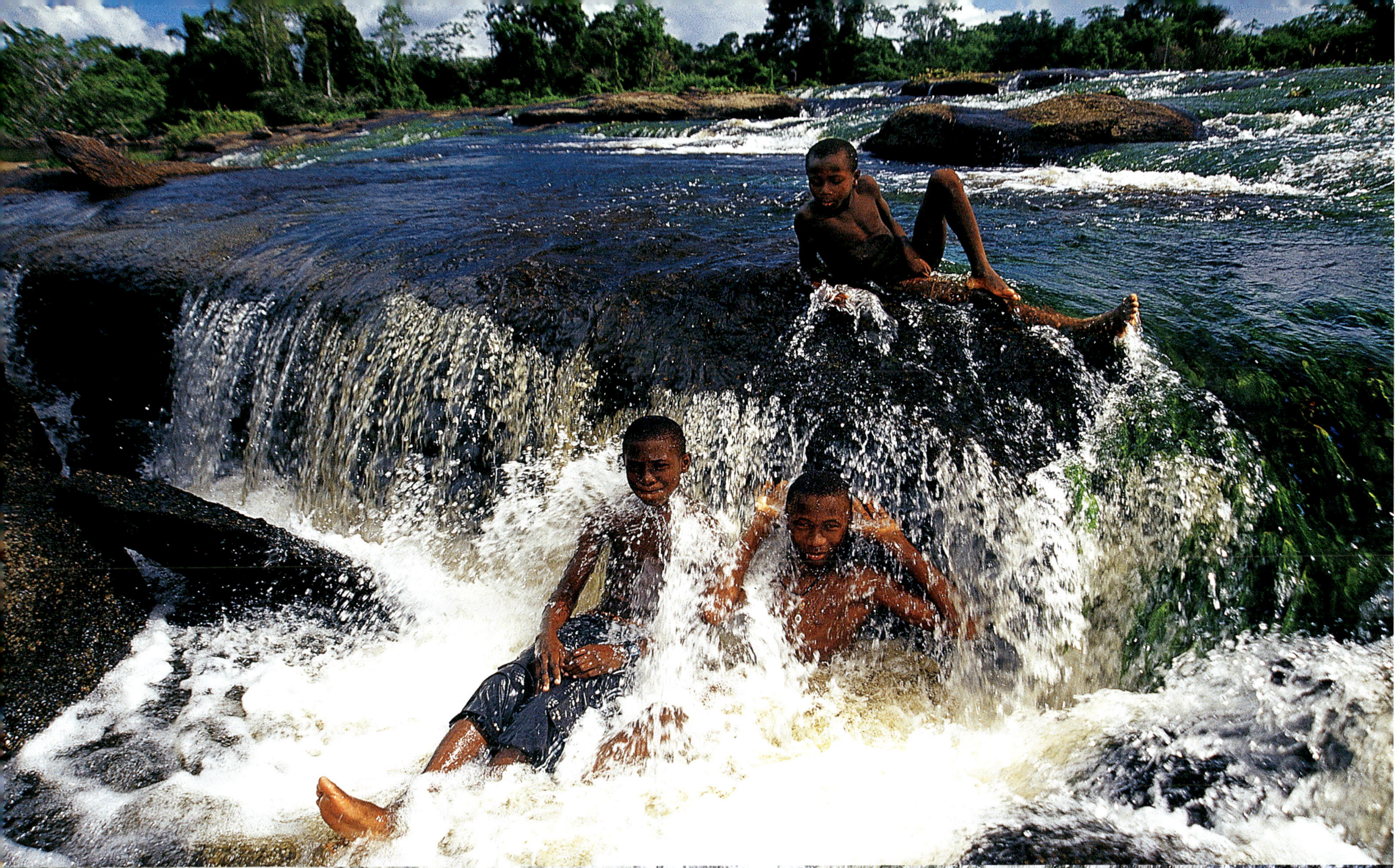

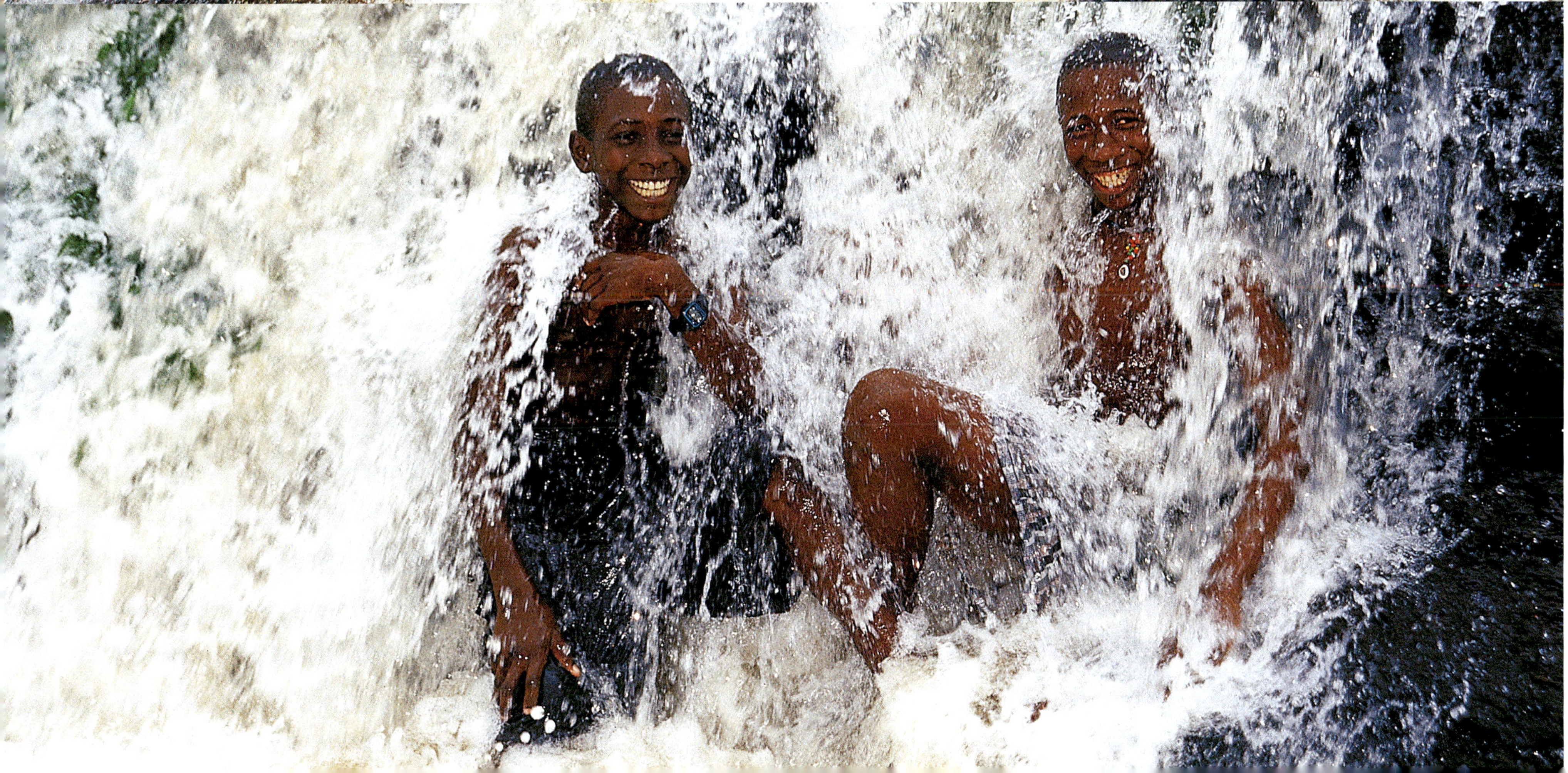

Tapawatra

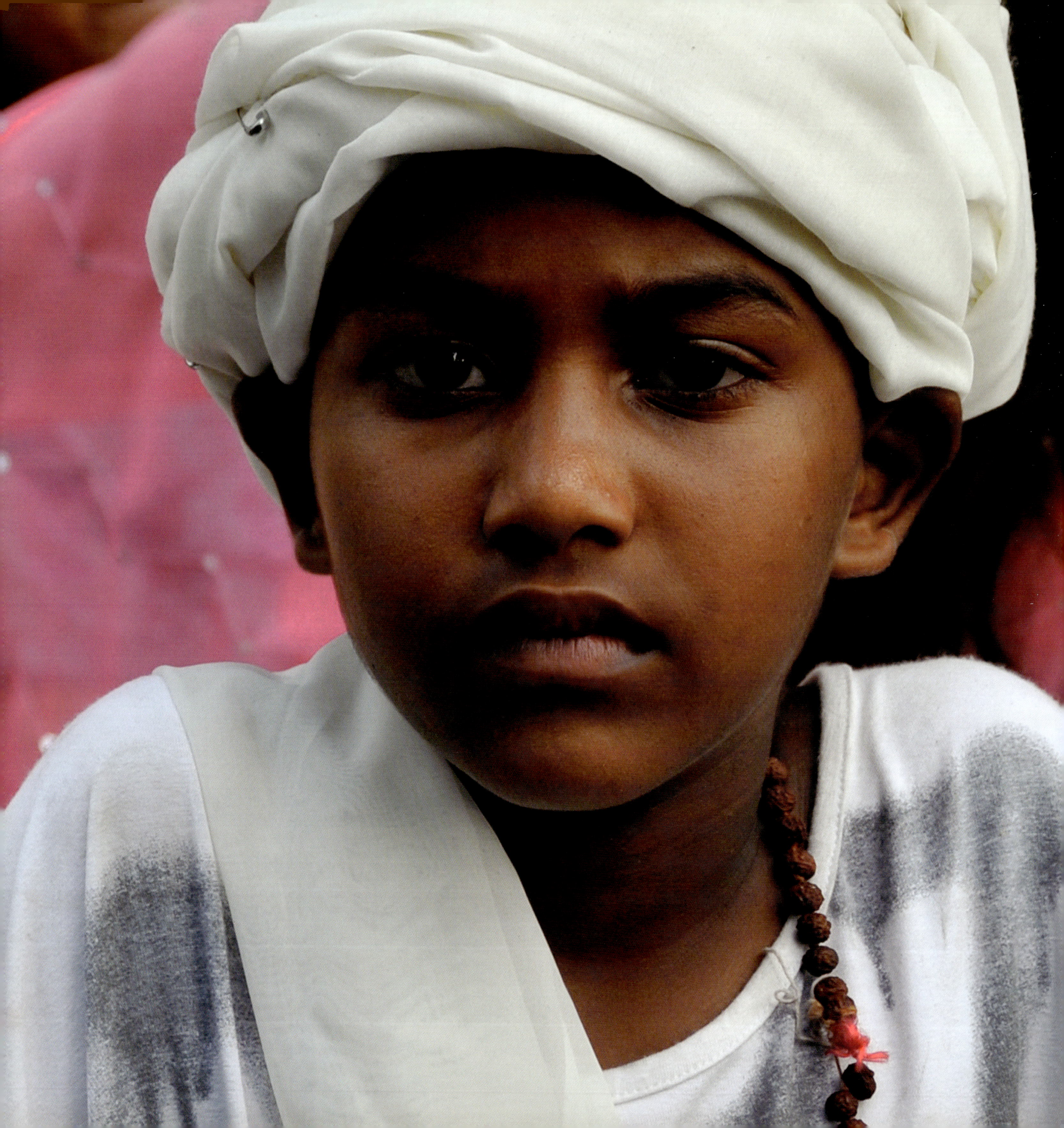

# Land van vele gezichten / Land of many faces

*TOON FEY*

Het kan geen enkele bezoeker ontgaan: Suriname is een land met veel verschillende gezichten. Alleen al het straatbeeld maakt duidelijk dat het land een aanzienlijk aantal etnische bevolkingsgroepen herbergt.
Voor een klein land met een half miljoen inwoners is die diversiteit opvallend en men kan terecht vermoeden dat hier een bijzondere geschiedenis aan ten grondslag ligt. Sommige bevolkingsgroepen blijven trouw aan hun traditionele levenswijze en trouwen binnen hun eigen cultuur, maar daarnaast komen ook allerlei gemengde huwelijken en verbintenissen voor. Wie naar de portretten in dit boek kijkt, zal zich geregeld afvragen welke etnische achtergronden in één gezicht worden weerspiegeld. Hoewel de verschillende bevolkingsgroepen ten dele hun eigen leven leiden, mag Suriname beslist geen gespleten maatschappij worden genoemd.
De manier waarop men zonder noemenswaardige conflicten met elkaar samenleeft, is mondiaal beschouwd bijzonder. Het land laat zich dan ook het best omschrijven als een mozaïek van culturen en levensstijlen: niet voor niets spreekt men ook wel van *Little United Nations*.

## Creolen

Het onderscheid dat wordt gemaakt tussen marrons en creolen, is voor buitenstaanders niet altijd begrijpelijk omdat beide groepen immers afstammen van Afrikaanse slaven en in veel gevallen uiterlijke verschillen ontbreken. Maar er bestaan wezenlijke historische en culturele verschillen. Zoals in het vorige hoofdstuk is beschreven, stammen de marrons af van de gevluchte plantageslaven die in het bos een eigen bestaan wisten op te bouwen en daar nog steeds leven volgens hun eigen regels en gewoonten. De creolen komen voort uit de grote meerderheid van de slaven die pas na de afschaffing van de slavernij een eigen bestaan konden gaan opbouwen. Aanvankelijk hielden zij zich op bescheiden schaal bezig met landbouw maar gezien de geringe opbrengsten zochten steeds meer van hen hun heil in Paramaribo. De gekleurde bevolking vertoonde toen al sociale verschillen. Tijdens de slavernij waren sommige slaven vrij verklaard of vrij gekocht of waren ze opgeleid tot ambachtslieden. Als gevolg van gemengde huwelijken of relaties vertoonde de creoolse bevolking ook uiterlijke verschillen waarbij een lichtere kleur vaak tot voordeel strekte. Deze laatste groep was vertrouwd met de koloniale samenleving en vormde na de afschaffing van de slavernij automatisch een creoolse bovenlaag die niet zelden werk vond in de (hoge) ambtenarij en hun kinderen naar school kon sturen. Veel van de voormalige plantageslaven die na het instorten van hun kleinschalige landbouw naar de stad trokken, vormden een volksklasse die veel minder binding had met de westerse cultuur dan de creoolse elite en middenklasse. Officiële huwelijken komen in deze sociale omgeving nog steeds weinig voor, meestal is er sprake van samenwonen. Rituelen met een Afrikaanse achtergrond, dans en winti worden moeiteloos vermengd met christelijke rituelen en gezangen. Hoewel de creolen niet langer de grootste bevolkingsgroep vormen, is de uitbundigheid, openheid en aanstekelijkheid van de creoolse cultuur nog steeds gezichtsbepalend voor het land.

## Hindostanen

Door de afschaffing van de slavernij in Suriname op 1 juli 1863, zagen de plantagehouders zich genoodzaakt om naarstig op zoek te gaan naar vervangende arbeiders. Ze volgden het voorbeeld van de Engelsen en startten werfcampagnes in Noord-India. De motieven om te emigreren waren dezelfde als (iets later) in Java; behalve de zucht naar avontuur was het ook een manier om te ontsnappen aan armoede en de vaak benauwende familie- en sociale

No visitor can help but notice that Suriname is a land with many different faces. Just walking along the street it is clear that it is home to a wide range of ethnic groups. For a small country of about half a million people, such diversity is striking and you would be right in thinking that its roots must lie in an unusual history. Some people have remained faithful to their traditional way of life and tend to marry within the same cultural group, but there are also all kinds of mixed marriages and relationships. When you look at the portraits in this book, you will be sure to wonder how many ethnic backgrounds are reflected in each face. Although the different groups lead their own lives to some extent, Suriname is by no means a divided society. The way in which people live together, without any conflicts to speak of, is unique in global terms. The country can therefore best be described as a mosaic of cultures and lifestyles. People talk about the *Little United Nations*.

## Creoles

Outsiders do not always understand the distinction between Maroons and Creoles because both groups are descendants of African slaves and they often look very similar. But there are very real historical and cultural differences. As described in the previous chapter, the maroons are descendants of escaped plantation slaves who were able to survive in the forest and who still live there according to their own rules and customs. The creoles, on the other hand, are the descendants of slaves who were only able to build up their lives after slavery had been abolished. At first they focused on farming on a modest scale. But because this generated little income, more and more went to seek their fortunes in Paramaribo. The social differences between different sections of the coloured population then became more marked. During the slavery era, some slaves were freed or their freedom was bought, or they were trained to become craftsmen. Mixed marriages and relationships meant that the Creole population started to exhibit outward differences, and people with lighter coloured skins started to receive preferential treatment. They were familiar with colonial society and, after the abolition of slavery, they automatically formed an upper social layer of Creoles whose members frequently found work in the civil service, sometimes in the higher ranks. They were also able to send their children to school. Many of the former plantation slaves, who moved to the town after their farms failed, formed a class which had far fewer links with Western culture than the Creole elite and middle class. Formal marriages are still a rare occurrence in this social environment and cohabitation is more common.
African-based rituals, dance and winti are combined easily with Christian rituals and song. Although the Creoles are no longer the largest population group, the enthusiasm, openness and appeal of Creole culture still determine the country's image.

## Hindustanis

Following the abolition of slavery in Suriname on 1 July 1863, the plantation owners were forced to take urgent steps to find replacement workers. They copied the example of the English and started recruitment campaigns in Northern India. The motives for emigrating were the same as in Java, slightly later. Apart from the desire for adventure, it was also a way of escaping poverty and often oppressive family and social relationships. That young women also opted to emigrate undoubtedly had to do with the oppression of primarily single mothers or widows. Nevertheless, significantly more men than women registered and, in an attempt to make up the difference, recruiters received higher commission for supplying women than men.
The contract obliged the workers to work

verhoudingen. Dat ook jonge vrouwen voor emigratie kozen, had ongetwijfeld te maken met de onderdrukte positie van met name alleenstaande moeders of weduwen. Toch meldden zich beduidend meer mannen dan vrouwen en om dat verschil zo goed mogelijk op te vangen, ontving de werver een hogere premie voor een vrouw dan voor een man. Het contract verplichtte de arbeiders om vijf jaar, zes dagen per week op een plantage te werken. Daarna had men de mogelijkheid om tegen gunstige voorwaarden een stuk grond te kopen. De meesten van hen maakten van dit aanbod gebruik, slechts een klein deel keerde terug naar India. In de loop van de vorige eeuw raakten de Hindostanen steeds meer geïntegreerd in de Surinaamse maatschappij. Formeel werden ze niet langer als immigrant beschouwd, hun kinderen volgden Nederlands onderwijs en kregen automatisch de Nederlandse nationaliteit en het Hindostaanse huwelijk werd officieel erkend. Na de Tweede Wereldoorlog kregen de Hindostanen de kans hun landbouwgrond fors uit te breiden en stapten velen over op andere bronnen van inkomsten, zoals handel en transport. In deze sectoren spelen de Hindostanen nog steeds een voorname rol. De taal van de Hindostanen heeft een opvallende ontwikkeling doorgemaakt. Hoewel de oorspronkelijke Indiase talen nog steeds worden gesproken, is er ook een vermenging met het Sranantongo ontstaan: het Sarnami. Familiebanden staan bij de Hindostanen in hoog aanzien.

## Javanen

Het lag natuurlijk voor de hand dat ook Nederlands eigen kolonie, Indonesië, voor de werving van contractarbeiders in aanmerking kwam en met name het dichtbevolkte Java. De aanpassing van de Javanen aan het leven in Suriname verliep aanvankelijk moeizaam en dat was voor een groot deel te wijten aan de ondoordachte werving die zich vrijwel uitsluitend op (zeer) jonge mensen richtte. Na het werk op de plantages belandden de meeste Javanen in de kleine landbouw, later vonden ze ook werk als arbeider in de bauxietwinning of bij andere bedrijven. Hoewel de Javanen tegenwoordig in bijna alle sectoren werkzaam zijn, blijft hun aandeel in de kleine landbouw, visserij en rijstbouw relatief groot. Met de komst van de Javanen deed ook de islam zijn intrede. De meeste Javanen beoefenen deze op een manier waarin ook pre-islamitische invloeden, zoals voorouderverering, een rol spelen. Tijdens het bidden richten zij zich, net als in Indonesië, naar het westen. Tegenover deze tamelijk losse opvatting staat die van de 'oostbidders', een groep die zich tijdens het gebed naar de werkelijke richting van Mekka richt en strenger in de leer is. De Javaanse bevolking heeft er altijd de voorkeur aan gegeven om dicht bij elkaar te wonen, vergelijkbaar met de kampongs in Indonesië. Hiervan zijn nog duidelijke voorbeelden te vinden, zoals in de wijk Blauwgrond.

## Chinezen

Al vóór de afschaffing van de slavernij trokken de eerste Chinezen naar Suriname. Na hun contractperiode keerden zij vrijwel allemaal de landbouw de rug toe om zich te vestigen als winkelier of handelaar. Binnen korte tijd bestonden de nieuwe Chinese emigranten niet langer uit contractarbeiders, maar uit verwanten die op eigen gelegenheid naar Suriname trokken om daar een bestaan op te bouwen, een verschijnsel dat nog steeds plaatsvindt. Dankzij hun zakelijke instelling, sobere leefwijze en de steun binnen de familie, behoorden zij al vroeg tot de in economisch opzicht meest succesvolle bevolkingsgroep. Tot de communistische machtsovername in China bleven de banden met het moederland redelijk intact en volgden sommige kinderen zelfs een opleiding in China. De geslo-



on a plantation for six days a week for five years. After that, they were given the opportunity to purchase a plot of land subject to favourable conditions. Most took advantage of this offer and only a few returned to India. The initial years were hard for the first generations of immigrants. It was difficult to combine their new life with existing traditions and the language barrier was considerable. In time, and aided by the activities of Brahmans (Hindu priests), they rekindled their own culture and the traditional holidays and marriages were reinstated. During the course of the past century, the Hindus became increasingly integrated into Surinamese society. They were no longer regarded formally as immigrants, and their children received a Dutch education and automatic Dutch nationality. Hindu marriages were also recognised officially. After the Second World War, Hindus were given the chance to acquire a lot more agricultural land and many switched to other sources of income, such as trade and transport. They still play a leading role in these sectors. Their language has undergone a surprising development. Although the original Indian languages are still spoken, they have mixed with Sranan Tongo to form a new language: Sarnami. Family ties are very important to Hindus.

## Javanese

It was, of course, to be expected that the Netherlands' own colony, Indonesia, would also be targeted for the recruitment of indentured workers, and particularly the densely-populated island of Java. The Javanese initially found it difficult to adapt to life in Suriname. This was largely due to the ill-considered recruitment, which focused almost exclusively on very young people. In addition, women were in a distinct minority and their arrival in Suriname generated all kinds of tensions and problems. The lack of any family structure and the traditional authority exercised by older people led to rivalry between different groups. Violent confrontations occurred regularly which were detrimental to production and to the reputation of the Javanese immigrants. After having worked on the plantations, most Javanese ended up engaging in small-scale agriculture. Later on, they also found work with bauxite mining companies or elsewhere. Although the Javanese currently work in almost all sectors, they are still relatively concentrated in small-scale agriculture, fishing and rice-growing.

The arrival of the Javanese also signalled the arrival of Islam in Suriname. Most Javanese practised this religion in a manner in which pre-Islamic influences, such as reverence for one's ancestors, play a role. At prayer times, they face the West just as in Indonesia. There is a more orthodox group which rejects this fairly loose interpretation of Islam and which prays to the East, in the true direction of Mecca. The Javanese people have always preferred to live close together, as in the kampongs in Indonesia. There are still clear examples of this, such as the Blauwgrond district.

## Chinese

The first Chinese immigrants arrived in Suriname even before the abolition of slavery. After completing their contracts, almost all of them turned their backs on agriculture and set up their own small businesses as shopkeepers or traders. Soon, the new arrivals from China were no longer indentured workers but relatives who came to Suriname freely to start new lives – a phenomenon that has continued to the present day. Thanks to their commercial attitude, sober way of life and the support provided by family members, they quickly became the most successful population group from an economic point of view. Until the communists assumed power in China, the ties with the mother-

tenheid van de Chinese gemeenschap is in de loop van de tijd verminderd en gemengde huwelijken vormen geen uitzonderingen meer. Chinese kinderen zijn niet zelden katholiek gedoopt en spreken in de meeste gevallen geen of gebrekkig Chinees. Dat betekent niet dat de Chinese identiteit tot het verleden behoort. De familiebanden zijn nog altijd belangrijk en men hecht aan een goede opleiding; in de intellectuele en medische wereld zijn Chinezen ruim vertegenwoordigd. Deze al lang in Suriname wonende Chinese bevolkingsgroep verschilt sterk van de 'nieuwe Chinezen' die de laatste jaren uit puur economische motieven het land binnenstromen.

## Joden

De joodse banden met Suriname zijn oud. Als gevolg van de vervolgingen in Spanje en Portugal trokken veel gevluchte Joden via veilige landen als Engeland en Nederland naar het Caribische gebied om zich daar te vestigen als plantage-eigenaar. Toen de beschikbare gronden in deze streken bezet raakten, weken sommigen van hen uit naar het 'nieuwe' land Suriname. Een aparte groep vormde de Joden die naar (het toen nog Hollandse) Brazilië waren gevlucht. Na de verovering van dat land door Portugal zagen zij zich opnieuw genoodzaakt te vluchten naar de nieuwe kolonie Suriname om daar tamelijk ver in het binnenland een eigen nederzetting op te richten: Jodensavanne. Grafstenen en de ruïne van de stenen synagoge vormen daar nog de herinnering aan deze periode. Door de sterke integratie speelt de joodse cultuur en religie een marginale rol in het huidige Suriname. Maar de betekenis van hun cultuur in de Surinaamse geschiedenis wordt gesymboliseerd door de grote synagoge in het centrum van Paramaribo.

## Andere nieuwe bewoners

Een aparte groep binnen de Surinaamse samenleving vormen de boeroes, afstammelingen van een groep Nederlandse boeren die halverwege de negentiende eeuw naar Suriname trokken om daar in nog onontgonnen gebieden een bedrijf op te bouwen. Door ziekten en tegenslagen mislukte dit project en zetten de overgeblevenen hun boerenbedrijf voort in de buurt van Paramaribo. Later werden deze gebieden opgeslokt door de uitbreidende stad, maar de Nederlandse namen van huidige buitenwijken herinneren nog aan deze periode. Ook tijdens de vorige eeuw hebben Nederlanders zich in de toenmalige kolonie gevestigd en hoewel zij zich zelden bezighielden met landbouw, worden ze net als hun nakomelingen nog steeds bestempeld als 'boeroes'.

Het aantal Libanezen in Suriname is klein en van een uitgesproken Libanese cultuur is geen sprake. Maar omdat zij zich van oudsher bezig hebben gehouden met de textielhandel en het beheren van bijbehorende winkels, zijn ze niet weg te denken uit de Surinaamse samenleving. Hun voorouders waren christelijke Libanezen die ruim een eeuw geleden naar het Caribische gebied trokken omdat zij zich hier vanwege hun katholieke geloof beter thuis voelden dan in hun geboorteland. De textielhandel in Suriname is tot op de dag van vandaag nog altijd het bijna exclusieve domein van de Libanees.

Vanuit de beide Guyana's, de buurlanden, hebben zich altijd voor kortere of langere tijd mensen in Suriname gevestigd.

Een tamelijk nieuwe groep bewoners vormen de zuiderburen, de Brazilianen. Het aantal *garimpeiros* (goudzoekers) bedraagt vele tienduizenden. Hoewel zij voornamelijk in het binnenland verblijven, is hun aanwezigheid ook in Paramaribo toegenomen. Op sommige plaatsen beheersen ze zelfs het straatbeeld, compleet met Portugeestalige winkels en uithangborden.



land remained fairly well intact and some children even went back to China to be educated. The isolation of the Chinese community has gradually decreased and mixed marriages are no longer an exception. Chinese children are quite often baptised as Catholics and most of them speak no, or broken, Chinese. That does not mean that Chinese identity is a thing of the past. Family ties are still very important, and a proper education is regarded as a valuable asset. Chinese people are well-represented in intellectual and medical circles. This group of Chinese who have lived in Suriname for a long time is very different to the 'new Chinese' who have migrated to the country in large numbers in recent years for purely economic motives.

## Jews

Jewish ties with Suriname date back centuries. Large numbers of Jews fled persecution in Spain and Portugal and, via safe countries such as England and the Netherlands, made their way to the Caribbean where they became plantation owners. When there was no more land available there, some of them relocated to the 'new' country of Suriname. A separate group had fled to Brazil (which was still a Dutch colony at the time). When Brazil was conquered by Portugal, they were again forced to flee. Together with Dutch settlers there they then moved to the new colony of Suriname where they set up a community quite a long way inland. This community became known as Jodensavanne (Jews' Savannah). Gravestones and the ruins of the stone synagogue are reminders of that period. Widespread integration has meant that the Jewish culture and religion play a marginal role in Suriname today. However, the importance of their culture in Surinamese history is symbolised by the large synagogue in the centre of Paramaribo.

## Other newcomers

The Boeroes constitute a separate group within Surinamese society. They are descendants of a group of Dutch farmers who moved to Suriname in the mid nineteenth century to set up farms in uncultivated areas. Illness and setbacks led to failure and many moved their farms closer to Paramaribo. These areas were later swallowed up by the expanding city but the Dutch names of many suburbs are reminders of this period. Dutch people also settled in the former colony during the last century and, although they rarely engaged in agriculture, they and their descendants are still referred to as Boeroes.

Since the Lebanese community in Suriname is very small, there is no discernible Lebanese culture. However, because of their traditional involvement in the textile trade and in running textile shops, they play a crucial role in Surinamese society. Their ancestors were Catholic Lebanese who moved to the Caribbean well over a century ago because they felt more at home there than in their country of birth. Textile trade in Suriname has remained almost the exclusive domain of the Lebanese to this day. People from neighbouring countries, the two Guianas, have always come to Suriname for varying periods. In fairly recent times, new arrivals have also come from the south, namely from Brazil. There are many tens of thousands of *garimpeiros* (gold-seekers). Although they are found mainly in the interior, their numbers are also on the increase in Paramaribo. Some districts have now become largely Brazilian, complete with Portuguese speaking shopkeepers and signs in Portuguese.

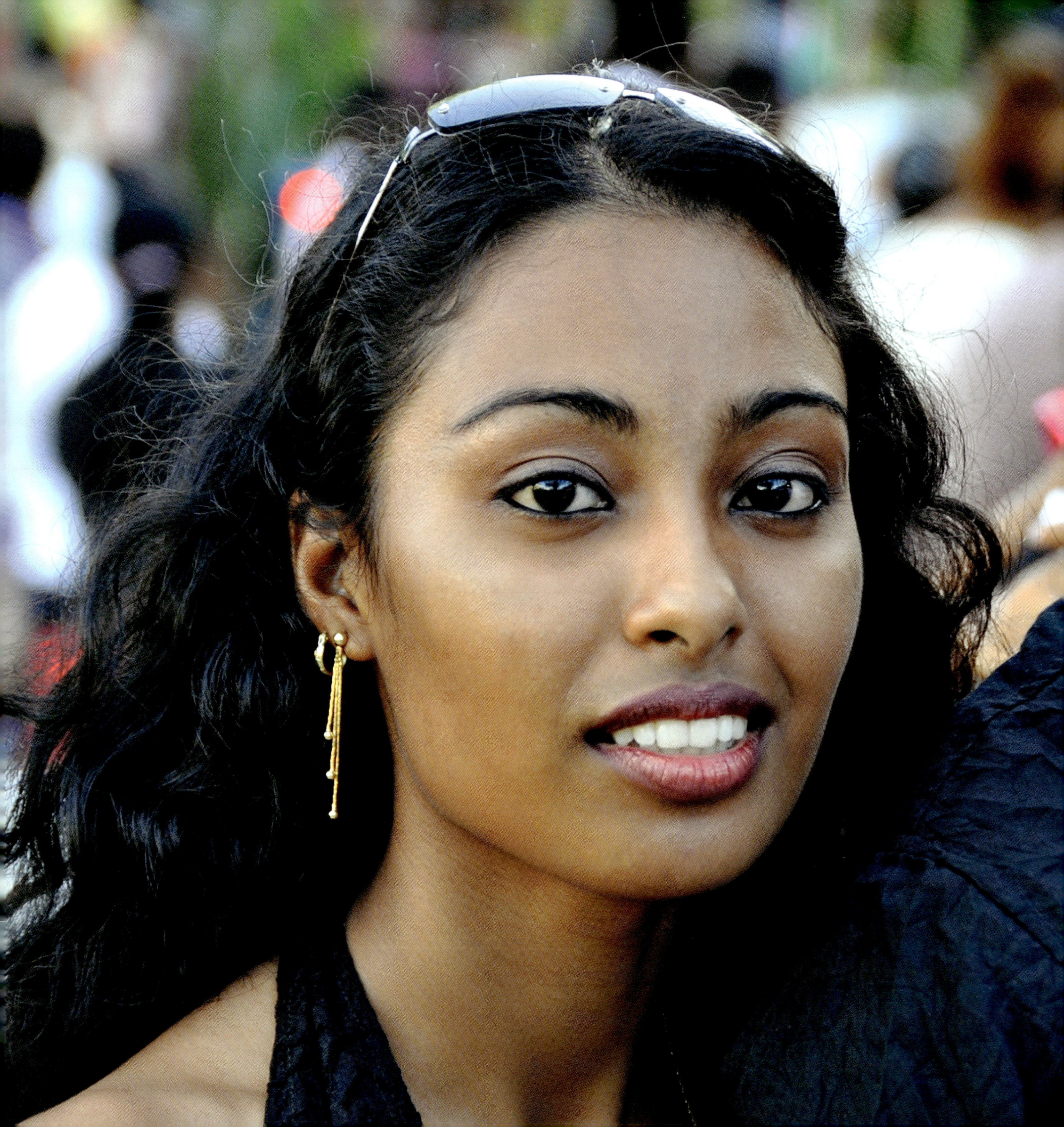

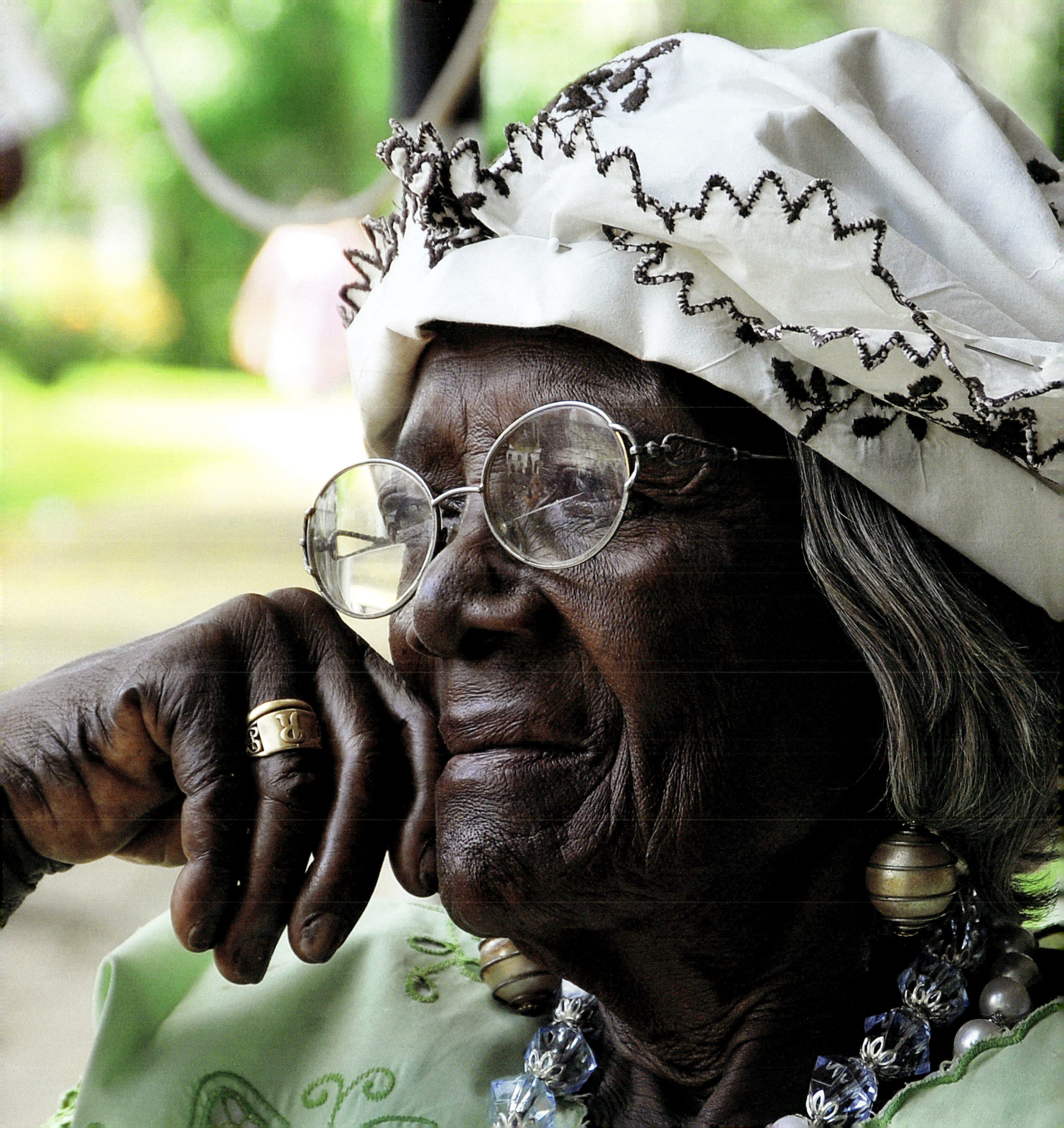

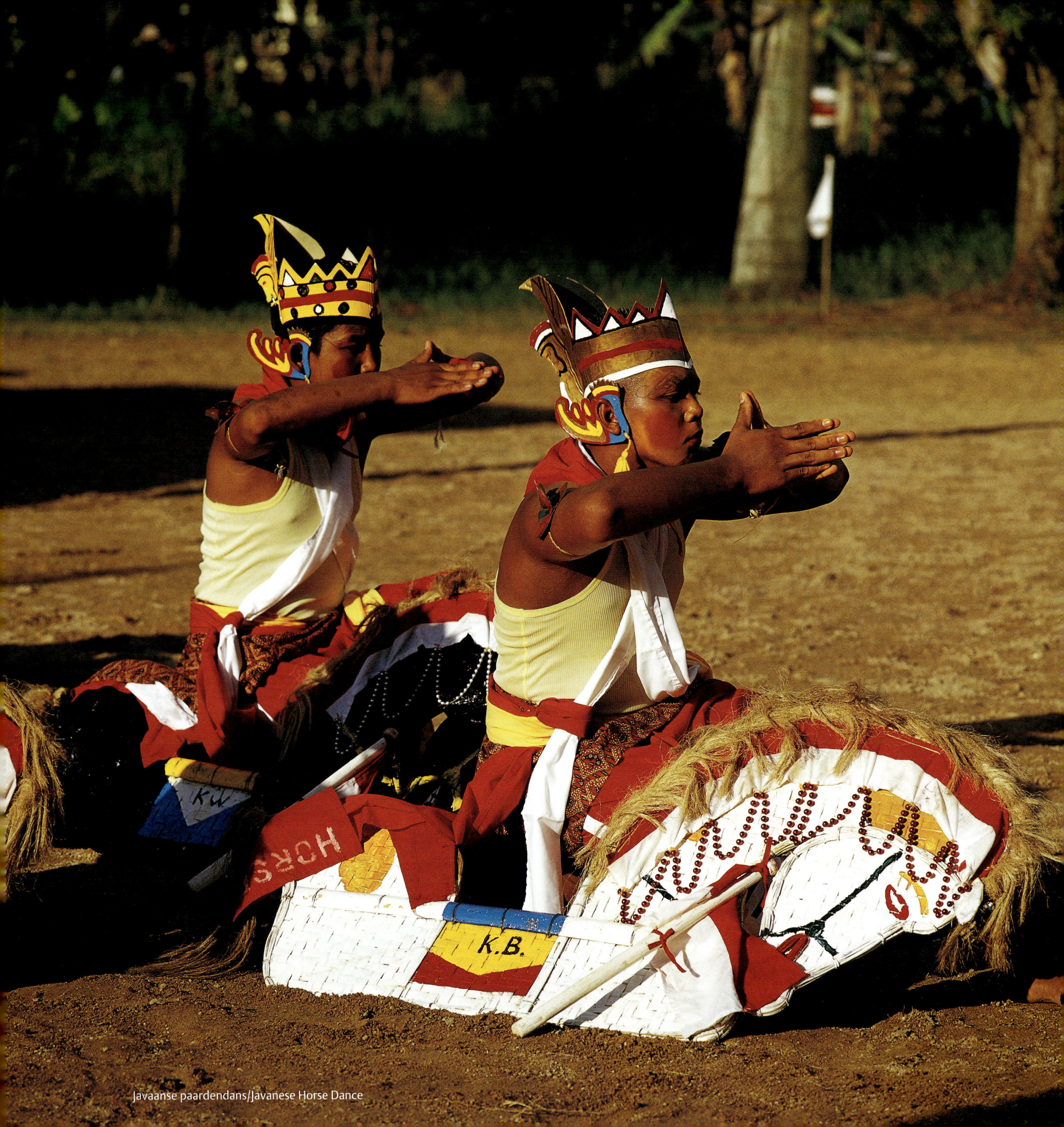


Javaanse paardendans/Javanese Horse Dance

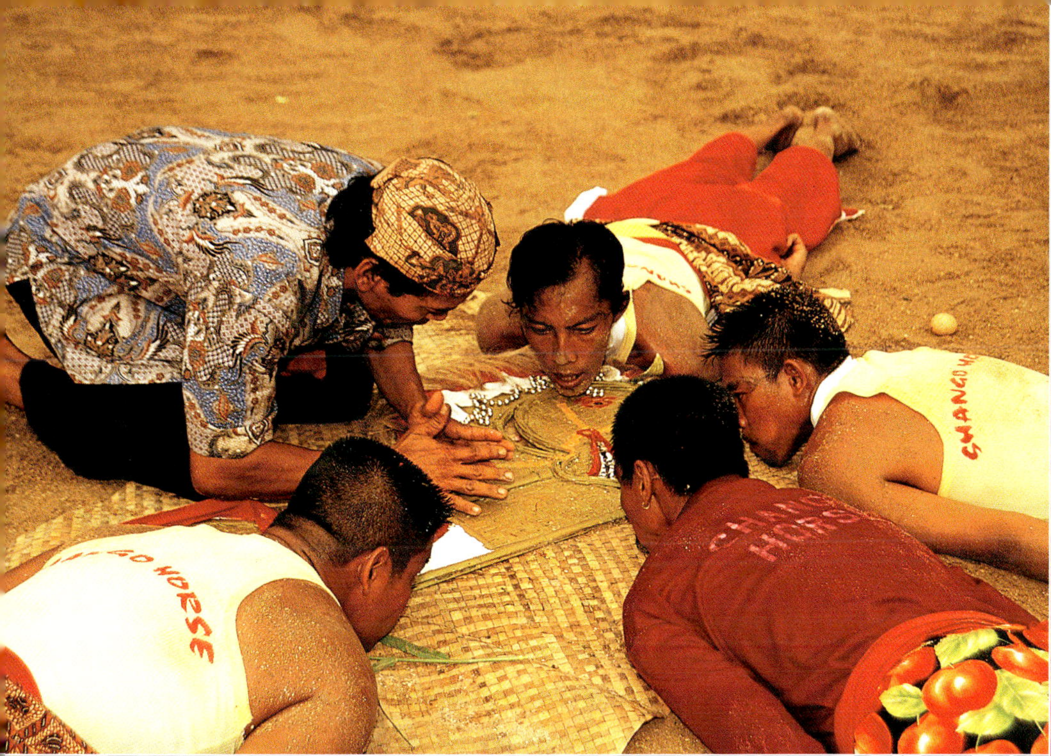

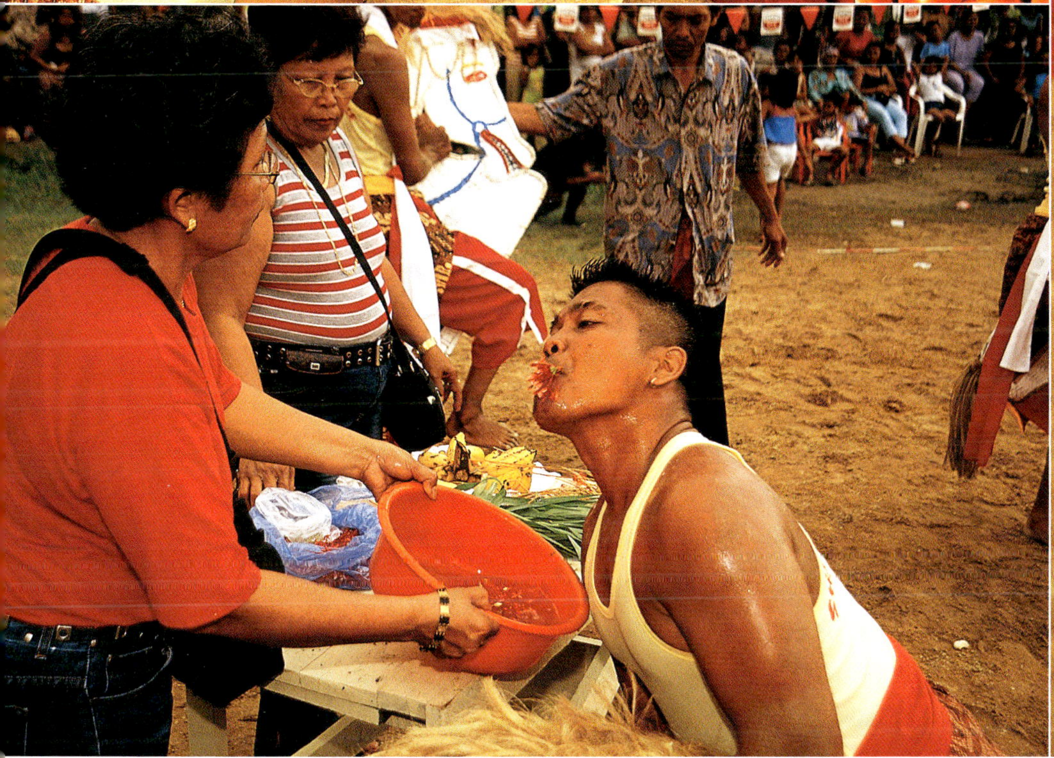

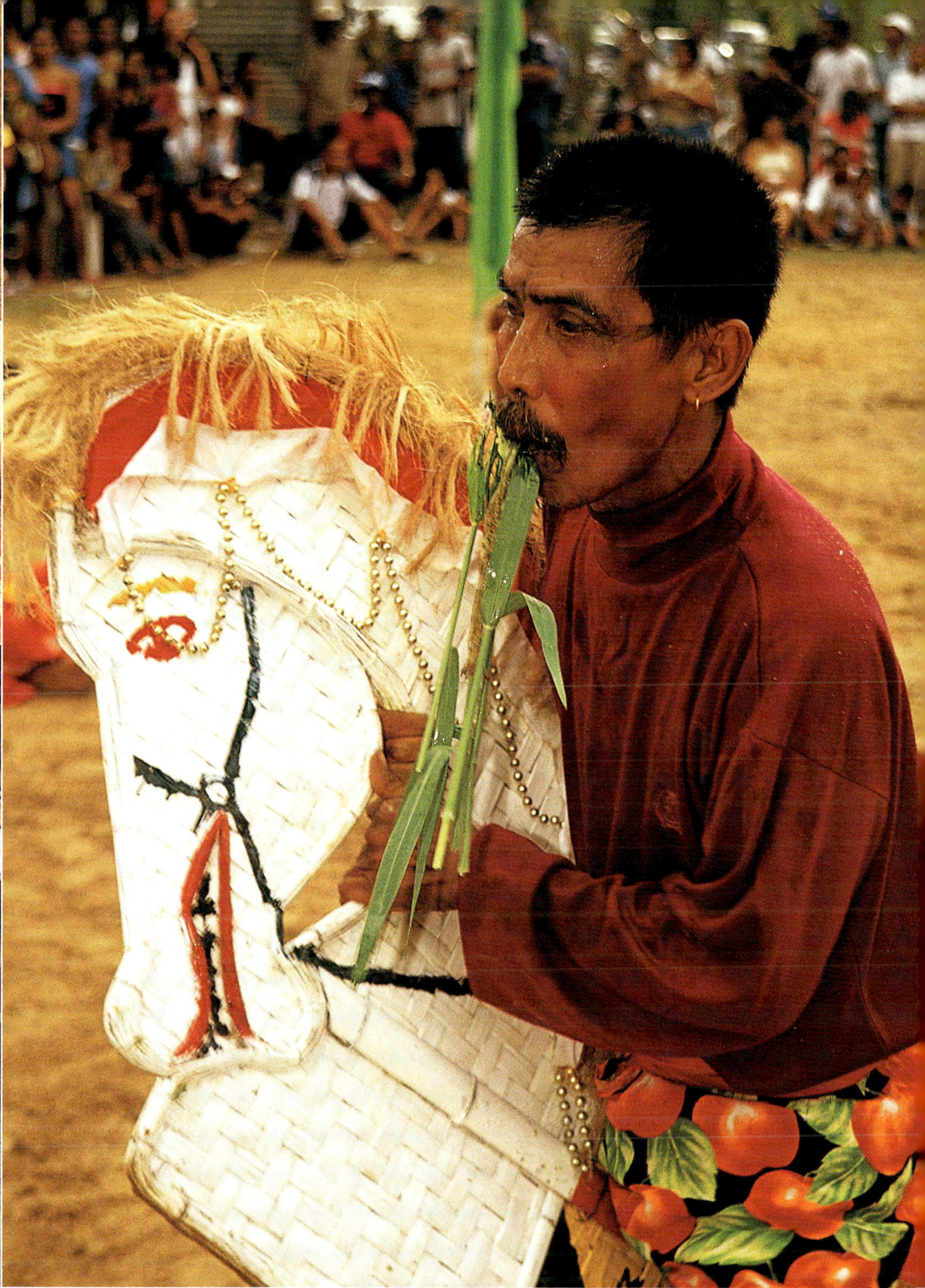

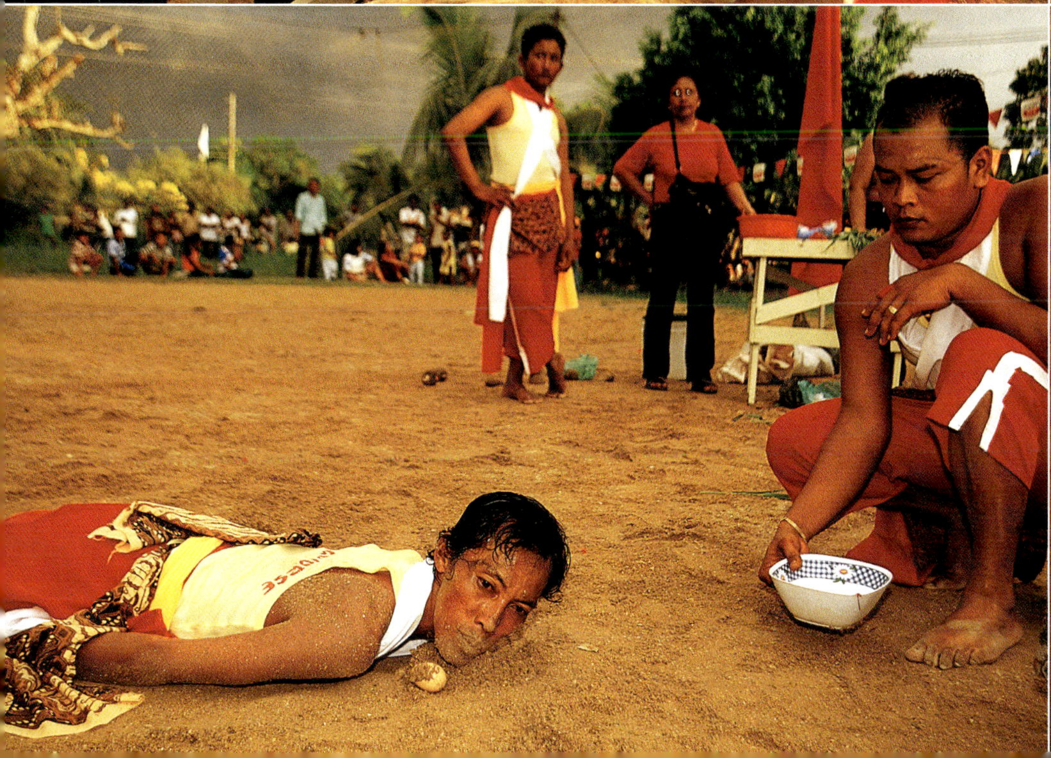

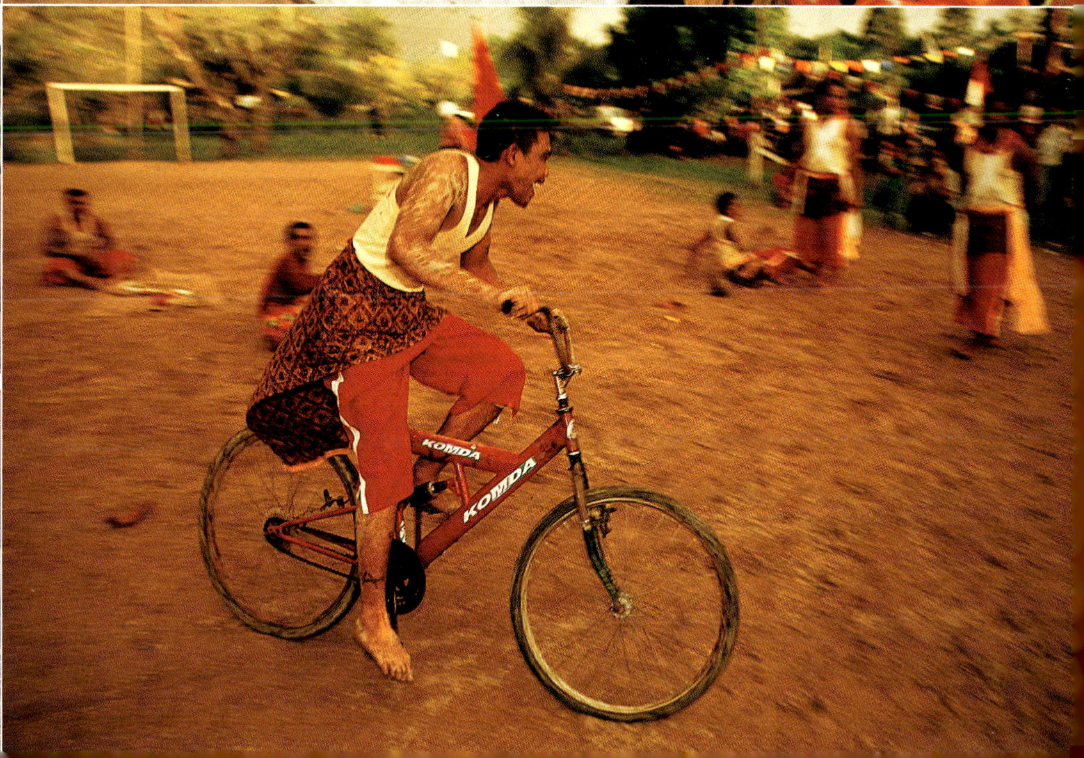
KOMIDA
KOMIDA

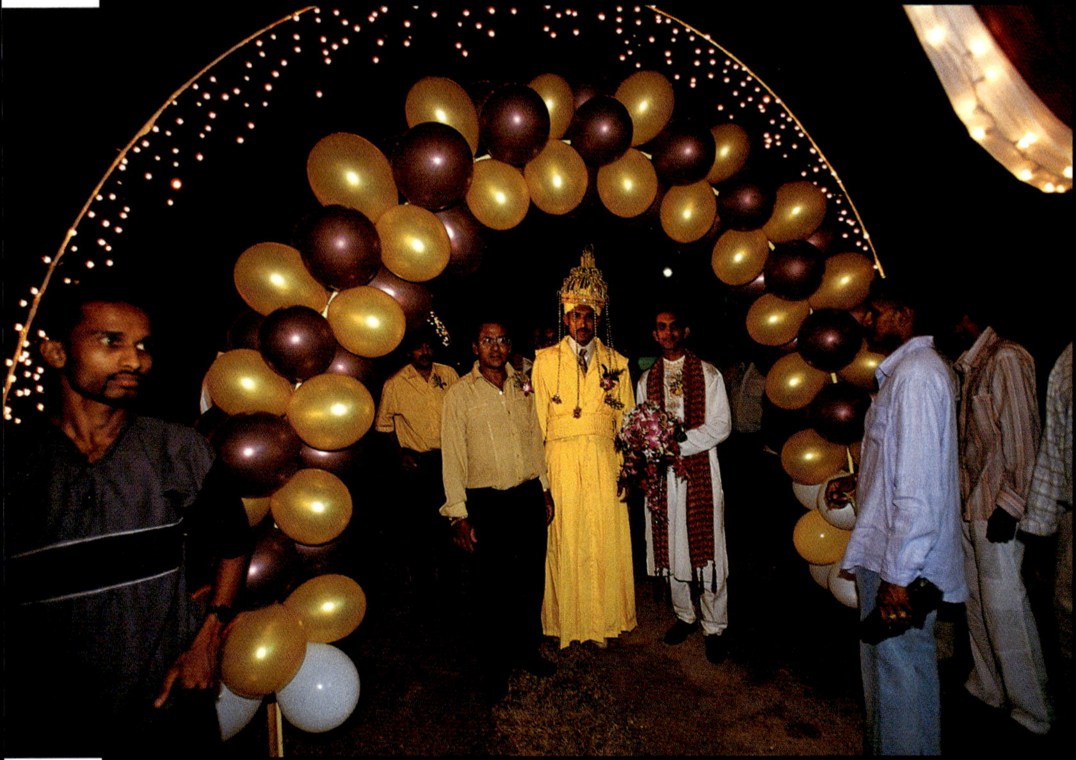

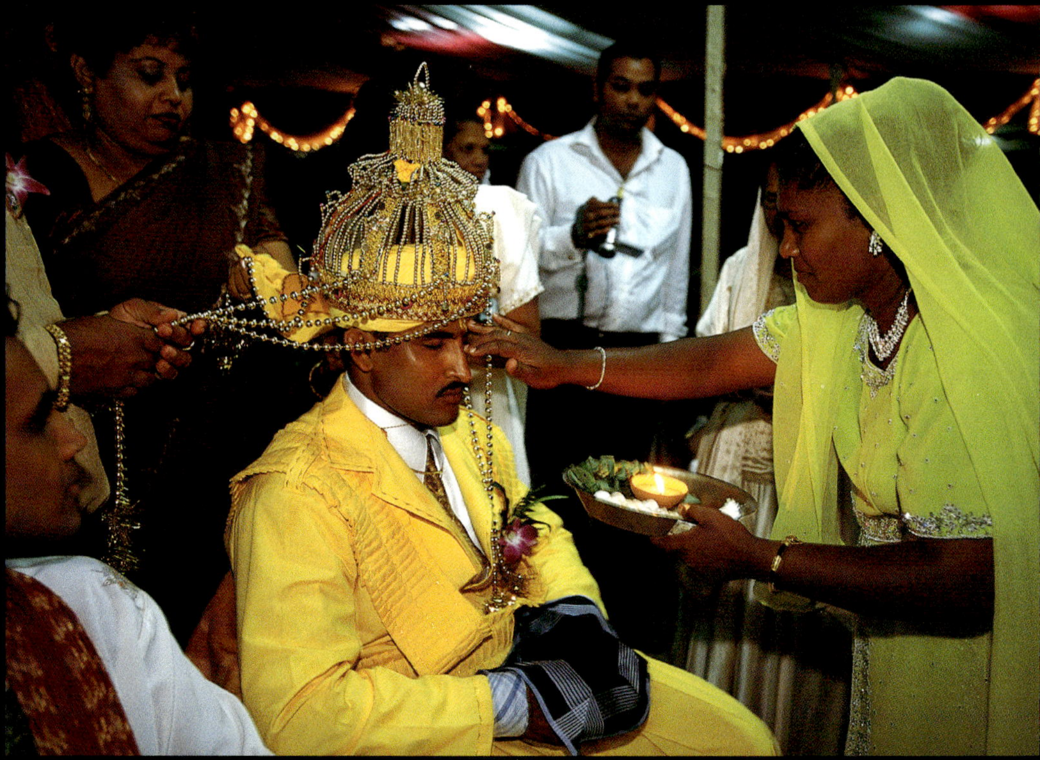

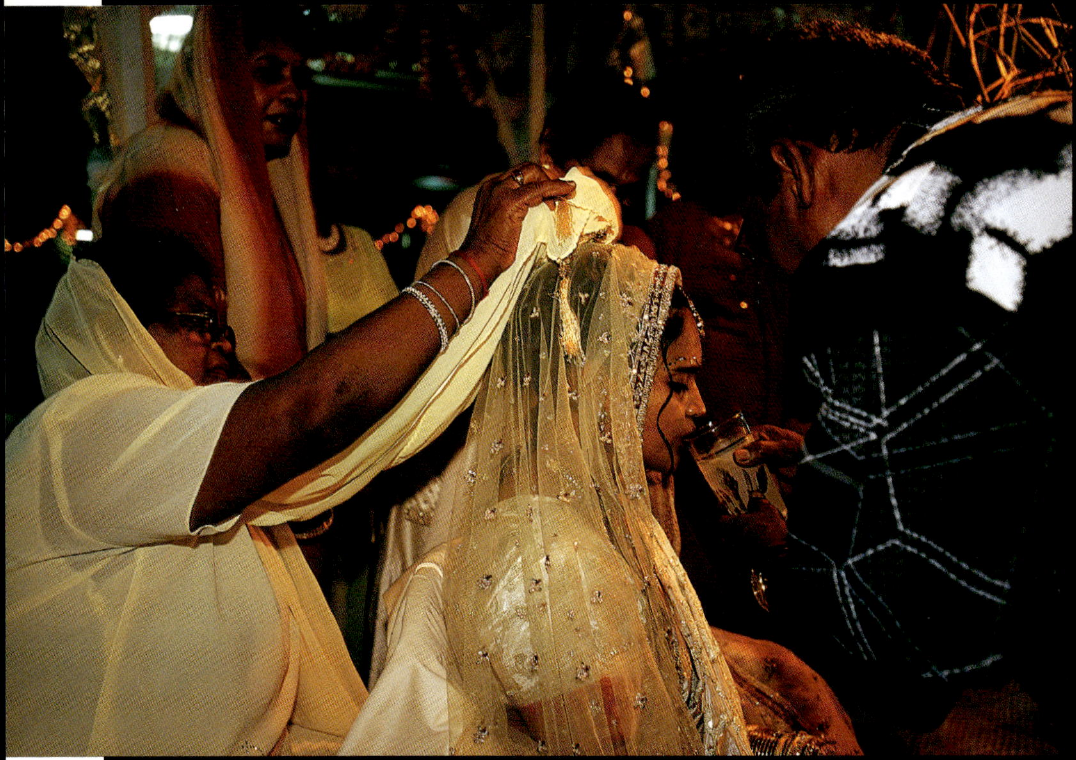

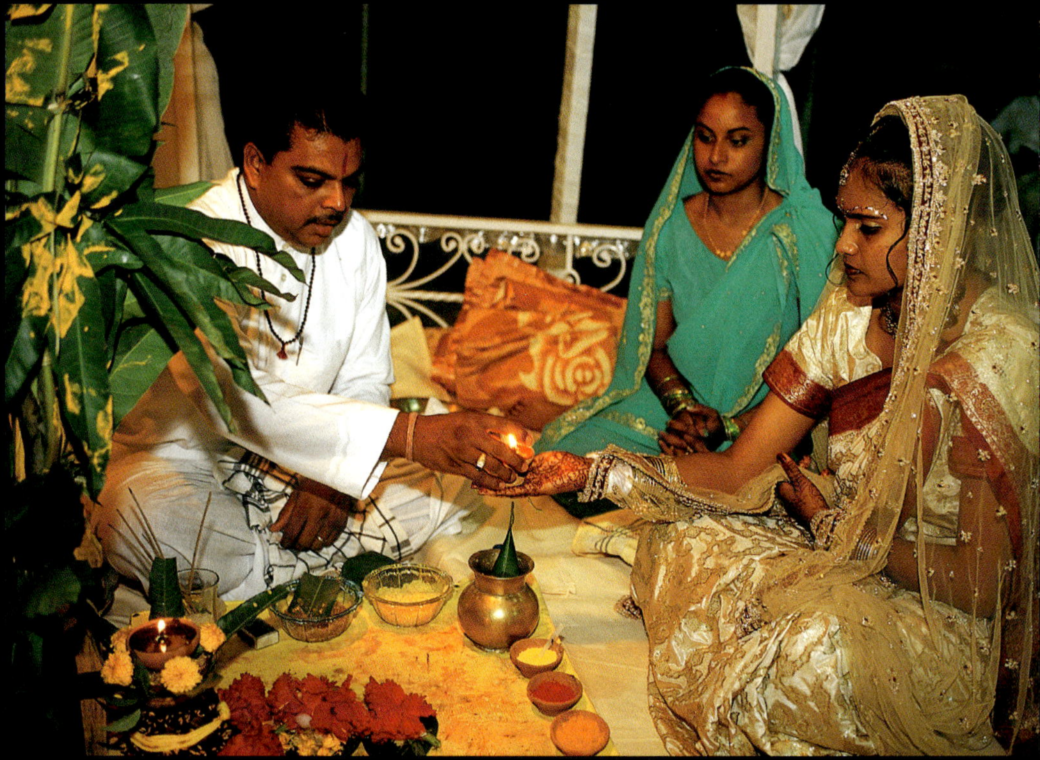

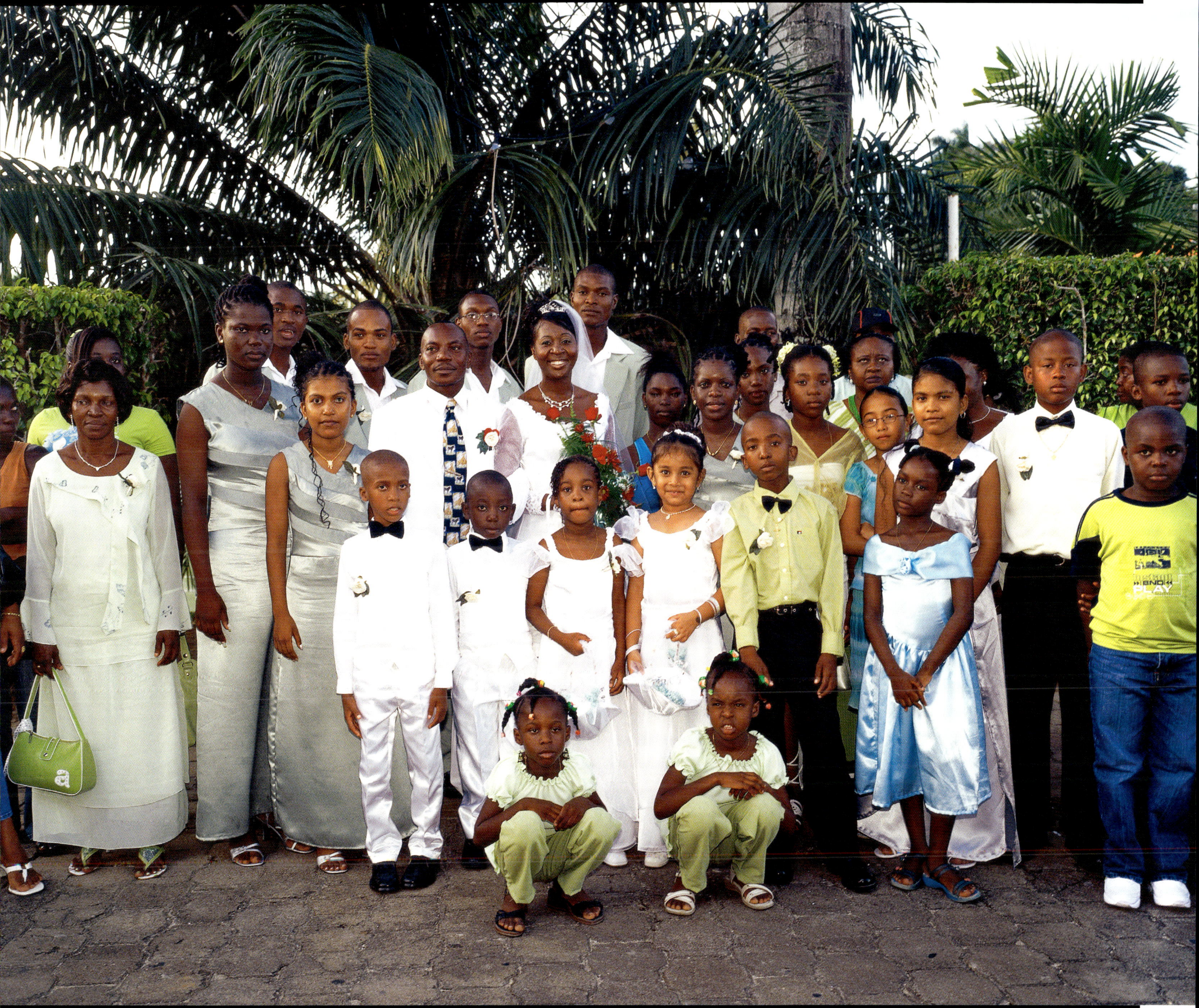

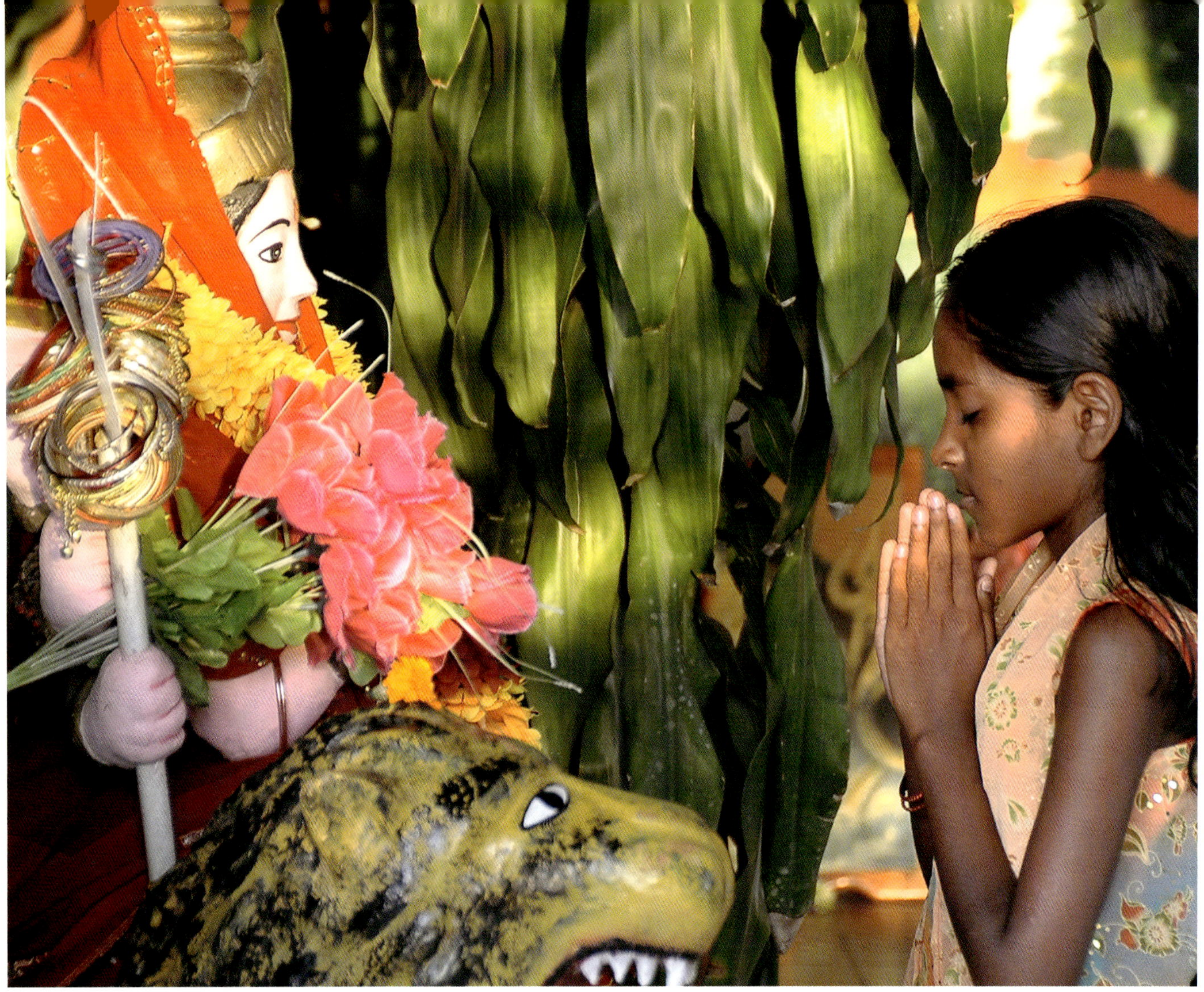

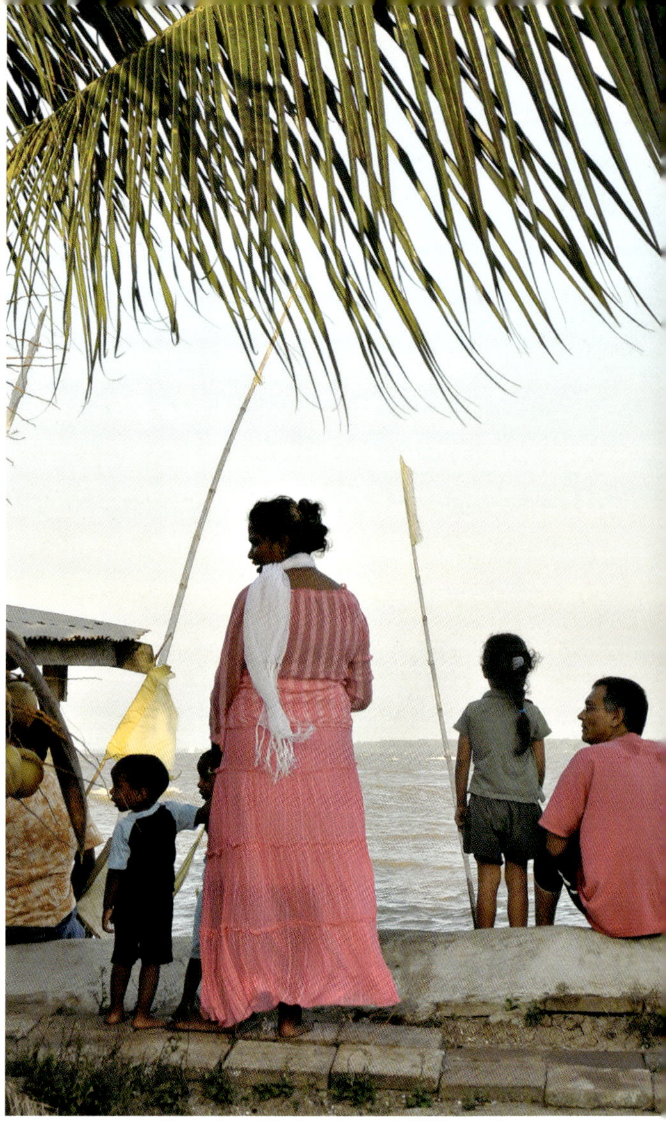

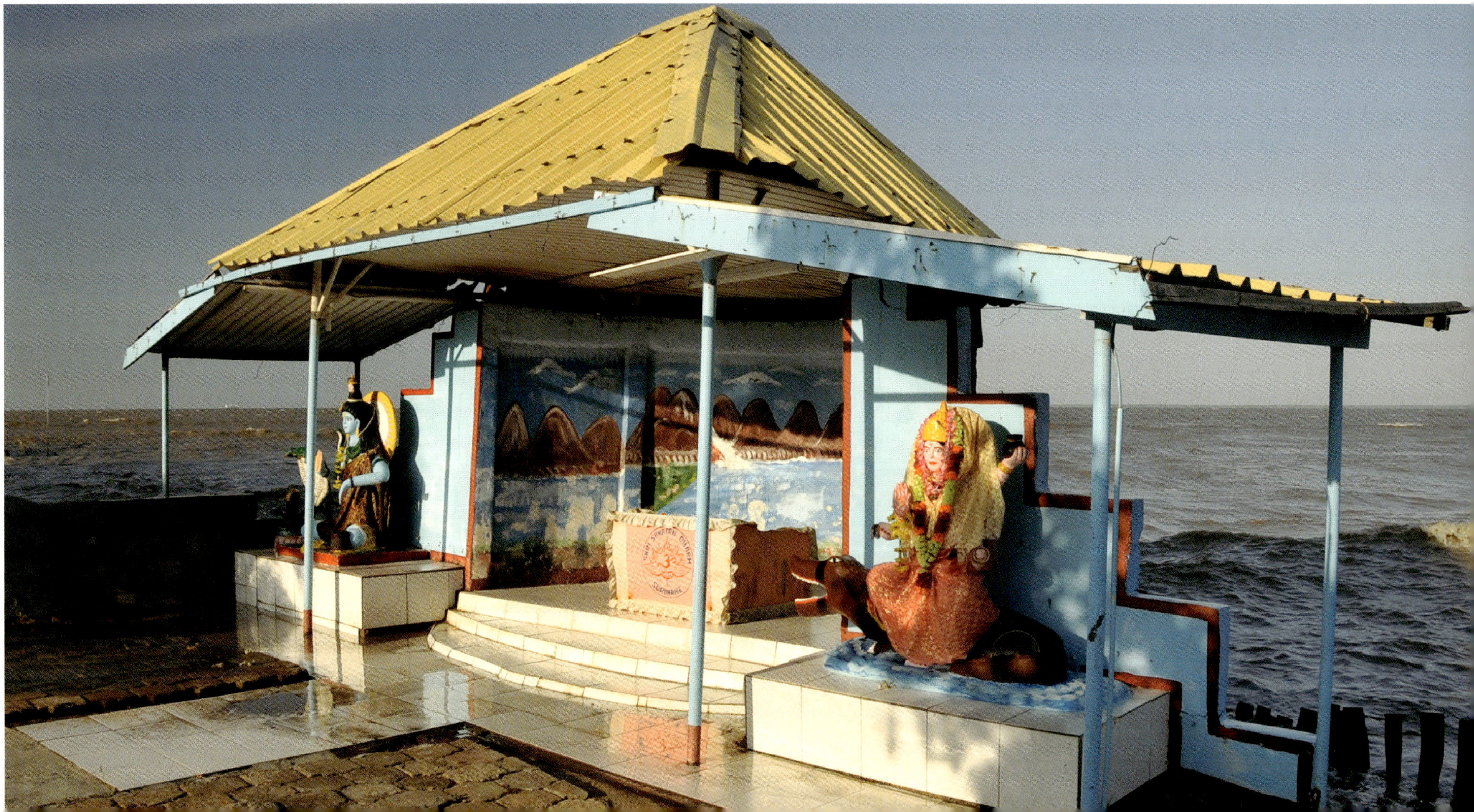

Tempel/Temple 'Weg naar Zee'

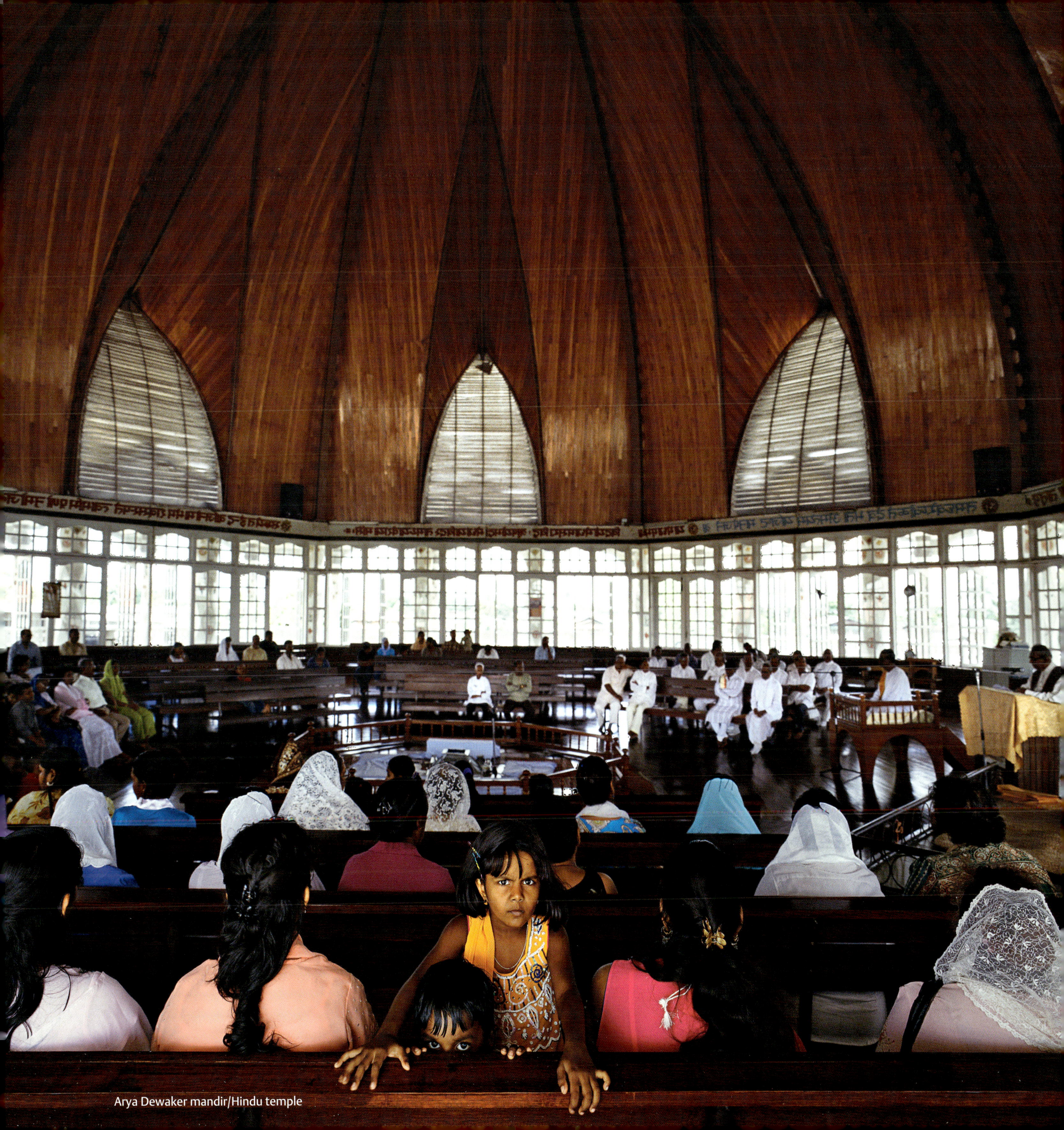

Arya Dewaker mandir/Hindu temple

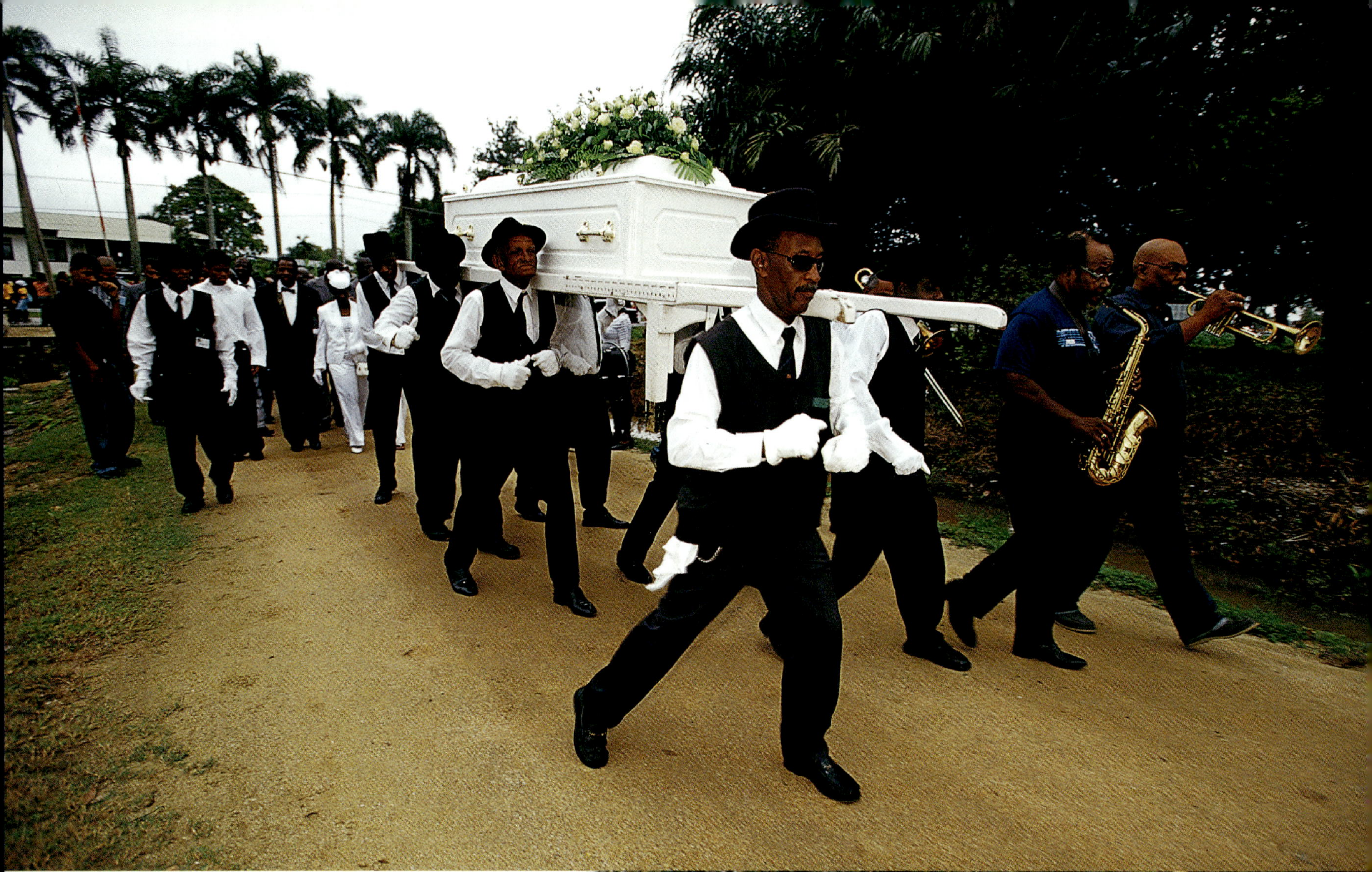

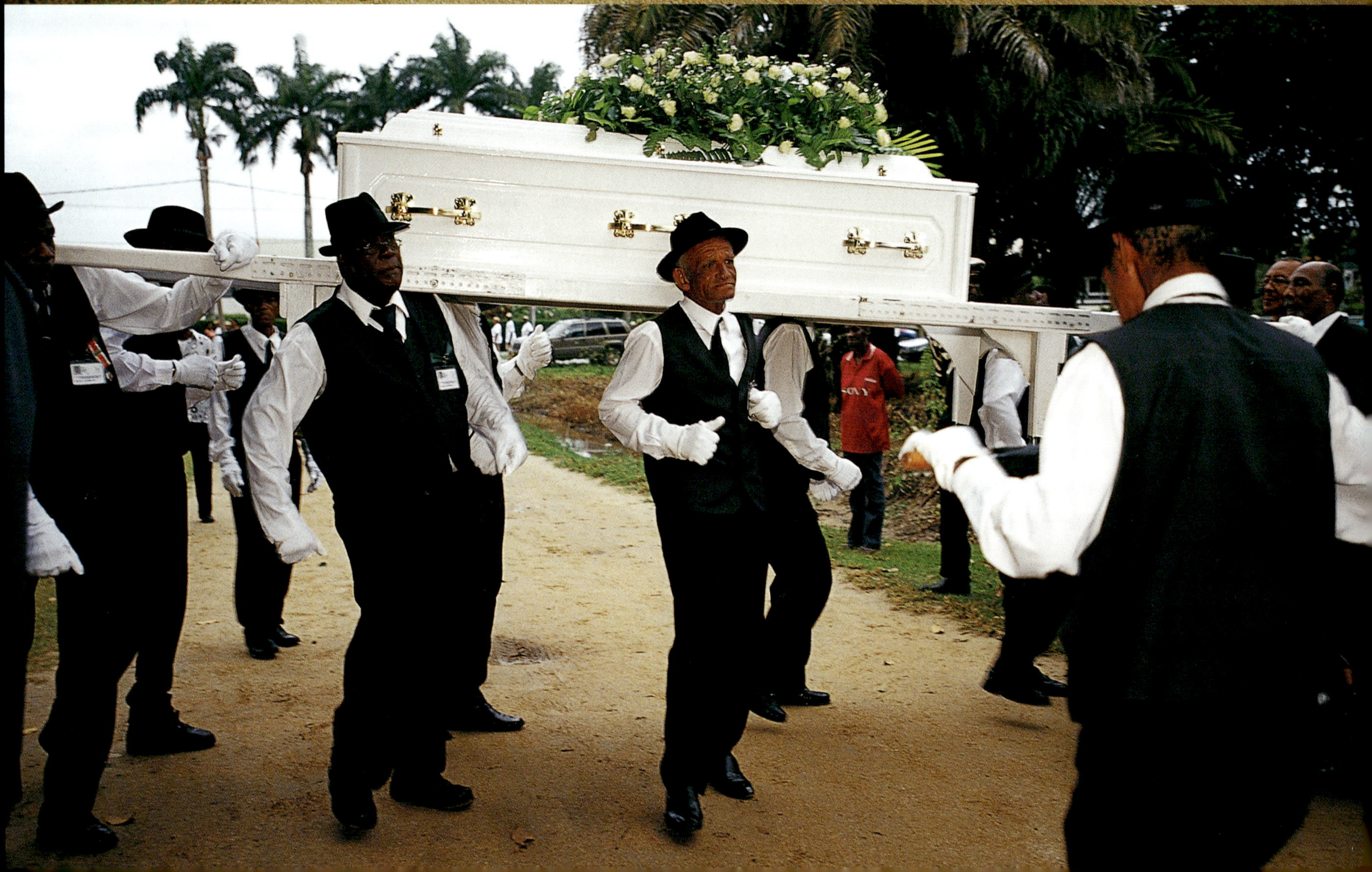

Creoolse begrafenis/Creole funeral

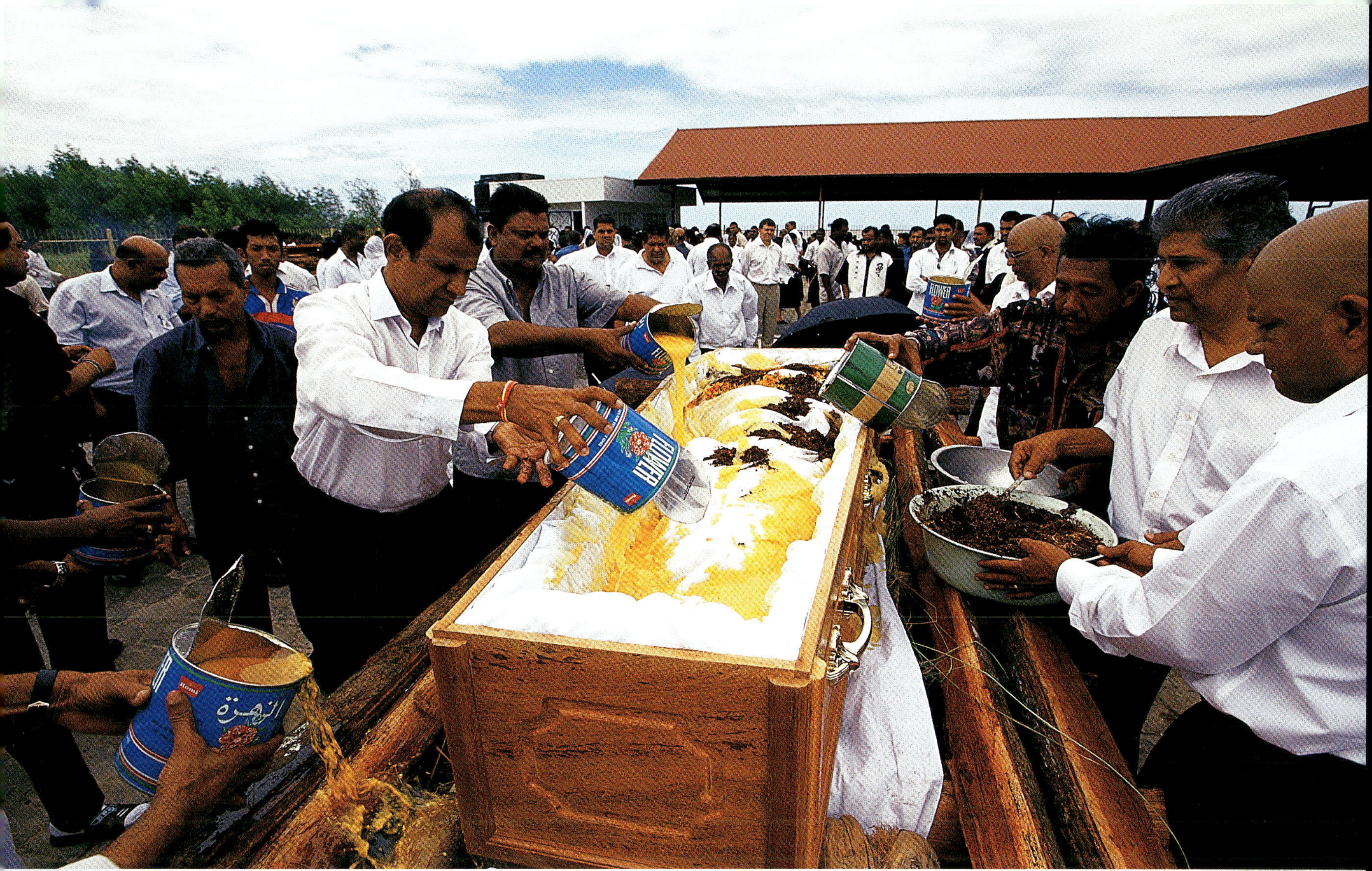


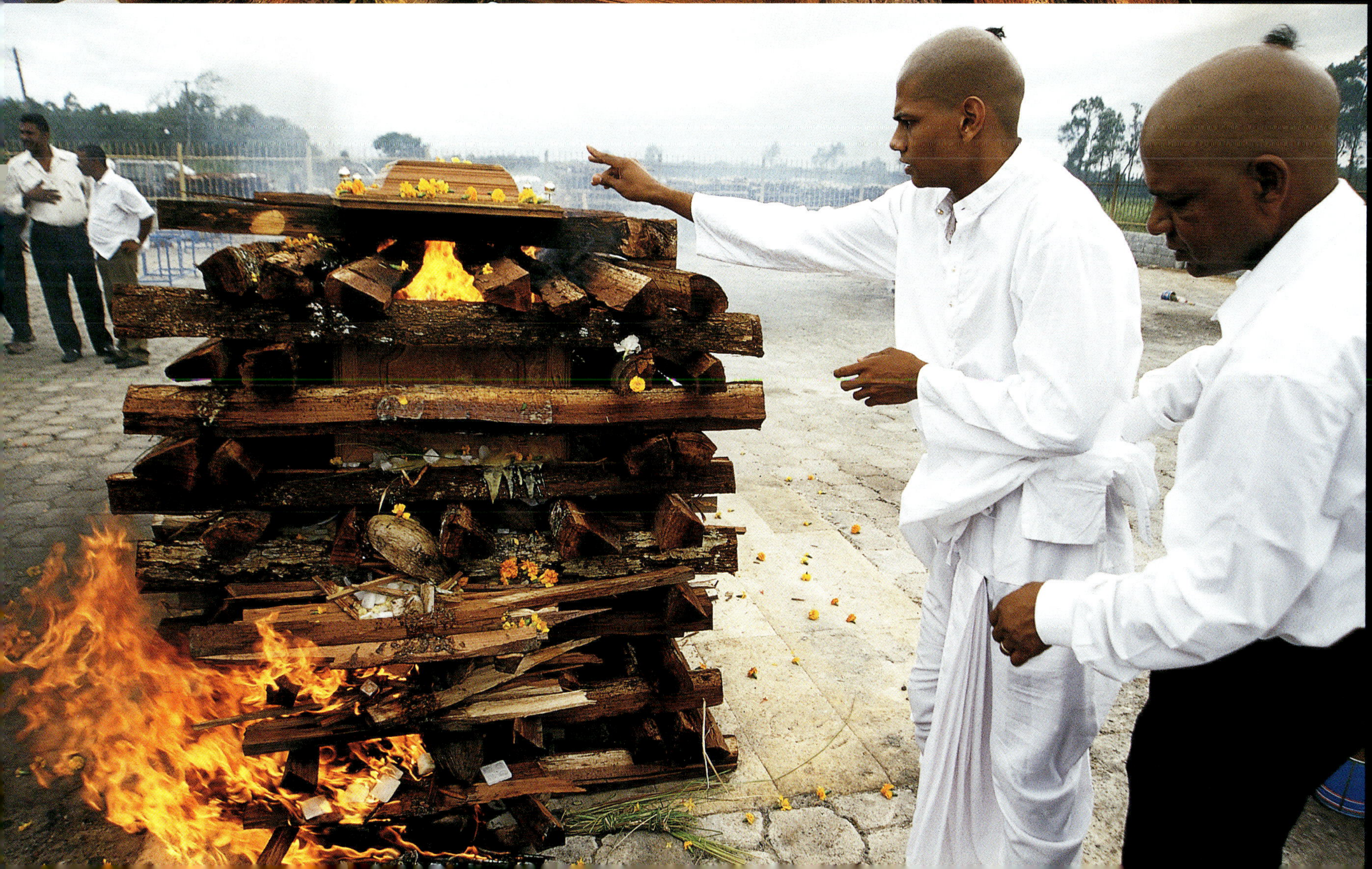

Hindoe crematie/Hindu cremation

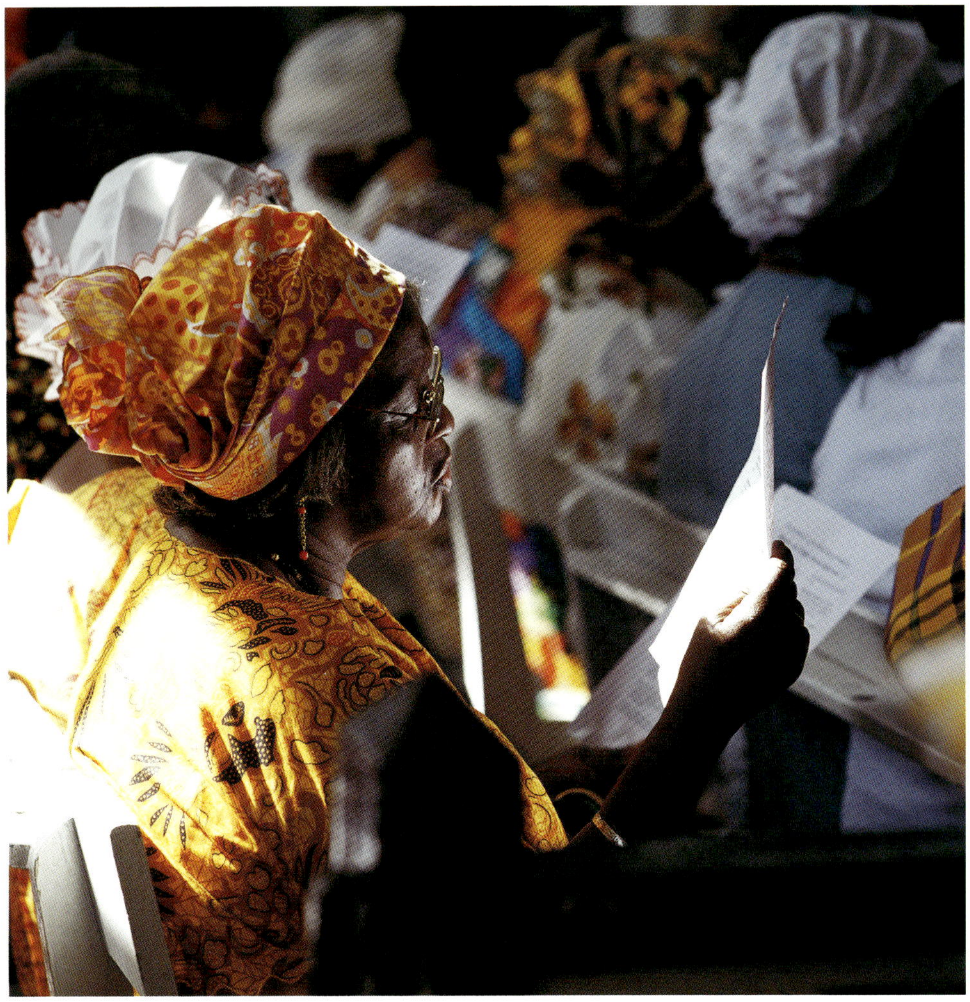

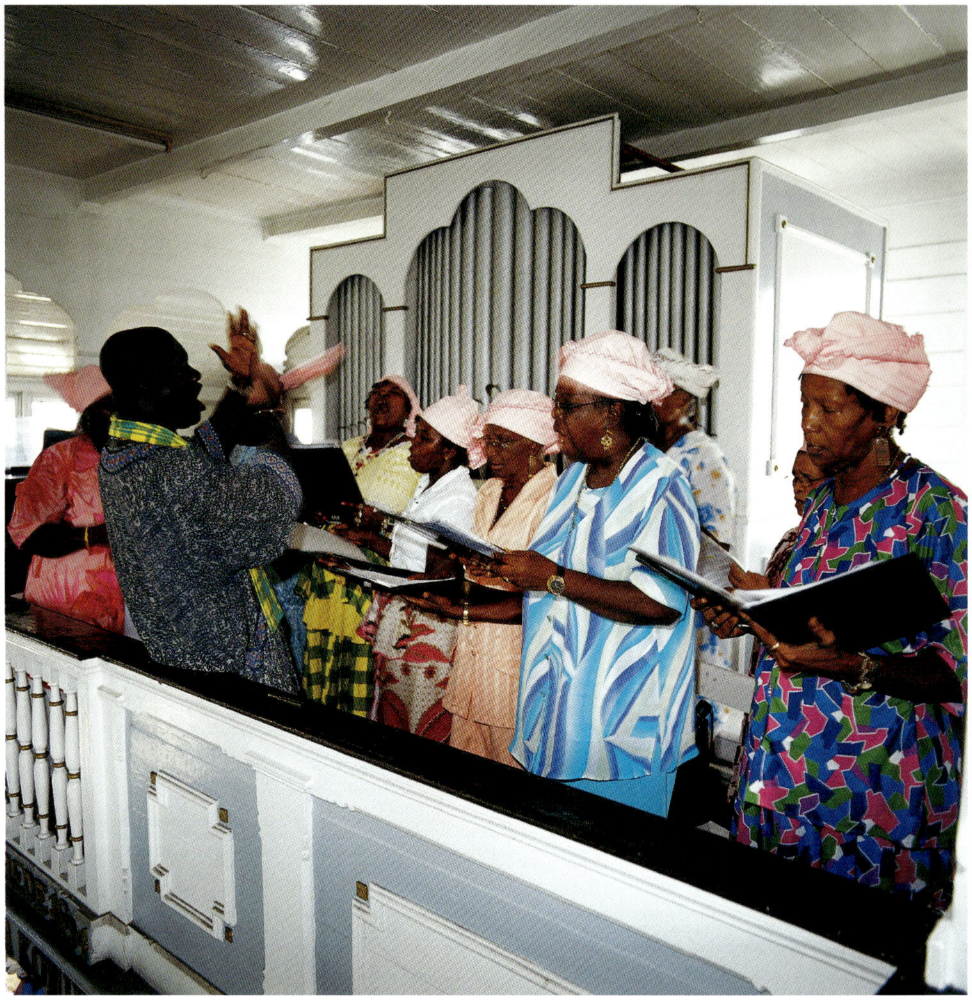

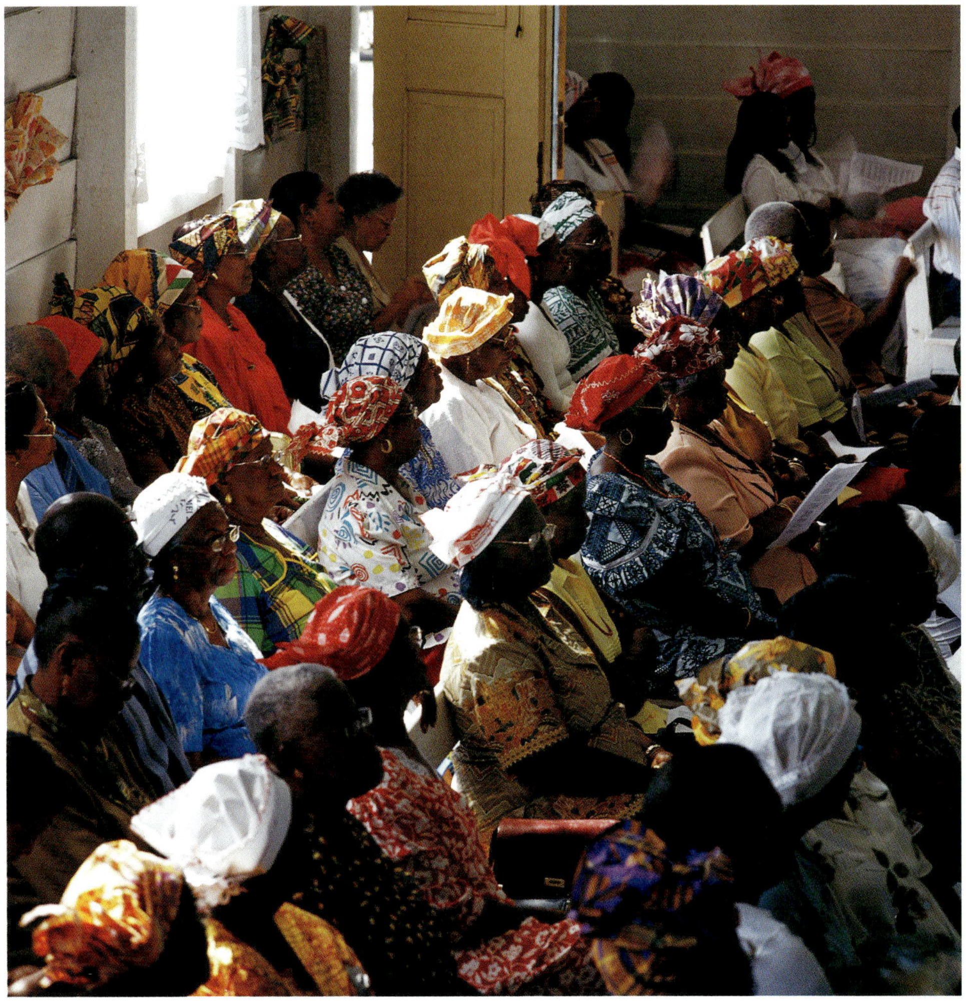

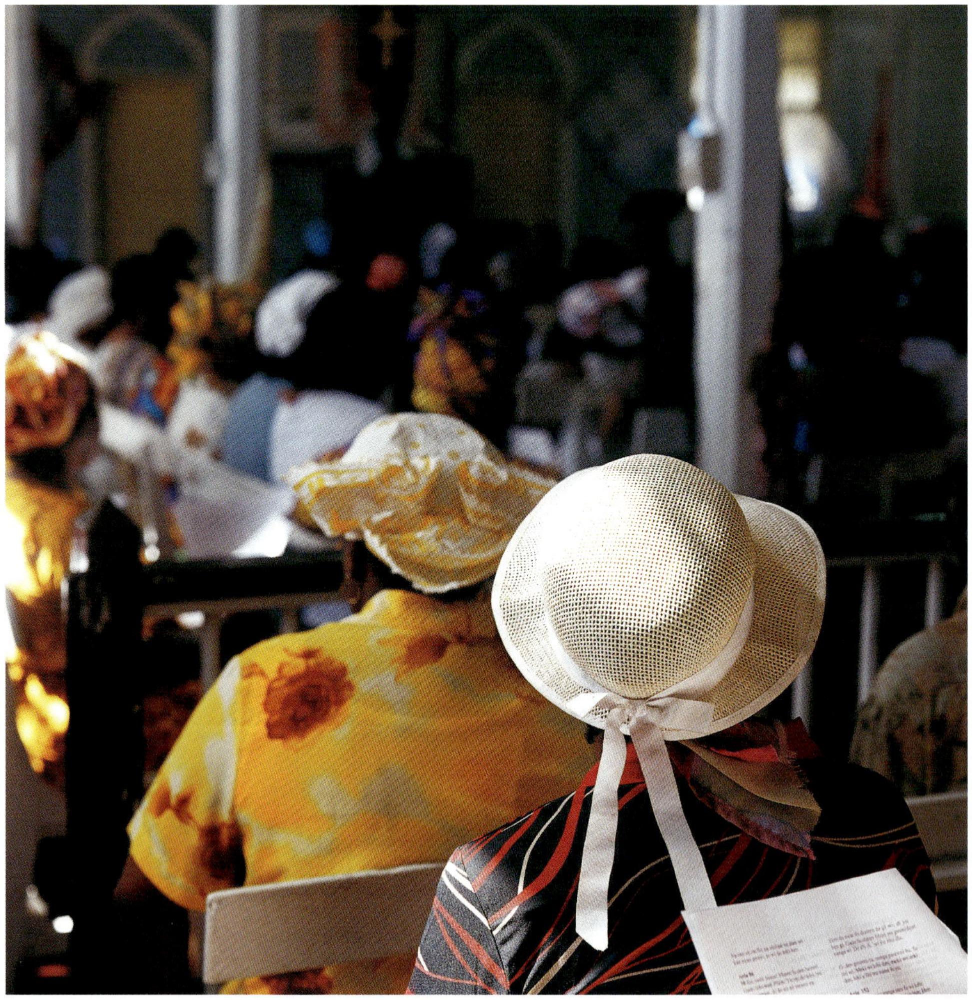

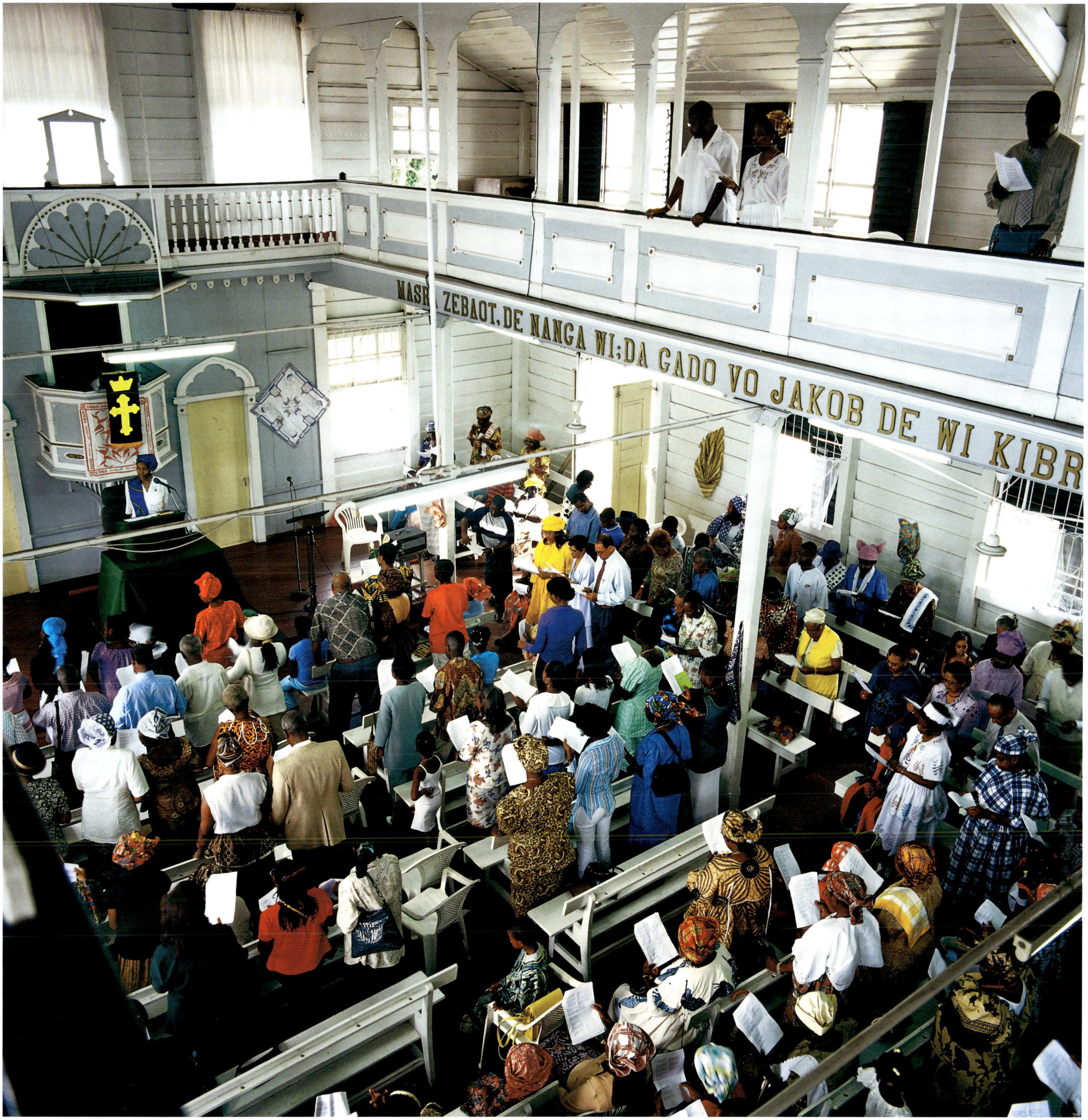
MASRA ZEBAOT, DE NANGA WI; DA GADO VO JAKOB DE WI KIBR

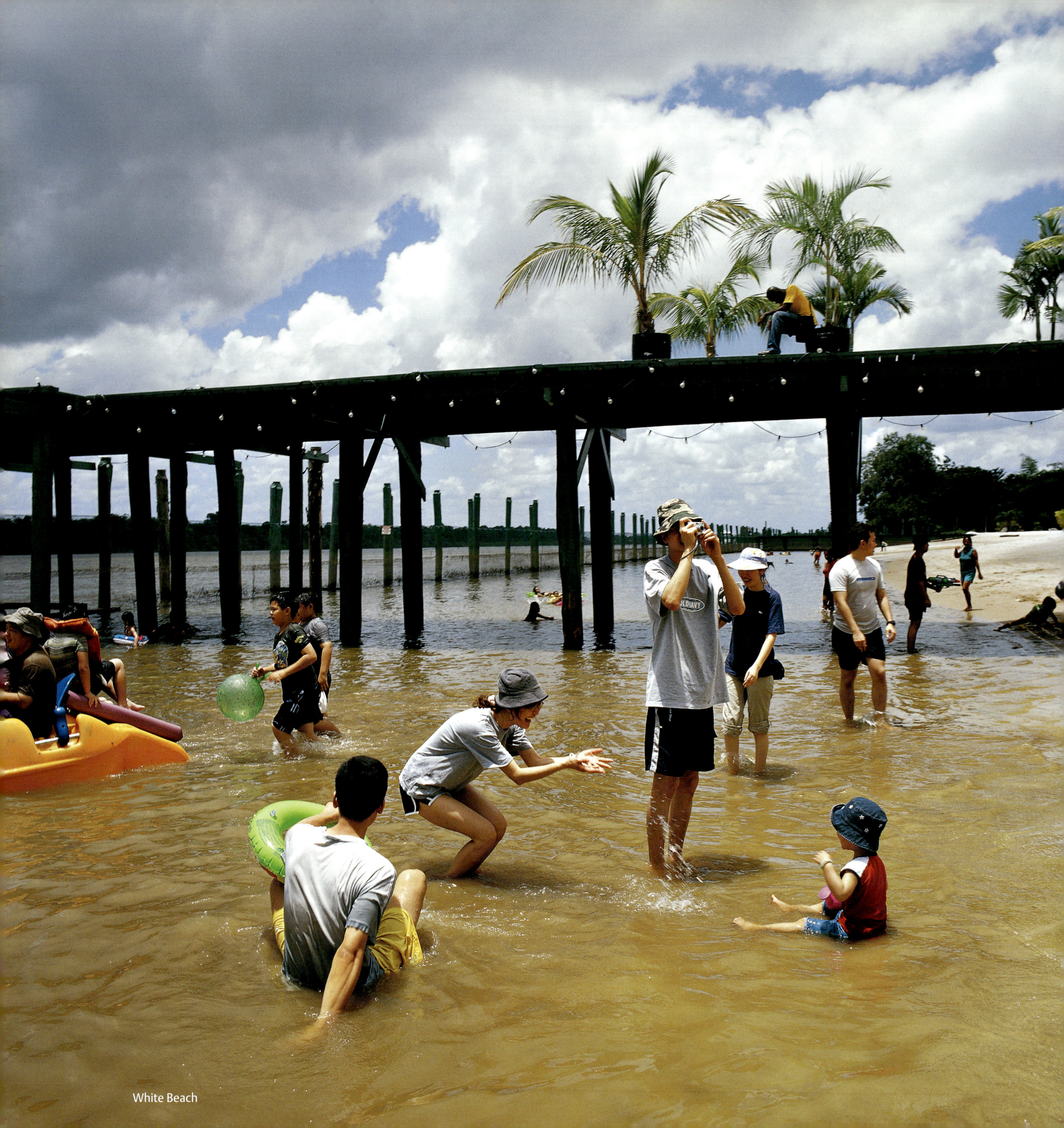

White Beach

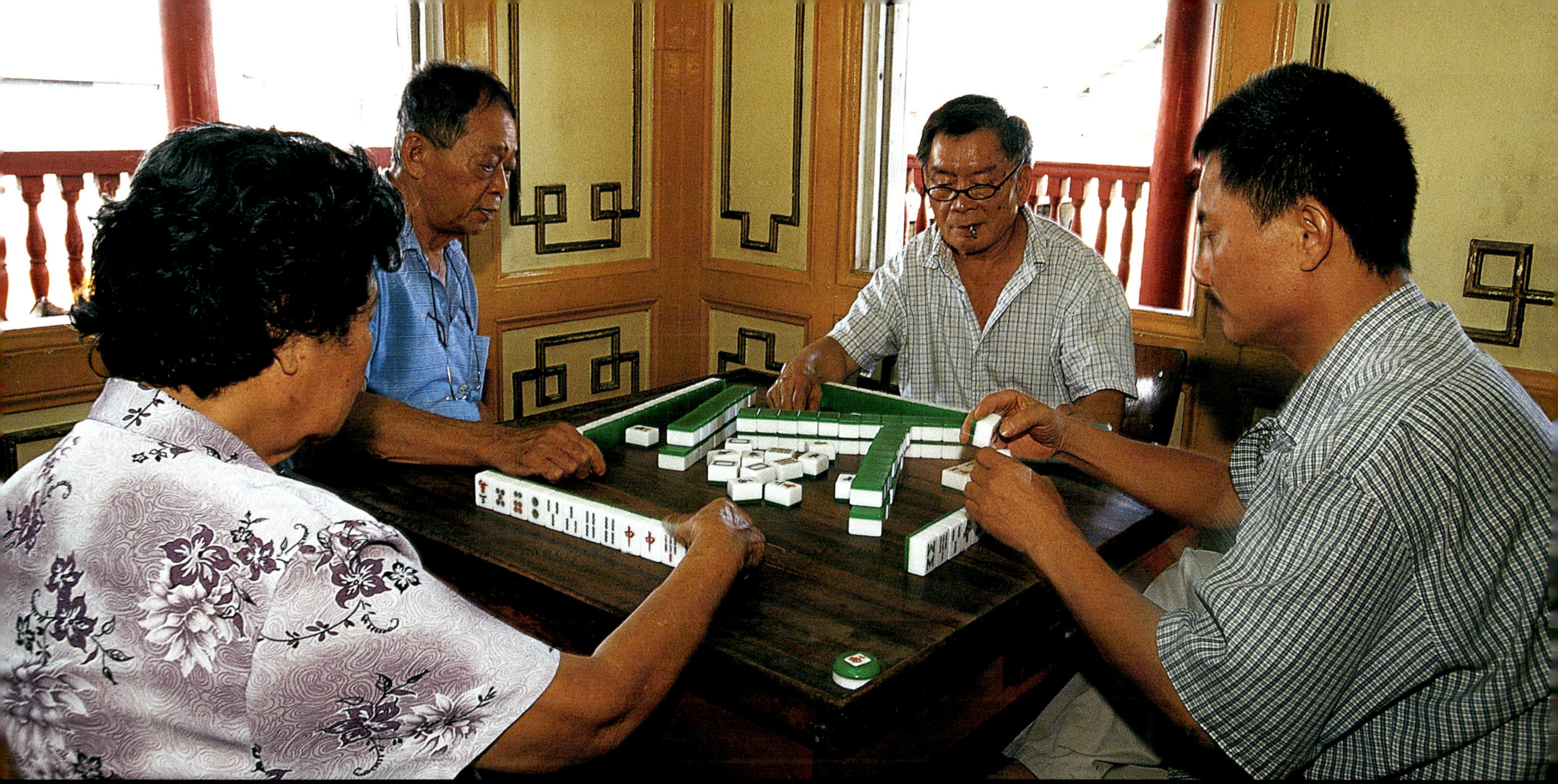

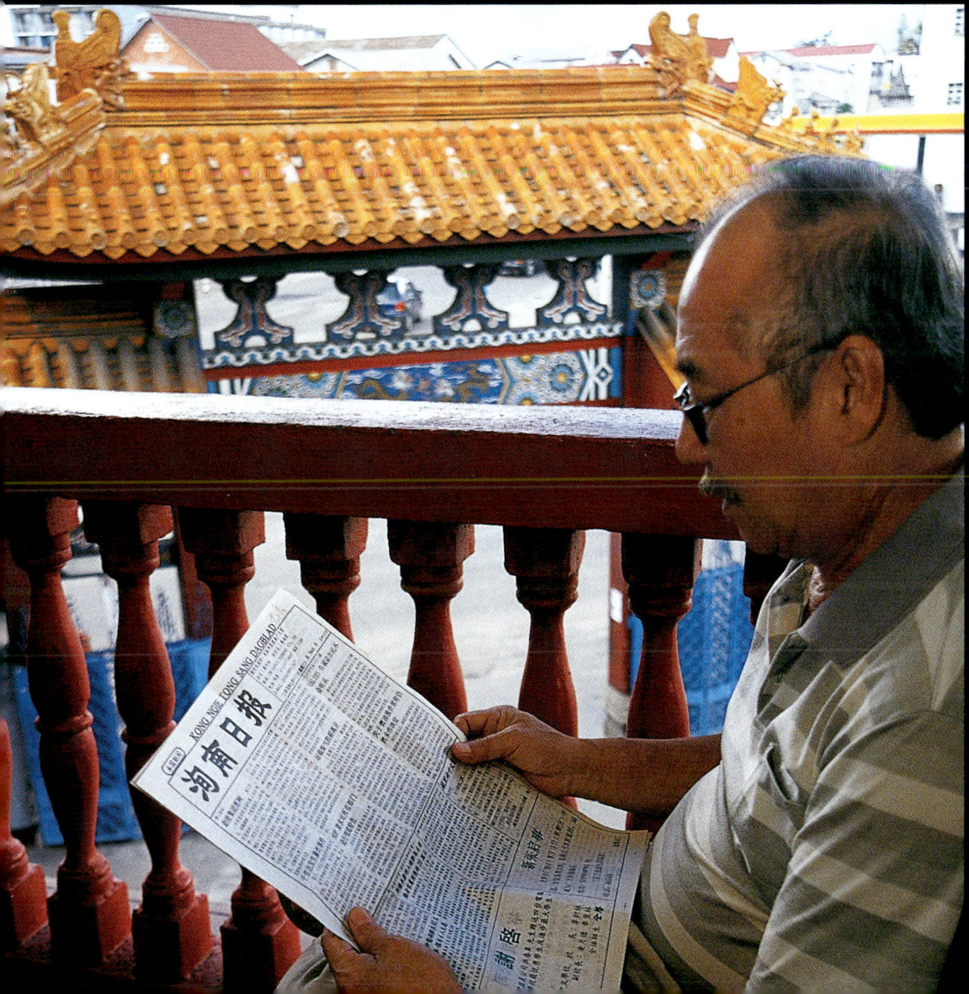

KONG NGIE TONG SANG DAGBLAD
洵南日報
新张启事
谢启


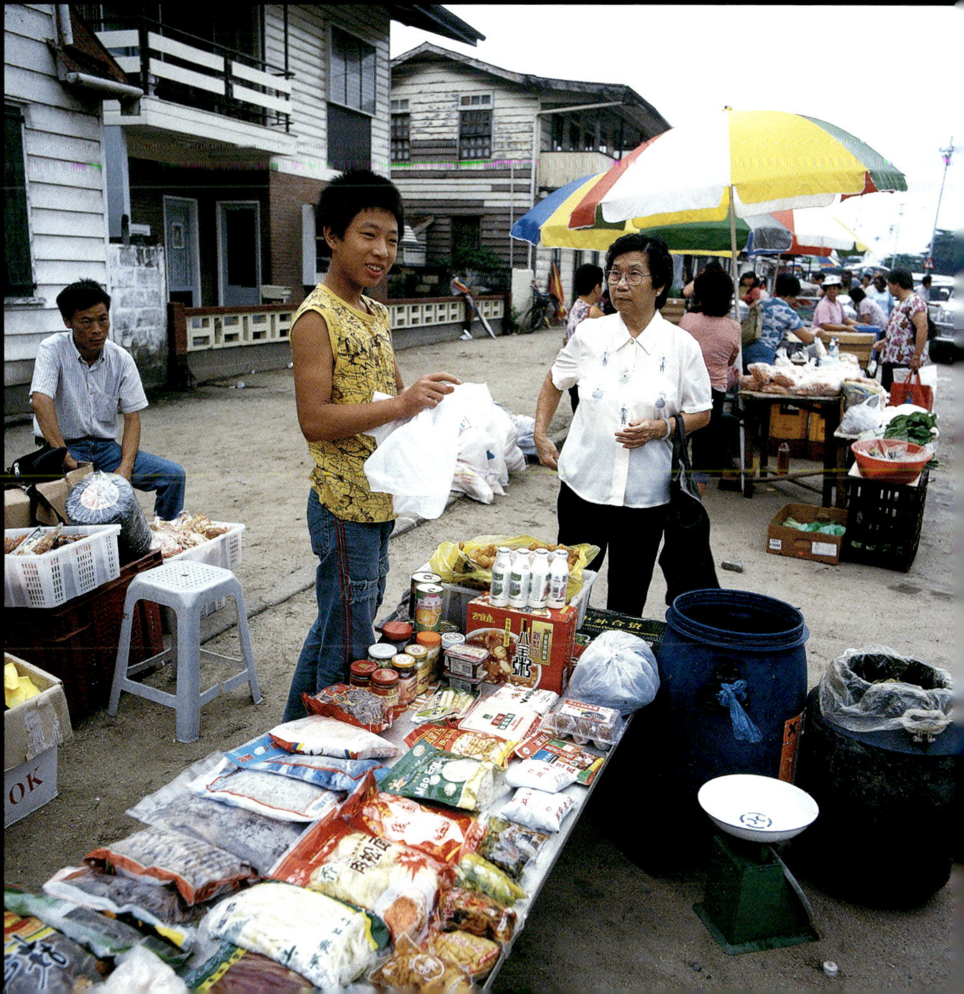

OK

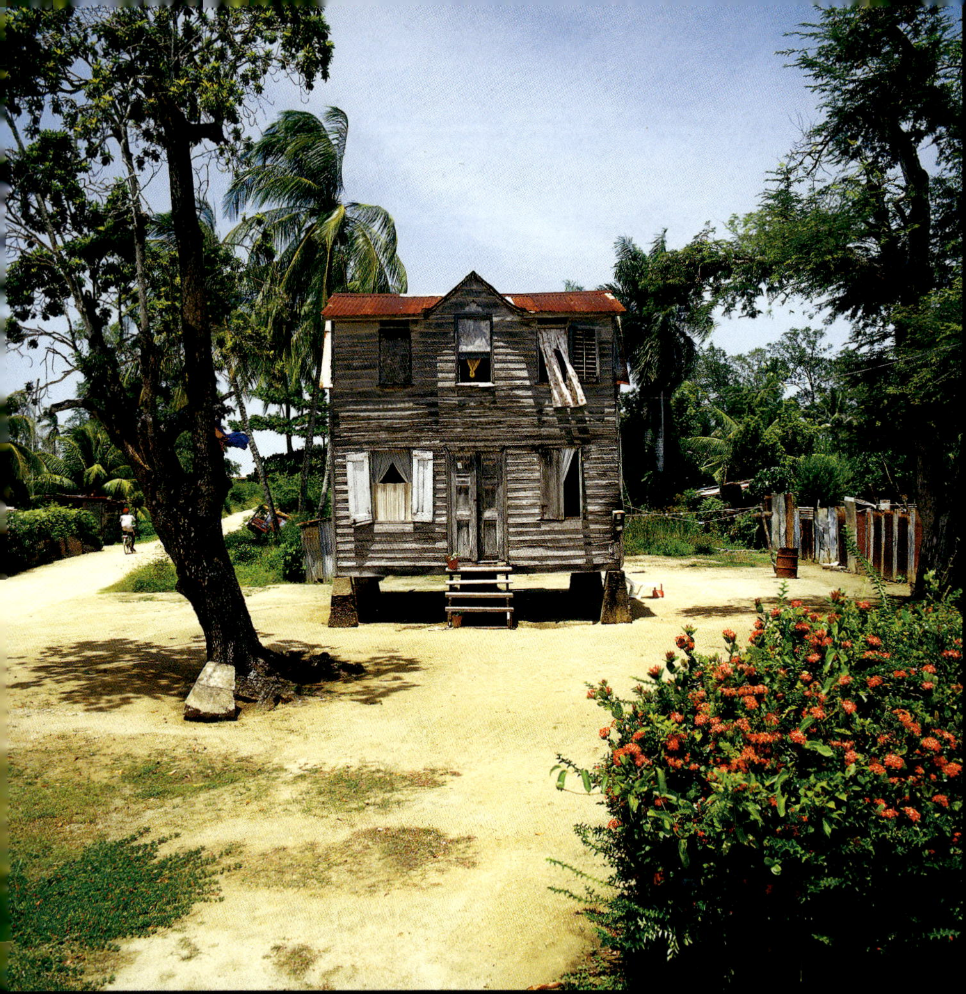
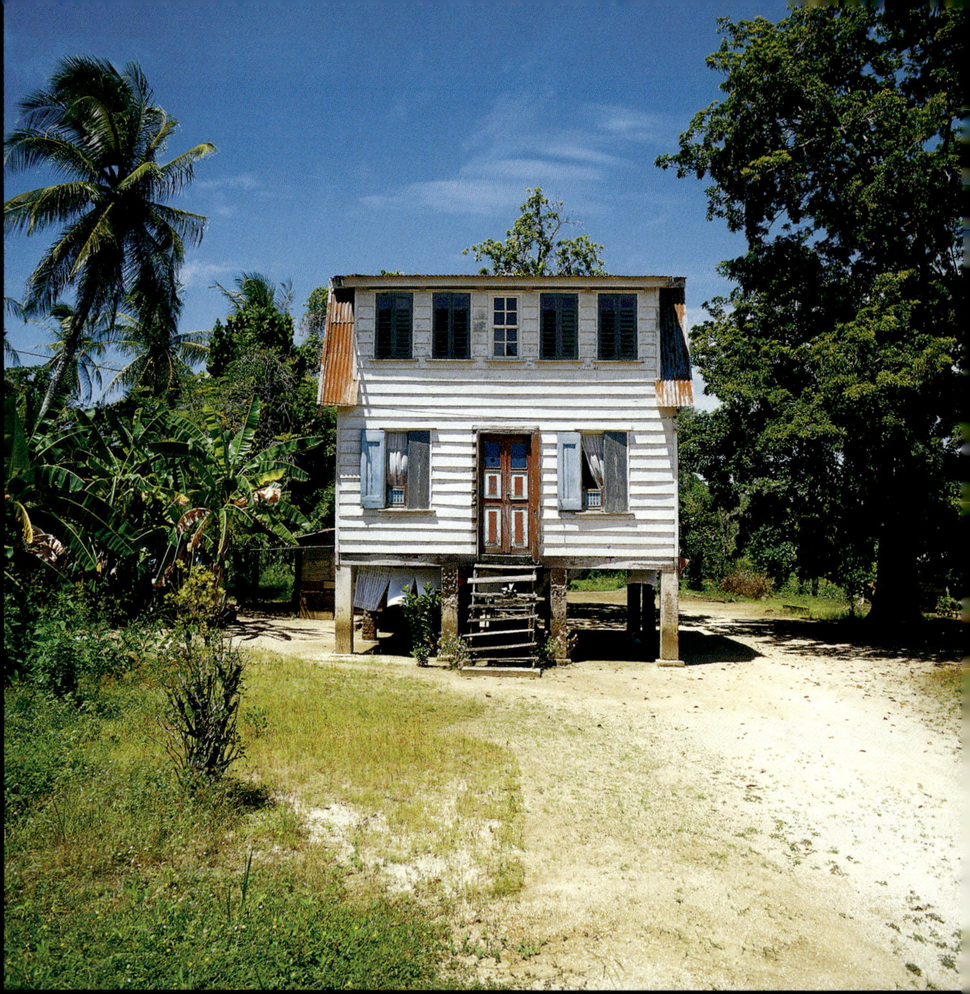
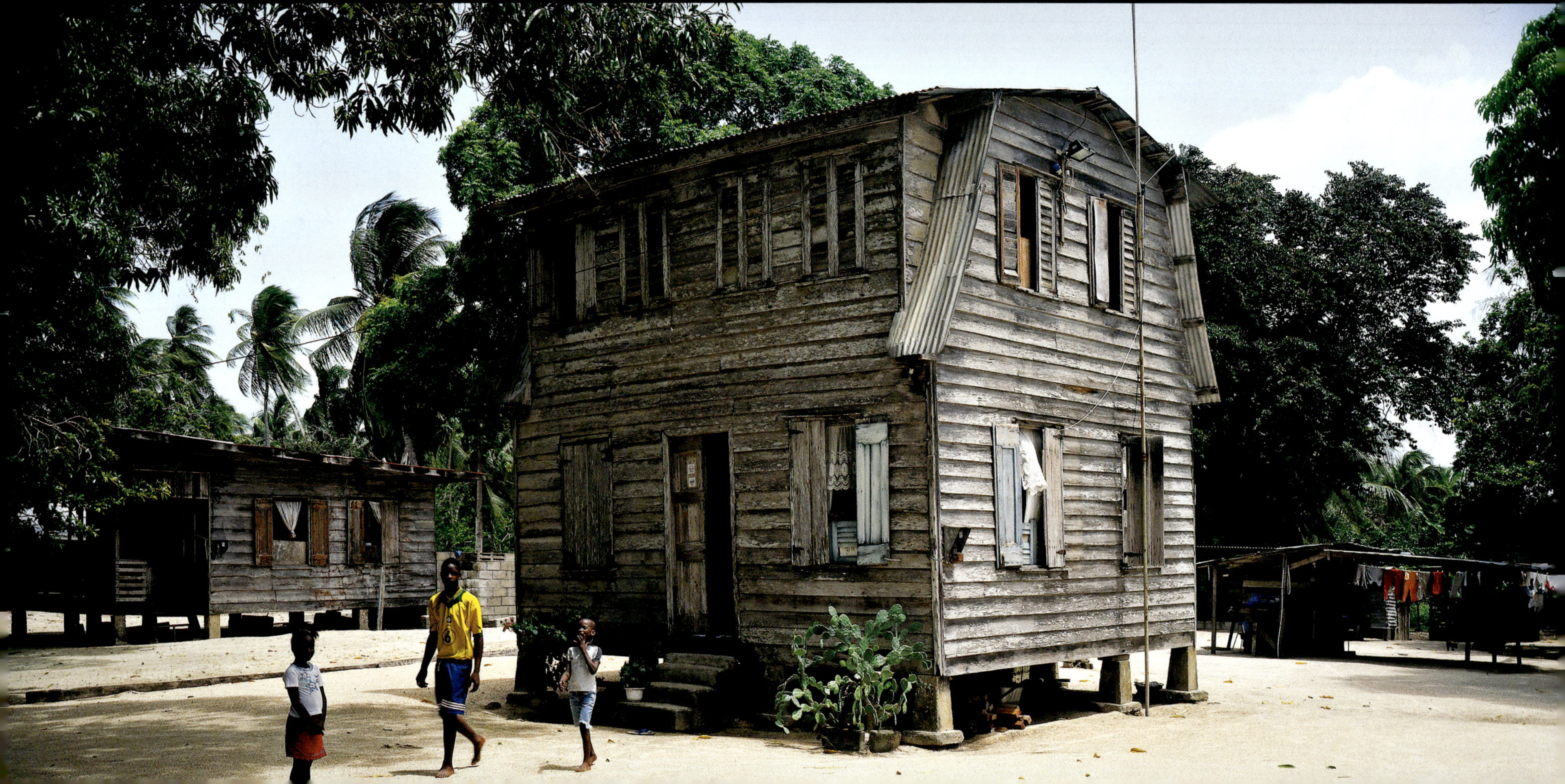

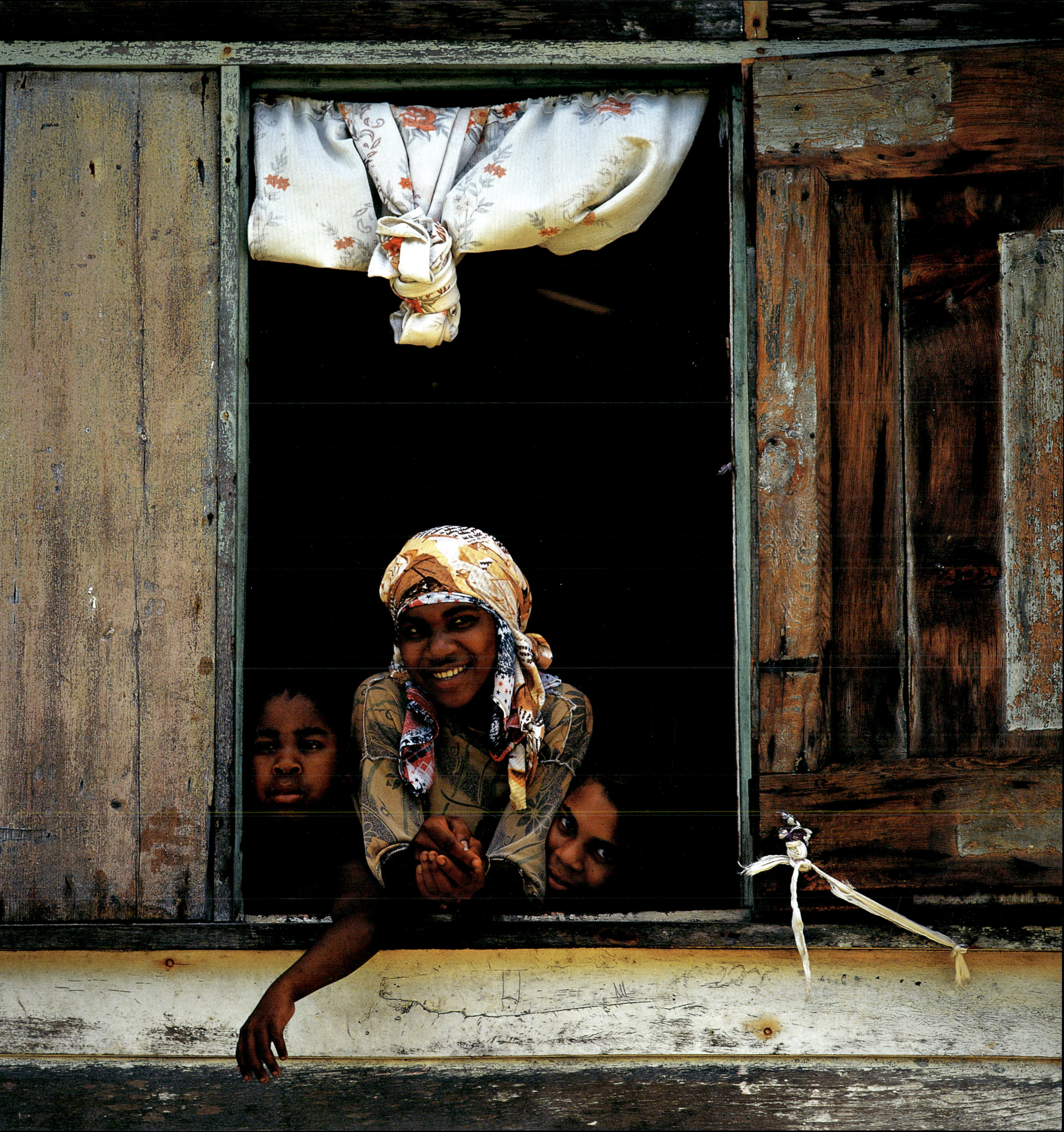

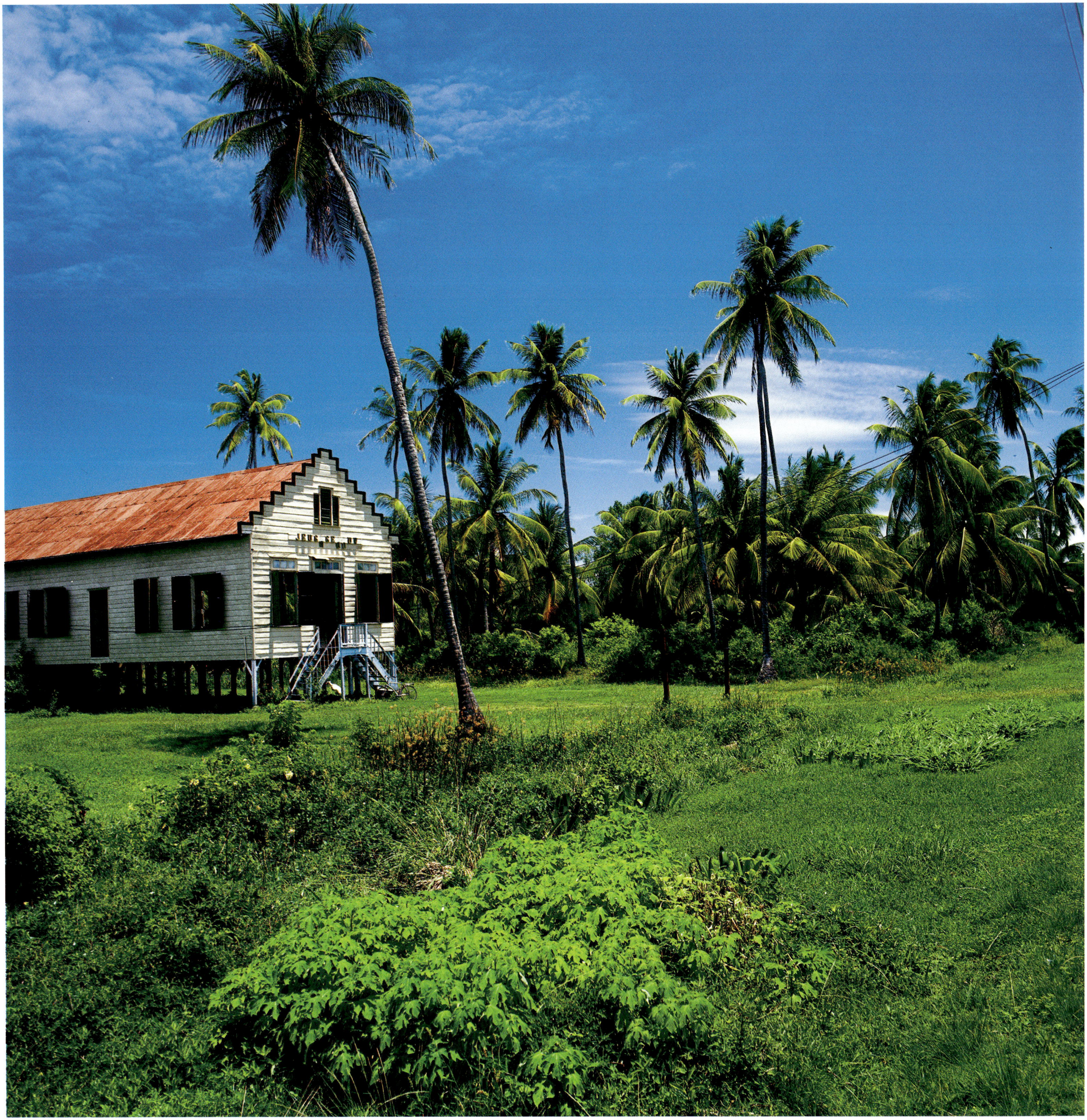

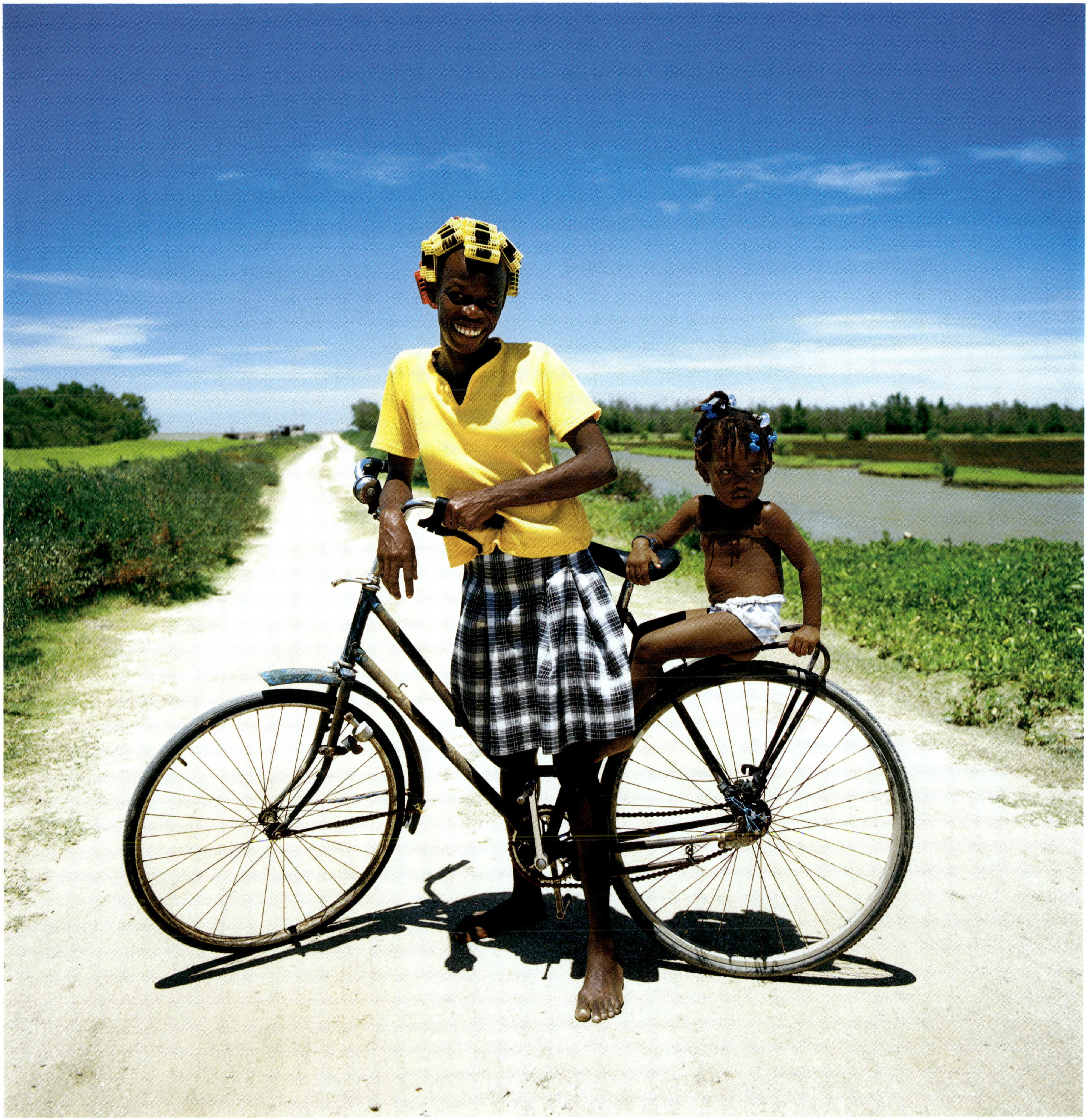

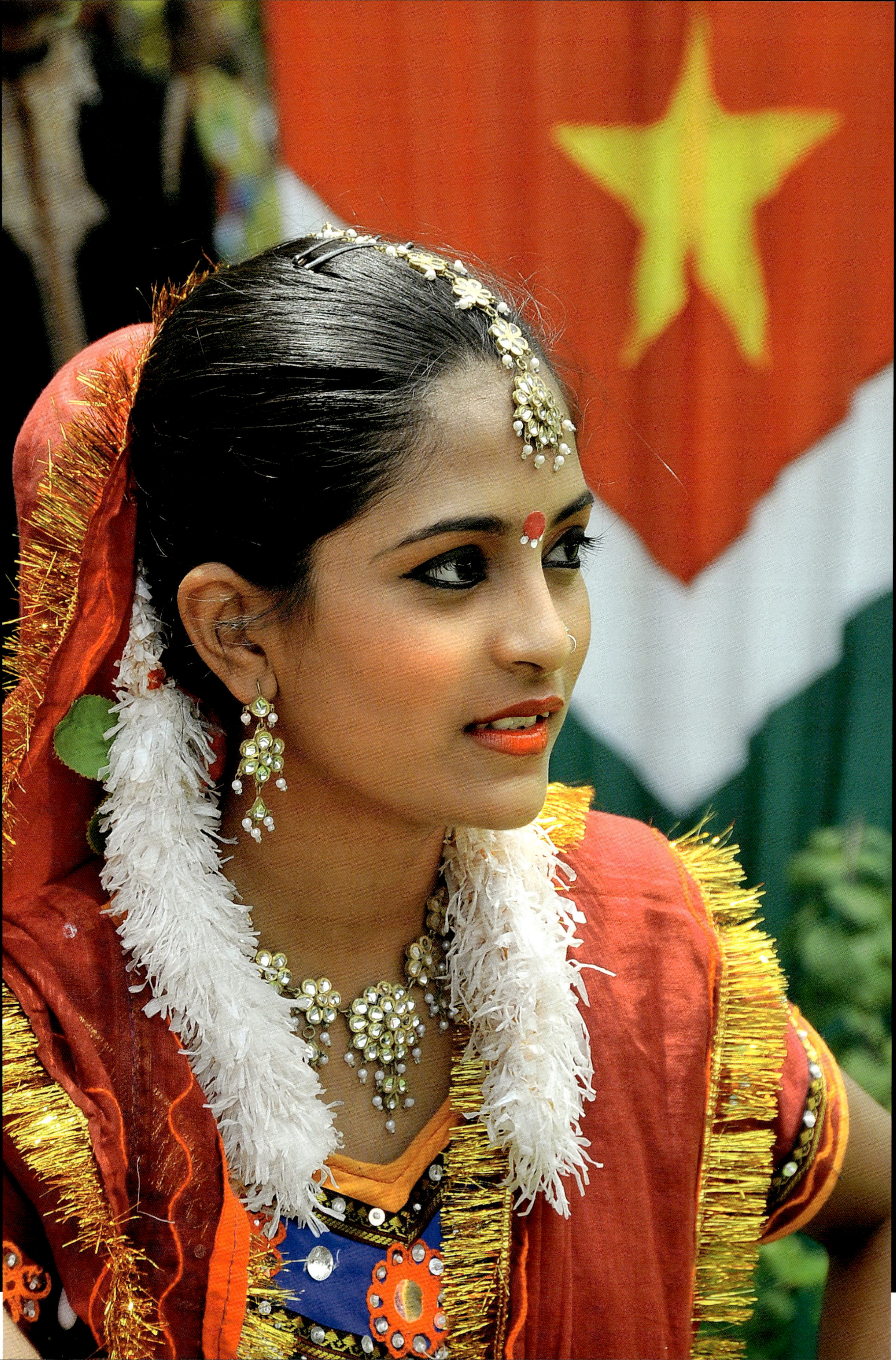

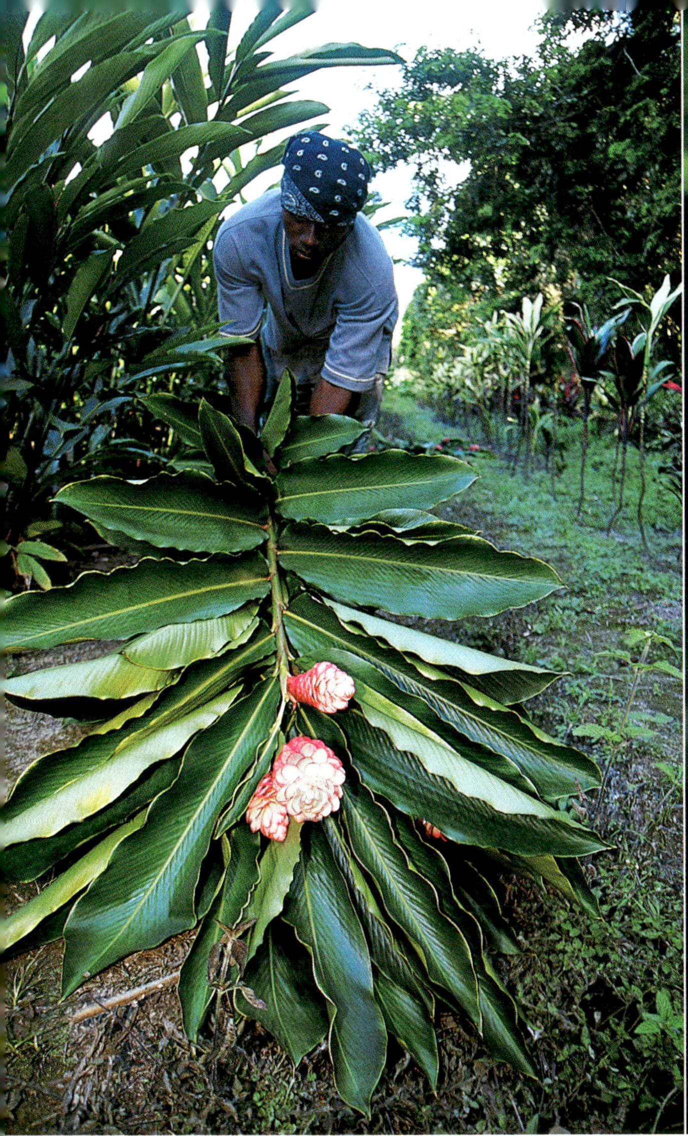
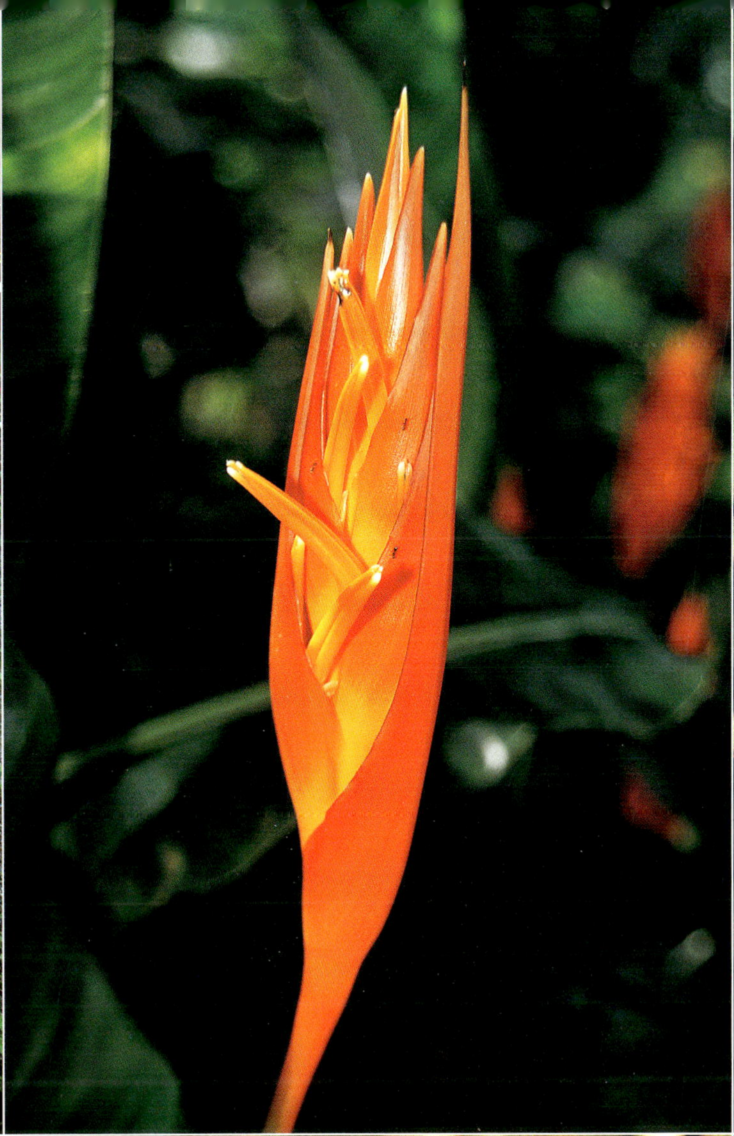
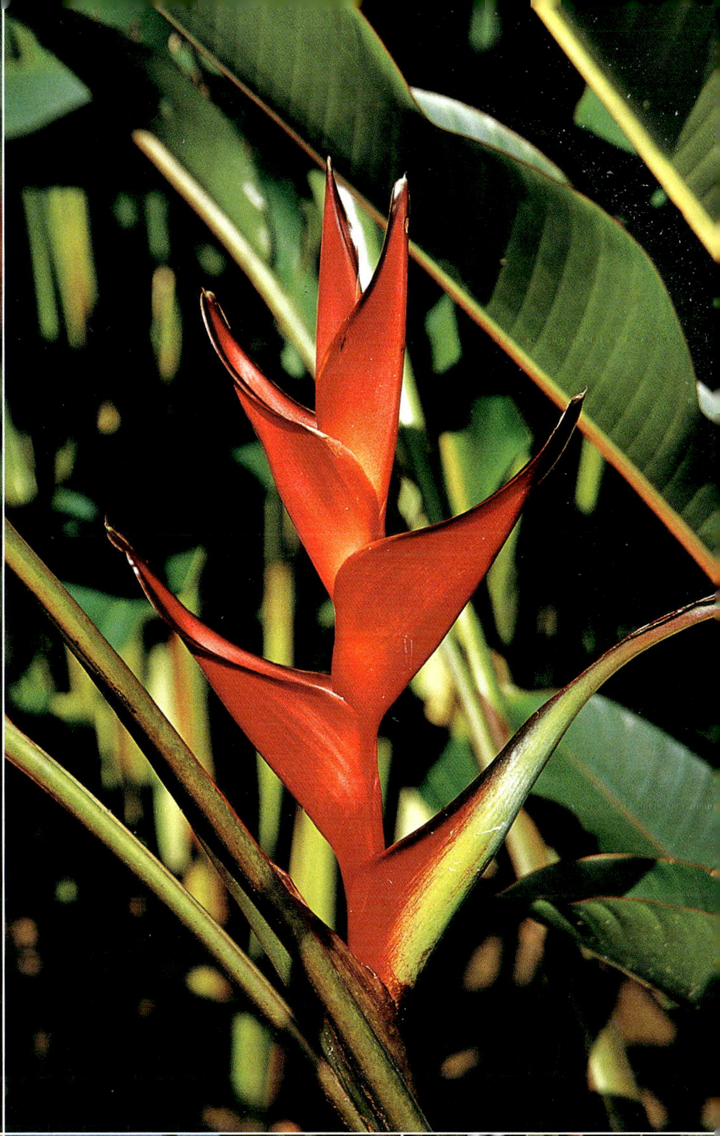
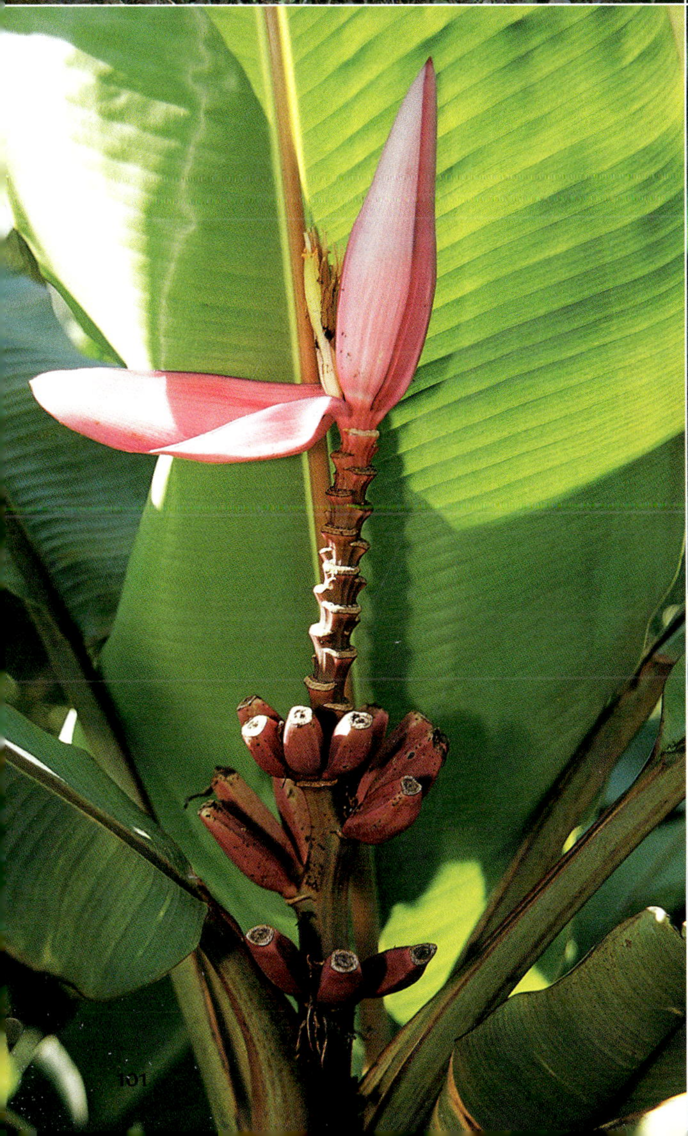
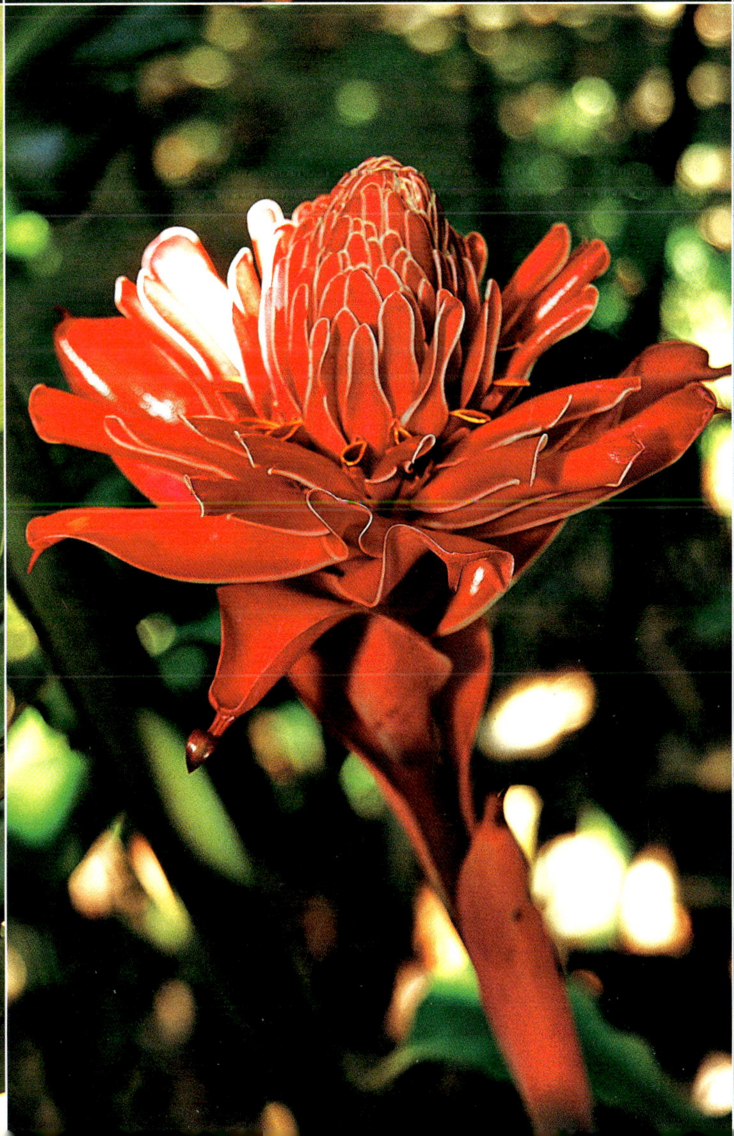
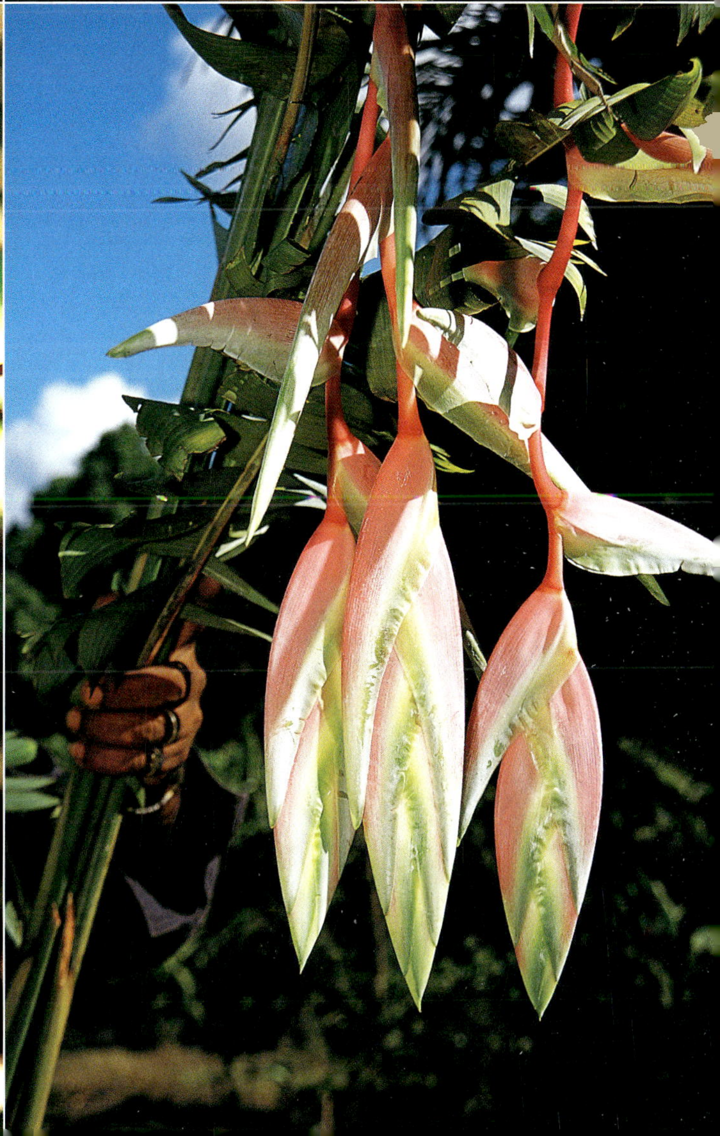

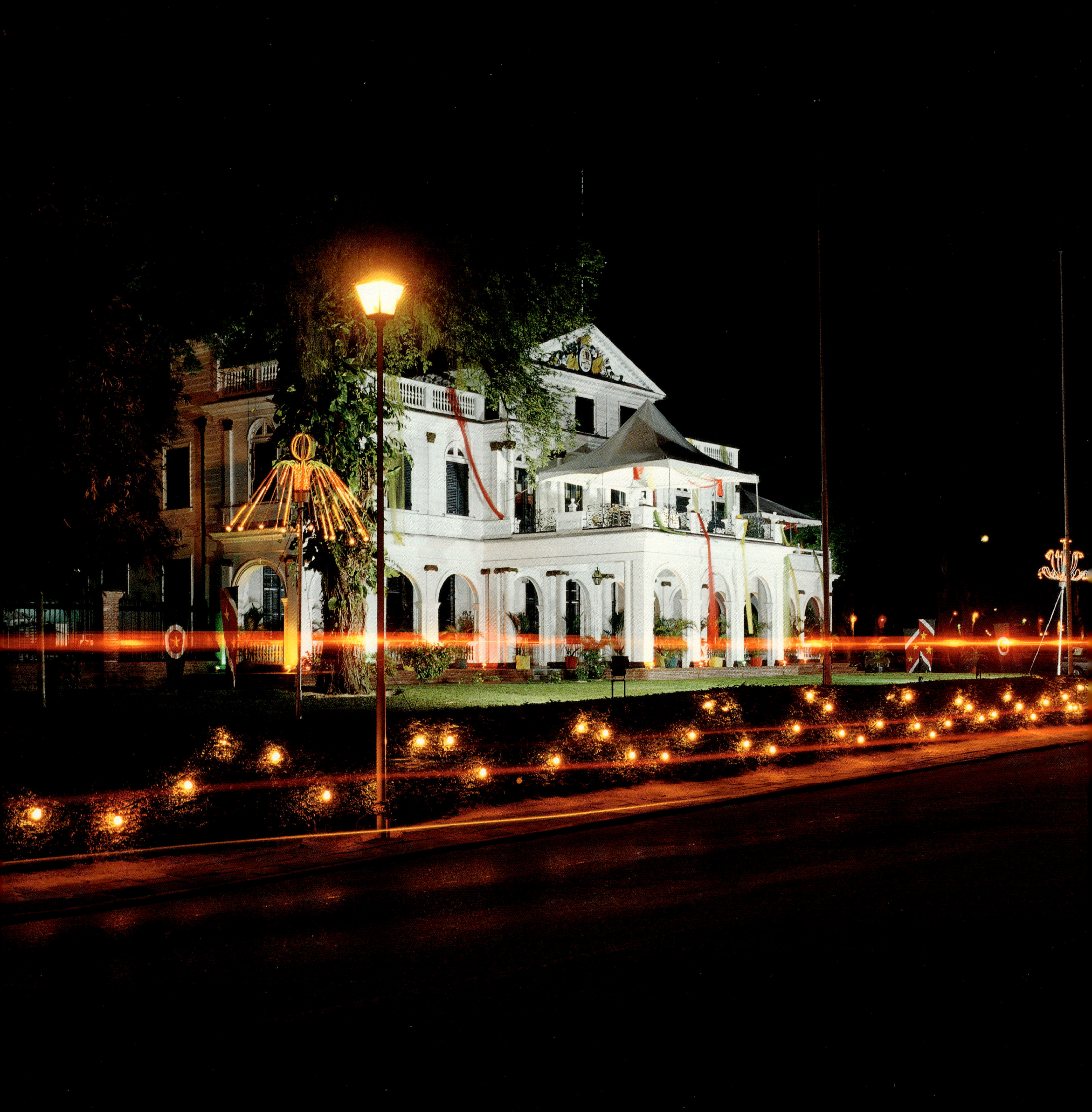

Presidentieel Paleis/Presidential Palace

In bestuurlijk, economisch, cultureel en administratief opzicht vormt Paramaribo het onbetwiste centrum van het land.
In en rond de hoofdstad woont het merendeel van de bevolking, hier bevinden zich de universiteit, de voornaamste medische centra en toeleveringsbedrijven. In feite heeft Paramaribo deze positie vanaf de vroegste geschiedenis ingenomen. De basis voor de latere hoofdstad bestond uit een op de Engelsen veroverde handelspost en een fortificatie die door de Zeeuwen werd uitgebouwd tot een degelijk fort met de naam Zeelandia. De bijbehorende handelspost kreeg de naam Nieuw Middelburg maar die werd al snel vervangen door Paramaribo, afgeleid van het inheemse woord voor rivier. De overwegend Zeeuwse invloed blijkt ook uit de namen die nog steeds op de bastions van het fort staan aangegeven: Zierikzee, Middelburg en Veere. Overigens had het fort vroeger vijf bastions, twee ervan zijn later afgebroken om met de vrijgekomen bakstenen aan de overkant van de rivier fort Nieuw Amsterdam te bouwen. Bakstenen waren kostbaar en moesten – meestal als ballast tijdens de heenreis – uit Holland worden gehaald. Dat de grootste open ruimte van de stad, het Onafhankelijkheidsplein, aan fort Zeelandia grenst, is geen toeval. Oorspronkelijk was het geen plein, maar een exercitieterrein dat bij het fort hoorde.

Door de lage ligging is de afwatering van Paramaribo altijd problematisch geweest. Bij de geleidelijke uitbreiding van de nederzetting moest men gebruik maken van de zogeheten ritsen (oude schelpenbanken) die als fundering voor de straten dienden. Om aan nieuwe bouwgrond te komen, moest de drassige bodem tussen de ritsen worden ontwaterd. Huidige namen als Sommelsdijckse kreek, Steenbakkersgracht en Drambrandersgracht herinneren nog aan deze ingrepen. Het vroege Paramaribo bood een uitgesproken Hollandse aanblik: keurige straten met bomenrijen. Dat we dit beeld voornamelijk kennen van afbeeldingen, is te wijten aan de vele branden die de brandgevoelige houten huizen met een zekere regelmaat in de as legden. Ook de namen van de straten waren Hollands of beter gezegd: Amsterdams, want de (zakelijke) banden met Holland verliepen voornamelijk via deze stad.

## Stijl

Paramaribo is in het verleden nogal eens omschreven als de mooiste hoofdstad van Zuid-Amerika. Met enige verbeeldingskracht kan men zich dat nog steeds voorstellen, zeker nu de laatste jaren steeds meer historische huizen zijn gerestaureerd en, niet te vergeten, geschilderd. In de architectuur zijn duidelijk Europese invloeden te herkennen maar ook Amerikaanse, met name uit het zuidoostelijk deel van de Verenigde Staten met de kenmerkende balkons aan de voorzijde. De eigen Surinaamse stijl is in belangrijke mate te danken aan de grote ervaring met het gebruikte materiaal: hout. Dit bood de mogelijkheid om de huizen rijkelijk te versieren, zoals tot uiting komt in de balkons met spijlen en in de galerijen, portieken, deuren, trappen en zonweringen. Om praktische redenen bestond het fundament van de huizen soms uit steen, maar de opbouw was vrijwel altijd van hout. Alleen enkele belangrijke overheidsgebouwen werden gebouwd met de destijds kostbare bakstenen. Kenmerkend voor de huizenbouw waren de *neuten*, ofwel de palen waarop het woongedeelte rustte. Dat had allerlei voordelen: weinig last van ongedierte, meer wind en een beter uitzicht. Ondanks de komst van moderne bouwmaterialen komt deze traditionele stijl nog steeds voor maar in de vele buitenwijken overheersen nu de uit beton opgetrokken bungalows, voorzien van airconditioning.
In het centrum bestaan nog steeds woningen die door de nietsvermoedende bezoeker vaak over het hoofd worden gezien: de *erfwoningen*. Enigszins verstopt achter

# Stad en omgeving / City and surroundings

*TOON FEY*

Paramaribo is the undisputed governmental, economic, cultural and administrative centre of Suriname. The majority of the population live in and around the city. It is also where the university, the vocational training schools, the main medical centres and supply companies are located. In effect, Paramaribo has had this status since the very earliest days. The basis for what would later become the capital was a trading post captured from the English and a fortification which the Dutch expanded into a robust fort and named Zeelandia after Zeeland, the part of the Netherlands they came from. The trading post was christened New Middelburg but was soon renamed Paramaribo, which came from the indigenous word for river. The Zeeland influences are also reflected in the names which still adorn the fort's bastions: Zierikzee, Middelburg and Veere. The fort used to have five bastions: two were later demolished to provide bricks for the New Amsterdam fort on the other side of the river. Bricks were expensive and had to be brought from Holland – usually as ballast during the outward voyage. The fact that the city's largest open space, Independence Square, is adjacent to Fort Zeelandia is no coincidence. Originally it was not a square but a military exercise area belonging to the fort.

Paramaribo is located in a low-lying area and drainage has always been a problem. The settlement gradually expanded across so-called ritsen, old deposits of shells which served as foundations for the streets. New building land was acquired by draining the swampy soil between the ritsen. Names such as Sommelsdijckse kreek, Steenbakkersgracht and Drambrandersgracht are reminders of this work. In its early days, Paramaribo had a very Dutch look about it, with neat, tree-lined streets. Unfortunately, we only know how the city looked then from pictures. Most of the houses were built of wood and were regularly burned to the ground. The street names, too, were reminiscent of Holland – or rather of Amsterdam, since the city was the main hub for commercial and other ties with Holland.

## Own Style

It used to be said that Paramaribo was the most beautiful capital city in South America. With a little imagination, that still seems plausible, certainly now that in recent years more and more historic houses have been restored and, of course, depicted in paintings. The architecture clearly has European influences, and American, especially the southeast of the USA, with the characteristic balconies at the front. A truly Surinamese style came about primarily through extensive experience with the material used: wood. This made it possible to add elaborate decorative features to the houses, as can be seen from the balconies with balustrades, the walkways, porches, doors, steps and sun blinds. For practical reasons, the houses sometimes had stone foundations, but the superstructure was almost always made of wood. In those days, only a few important government buildings were built of bricks, because they were so expensive. A typical feature of the houses were the *neuten*, the poles supporting the living area of the house. This offered all manner of advantages. It reduced the presence of vermin, ensured more wind and offered a better view. Despite the arrival of modern construction materials, this traditional approach is still used, although the many suburbs are dominated by concrete bungalows with air conditioning. In the centre there are still interesting houses which the unsuspecting visitor can easily miss. These are the *erfwoningen*, the very simple wooden homes of the less prosperous city residents, hidden away behind sometimes attractive facades. They often consist of no more than one or two rooms, with communal sanitary facilities.

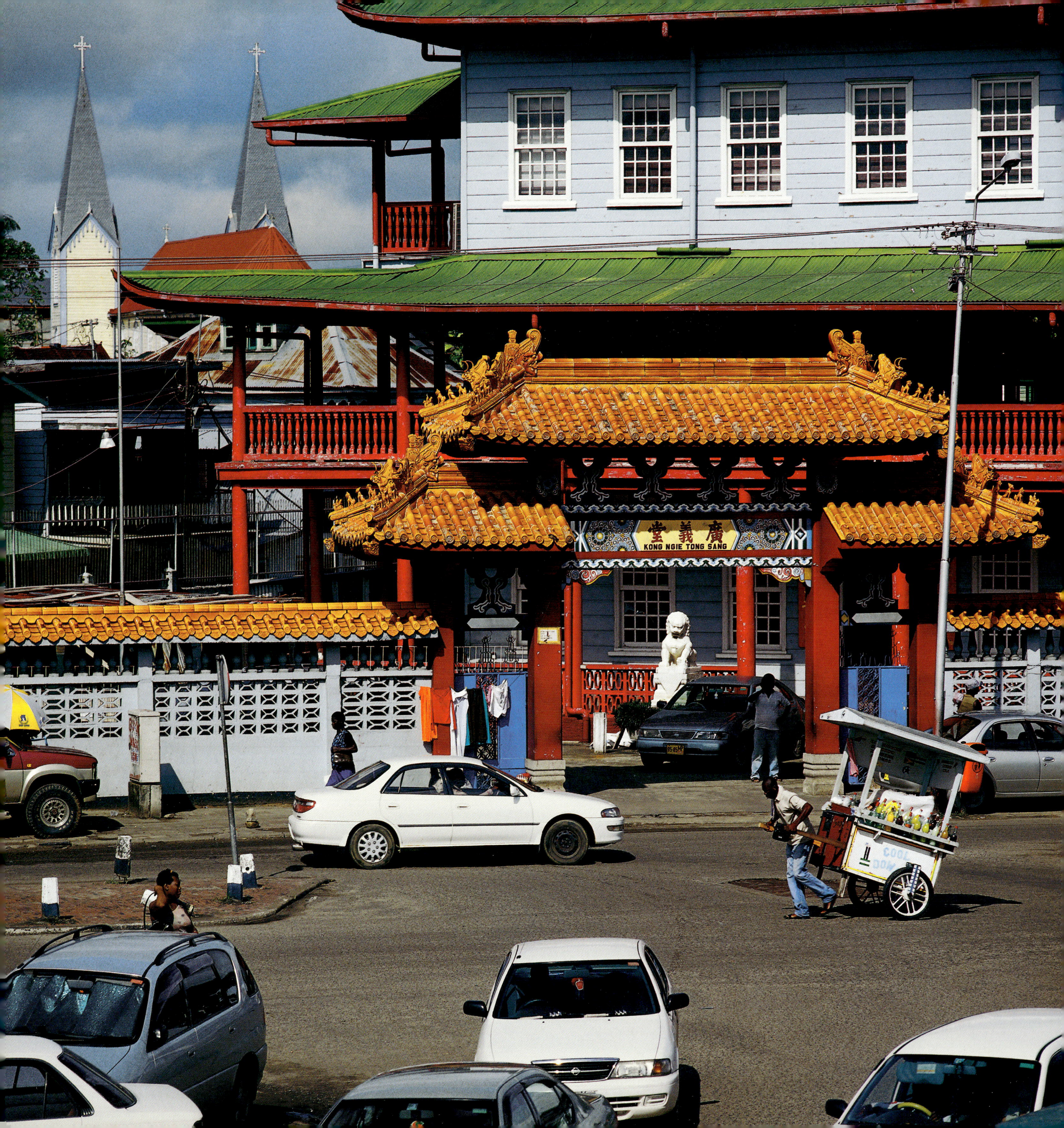
廣義堂
KONG NGIE TONG SANG

de soms fraaie gevels aan de voorzijde, zijn nog steeds de uiterst eenvoudige houten huisjes van minder bedeelde stadsbewoners te vinden. Vaak bestaan ze uit niet meer dan één of twee kamers en is men aangewezen op gemeenschappelijke sanitaire voorzieningen. Het contrast met de snel oprukkende nieuwbouw van grote kantoren, winkelcentra en casino's is groot. Deze bouwwoede vormt geen gevaar voor het fraaie historische centrum van Paramaribo omdat het in 2002 op de UNESCO lijst van Werelderfgoed is geplaatst.

Een wandeling door Paramaribo levert een grote diversiteit aan culturen en bedrijvigheden op. Veel winkels zijn in handen van Hindostanen, Chinezen en Libanezen, op de markten staan Javaanse kooplui of creoolse vrouwen met groenten. In de binnenstad vormen de creolen de grootste bevolkingsgroep. Historisch is dat goed te verklaren: na de afschaffing van de slavernij vestigden de meeste plantageslaven zich in de stad. Omdat de toenmalige stad al min of meer 'vol' was, vestigden de Hindostanen en Javanen (meestal werkzaam als contractarbeiders) zich in de buurt van de plantages die rond de stad waren gelegen.

Overdag is de meest bedrijvige plaats van Paramaribo de overdekte Centrale Markt en de directe omgeving daarvan. Vanuit de districten wordt in alle vroegte een enorm assortiment groenten, fruit en kruiden aangevoerd. In de kramen langs de rivier liggen vele soorten rivier- en zeevis uitgestald en in het enigszins schemerige hart van de markt is kleding, schoeisel en een ongekend aantal andere artikelen te koop. Vanwege het volkse karakter van de Centrale Markt doen beter gesitueerden hun boodschappen meestal in supermarkten buiten het centrum.

Een van de opmerkelijkste gebouwen in Paramaribo is de houten Kathedrale Basiliek St. Petrus en Paulus waar de zalig verklaarde Peerke Donders ligt begraven. Bijzonder is ook de ligging van de grote moskee en de synagoge: broederlijk naast elkaar in de Keizerstraat. De laatste jaren is de boulevard van Paramaribo, de Waterkant, duidelijk in aanzien gestegen. Zowel overdag als 's avonds wordt hier volop gekuierd of geflaneerd. In de omgeving van de Kleine Waterstraat ligt behalve Torarica (hotel, bar, casino) ook een aantal druk bezochte eet- en drinkgelegenheden. De laatste jaren is het aantal casino's, clubs en dansgelegenheden aanzienlijk uitgebreid en heeft de stad veel van haar provinciale karakter van zich afgeschud. Daaraan heeft ook het gereedkomen van de brug over de Suriname rivier in 2000 bijgedragen.
De verbinding tussen het oosten van het land en de hoofdstad – vóór die tijd uitgevoerd door een veerpont en talloze houten bootjes – is hierdoor sterk verbeterd.

## STAD EN OMGEVING

## CITY AND SURROUNDINGS

They stand in stark contrast to the rapidly increasing number of new buildings such as large-scale offices, shopping centres and casinos. Thankfully, the risk that the beautiful historic centre of Paramaribo would disappear in this frenzy of construction has been reduced since 2002, when the city was placed on the UNESCO World Heritage List.

A stroll through Paramaribo takes you through a wide diversity of cultures and activities. A lot of shops are owned by Hindus, Chinese and Lebanese, while the markets are full of Javanese traders or Creole women selling vegetables. The fact that – in terms of population numbers – Paramaribo is a predominantly Creole city is not noticeable here. The Creole majority can be easily explained from the historical point of view. After the abolition of slavery, most ex-slaves migrated to the city and they are now the largest population group in the city centre. Because the city itself was as good as 'full', the Hindustanis and Javanese – most of whom were indentured labourers – settled close to the plantations which were located around the city.

During the day, the covered Central Market and its immediate vicinity is the busiest area of the city. An enormous quantity of vegetables, fruit and spices is brought in from the districts at the crack of dawn. Many species of fresh and saltwater fish are laid out in the stalls along the banks of the river and in the rather dimly-lit heart of the market you can find clothing, shoes and an unprecedented number of other articles on sale. Because of the 'popular' character of the Central Market the wealthier people generally do their shopping in supermarkets outside the centre.

One of the most striking buildings in Paramaribo is the wooden Cathedral-Basilica of Saint Peter and Paul, where the canonised Peerke Donders is buried. Another remarkable sight can be found in the Keizerstraat, where the main mosque and the synagogue stand side-by-side in brotherhood. Paramaribo's boulevard, the Waterkant, has visibly become more exclusive in recent years. During the day and in the evenings it is the ideal place for a stroll, and to see and be seen. Near the Kleine Waterstraat you will not only find the Torarica Hotel, Bar and Casino but also a number of other busy restaurants and bars. The number of casinos, clubs and dance venues has increased considerably the last few years and the city has shaken off much of its provincial character. This is partly due to the completion of the bridge over the Suriname River in 2000. The bridge has intensified links between the east of the country and the capital. Before then, you had to get a ferry or travel across in one of the many wooden boats.

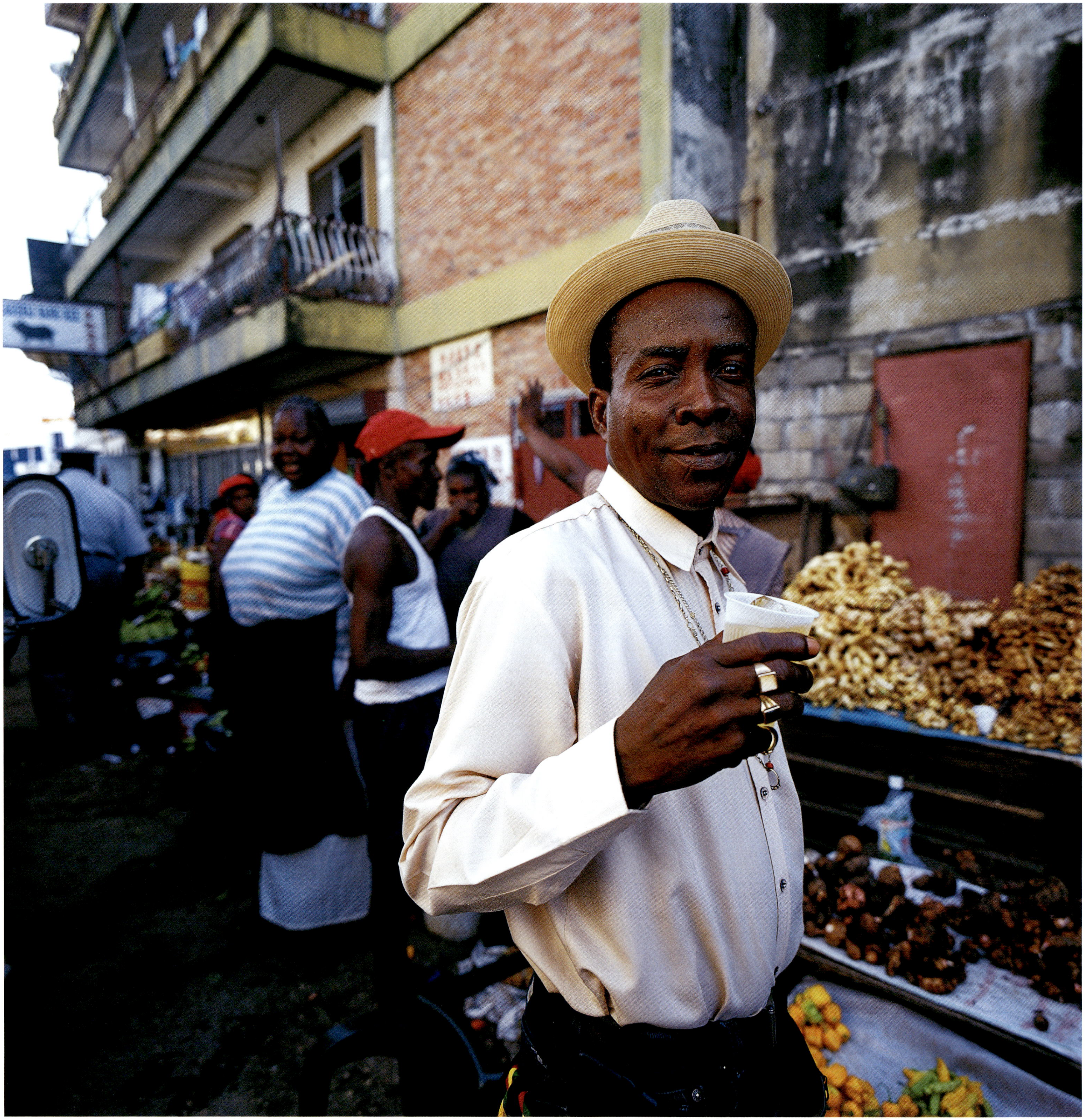

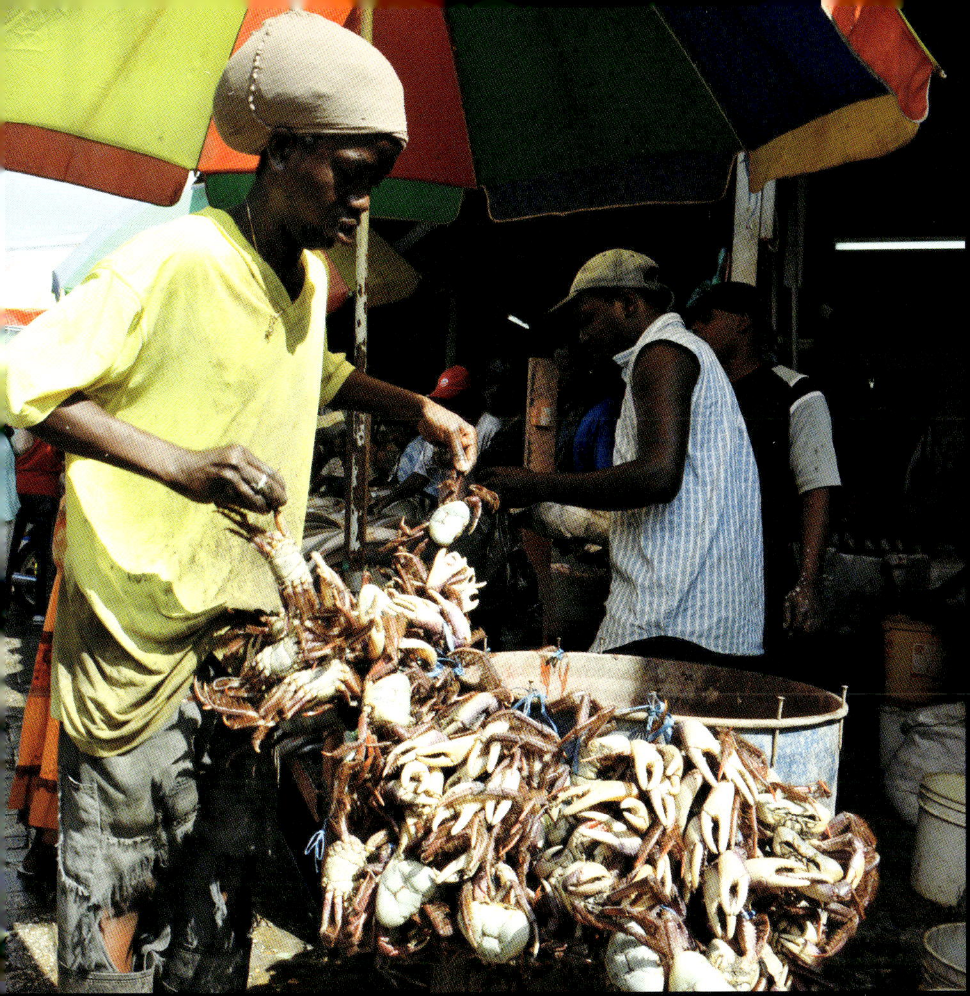

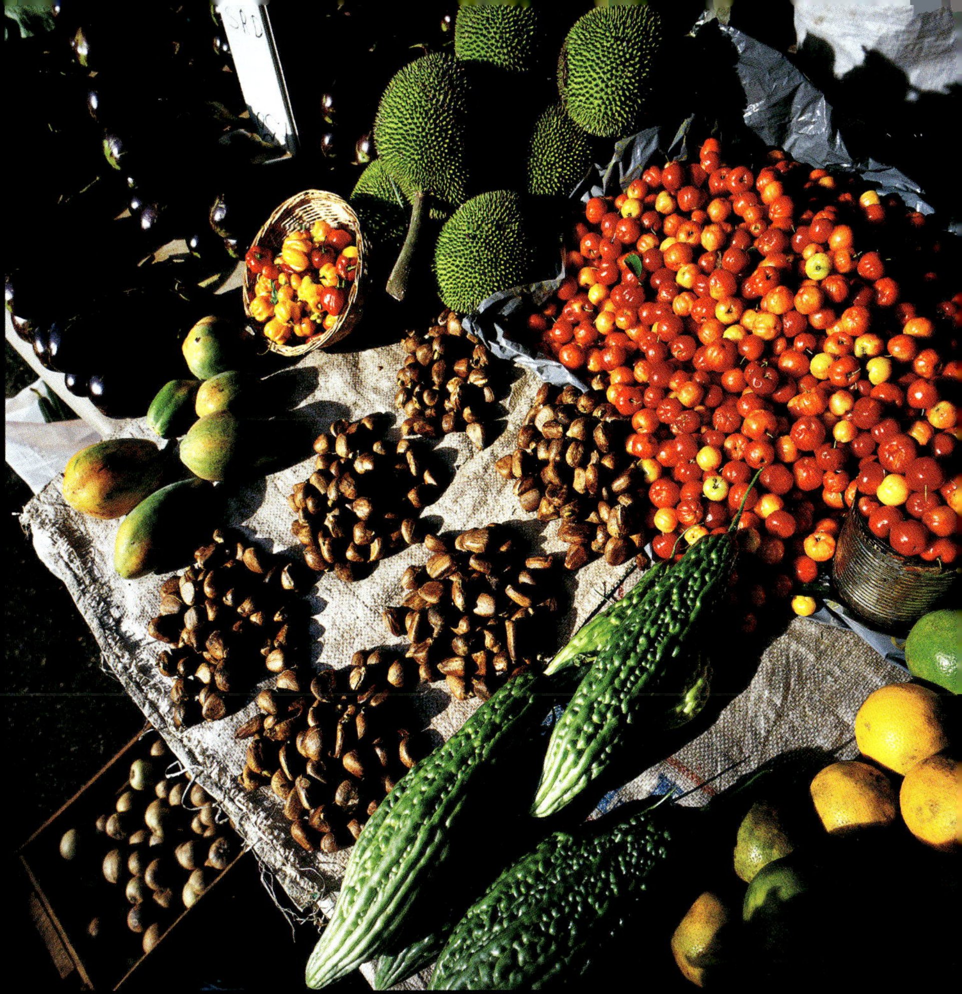

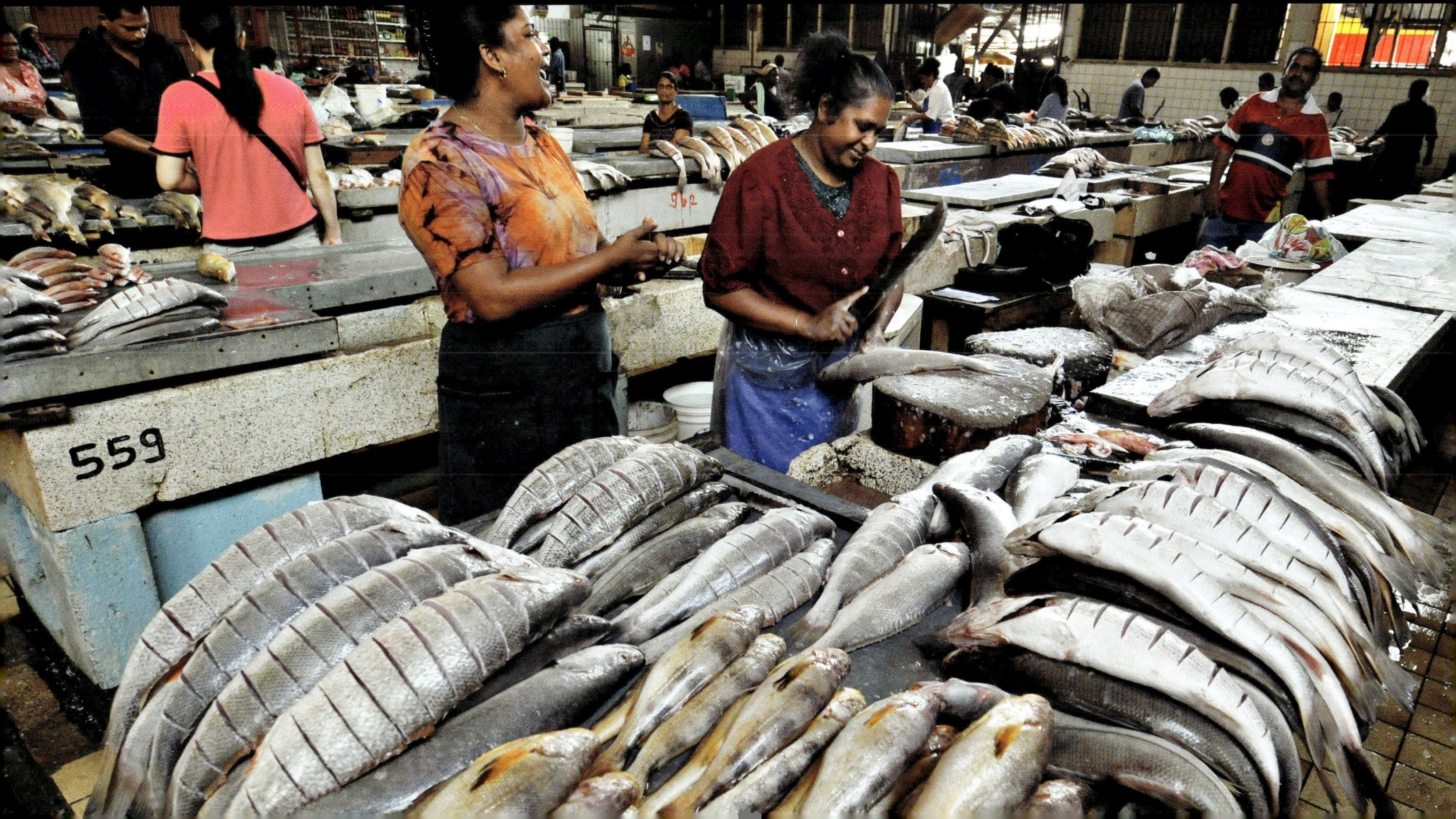
559

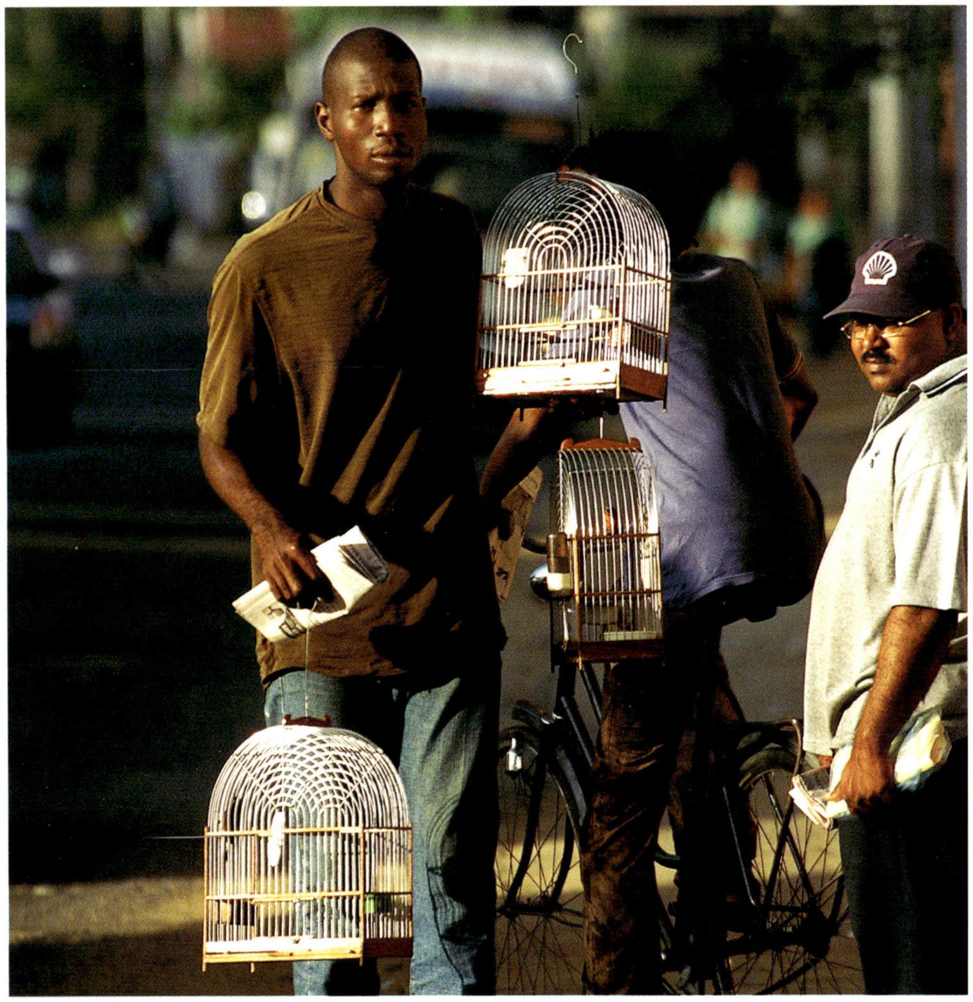

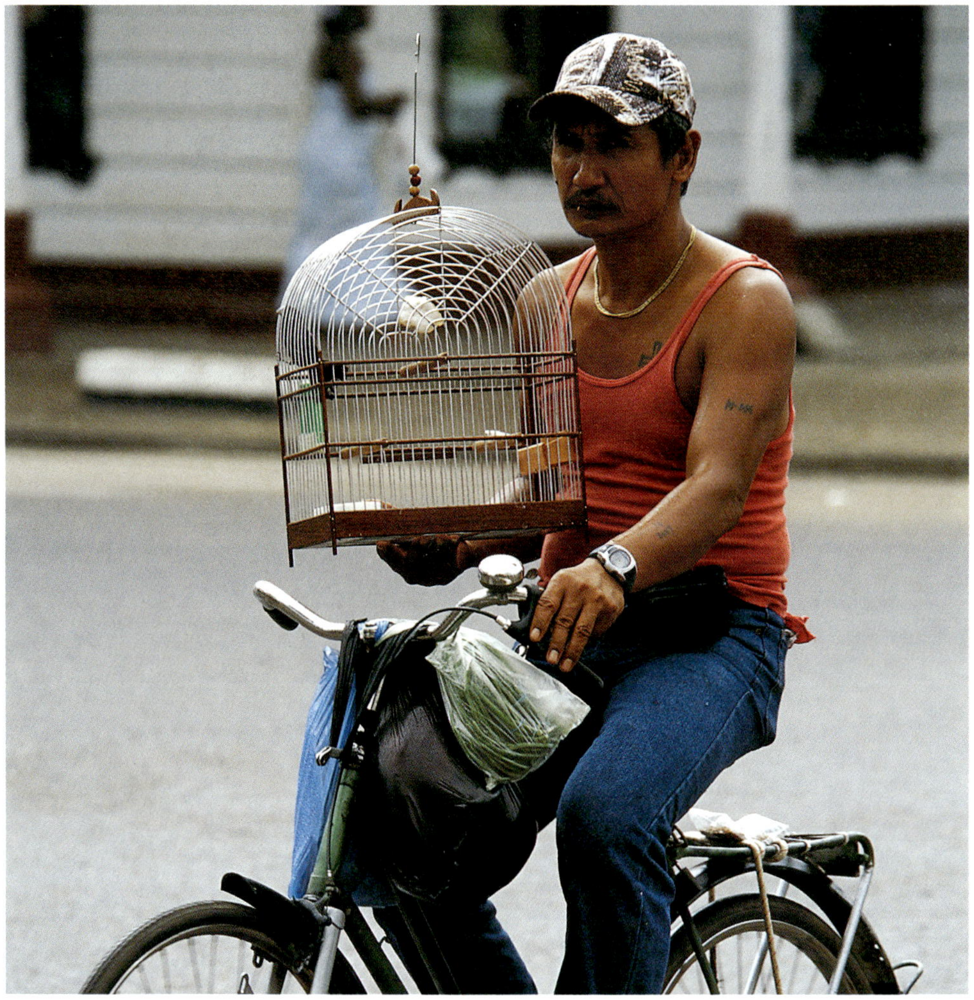

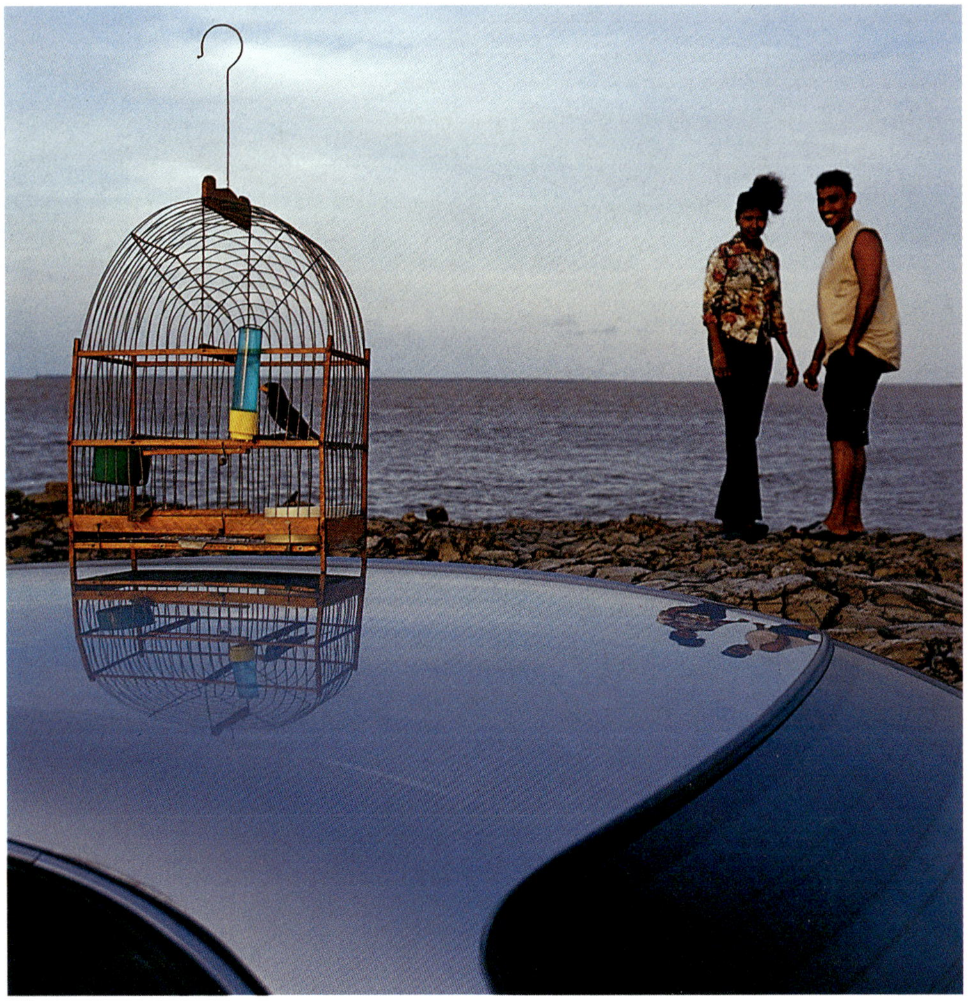

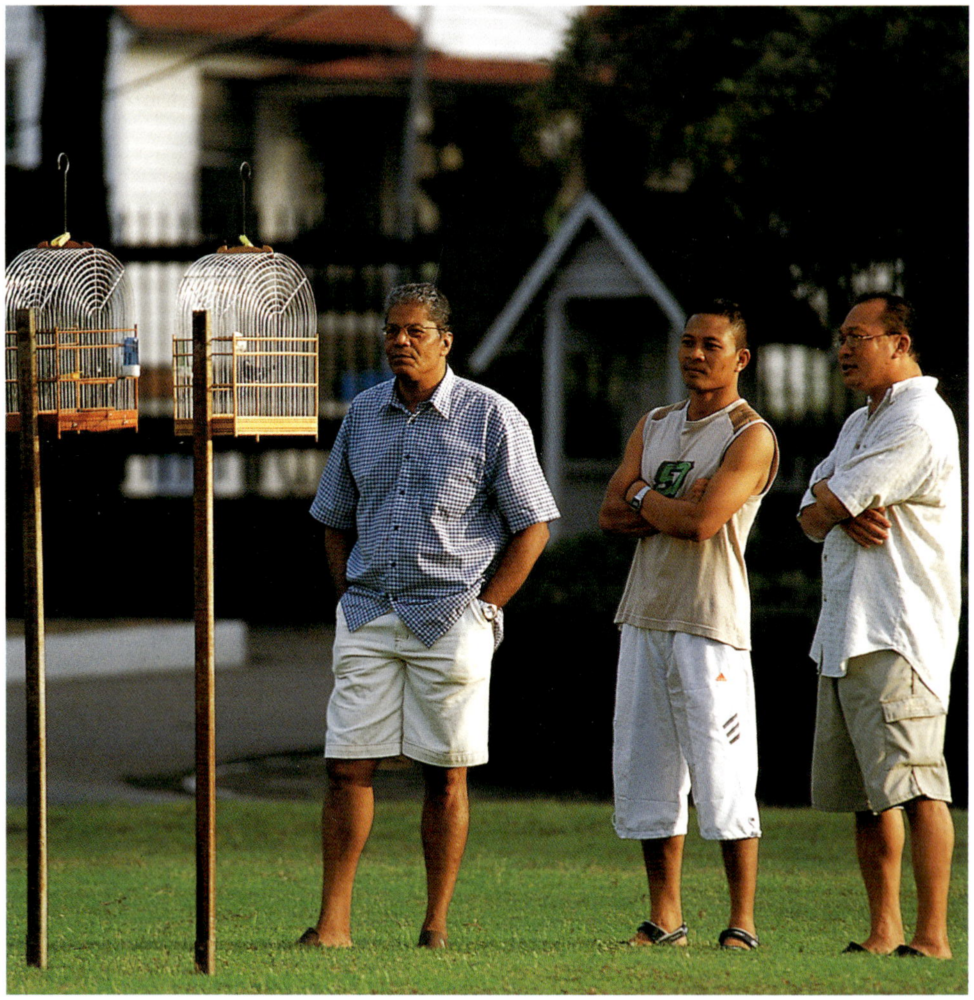



Uitzicht vanaf de Kathedrale Basiliek St. Petrus en Paulus/View from the Cathedral-Basilica of Saint Peter and Paul >

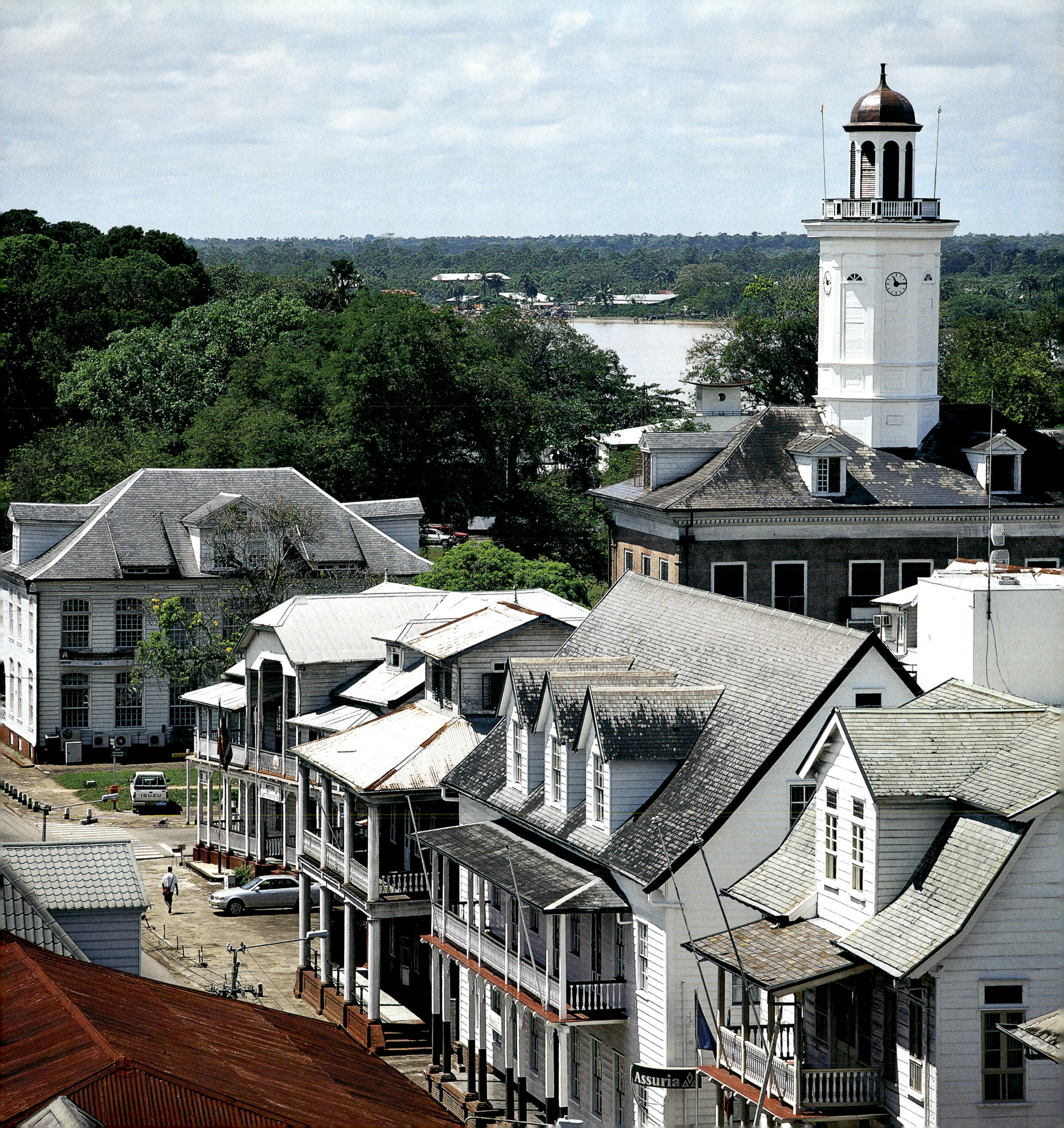
ISUZU
Assuria

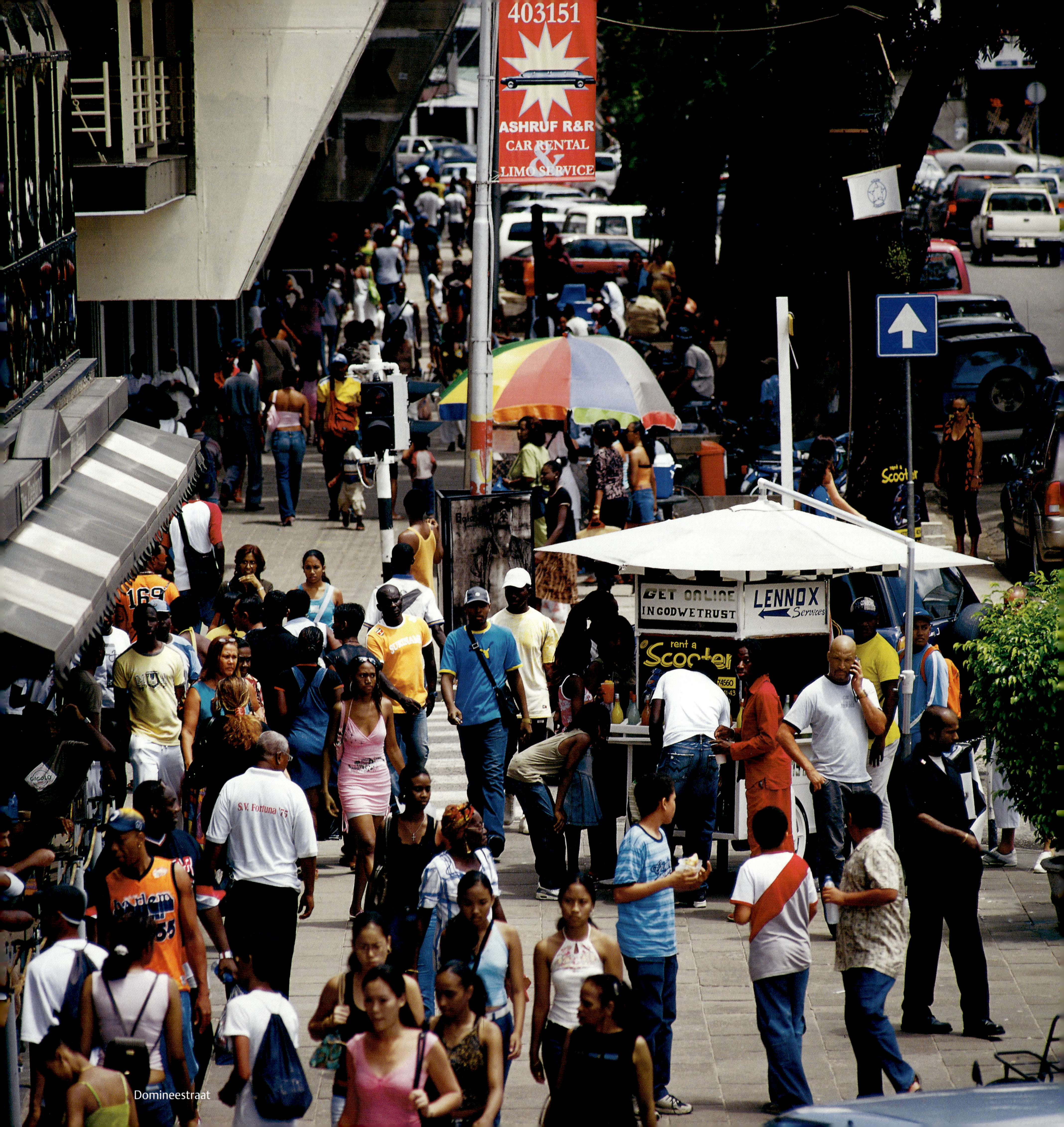


Domineestraat

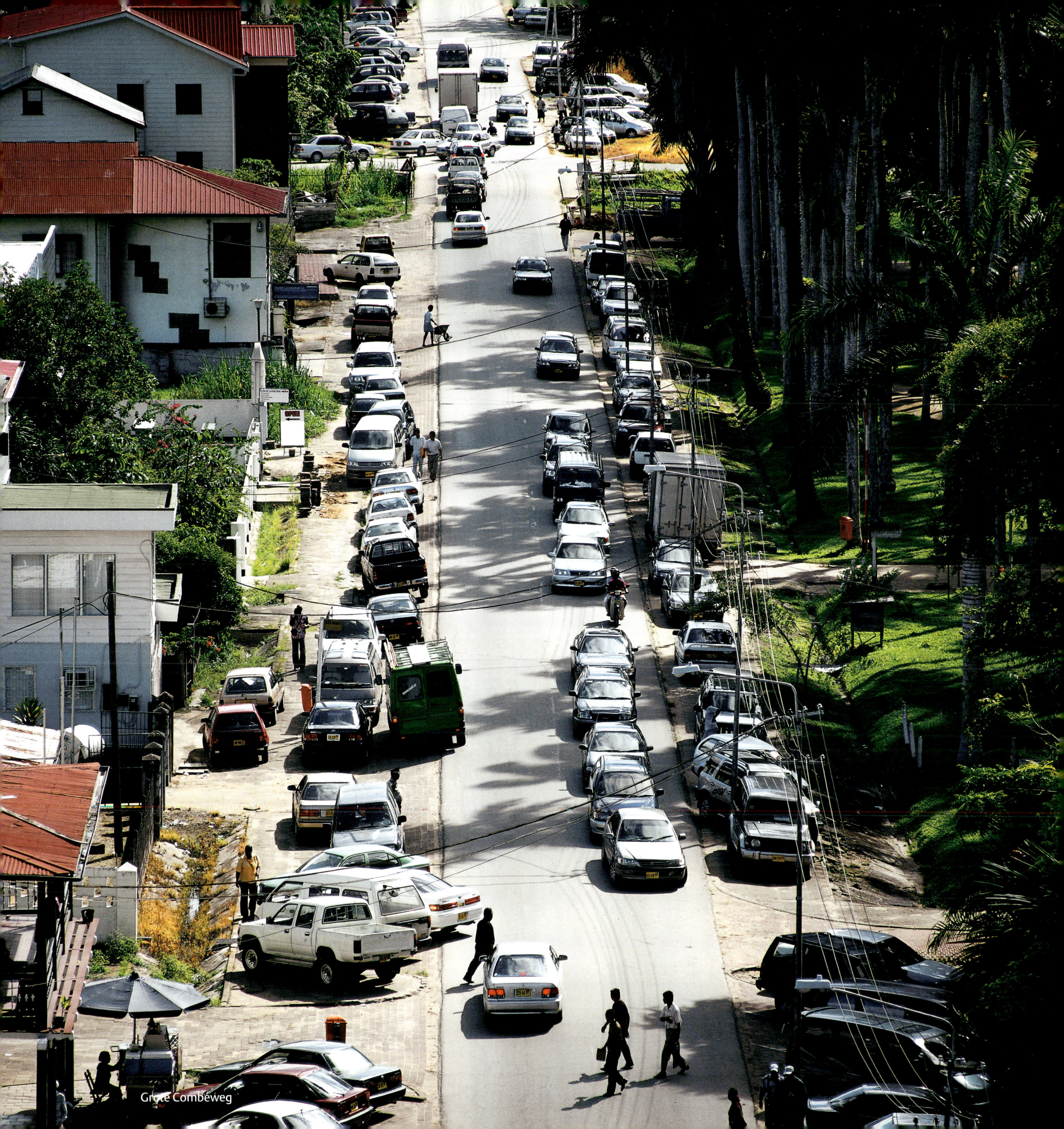

Grote Combeweg

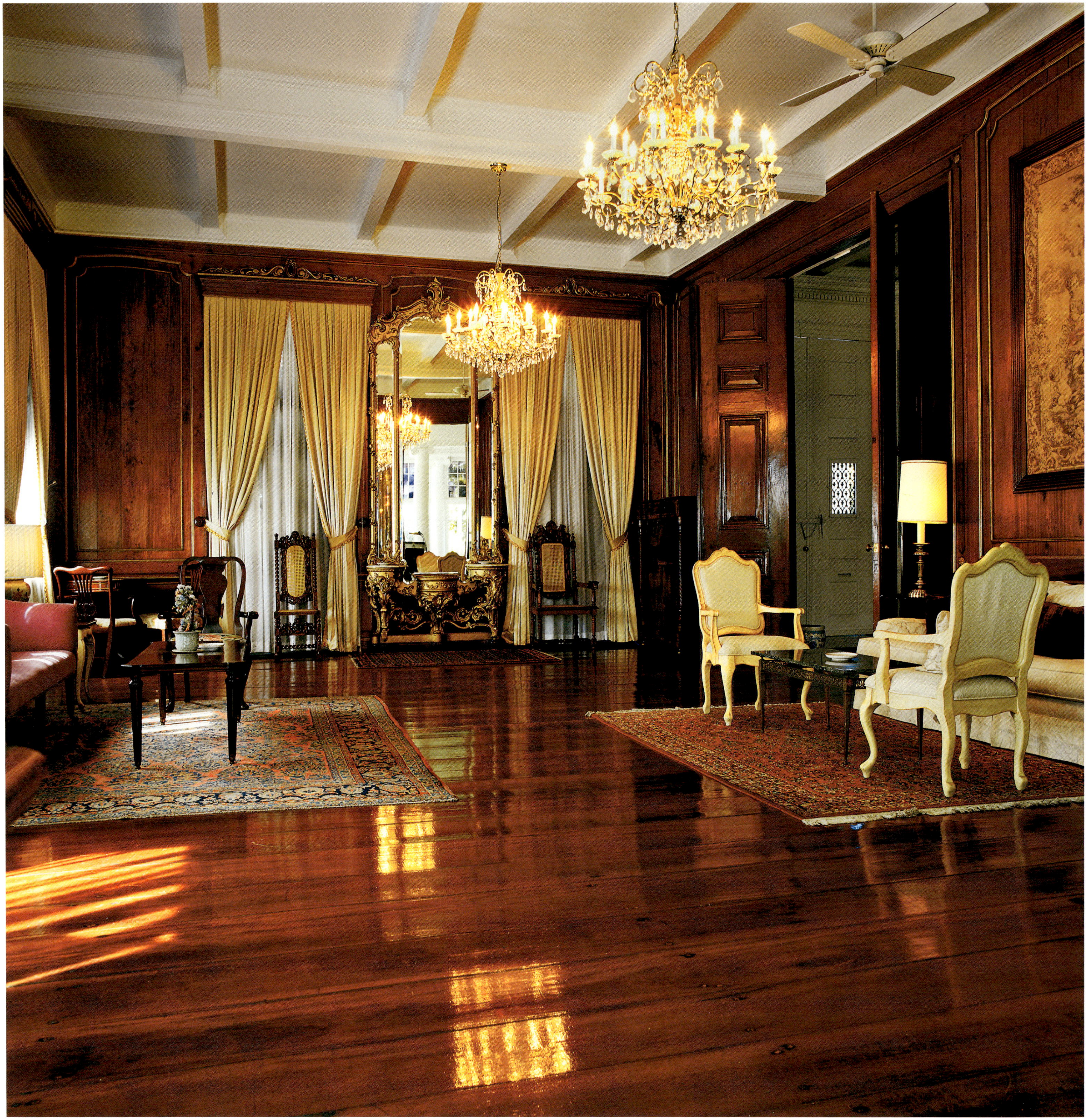

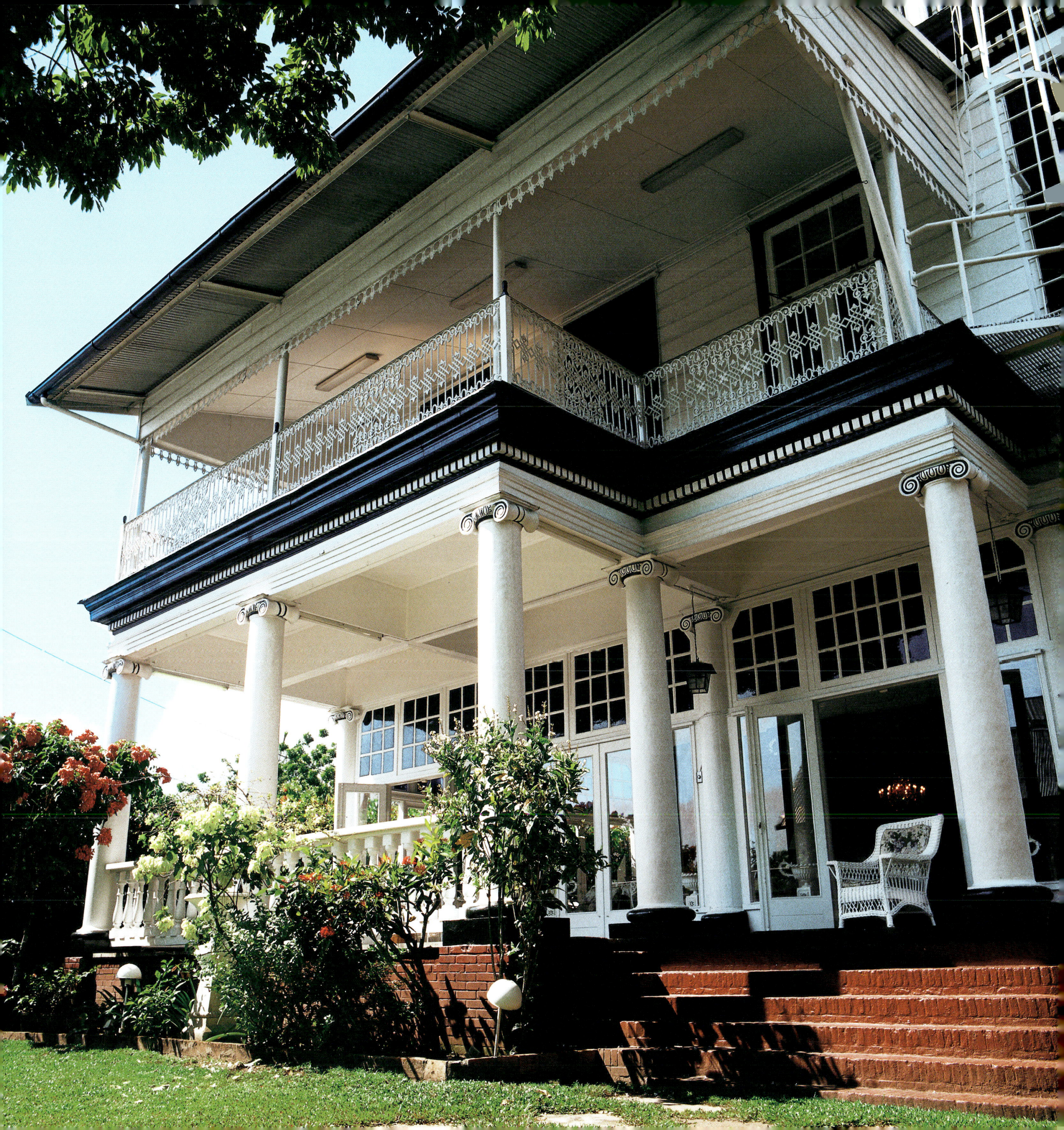

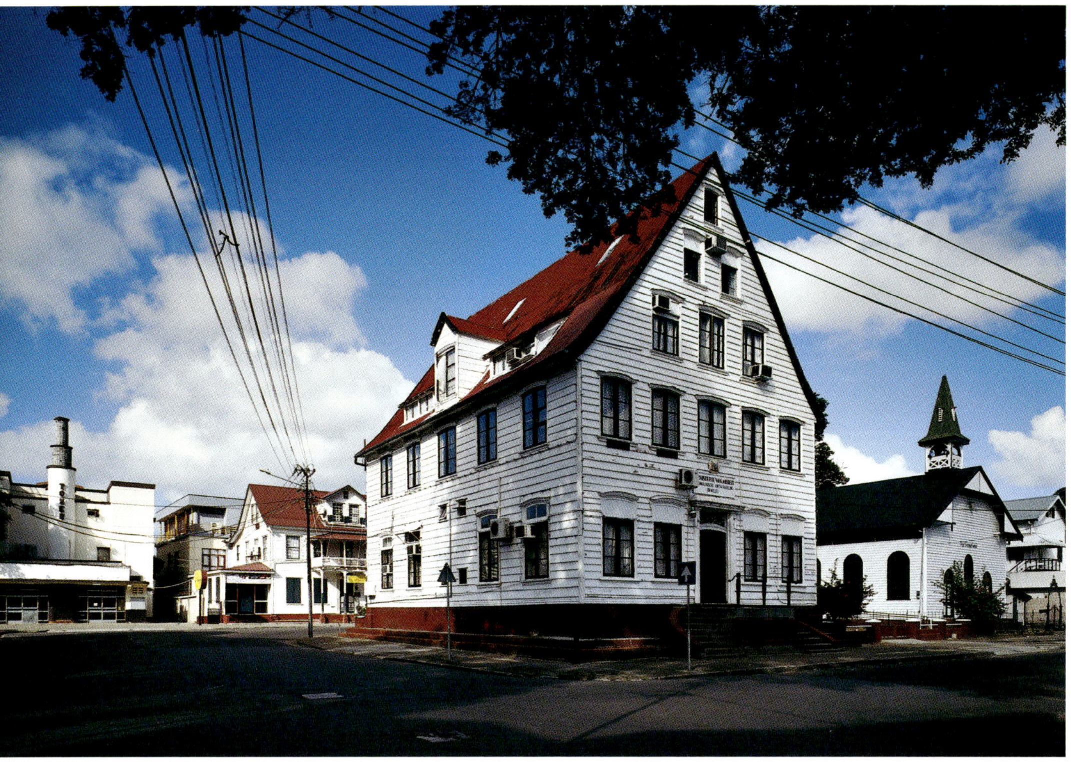

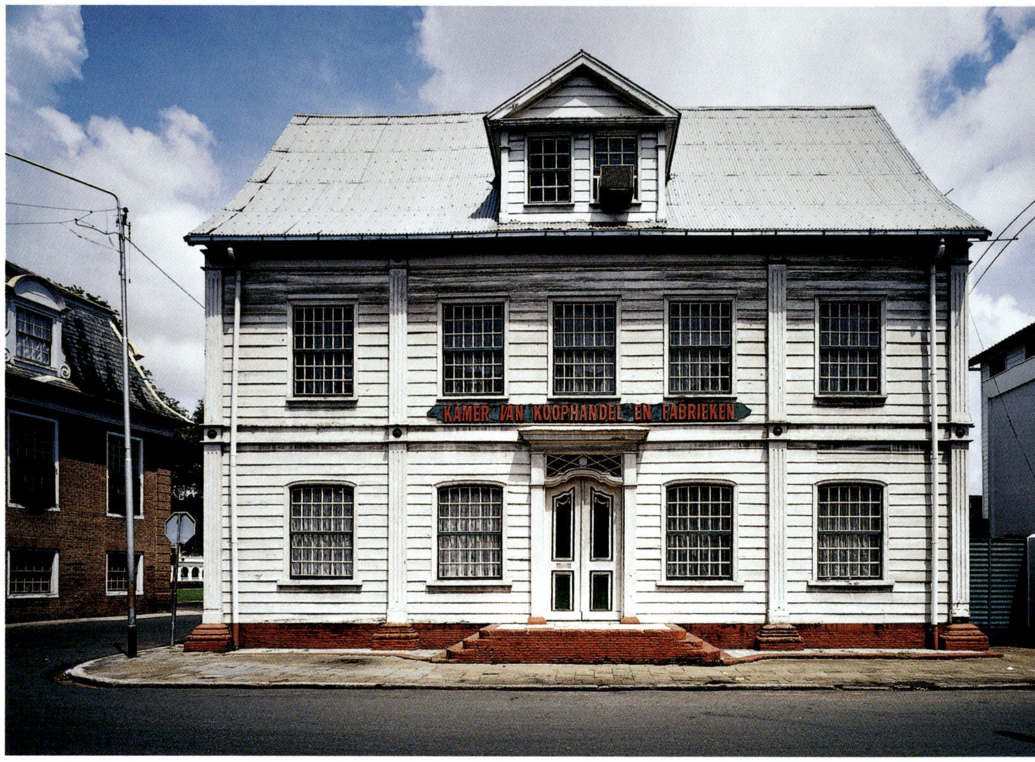
KAMER VAN KOOPHANDEL EN FABRIEKEN

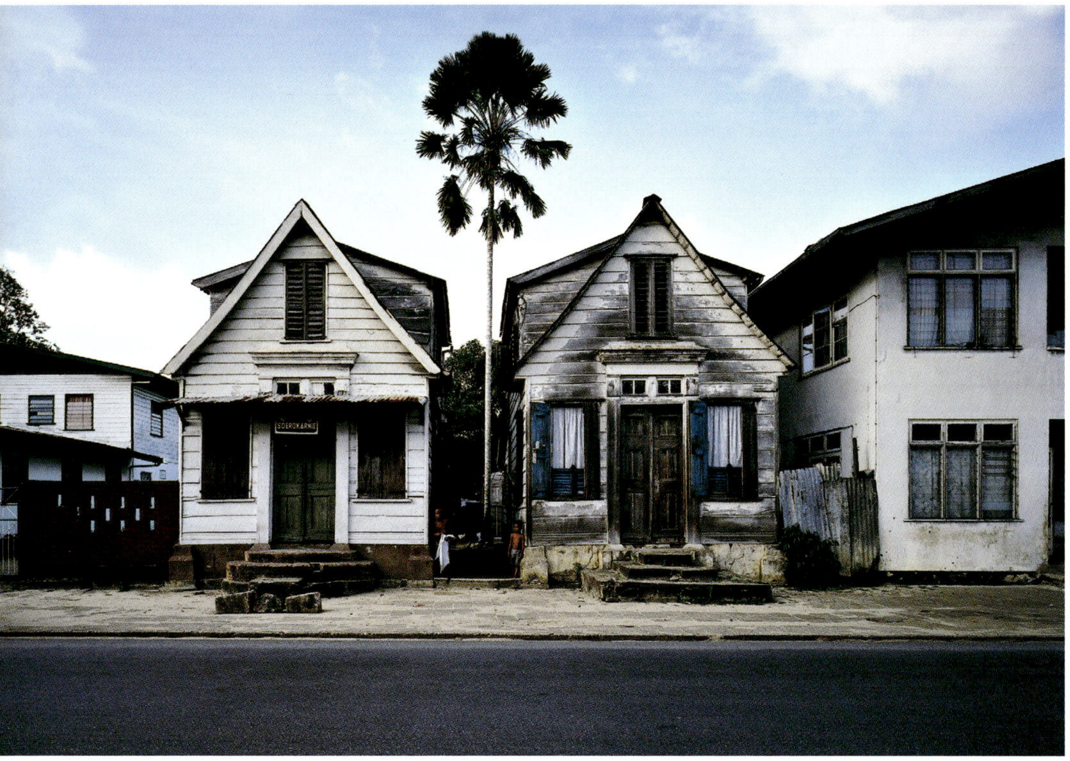

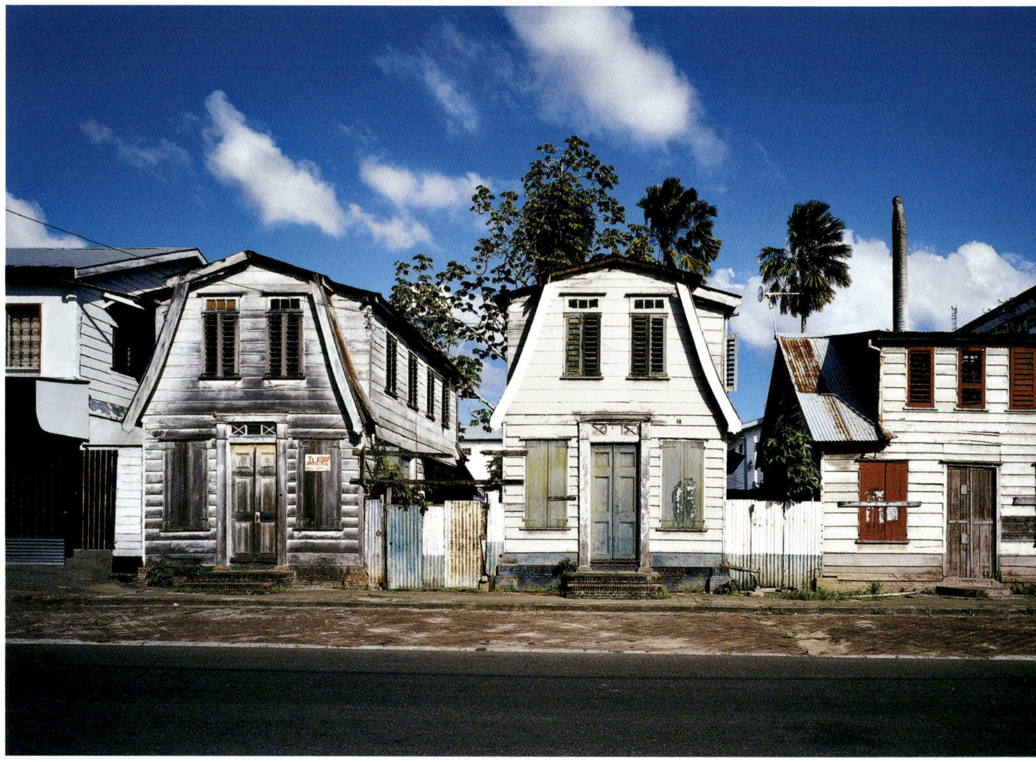

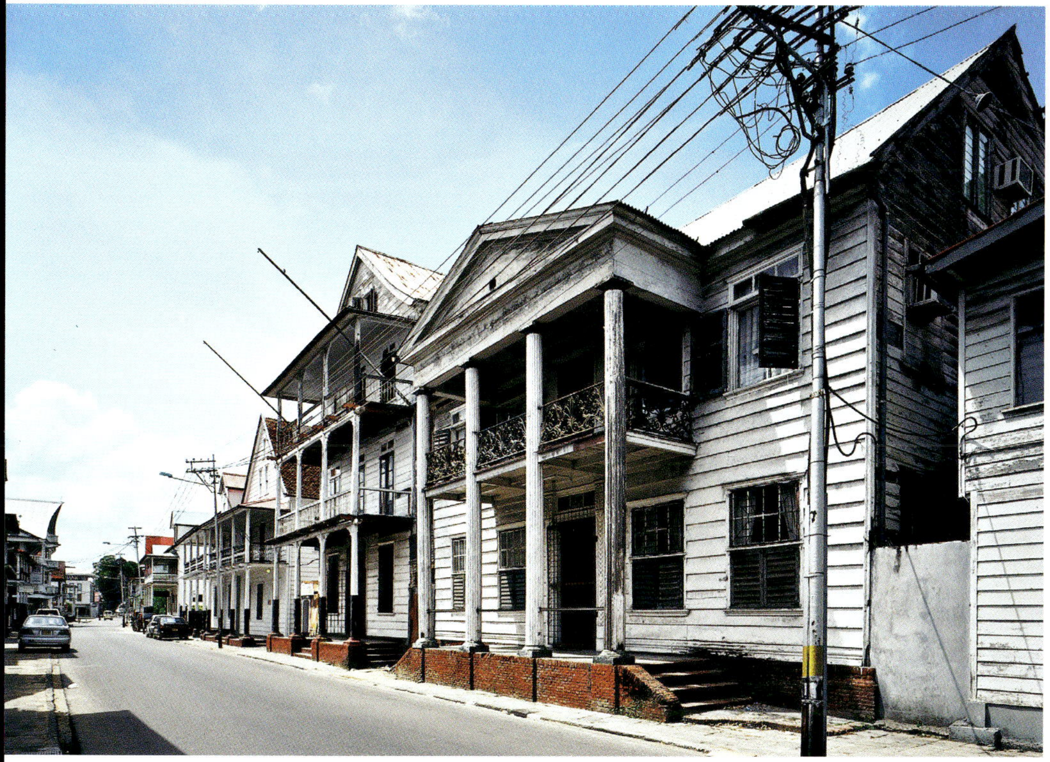
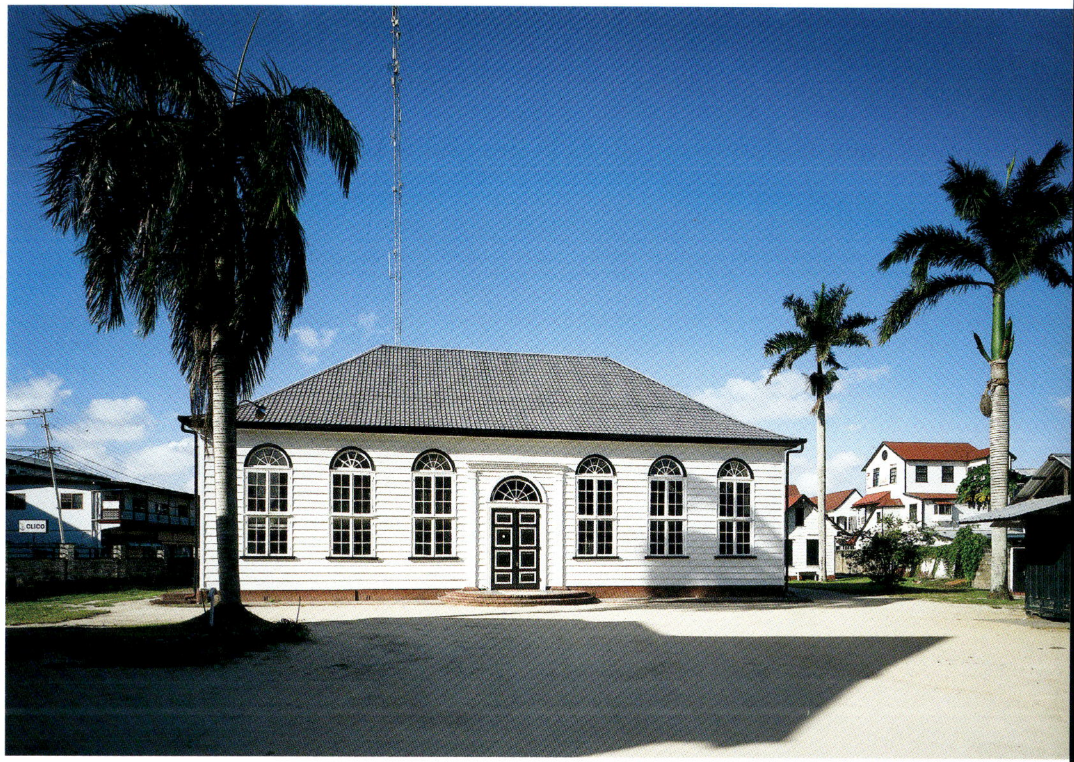
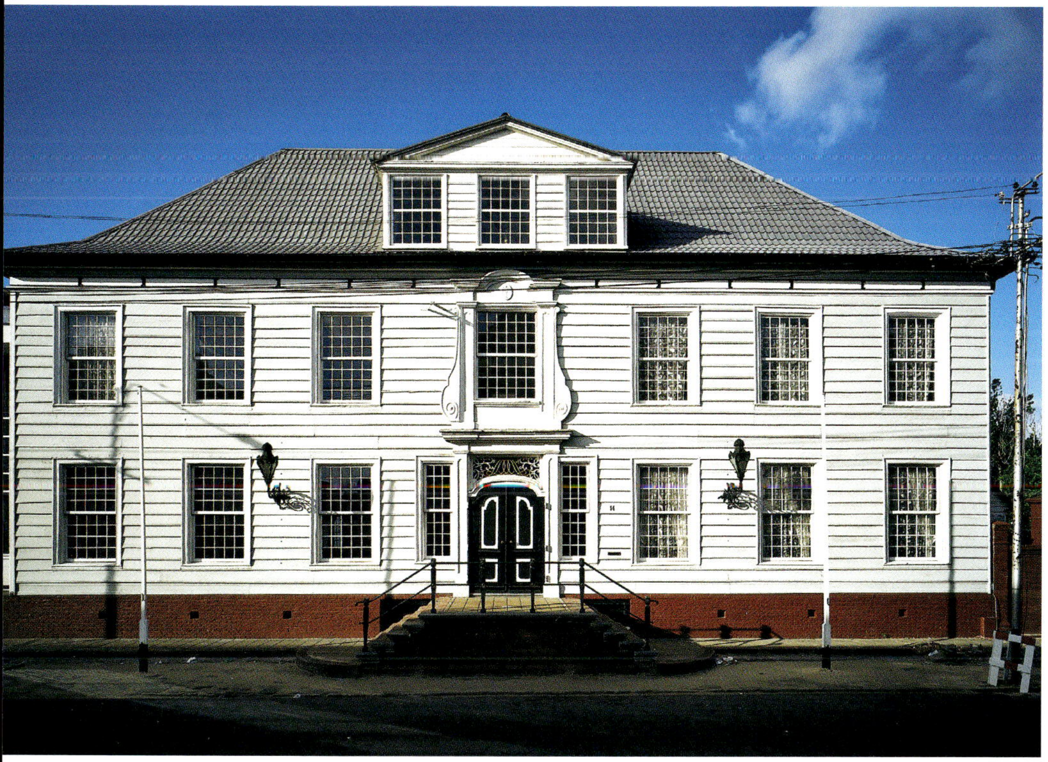
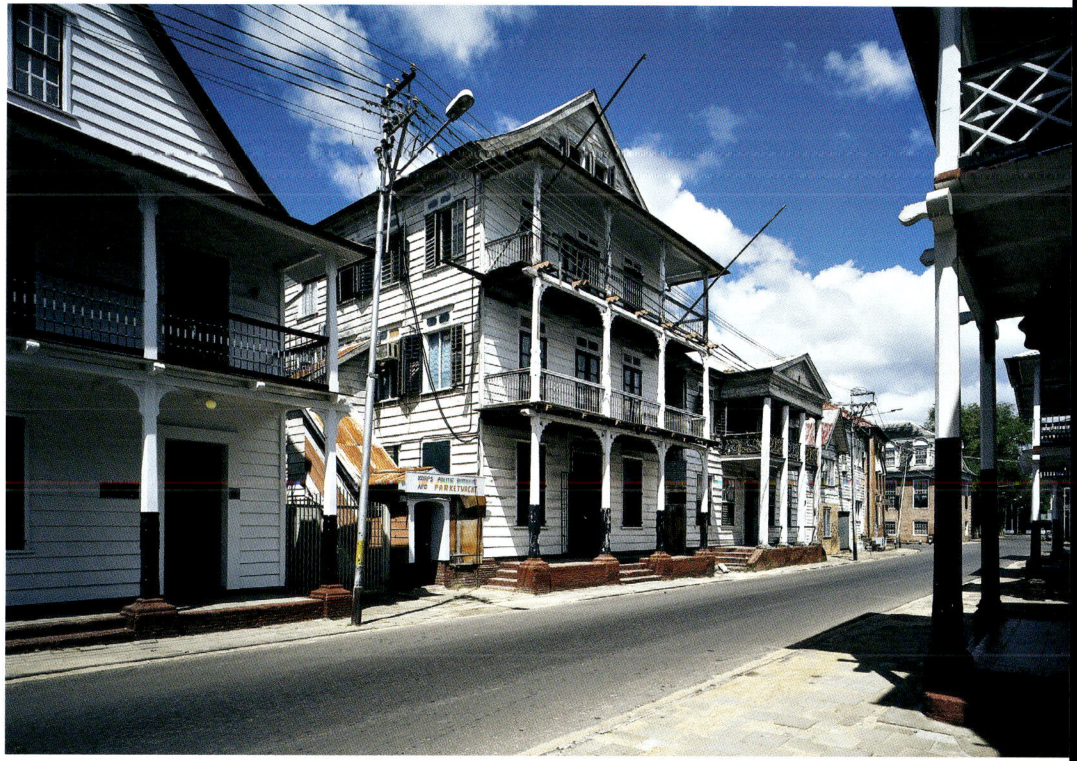

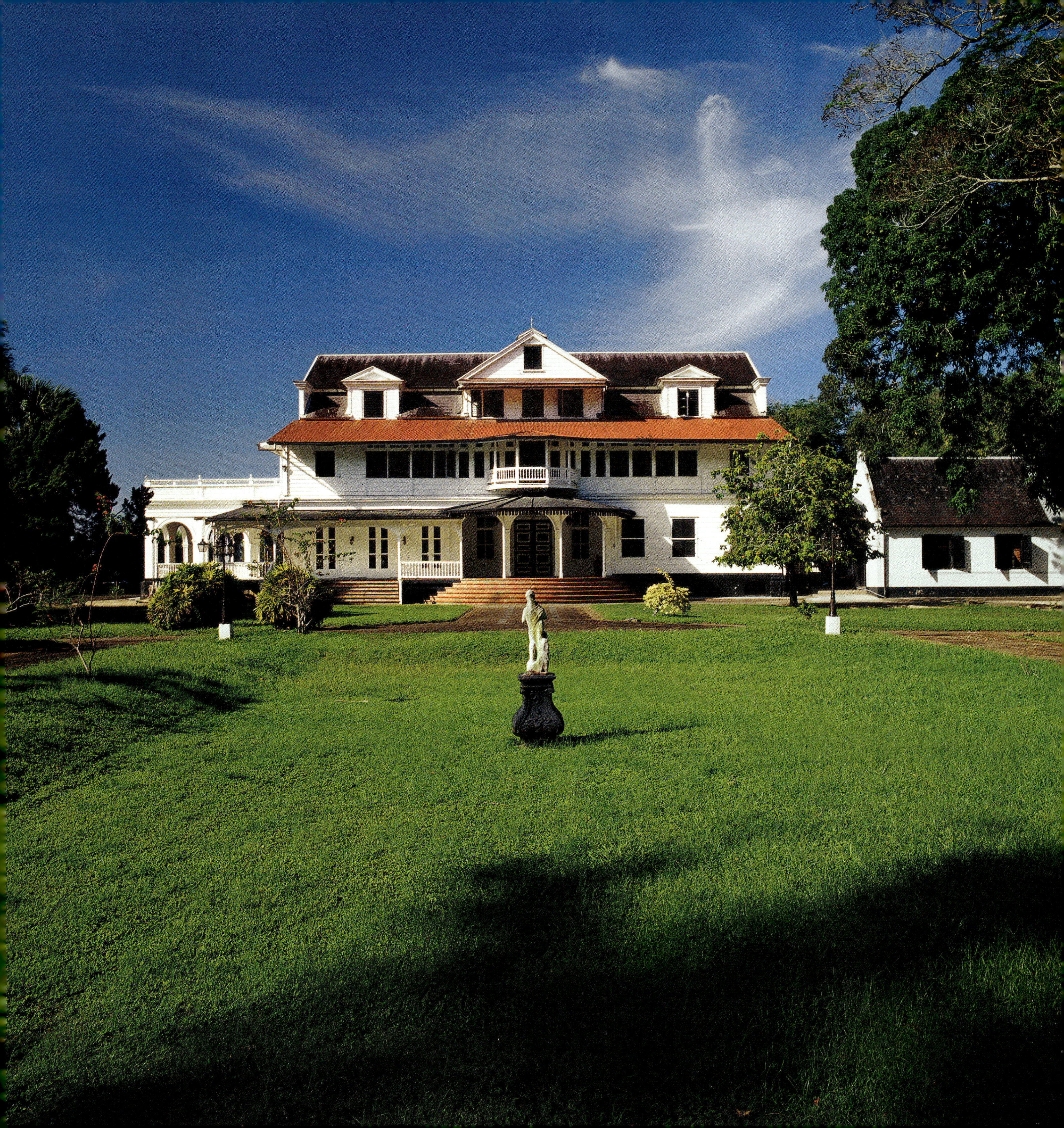

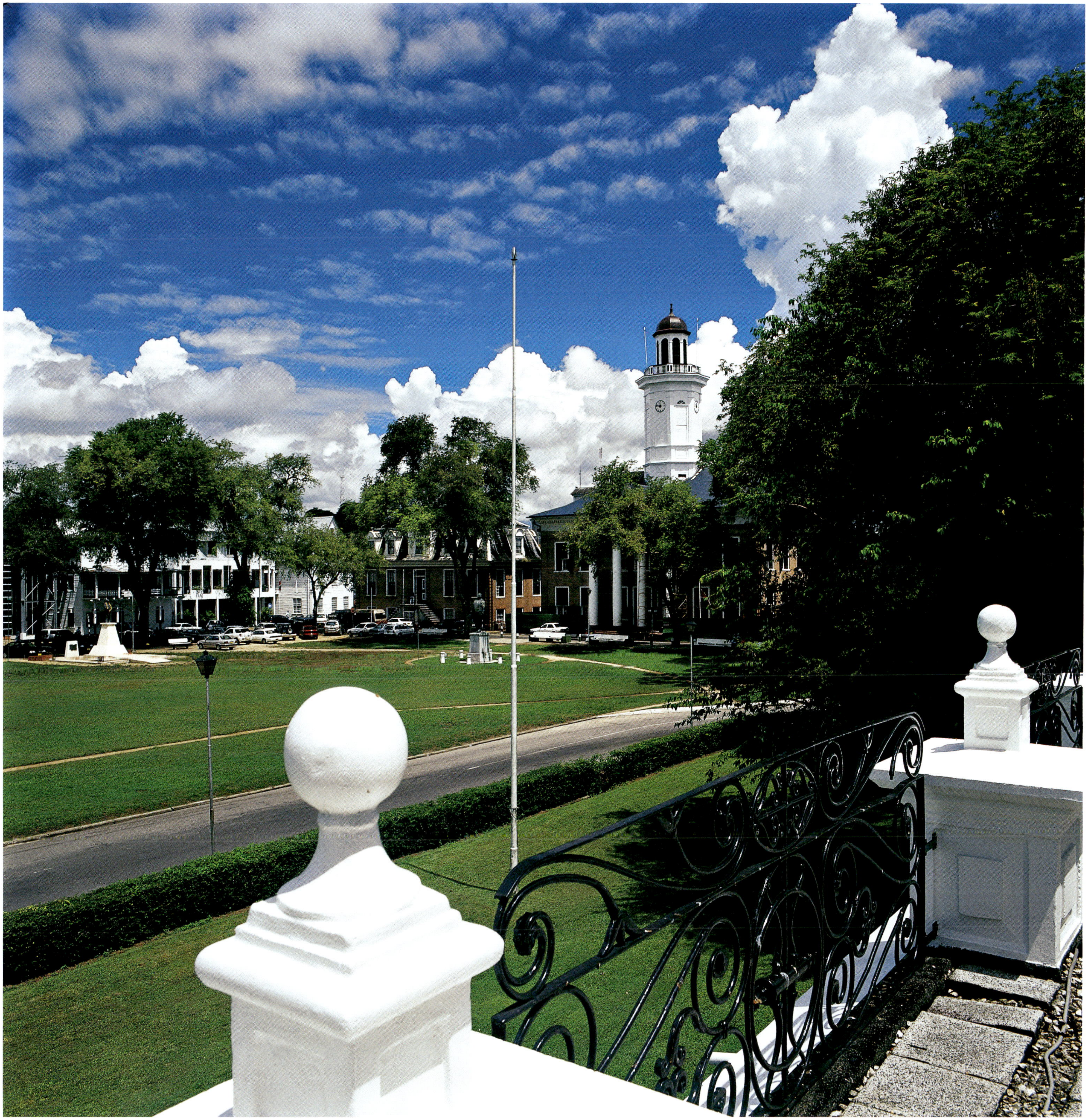

 < Achterzijde Paleis/Rear view of the Palace

Onafhankelijkheidsplein vanaf Paleis/Independence Square from the Palace

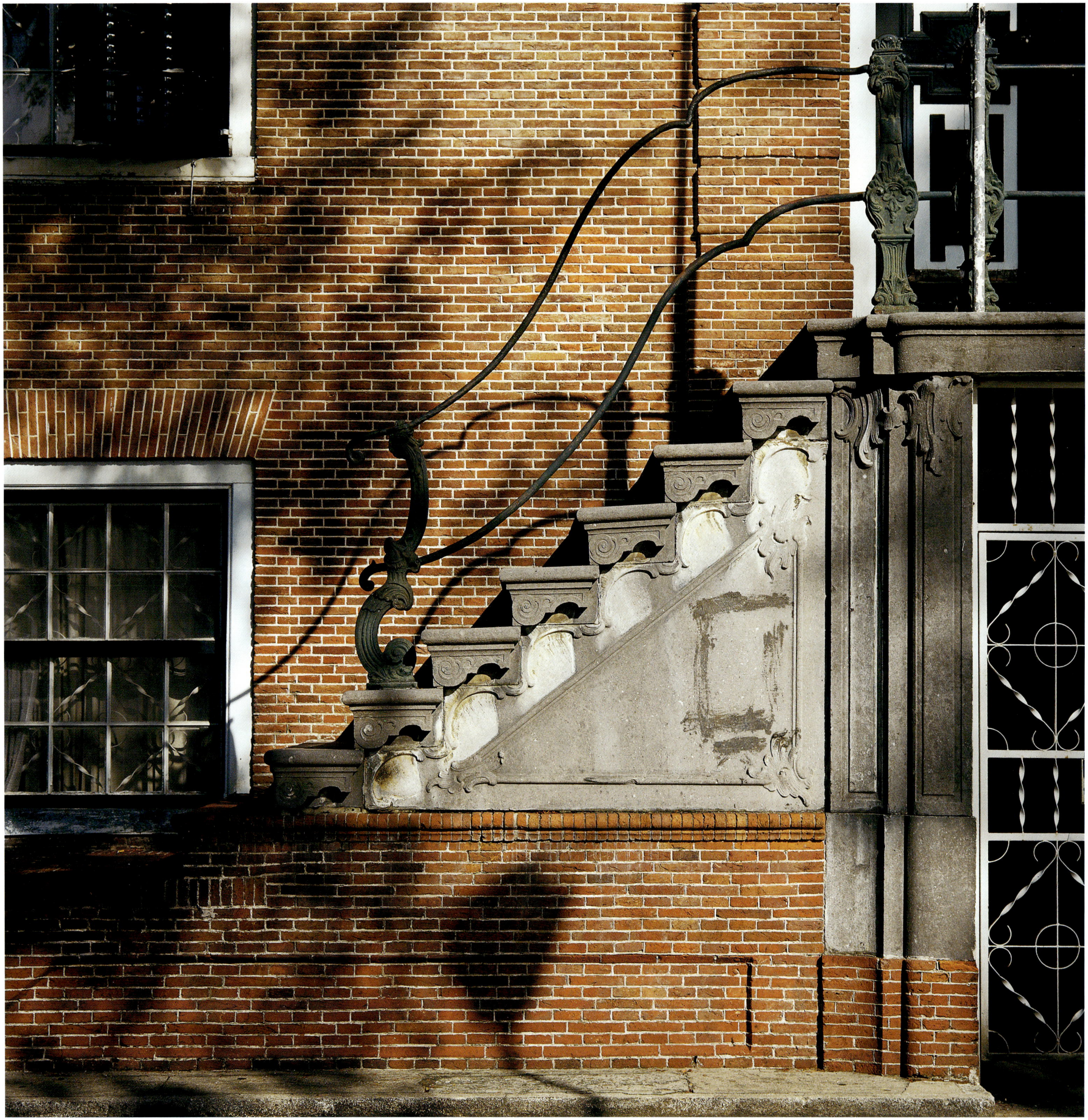

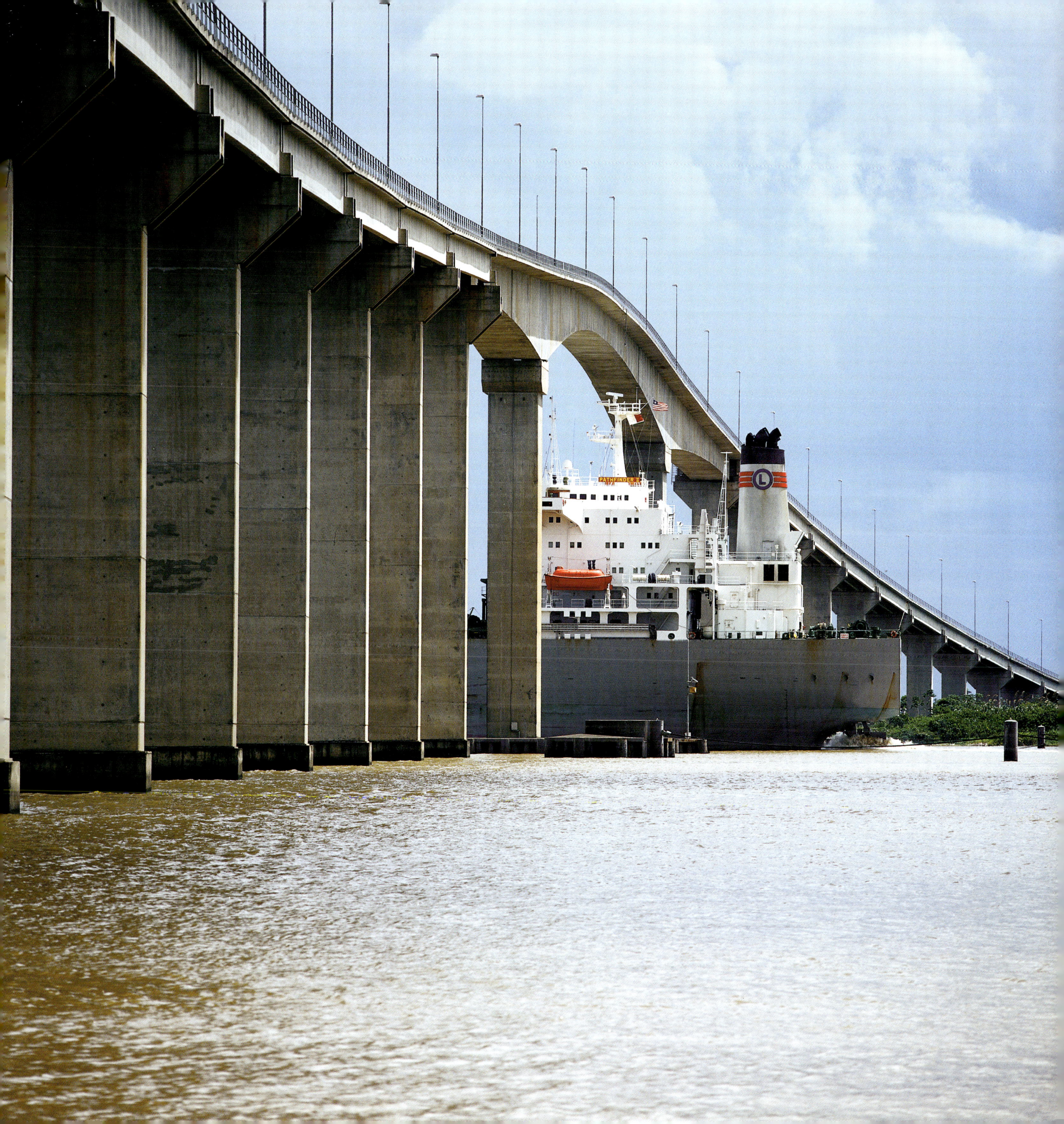
PATHFINDER II
L

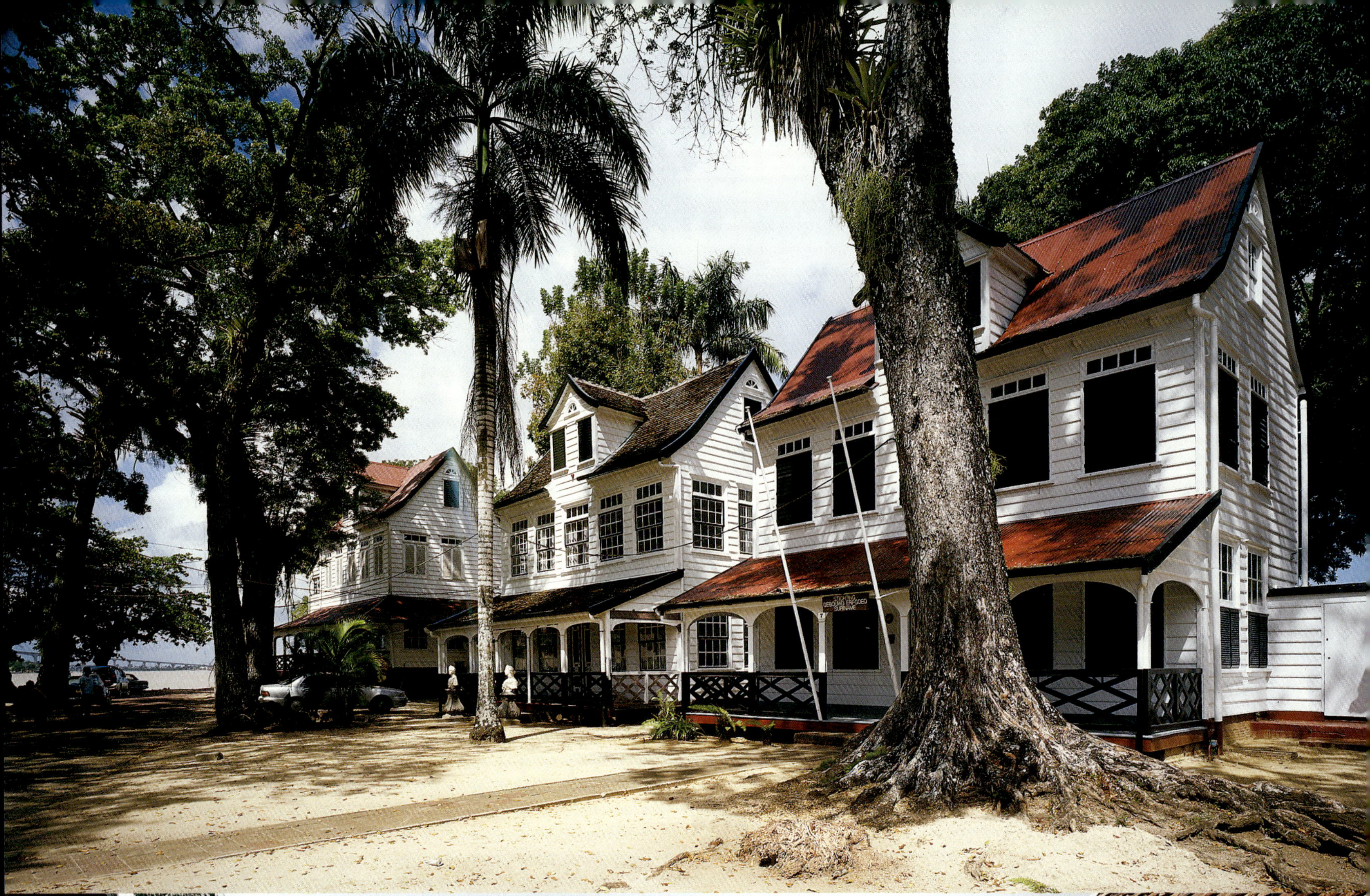

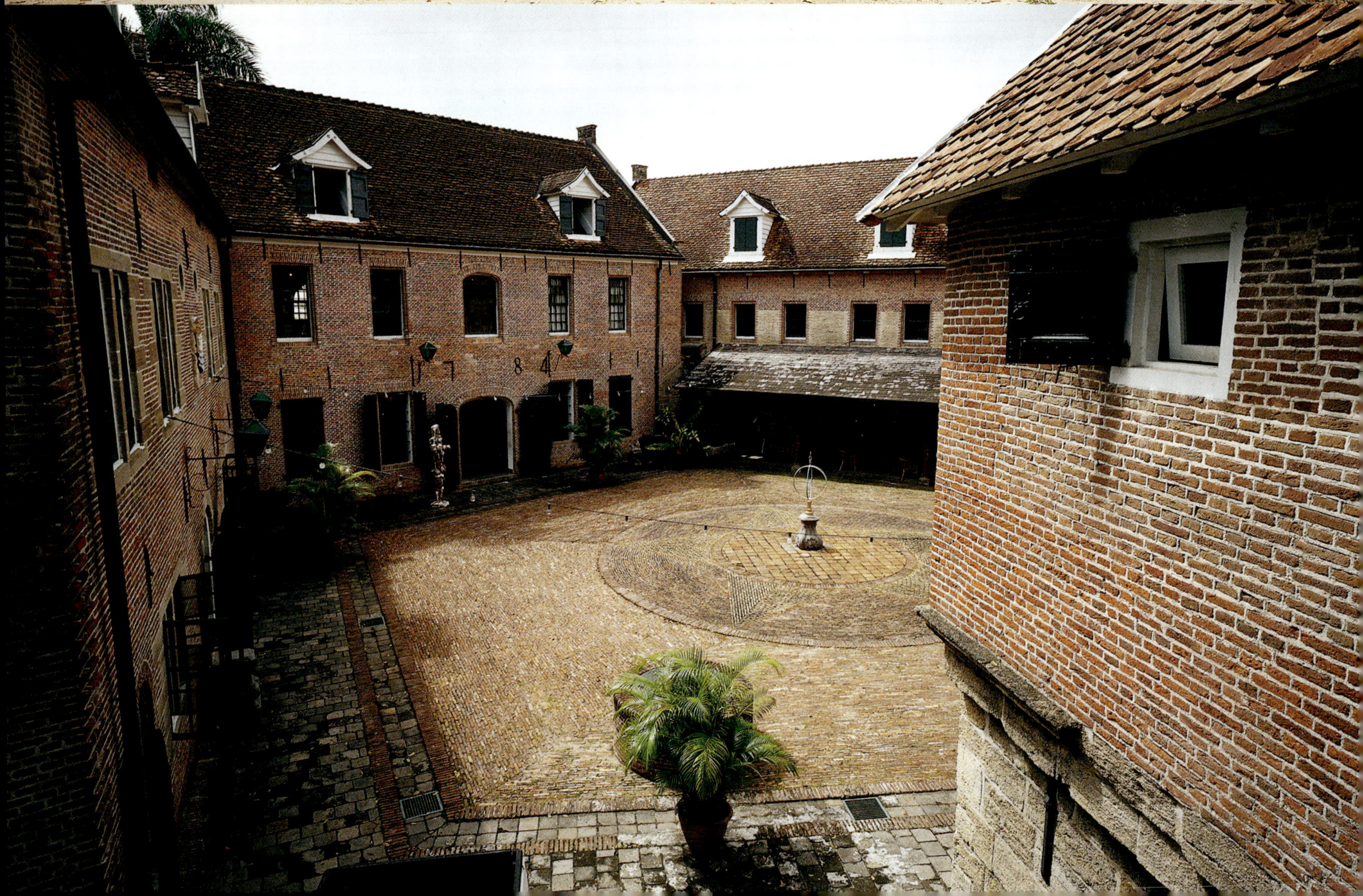

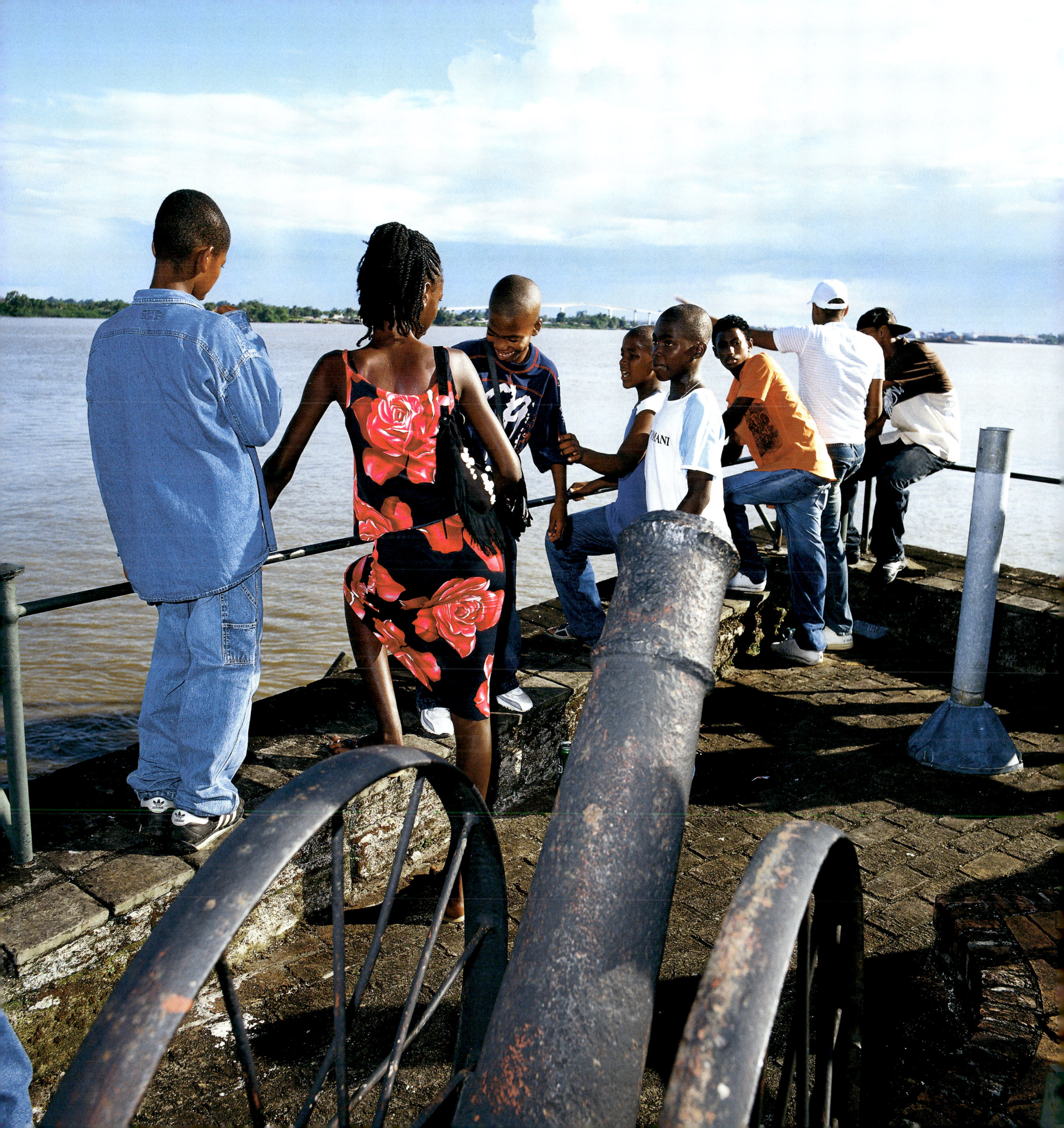

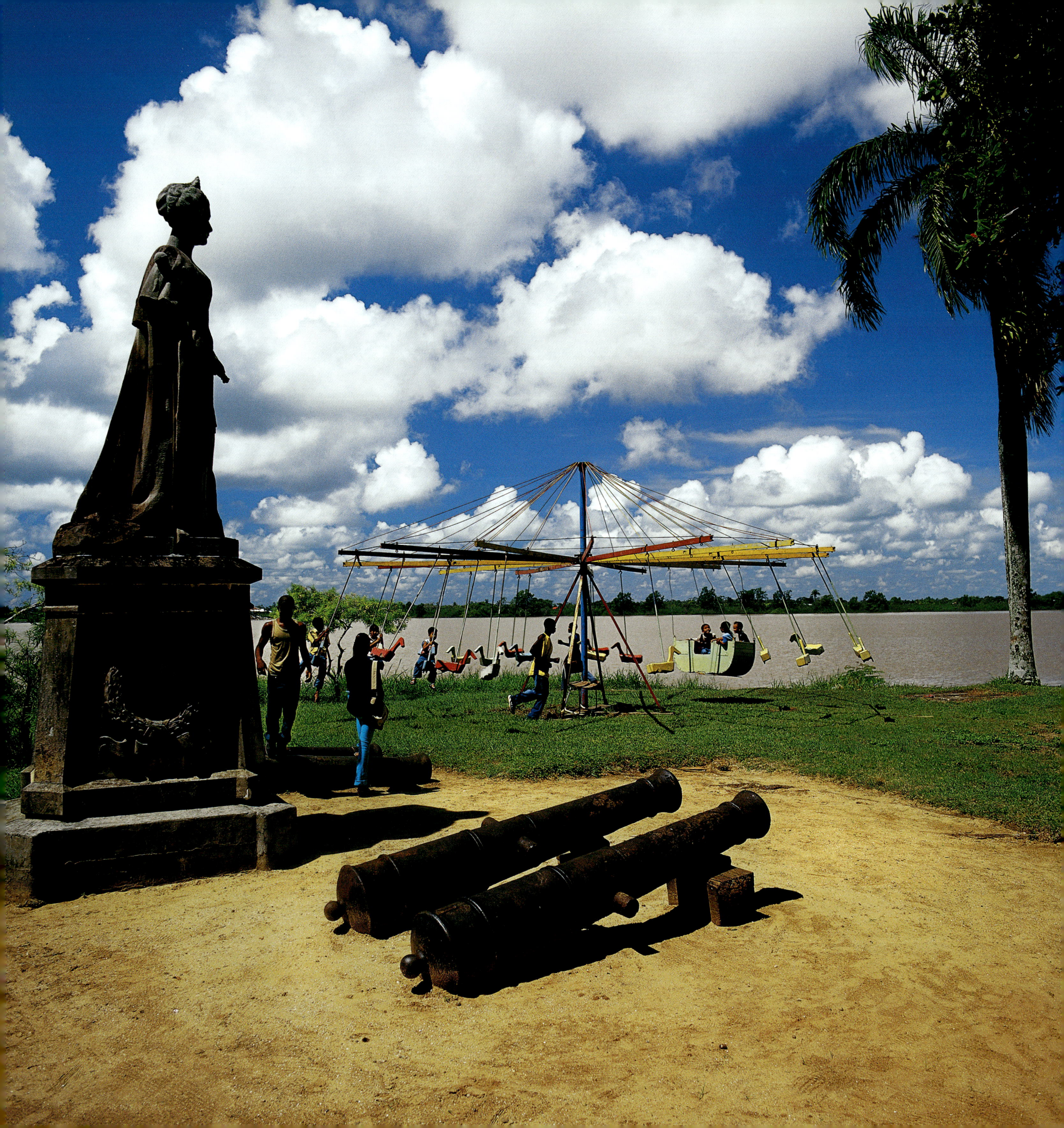

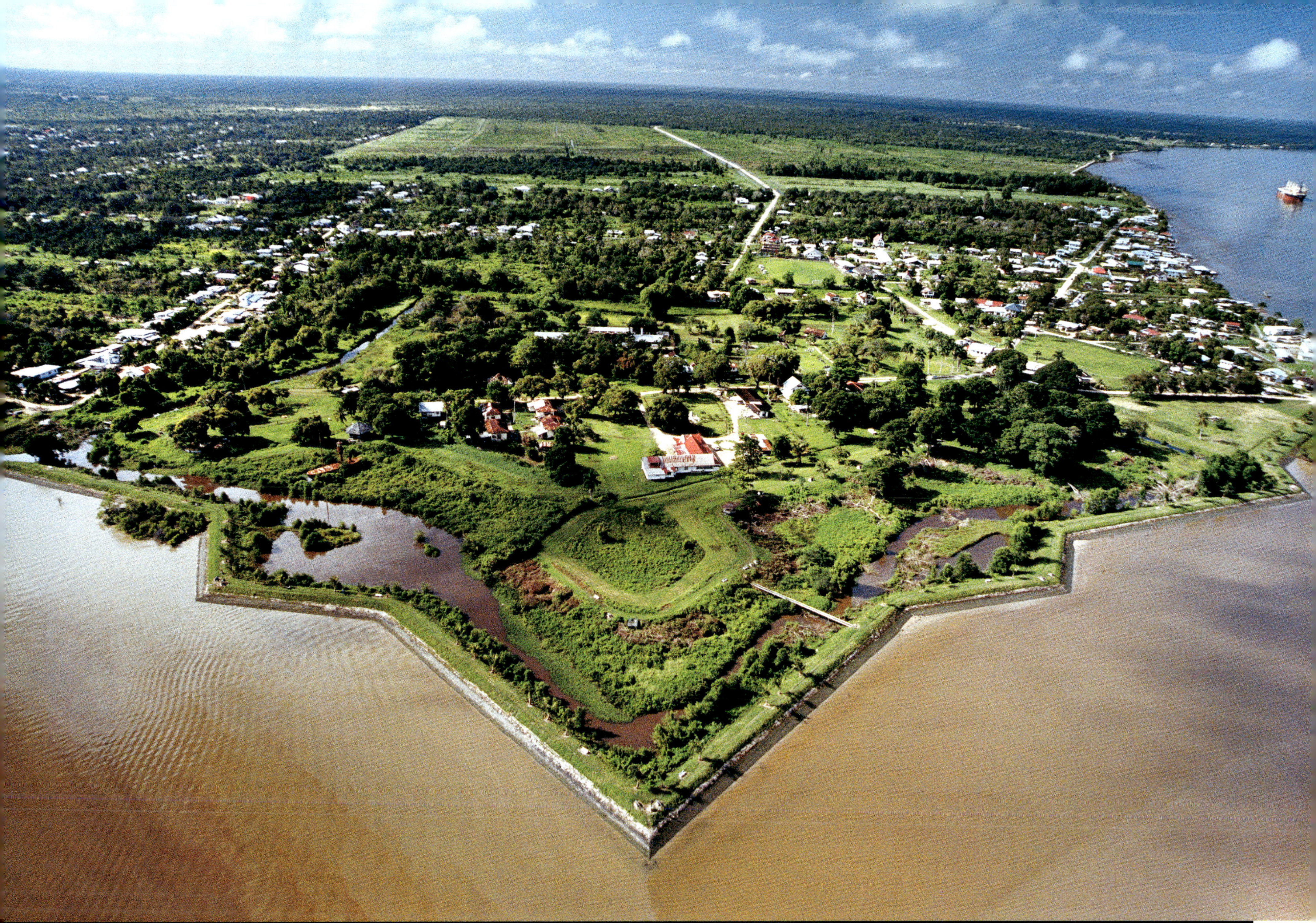

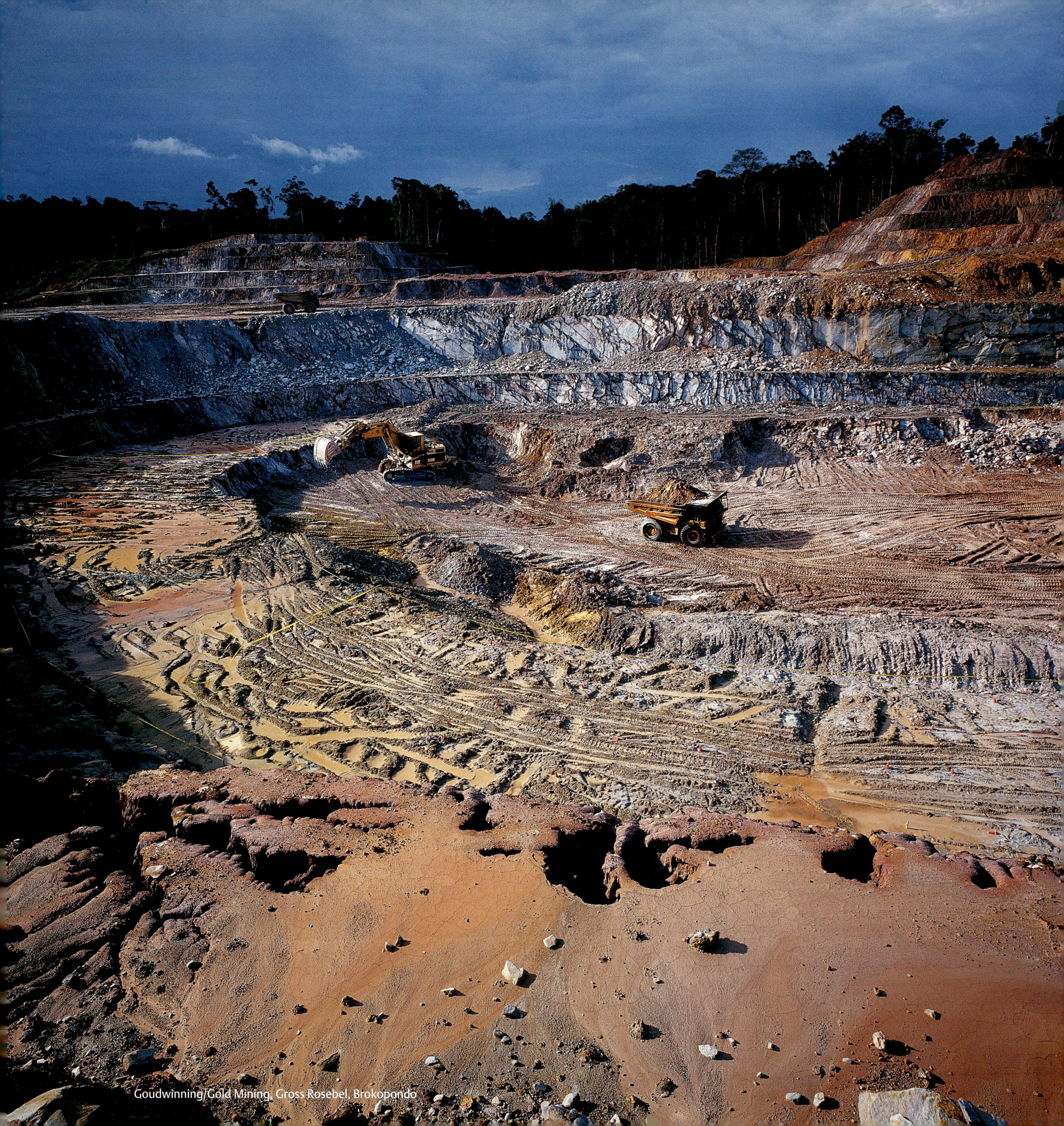

Goudwinning/Gold Mining, Gross Rosebel, Brokopondo

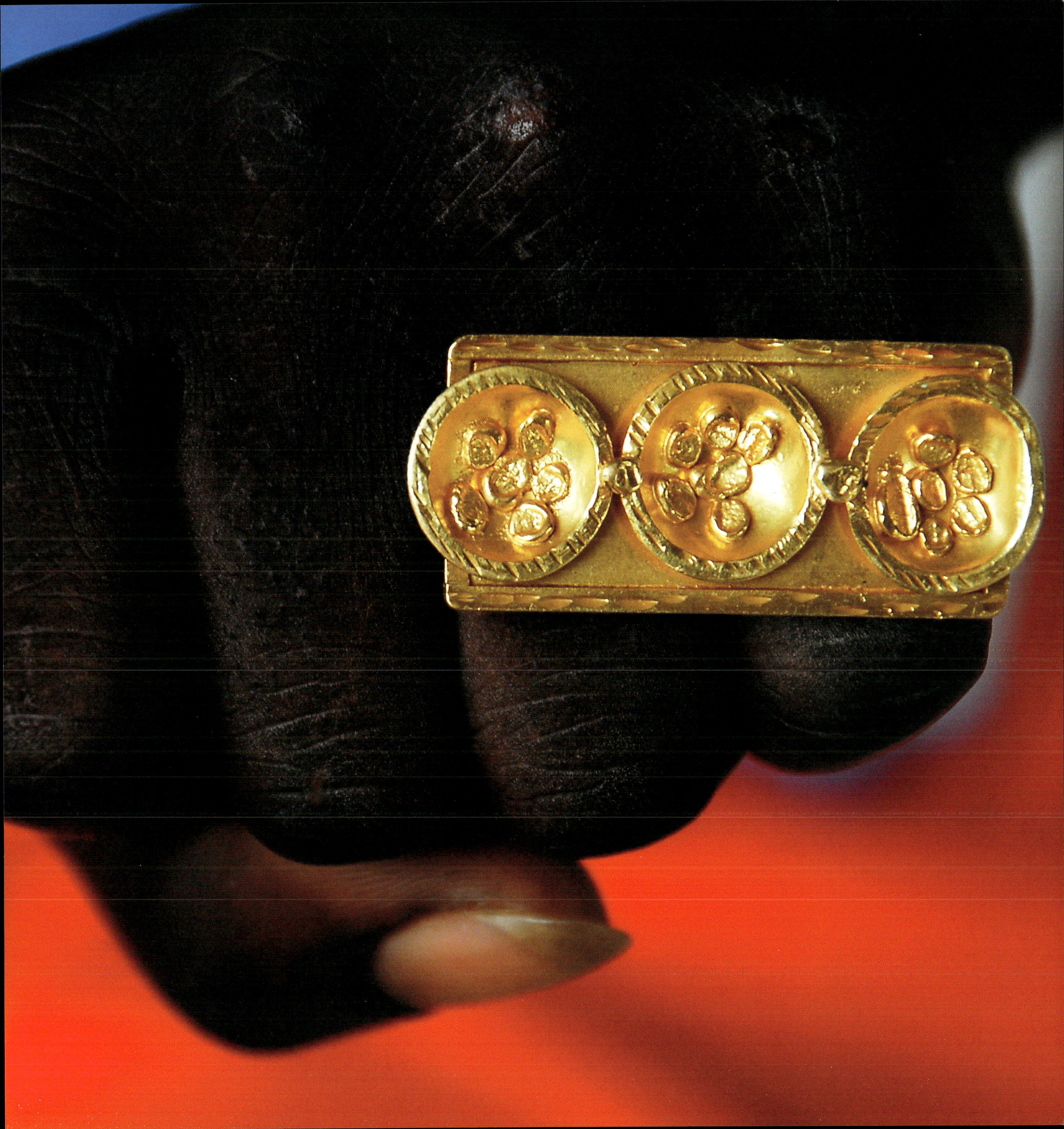

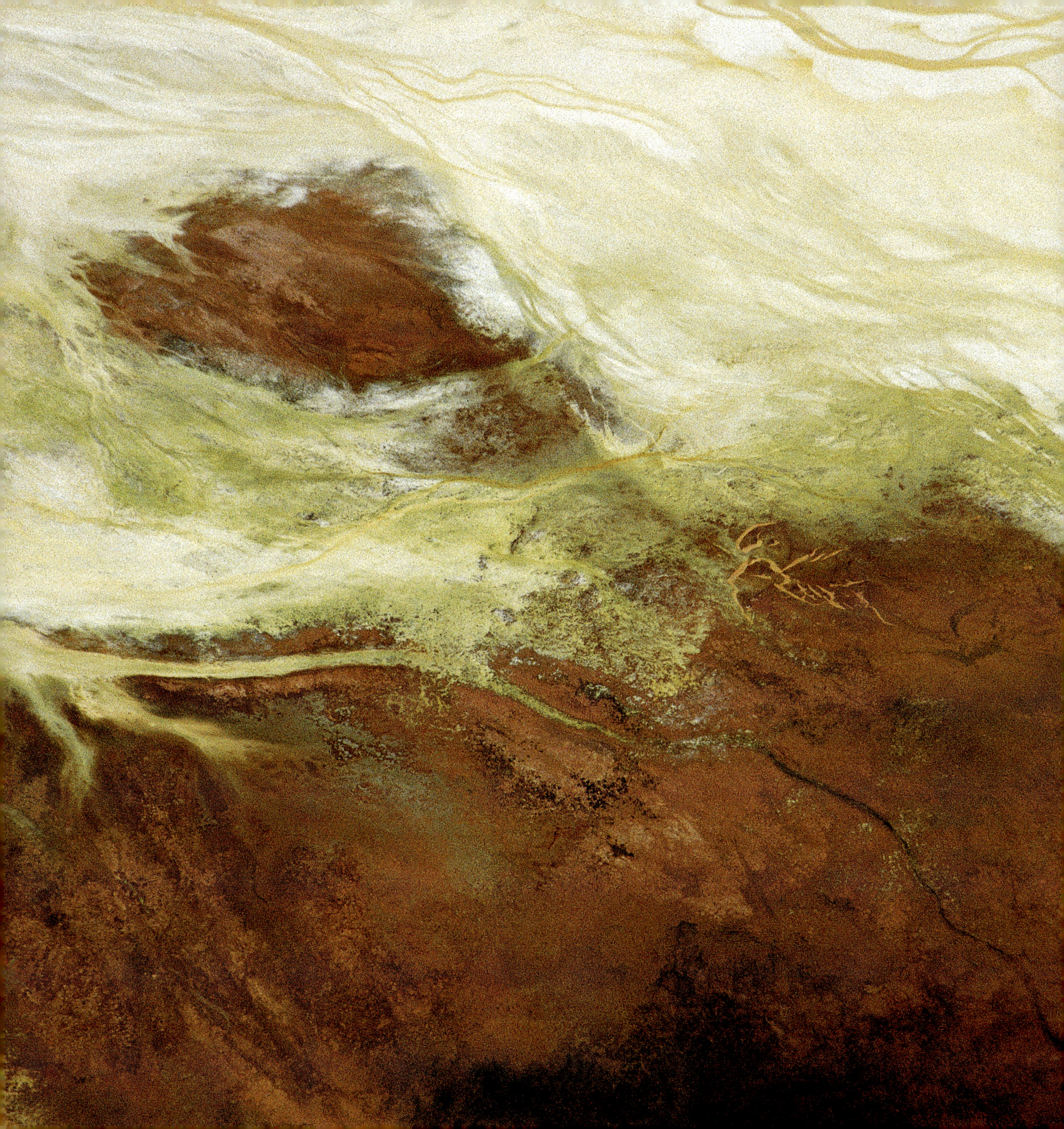

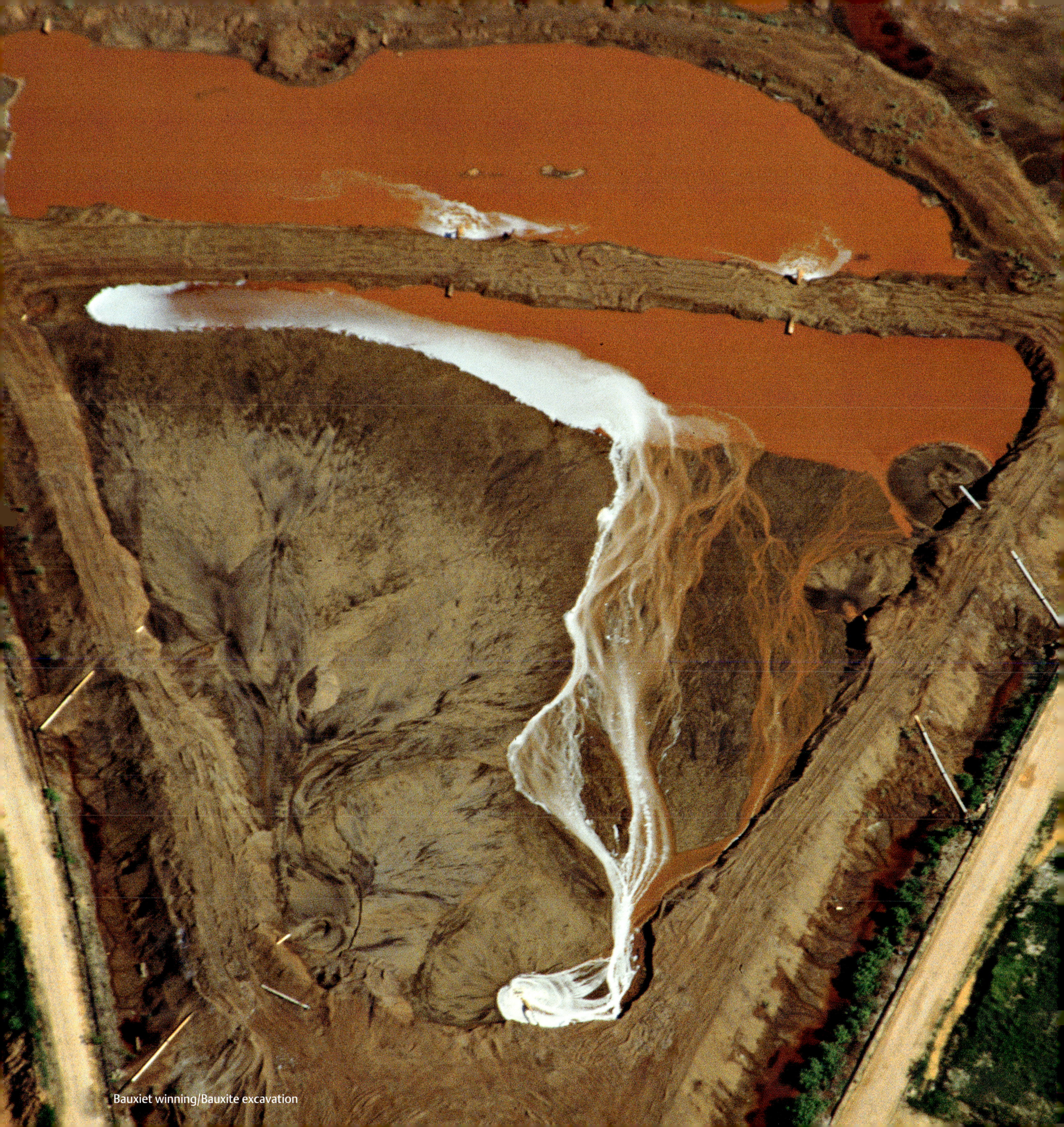

Bauxiet winning/Bauxite excavation

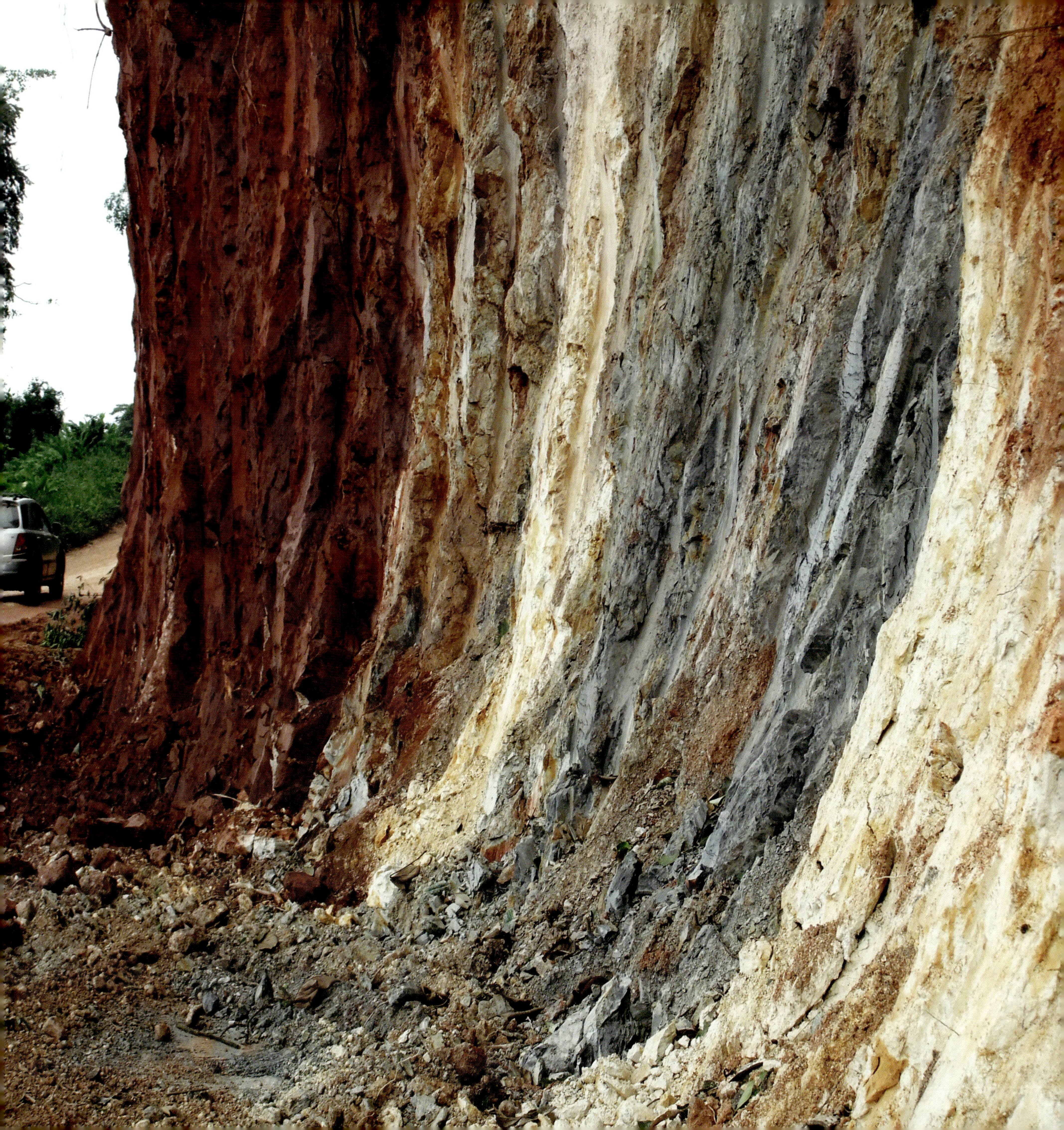

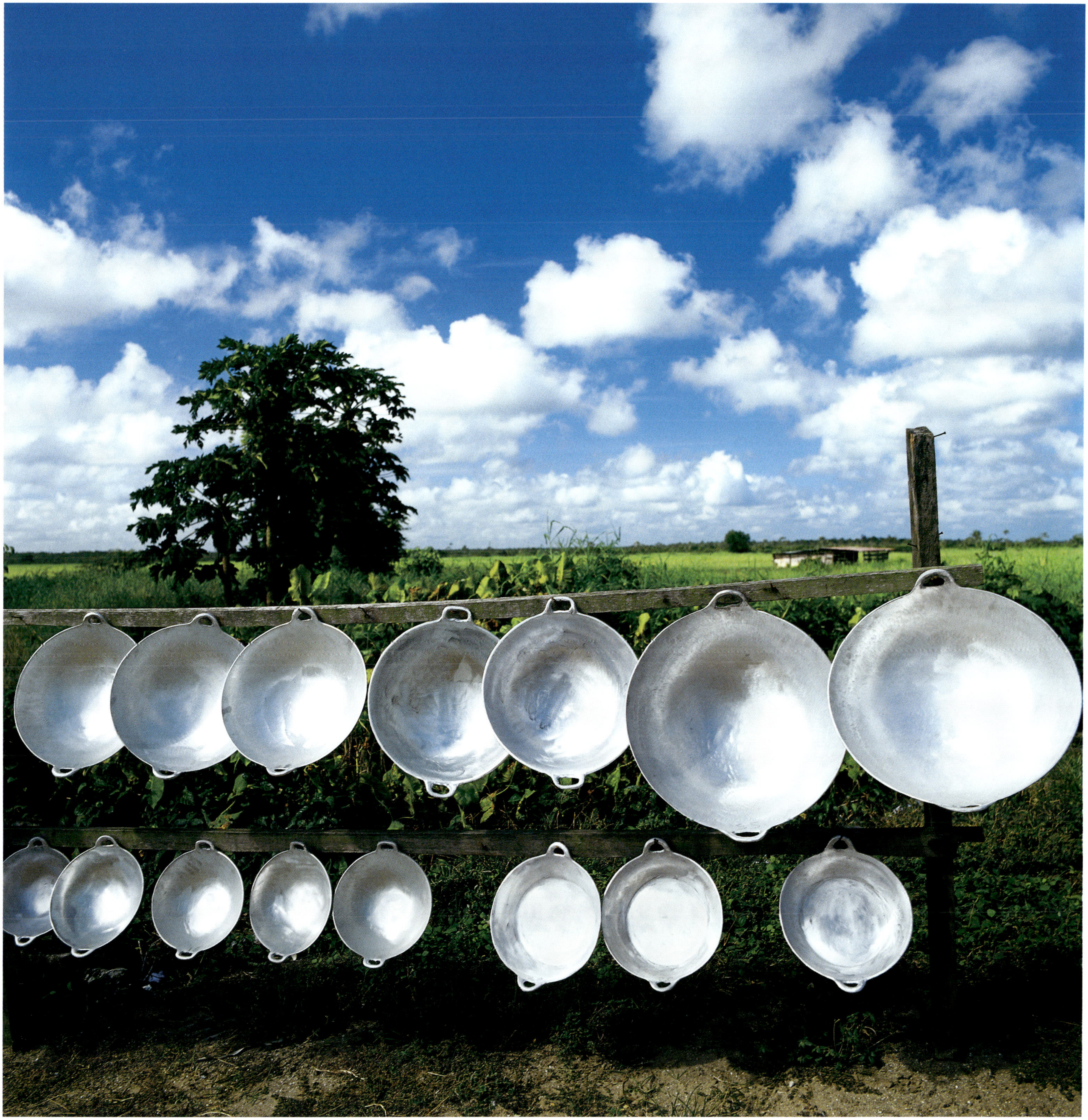

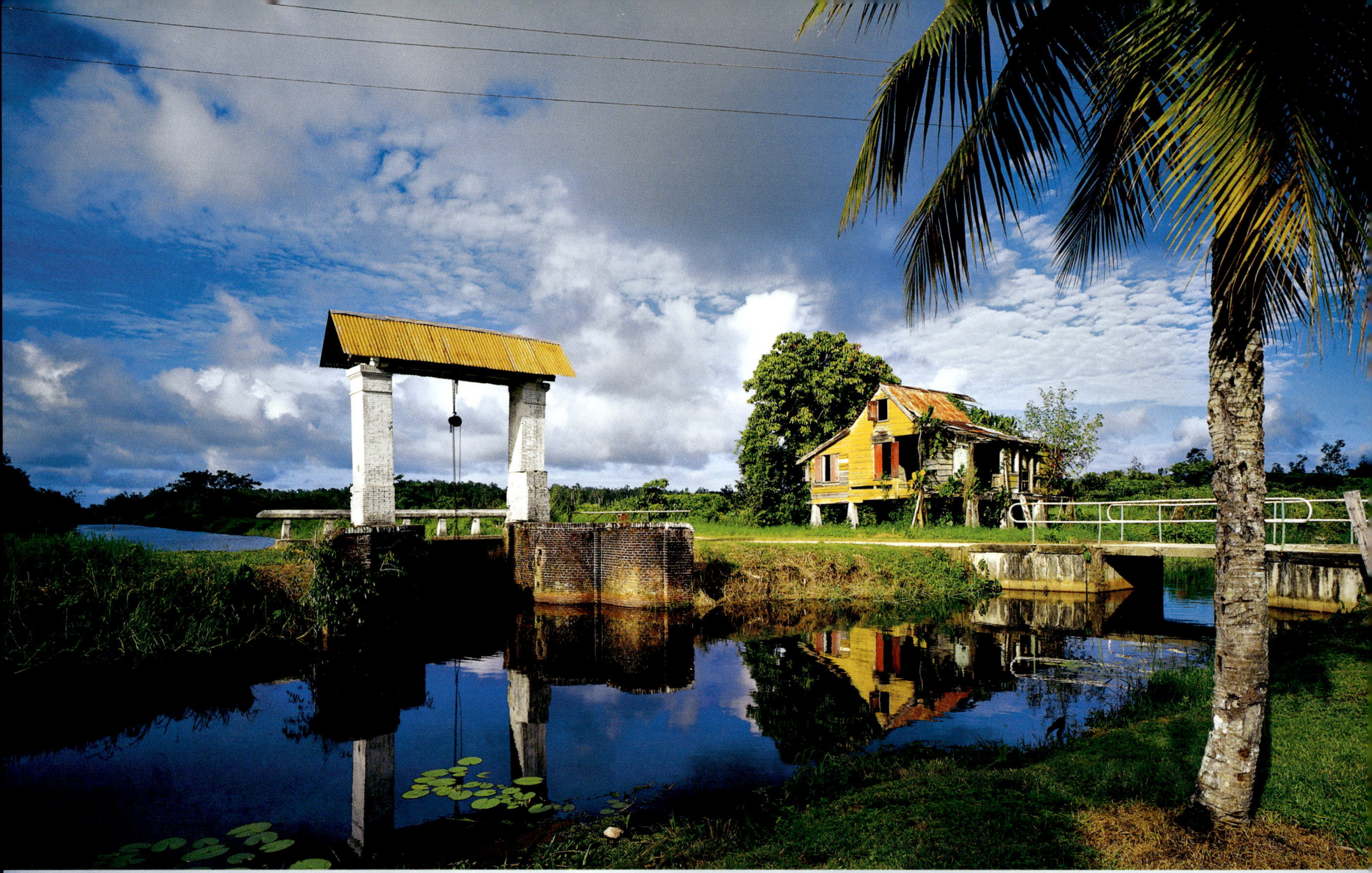

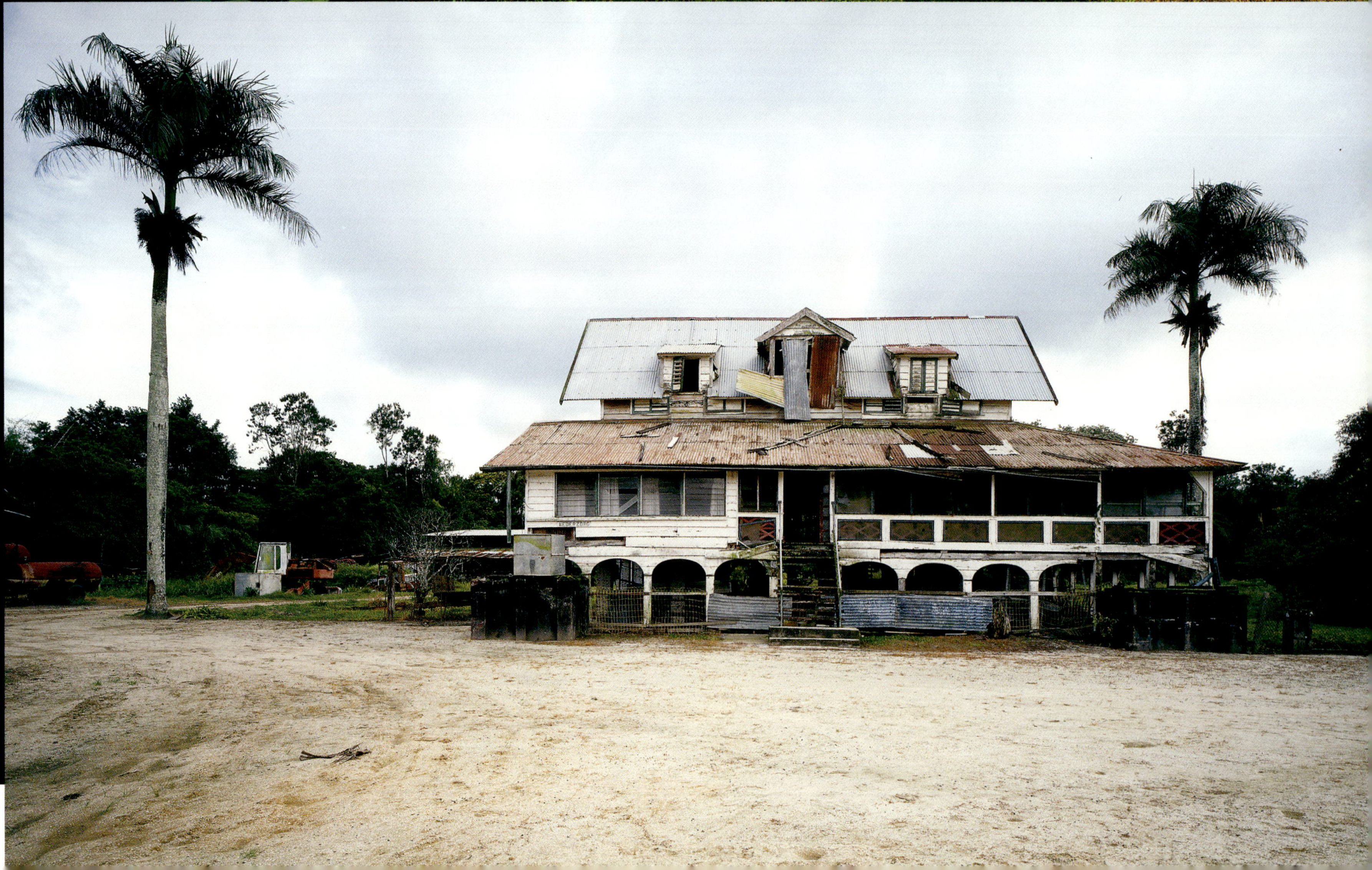

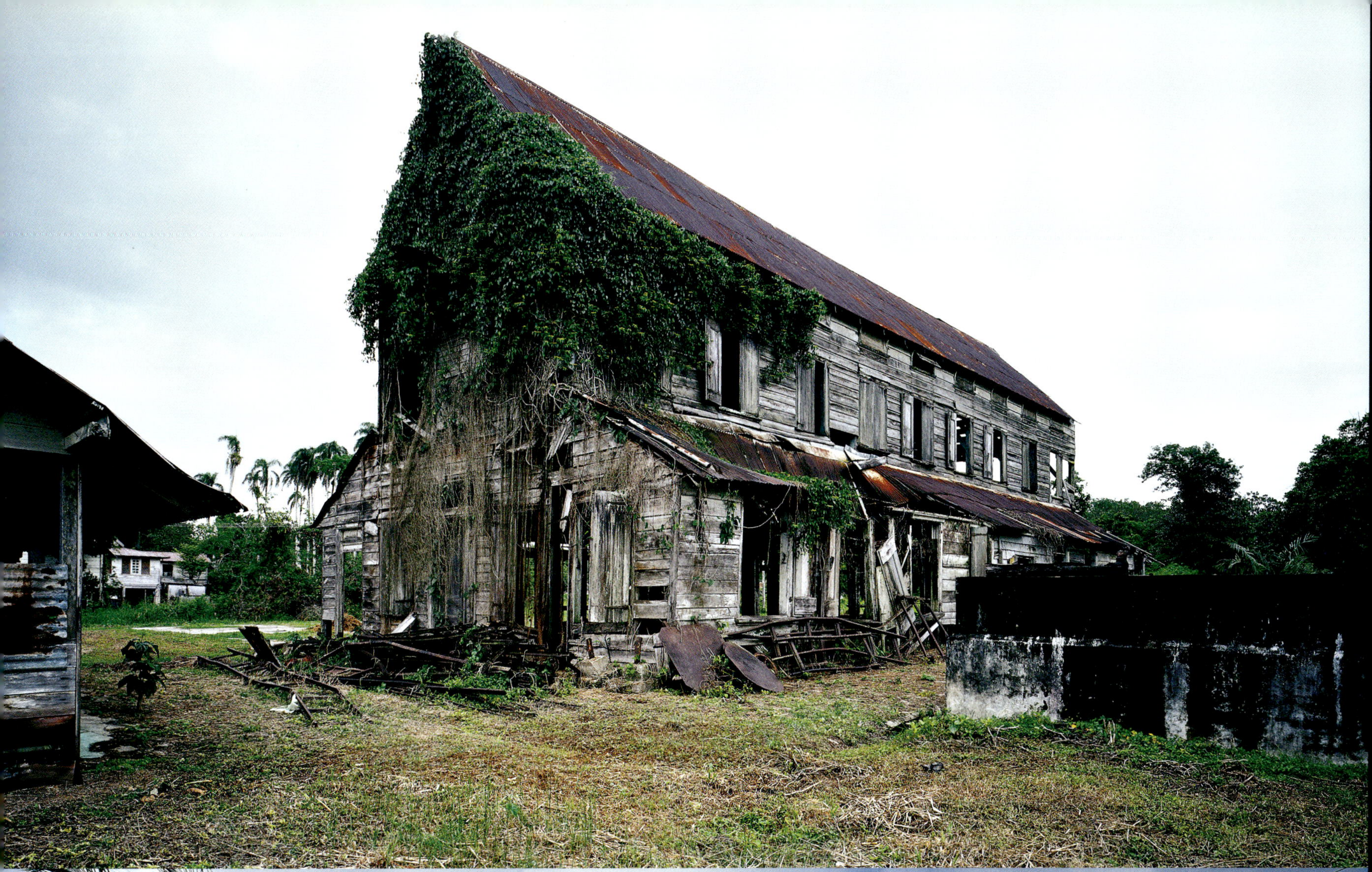

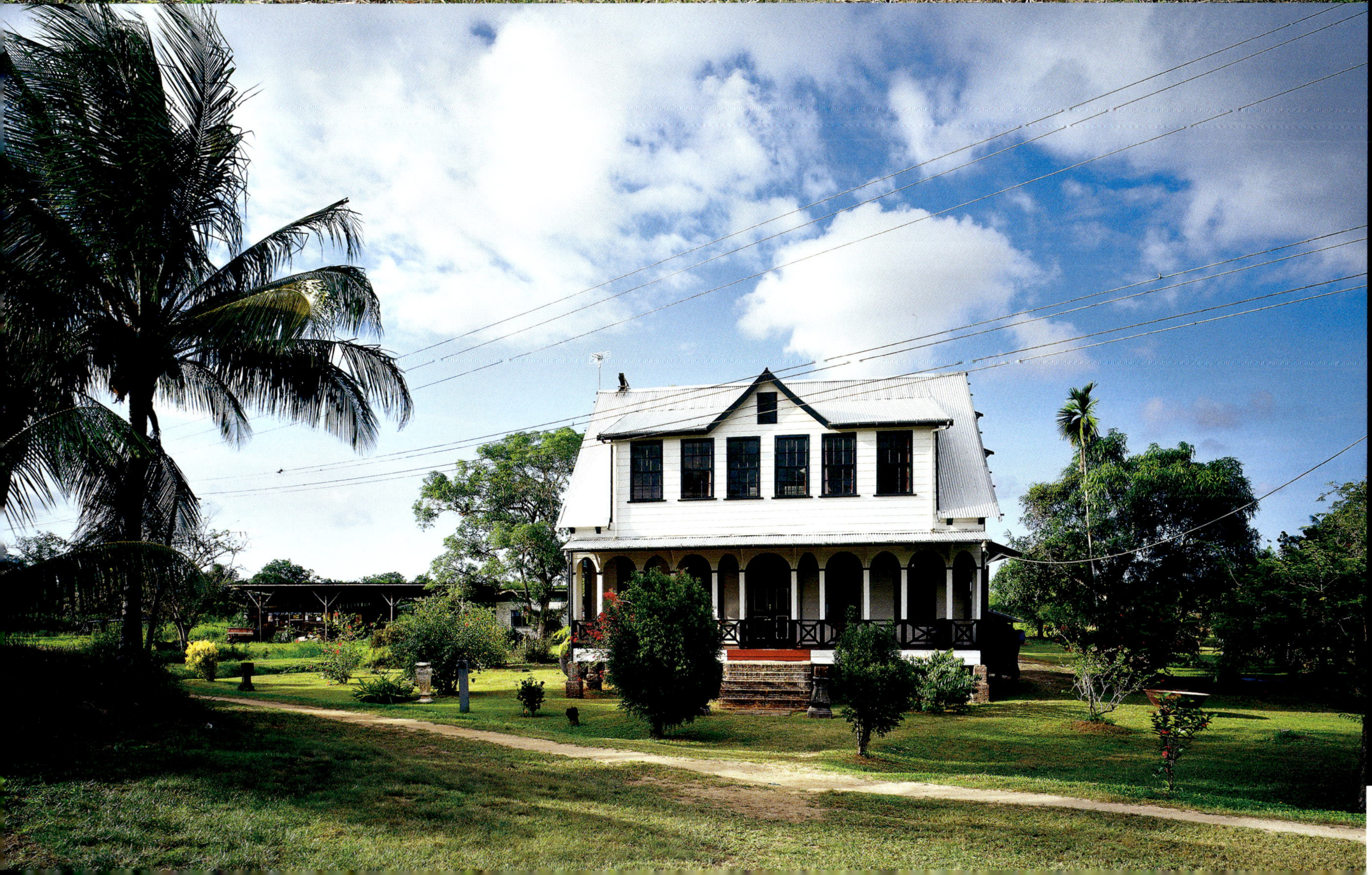

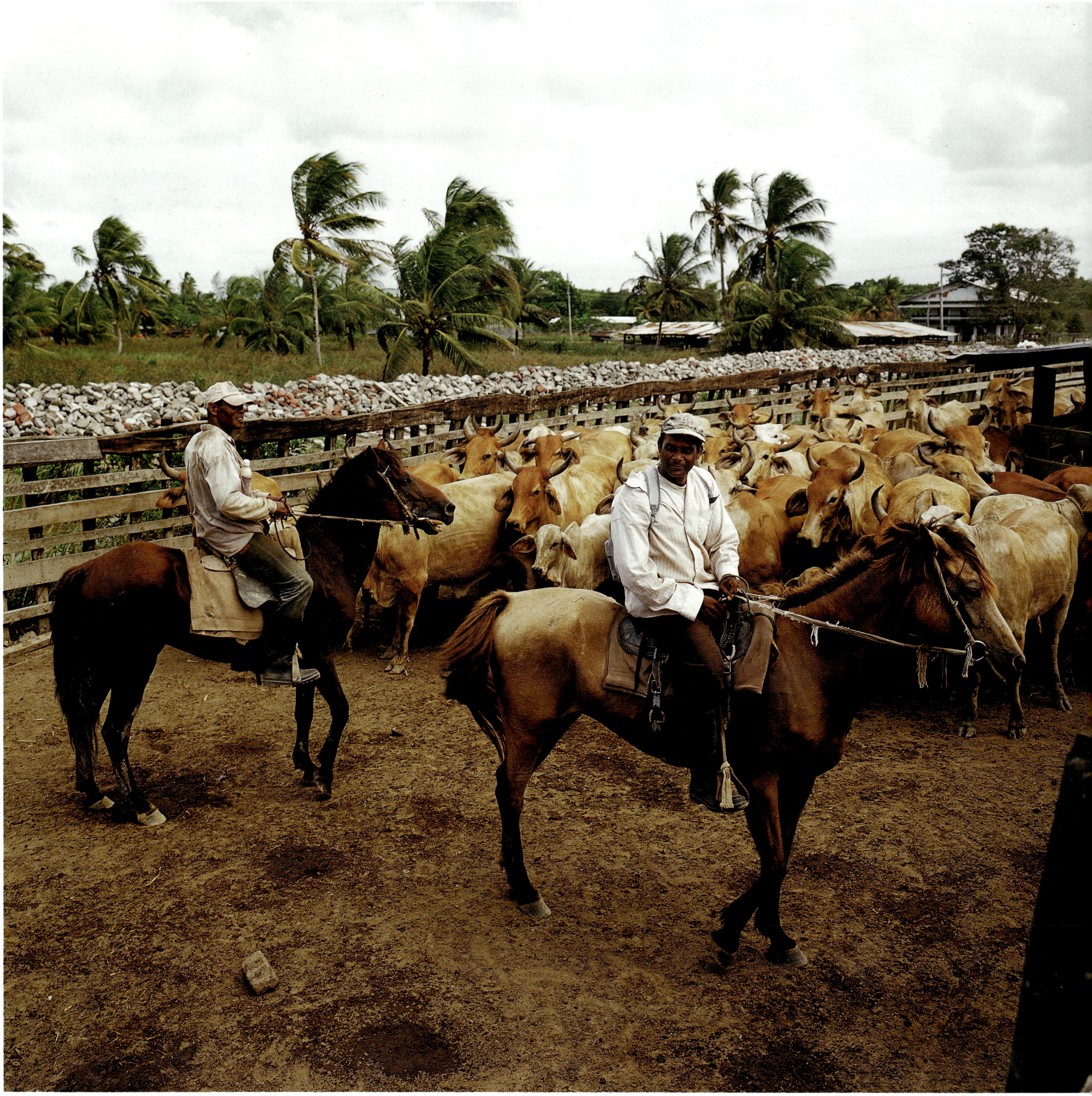

 Veeteeltbedrijf/Cattle farm, Commewijne

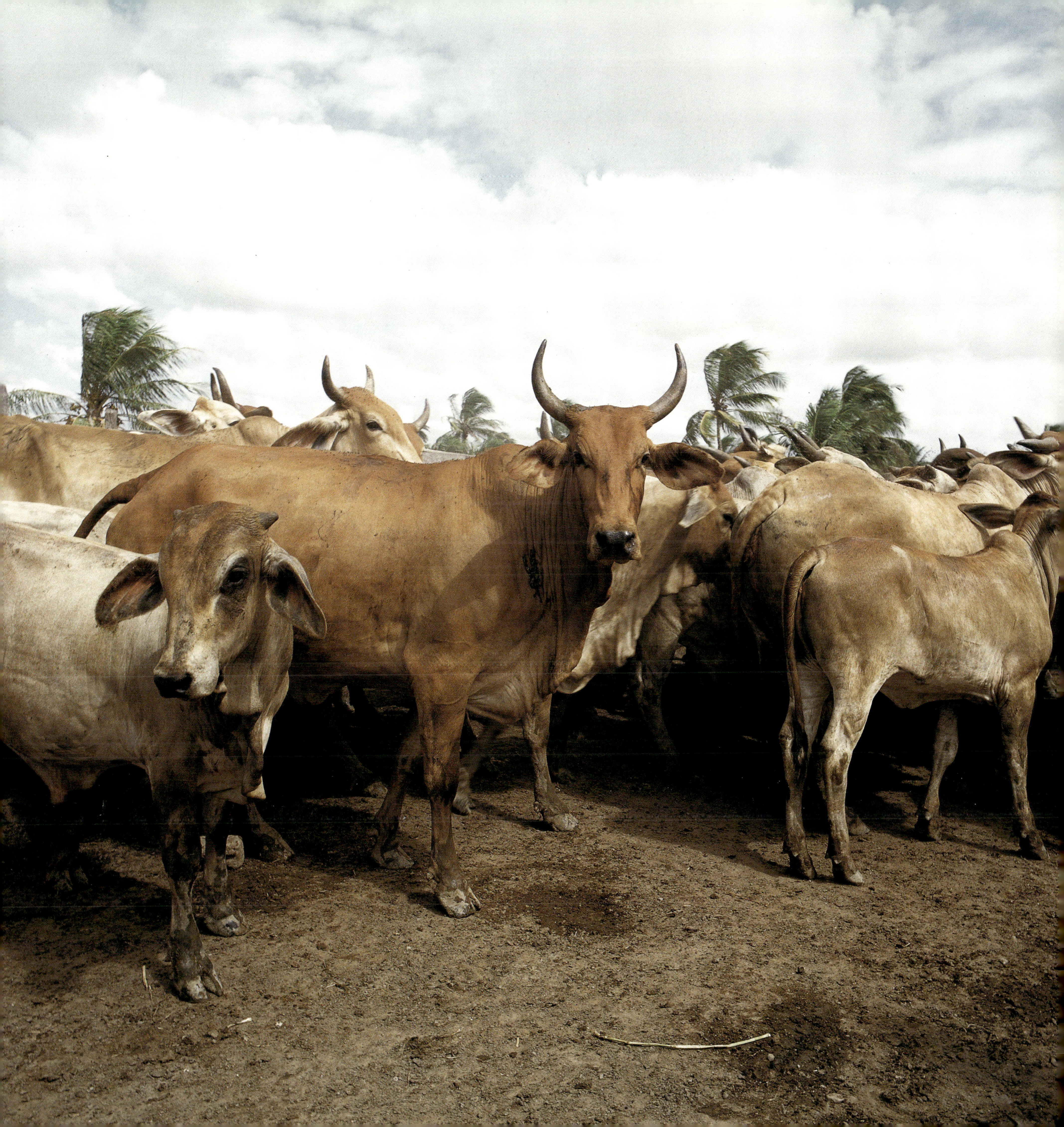

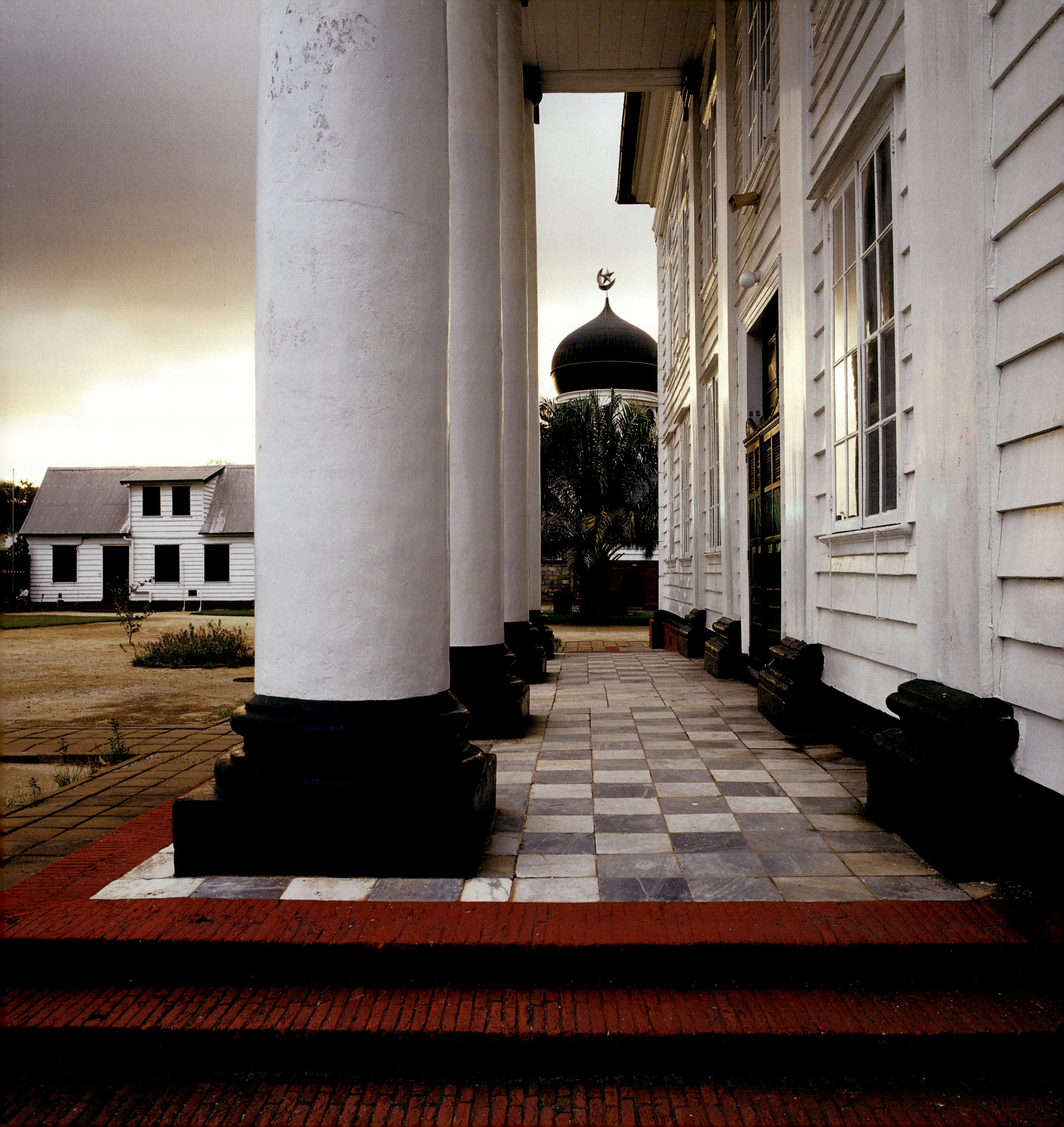

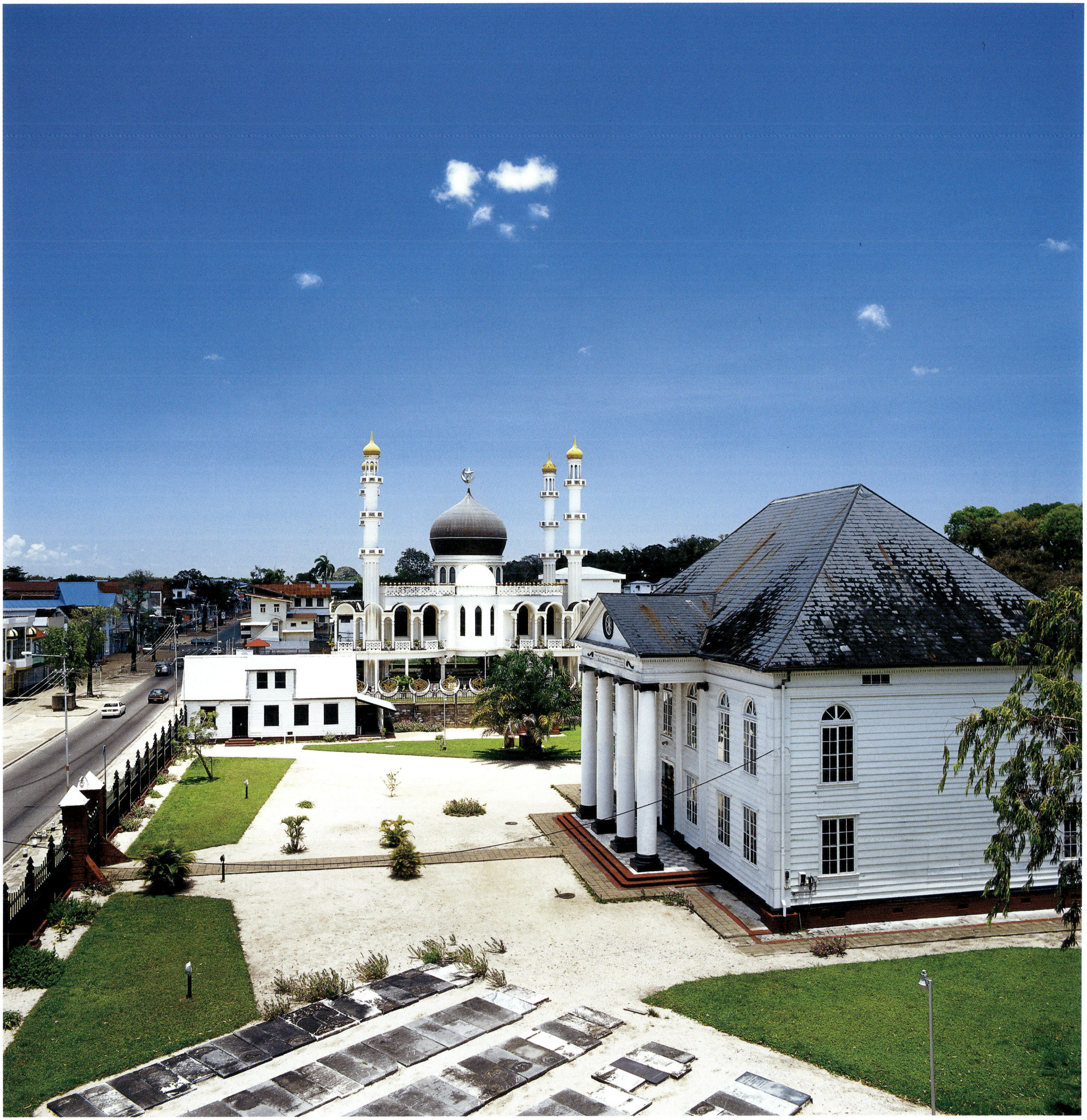

 Hoogduitse synagoge en moskee van de Surinaamse Islamitische Vereniging/High German synagogue and mosque of the Suriname Islamic Association, Keizerstraat

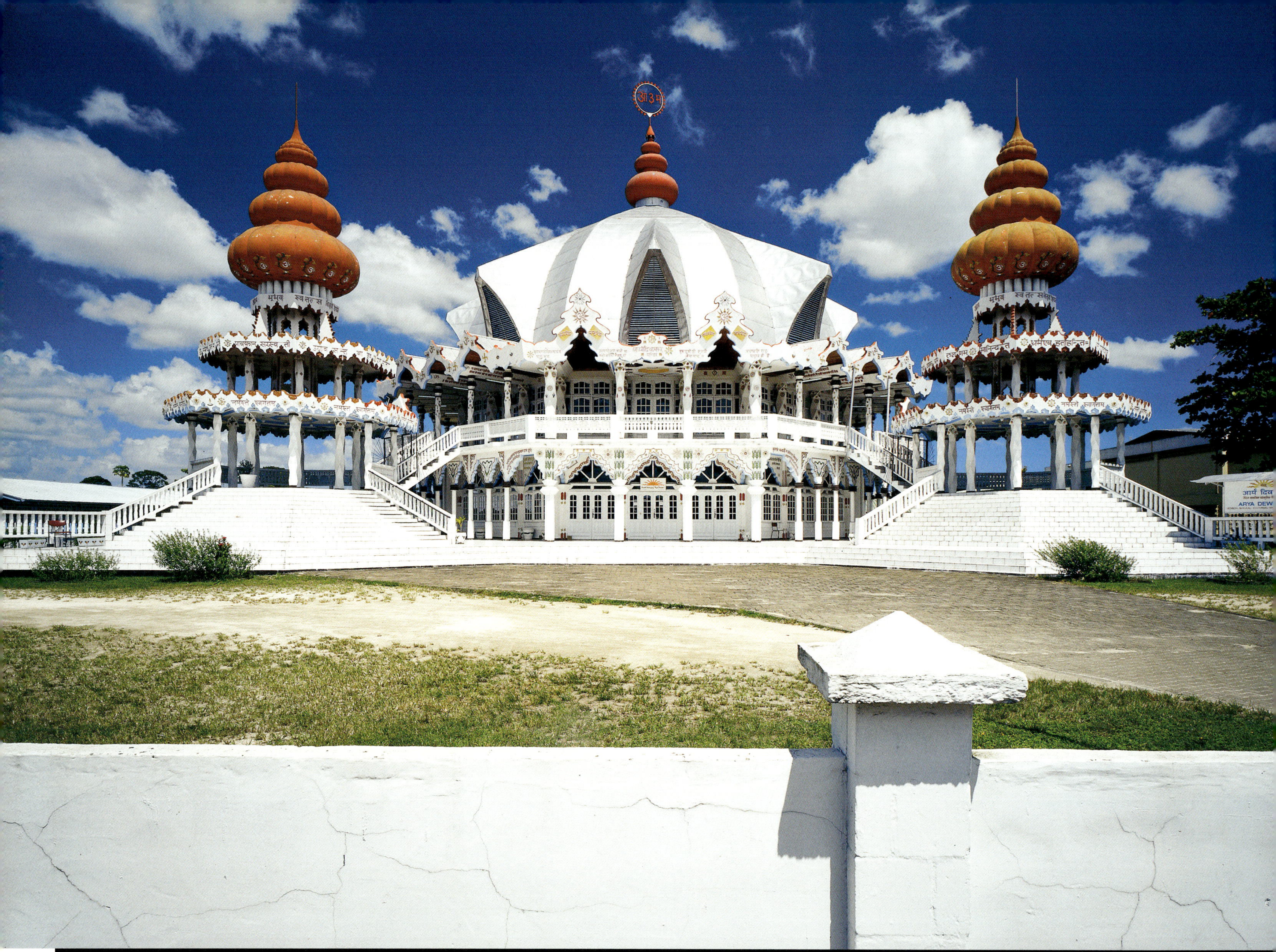

Arya Dewaker mandir/Hindu temple

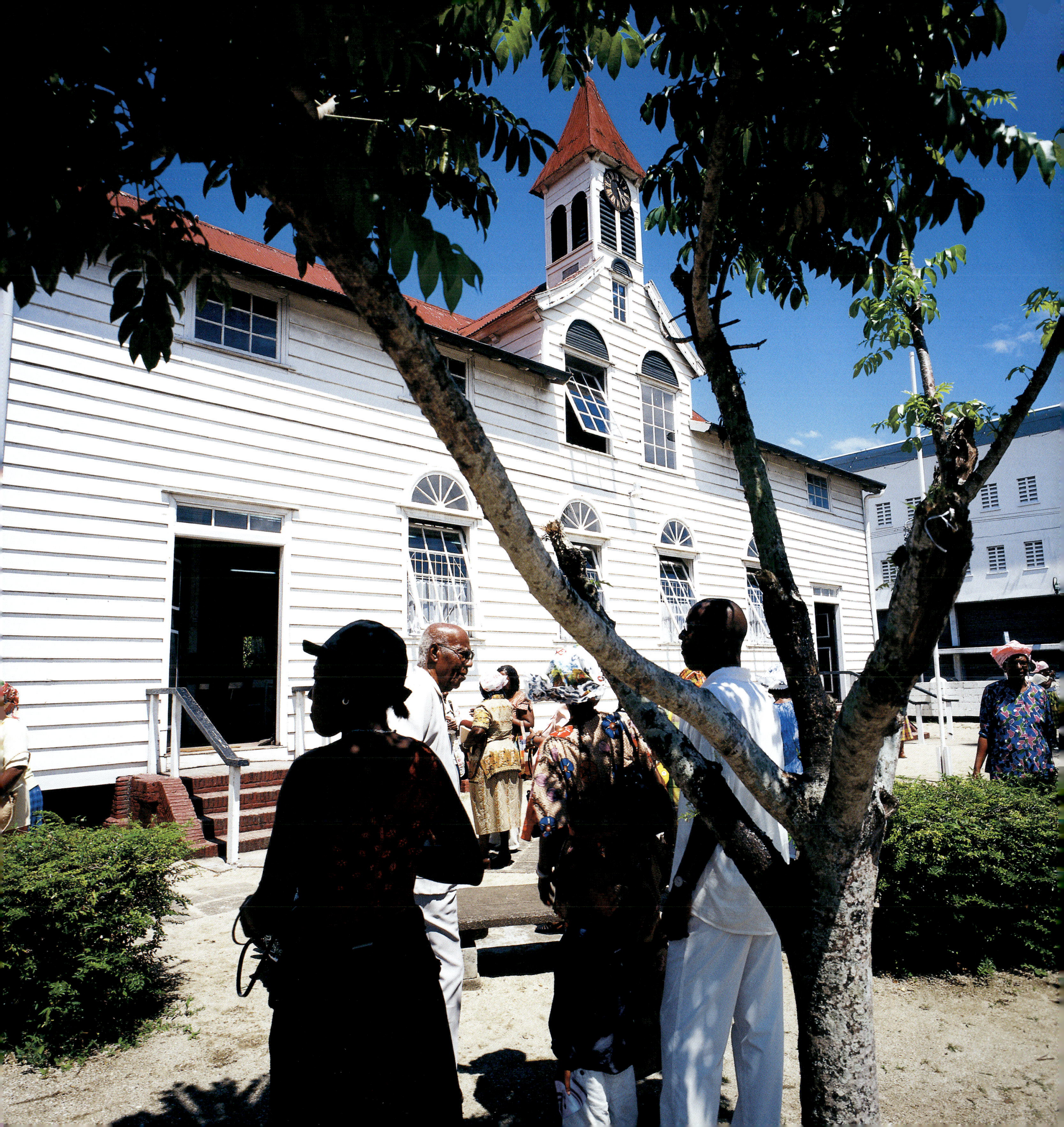

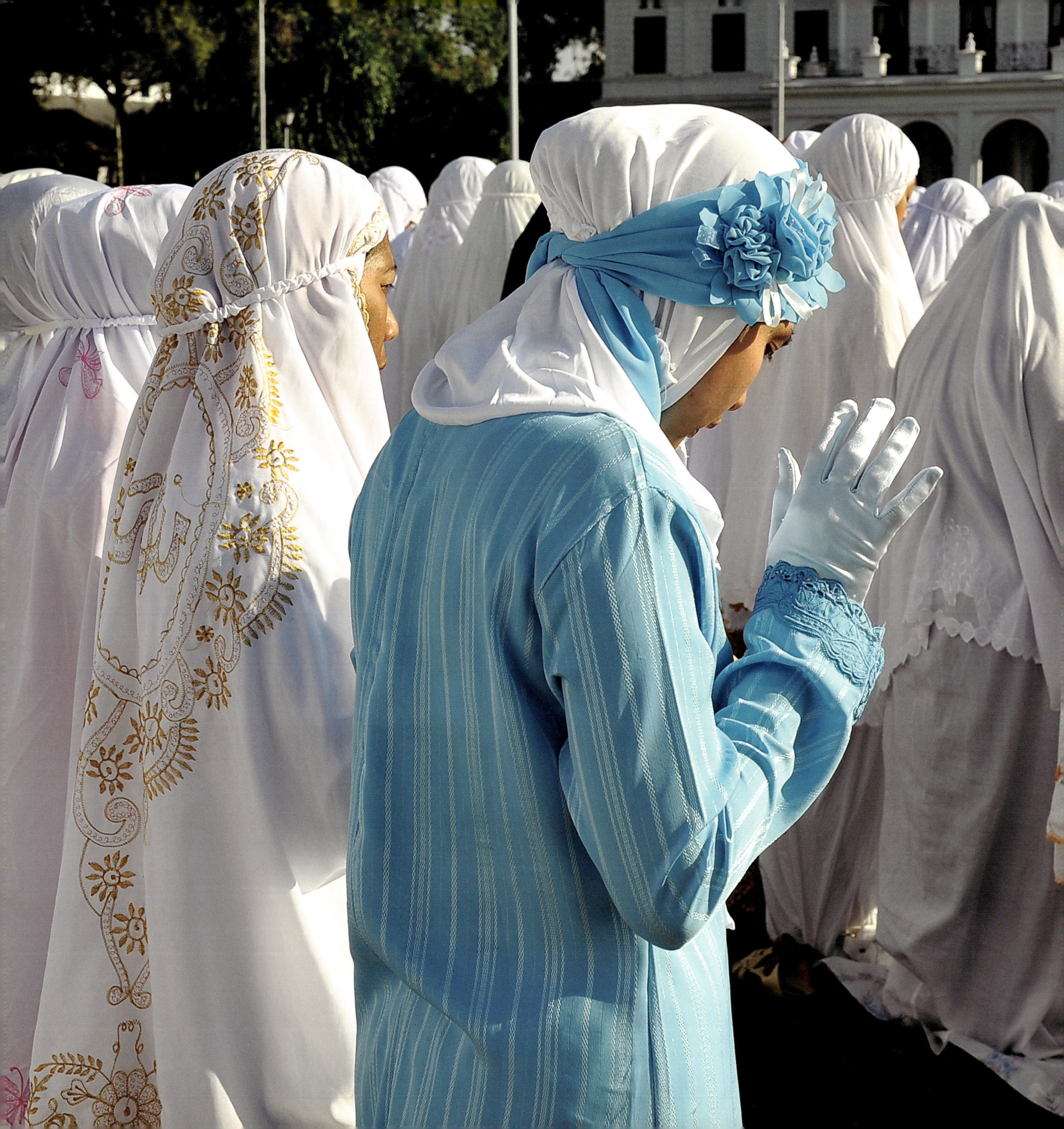

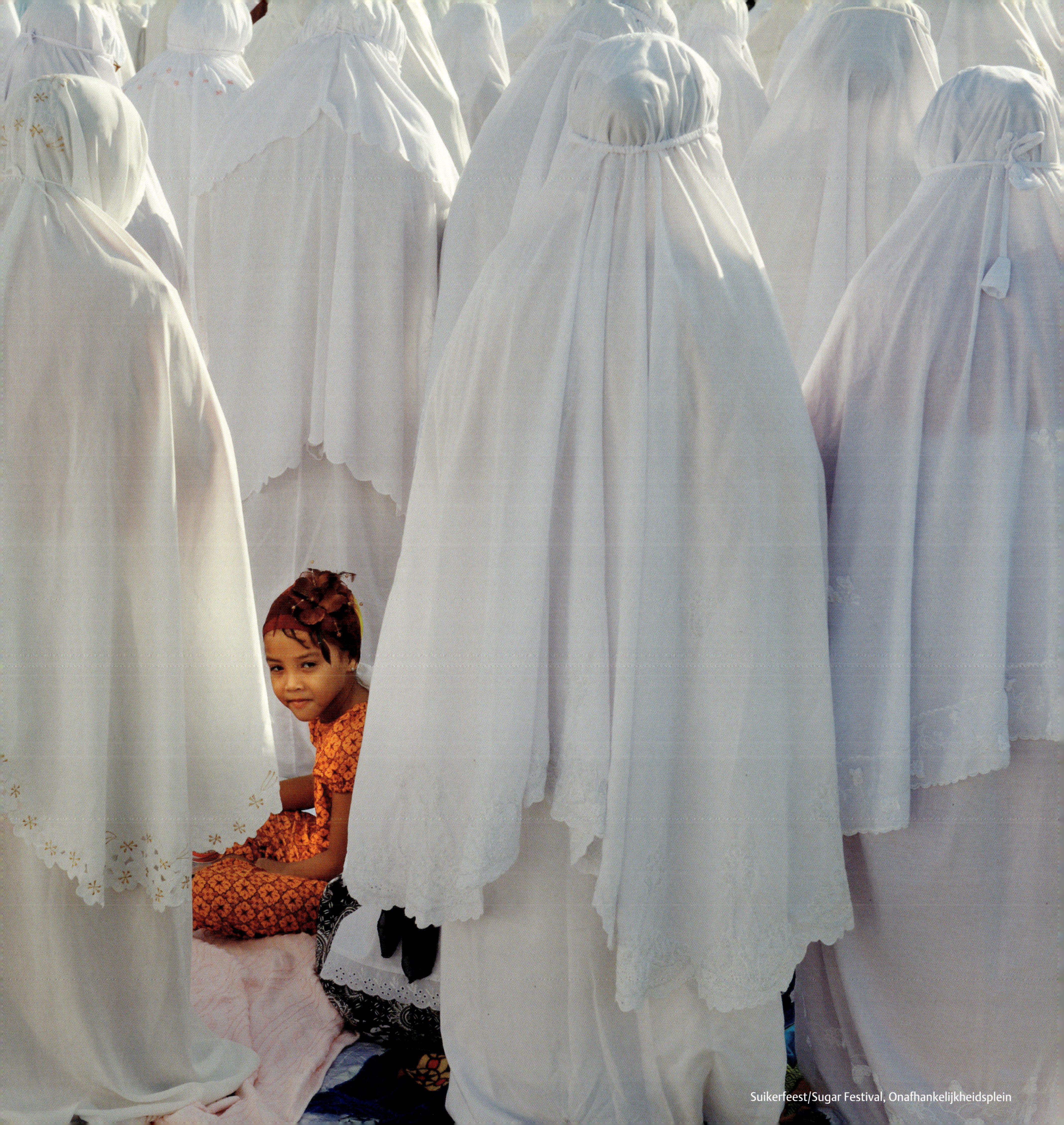

Suikerfeest/Sugar Festival, Onafhankelijkheidsplein

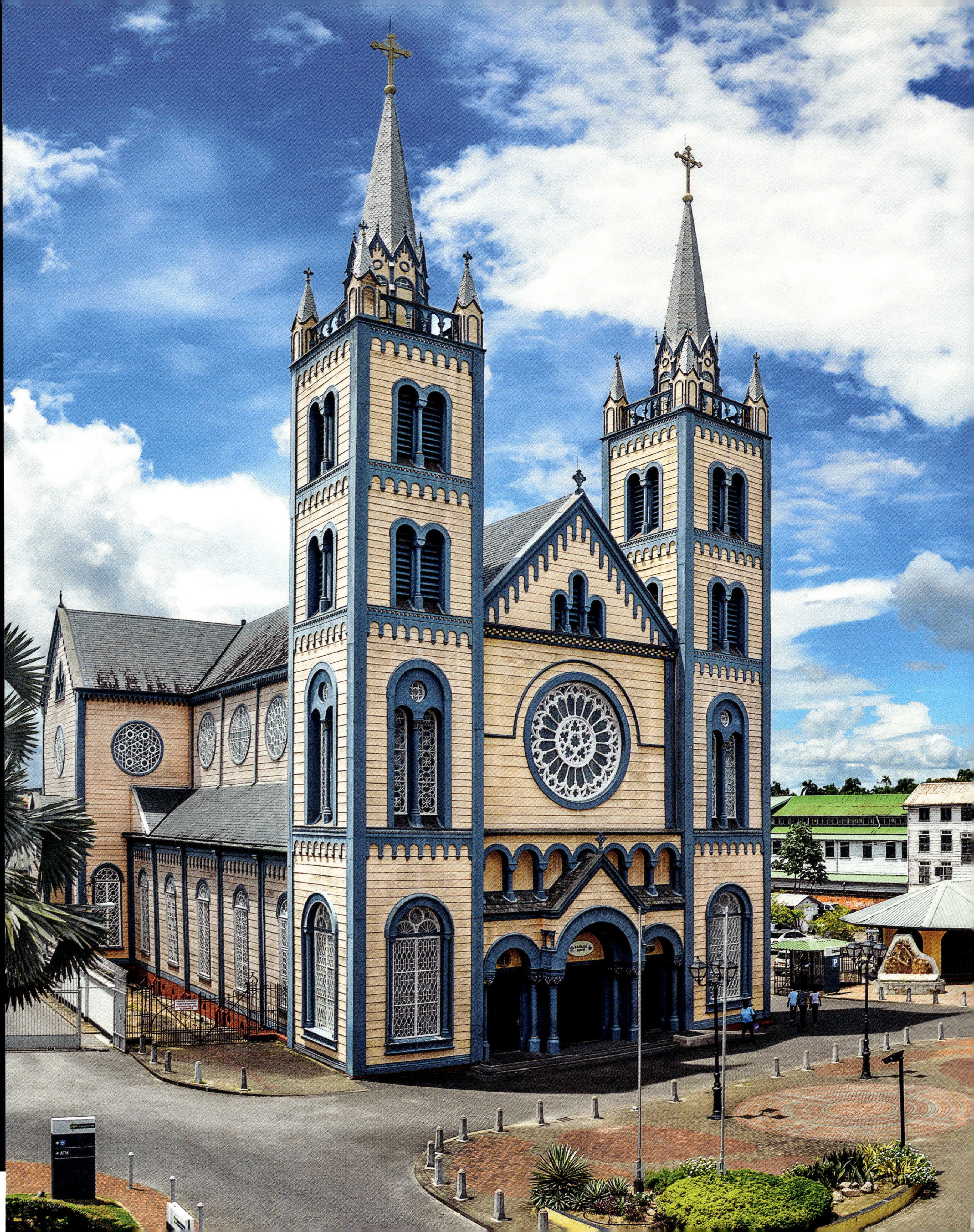

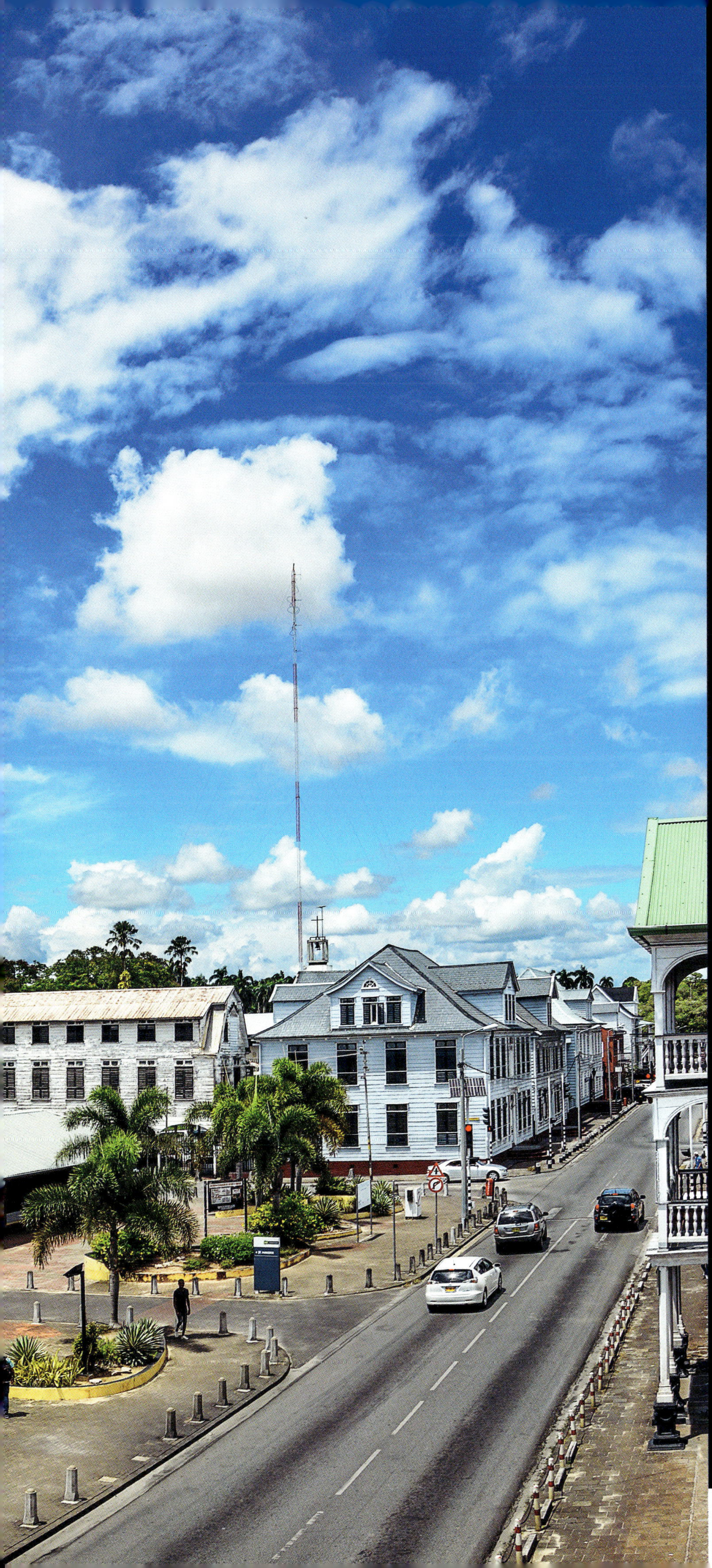

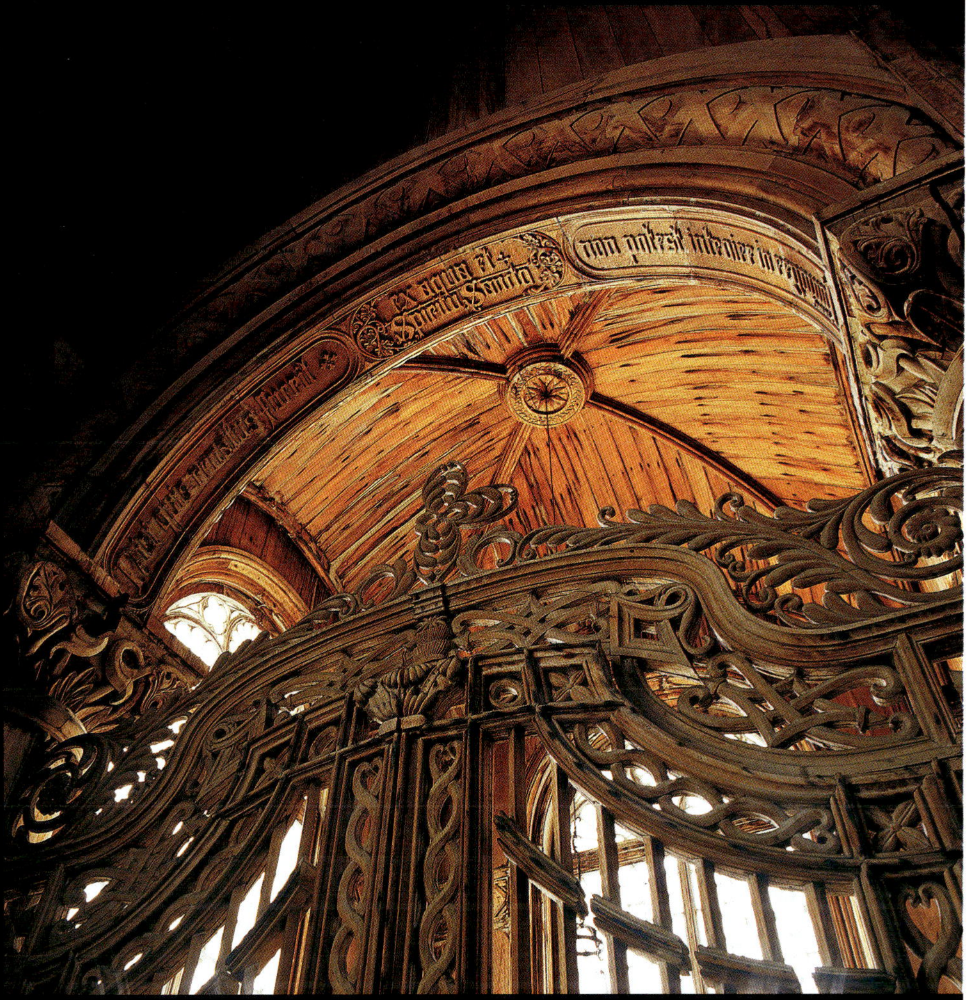

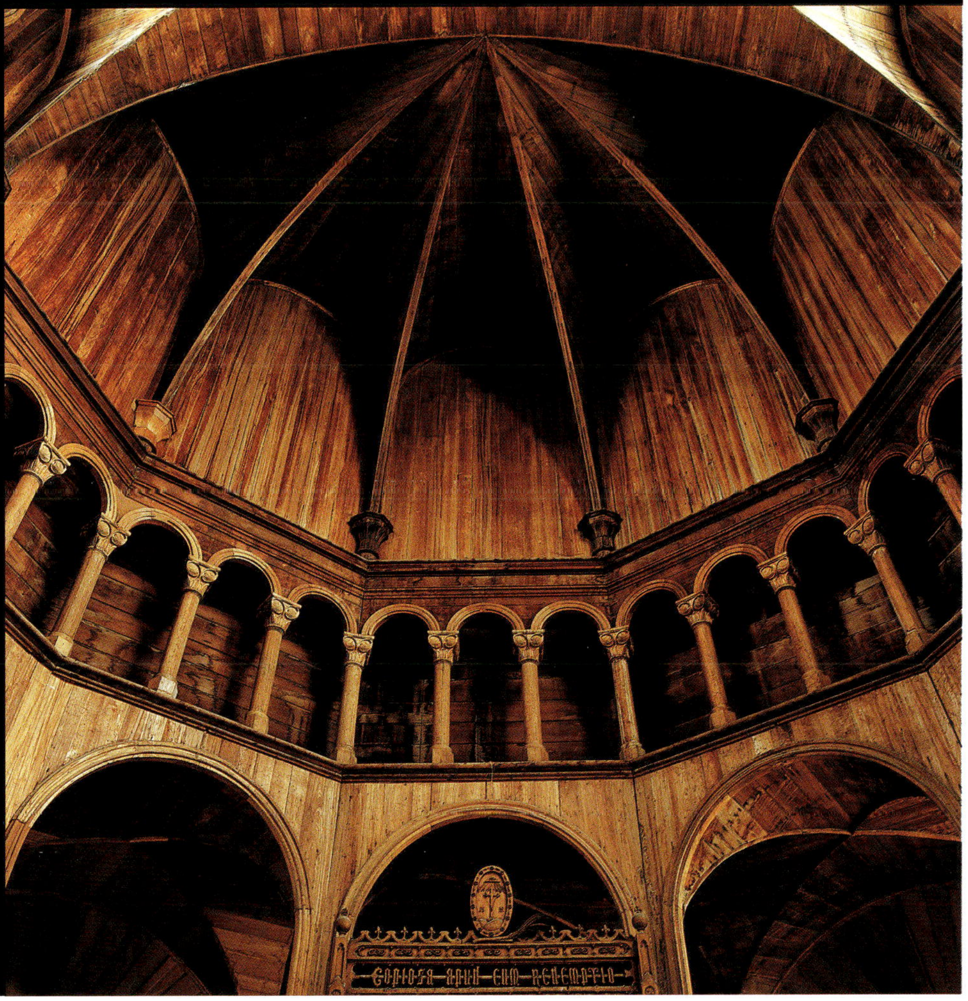

Kathedrale Basiliek St. Petrus en Paulus/The Cathedral-Basilica of Saint Peter and Paul, Henck Arronstraat

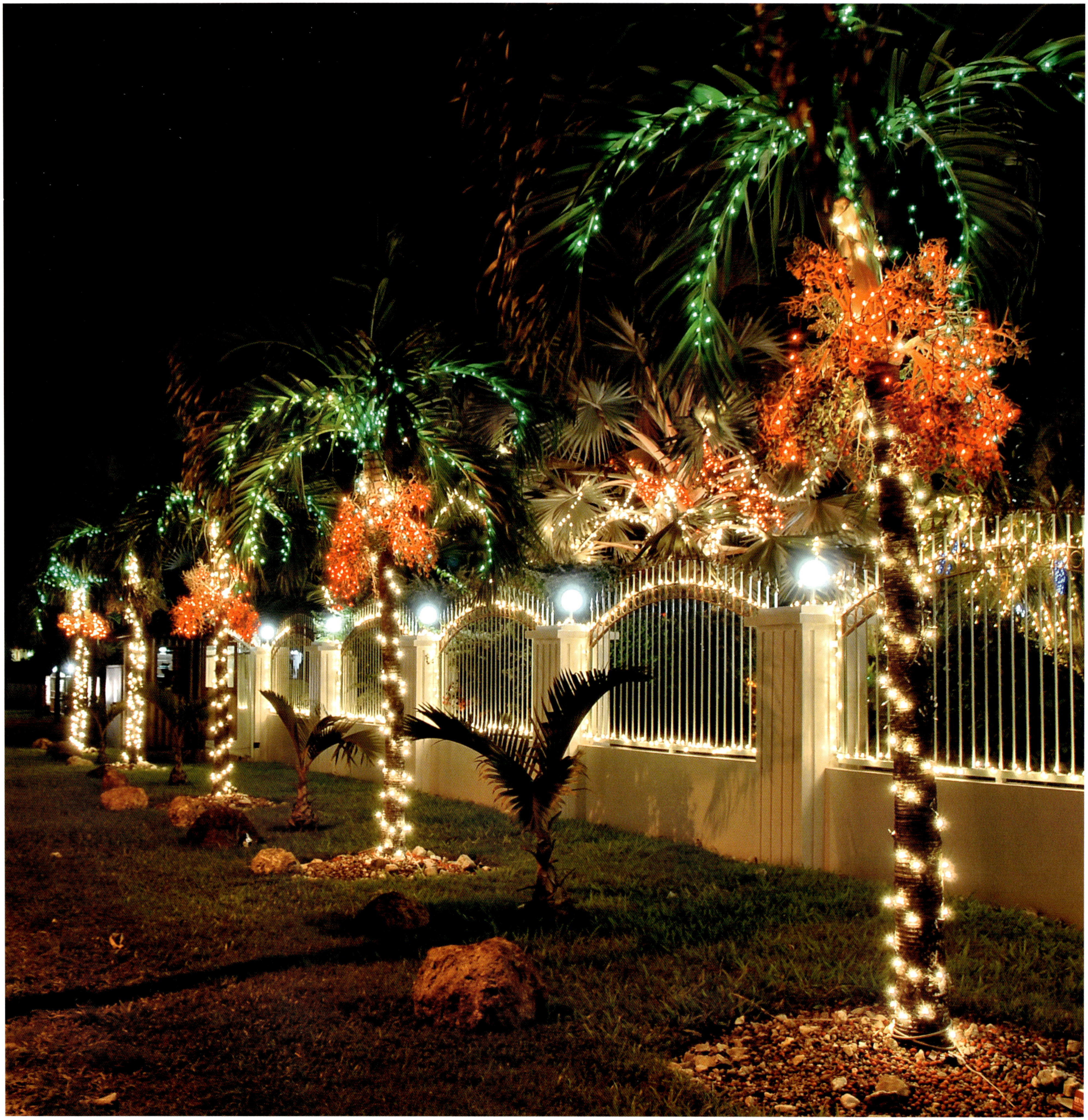

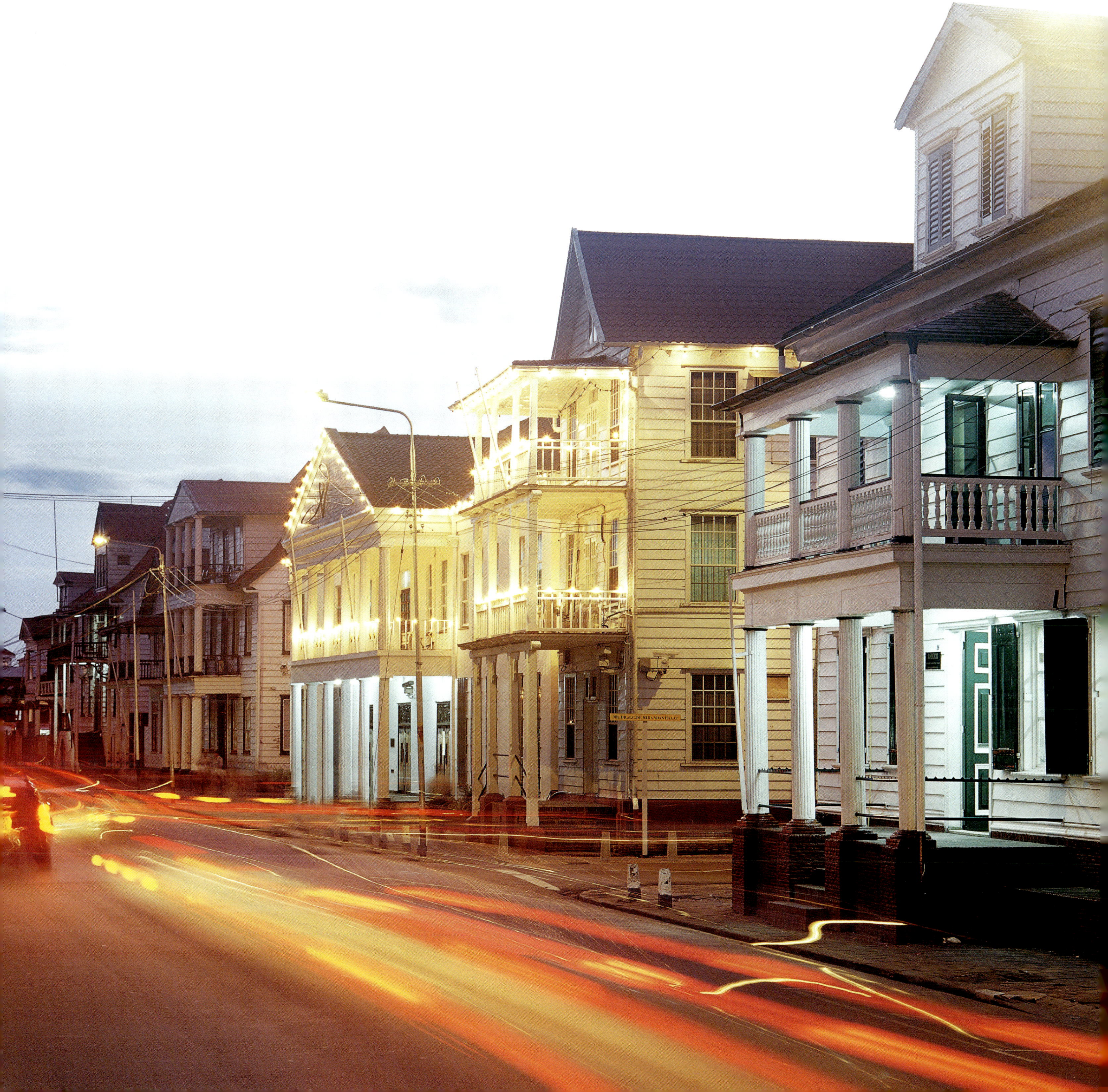
MR.DR.J.C.DE MIRANDASTRAAT

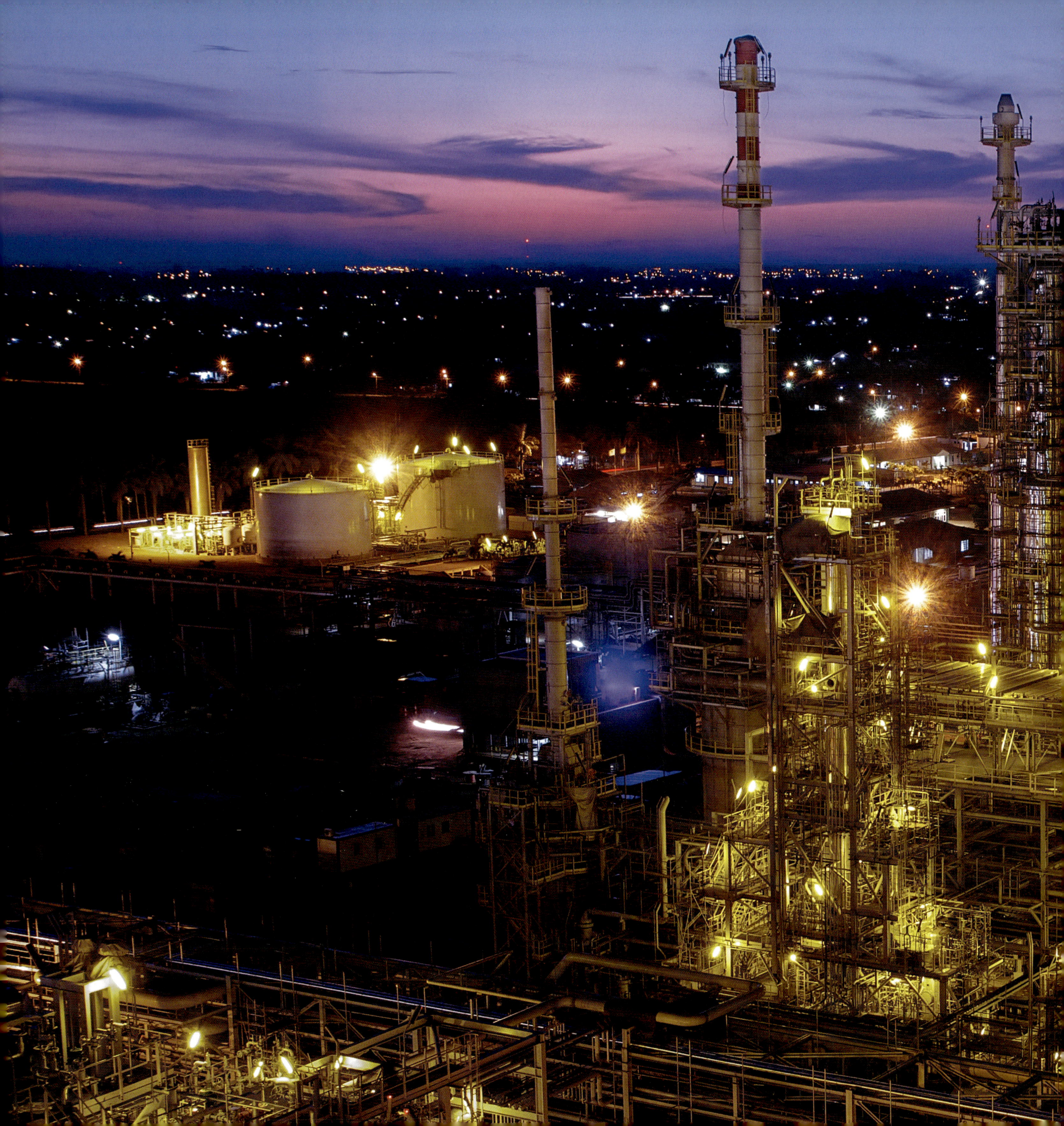

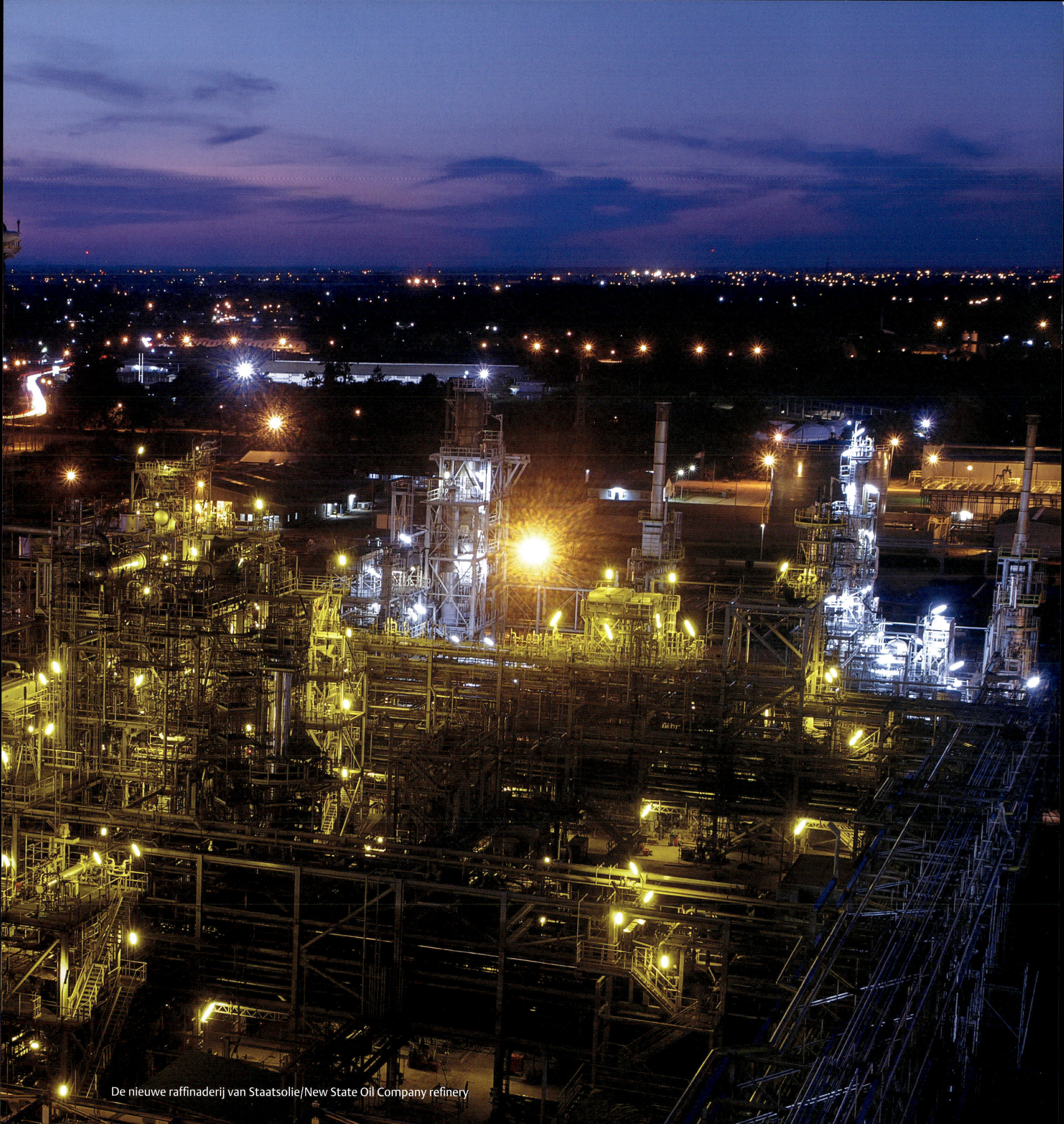

De nieuwe raffinaderij van Staatsolie/New State Oil Company refinery

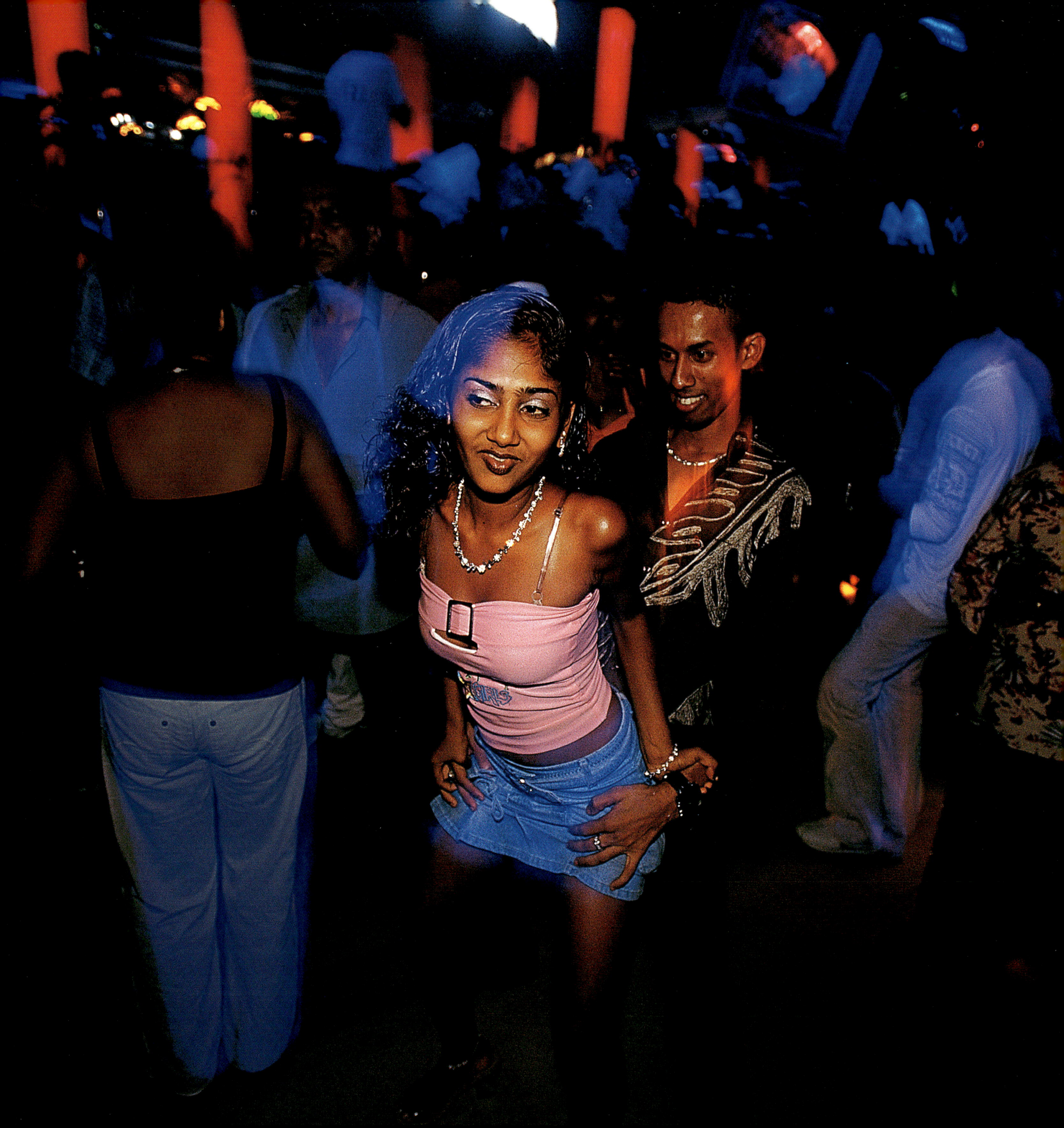

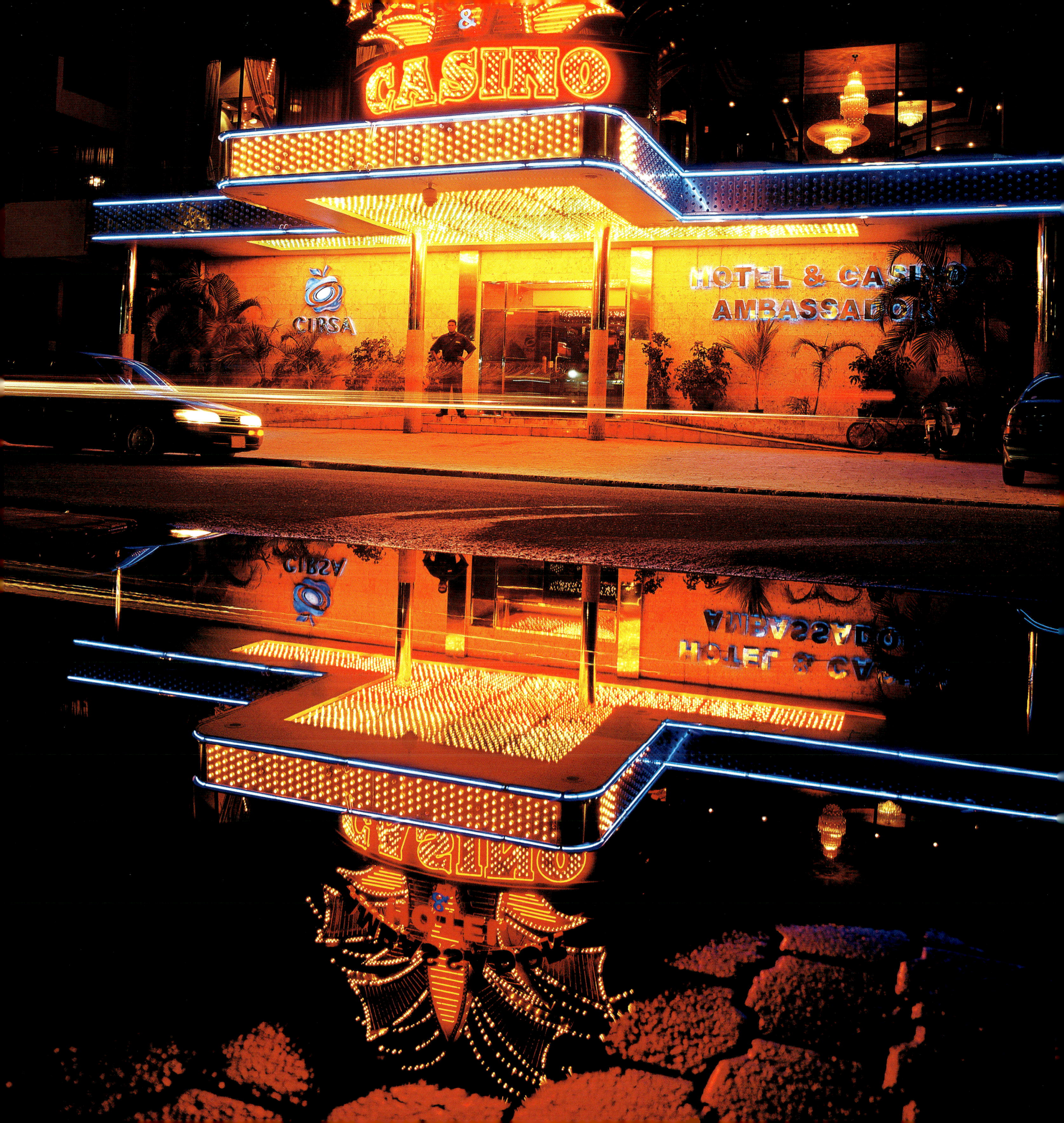
CASINO
CIRSA

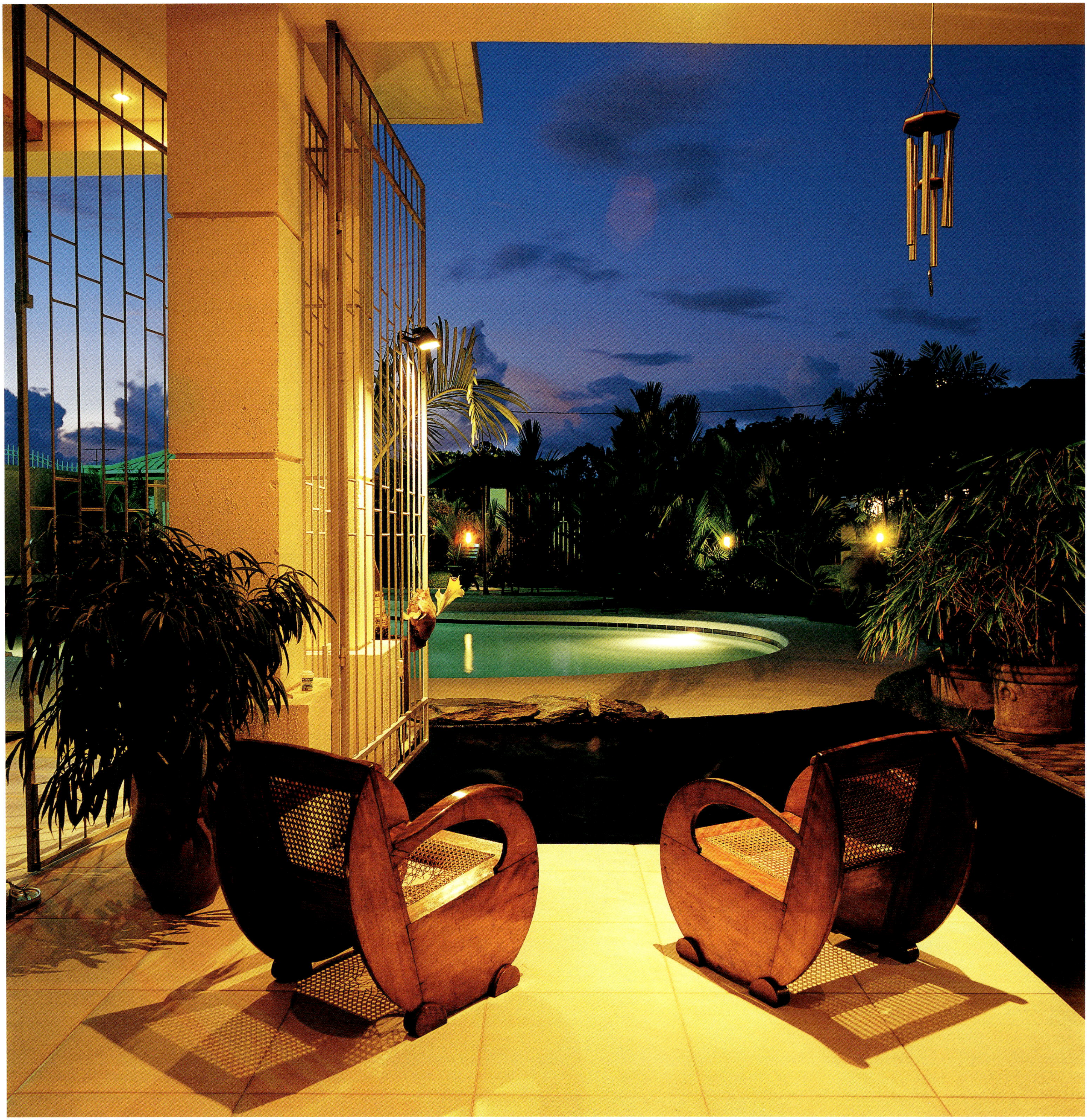

# Verhalen / Stories

SURINAME *DISCOVERED*

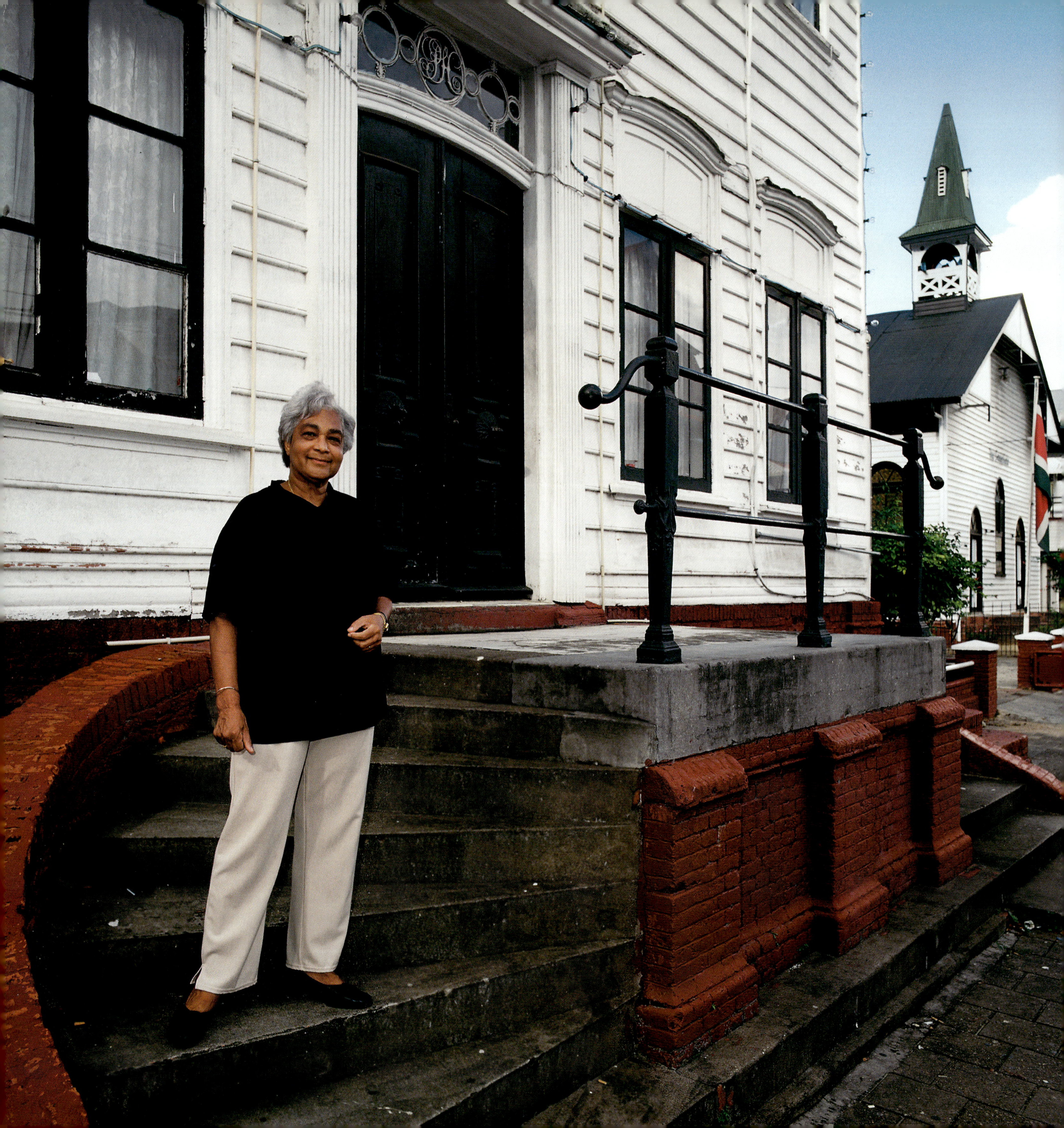

Ik heb eigenlijk altijd geschreven, ook al toen ik heel jong was. Waar ik ook kwam, in welke club of vereniging dan ook, ik was altijd degene die moest schrijven. Dat was lang voordat ik er maar aan dacht om een boek te schrijven.

Ik ben in 1936 in Paramaribo geboren. Mijn vader was de laatste gouverneur van het Nederlandse Suriname en na de onafhankelijkheid was hij de eerste president van het nieuwe land. Na mijn middelbare school ben ik naar Nederland gegaan om lerares Nederlands te worden, daarna heb ik bijna tien jaar les gegeven op een middelbare school in Paramaribo. Toen mijn man werd benoemd tot ambassadeur, heb ik hem gevolgd naar zijn posten in Venezuela, België en de Verenigde Staten. In België woonden veel Surinaamse studenten. Een keer moest ik een stuk beoordelen dat geplaatst zou worden in een literair blad en zo kwam ik in contact met de literaire wereld. Ik begon zelf verhalen te schrijven en kreeg keer op keer te horen: waarom schrijf je geen boek? *Vaarwel Merodia* was het eerste boek dat ik schreef, maar het is pas later uitgegeven. Centraal in dat boek stonden de ingrijpende veranderingen in Suriname na de afschaffing van de slavernij. Daarna schreef ik *Hoe duur was de suiker* en dat werd het eerste boek dat van mij werd uitgegeven. Dat boek gaat over het leven van een joodse plantersfamilie en met name over de twee halfzussen. Hun leven wordt voor een deel beheerst door de vrees voor aanvallen van de marrons. Wat me voor ogen stond, was een toegankelijk boek schrijven waardoor met name jongeren hun eigen geschiedenis leerden kennen. Dat het boek zo'n succes zou worden, had ik niet verwacht. Toen het boek ging verschijnen, werkte ik als docente Nederlands op het lyceum. Van een collega hoorde ik dat wanneer een boek in Suriname een verkoopcijfer van vijfhonderd exemplaren haalt, het een bestseller is. Ik vroeg: binnen hoeveel tijd? In totaal, zei ze. Ik schrok me een ongeluk want uitgever Vaco had er namelijk tweeduizend laten drukken. De dag dat mijn boek werd gepresenteerd, ging ik naar de boekhandel om te signeren. Voor de zekerheid had ik wat correctiewerk meegenomen zodat ik tussendoor nog wat kon nakijken. Toen ik aankwam in de Domineestraat, was er geen plek voor mijn auto. Ik vroeg waarom het zo druk was. Tot mijn stomme verbazing bleek de drukte te maken te hebben met mijn komst. Ik heb toen meer dan zeshonderd exemplaren moeten signeren.

# Cynthia Mc Leod / Schrijfster / Writer

***HENNAH DRAAIBAAR***

I've always loved writing, even when I was really young. Wherever I went, whatever club or society, I was always the one who had to write. That was long before I ever started thinking about writing a book.

I was born in Paramaribo in 1936. My father was the last governor of Dutch Suriname, and after independence he was the first president. When I left school I went to the Netherlands to become a Dutch teacher, and then I taught at a secondary school in Paramaribo for ten years. When my husband became ambassador I followed him to his postings in Venezuela, Belgium and the United States. There were a lot of Surinamese students in Belgium.

I was once asked to assess a piece that was to be published in a literary journal, and that brought me into contact with the literary world. I began to write stories, and people kept saying to me, why don't you write a book? The first book I wrote was *Vaarwel Merodia* ('Farewell Merodia'), but it wasn't published until later. It was based on the radical changes in Suriname after the abolition of slavery. Then I wrote *Hoe duur was de suiker* ('The High Price of Sugar'), and that became my first published book. It's about the life of a Jewish planter's family, particularly the two half-sisters. Their life is partly dominated by the fear of attack from Maroons.

I wanted to write an accessible book so that young people could learn about their own history. I never expected it to become such a success. When it was published I was working as a Dutch teacher at the grammar school. A colleague told me that once a book sold 500 copies in Suriname it was a bestseller. I asked: in how many weeks? She said: in total. I was scared stiff: my publisher, Vaco, had had two thousand printed. The day my book was launched I went to the bookshop to do a signing. I took some marking with me to do in between times, just to be on the safe side. When I got to the Domineestraat I couldn't find a parking space. I asked why it was so busy. To my complete surprise, it turned out it was all to do with me. I signed 600 copies that day.

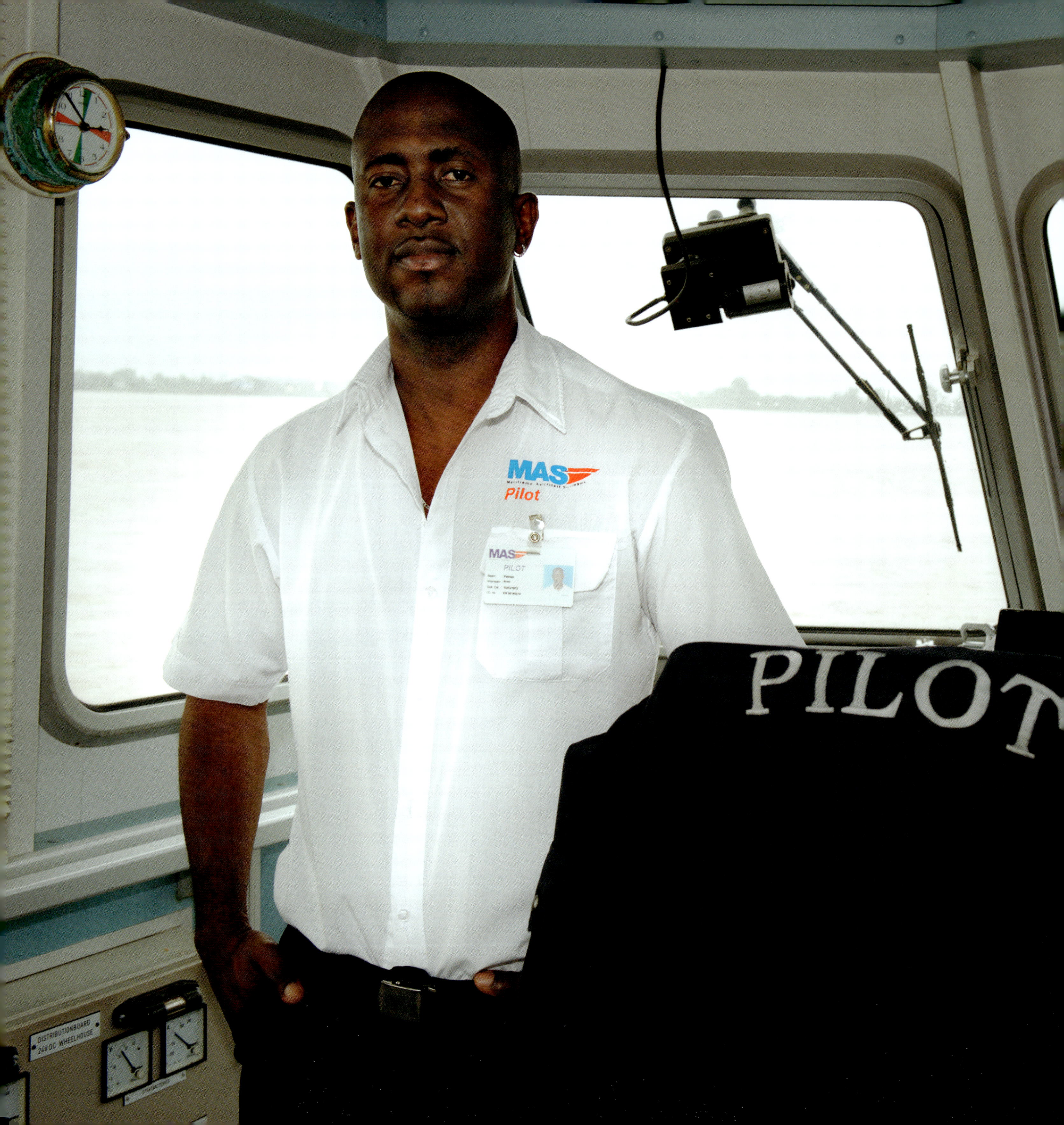
MAS
Pilot
PILOT
DISTRIBUTIONBOARD
24V DC. WHEELHOUSE
PILOT

Een schip pikken we op 7 mijl, dat is ongeveer 10 kilometer, buitengaats op. Op die hoogte beginnen de ondiepten; dat heeft te maken met het slib dat uit de Amazone komt en hier langs de kust bezinkt. Eenmaal in de Suriname rivier wordt het navigeren echt lastig. Je moet niet vergeten dat die zeegaande schepen vaak een diepgang hebben van zo'n zeven meter, terwijl de rivier op sommige plekken gemiddeld maar zo'n drie tot vier meter diep is. Je moet dus gebruik maken van het getij, bij laag water kun je meestal niet varen. Bovendien is de vaargeul op sommige plekken maar dertig meter breed en dat is niet veel als je bedenkt dat de lengte van een schip kan oplopen tot wel tweehonderd meter. Dan moet je dus precies weten wat je doet. Nee, de omstandigheden hier laten zich moeilijk vergelijken met die in de meeste andere landen. Zo is bijvoorbeeld ook het afmeren hier niet eenvoudig omdat we niet over duwboten beschikken. Dat betekent dat je het schip op z'n eigen kracht langs de kade moet leggen. Dat is lastig, zeker als de wind of de stroom op zo'n ogenblik niet meewerkt. Dat levert dan weleens een schouderklopje van de kapitein op. De afstand die je als loods aflegt, kan behoorlijk lang zijn. De laatste halte is bij Paranam, 20 mijl voorbij de brug. Vanaf zee heb je dan 44 mijl afgelegd.

Dat ik later iets maritiems wilde doen, wist ik als kind al. Ik was gek op water en als kind peddelde ik al in kano's. De nautische opleiding voor loods kun je hier in Paramaribo volgen, meestal worden de lessen gegeven door Nederlandse leraren. De groep waarmee ik heb gestudeerd bestond uit zeventien mensen, daar zijn er uiteindelijk maar zeven van overgebleven. Ik denk dat dit komt omdat de maritieme belangstelling in Suriname nooit groot is geweest en het werk als loods nu eenmaal om een zekere discipline vraagt. Na de opleiding moet je een jaar stage lopen, wij noemen dat 'zeetijd'. Maar daar ben ik niet eens aan toegekomen want er was toen een tekort aan nieuwe loodsen. Je moet niet vergeten dat Suriname een uitgesproken importland is.

De Suriname rivier is een lastig vaarwater, niet alleen vanwege de ondiepte maar ook door de modderige bodem. Dit kan problemen opleveren omdat met het opgezogen koelwater een grote hoeveelheid modder meekomt. Dat kan voor de scheepsmotoren een blackout opleveren. Toch heeft die modderige bodem ook voordelen. Een diep geladen schip raakt volgens de dieptemeter soms de bodem maar omdat de bovenste meter uit zachte modder bestaat, blijft zo'n schip toch vooruit komen. De sterke motoren zorgen er ook voor dat de vaargeul door de kracht van het schroefwater enigszins op diepte wordt gehouden. Maar dat we vroeg of laat toch moeten gaan baggeren, wordt steeds waarschijnlijker.

Het werk als loods kent een paar nadelen. Volgens schema moet je ook op bepaalde tijden beschikbaar zijn. Als een schip halverwege de nacht is gelost en de kapitein besluit om in verband met het tij te vertrekken, moet je er naar toe. Het komt ook voor dat je, eenmaal thuis gekomen, meteen weer moet omdraaien. Door dat gebrek aan regelmaat is het lastig om afspraken te maken en dat komt je sociale leven niet ten goede. Maar daar staat tegenover dat het een beroep is dat niet snel verveelt. Iedere dienst is anders, soms moet je in een split second een beslissing nemen, de verantwoordelijkheid is groot.

In het buitenland kan ik waarschijnlijk meer verdienen, maar naar Surinaamse maatstaven verdien ik goed. Ik blijf liever hier, Suriname is gewoon een uniek land.

# Arno Palman / Loods / Pilot

***TOON FEY***

We pick up a ship when it is seven miles out – that is around ten kilometres offshore. That is where the shallows begin; that is due to the sediment that comes from the Amazon and sinks here along the coast. Once we enter the Suriname River, navigating becomes really difficult. You mustn't forget that seafaring ships often have a draught of around seven metres, yet in some places the river has an average depth of around three to four metres. You must therefore make use of the tide; it is generally impossible to sail at low tide. What's more, at some places the channel is only thirty metres wide and that is not a lot when you realize that a ship can be anything up to two hundred metres in length. Then you have to know exactly what you are doing. No, the circumstances here cannot be easily compared with those in most other countries. For example, mooring here is far from simple because we do not have any push tugs. That means you have to get the ship along the quay under its own steam. That can be awkward, particularly if the wind or the current doesn't cooperate.
It often earns a pat on the back from the captain. You often have to cover a great distance as pilot. The last stop is at Paranam, twenty miles past the bridge. From sea, you have then travelled forty-four miles.

I always knew I wanted to do something with ships, even as a child. I was crazy about water and as a child I paddled around in canoes. You can follow the nautical training for pilot here in Paramaribo; generally the lessons are given by Dutch teachers. The group in which I studied was made up of seventeen people, but now there are only seven of us left. I think that is because there has never been great interest in maritime matters in Suriname and the work of a pilot requires a certain discipline. After the training, you are supposed to work for a year as apprentice, what we call 'sea time'. But I never actually got round to that because there was a shortage of new pilots. You mustn't forget that Suriname is very much an import country and now that the economy is improving, the number of ships is growing considerably.

The Suriname River is difficult for shipping, not just because it is shallow but also because of the muddy bottom. That can cause problems because the cooling water that is sucked up brings a lot of mud with it. That can cause the ships engines to black out. Yet that muddy bottom has its advantages. A heavily loaded ship may, according to the depth gauge, sometimes touch the bottom, but because the top metre is made up of soft mud, the ship can still move forward. The powerful engines also ensure that the channel is kept somewhat at a good depth by the force of the water circulation generated by the screws. But it is becoming increasingly probable that sooner or later we will have to dredge it out.

Working as a pilot has a few disadvantages: you have to be on call. If a ship finishes unloading in the middle of the night and the captain decides to leave because of the tide, you have to go there. It sometimes happens that no sooner you get home than you have to turn round again. The lack of regularity makes it difficult to keep appointments and that doesn't do anything for your social life. But on the other hand, the job doesn't easily become boring. Every shift is different, sometimes you have to make a decision in a split second, the responsibility is enormous. I can most probably earn more abroad, but by Suriname standards, I have a good salary. I prefer to stay here. Suriname is simply a unique country.

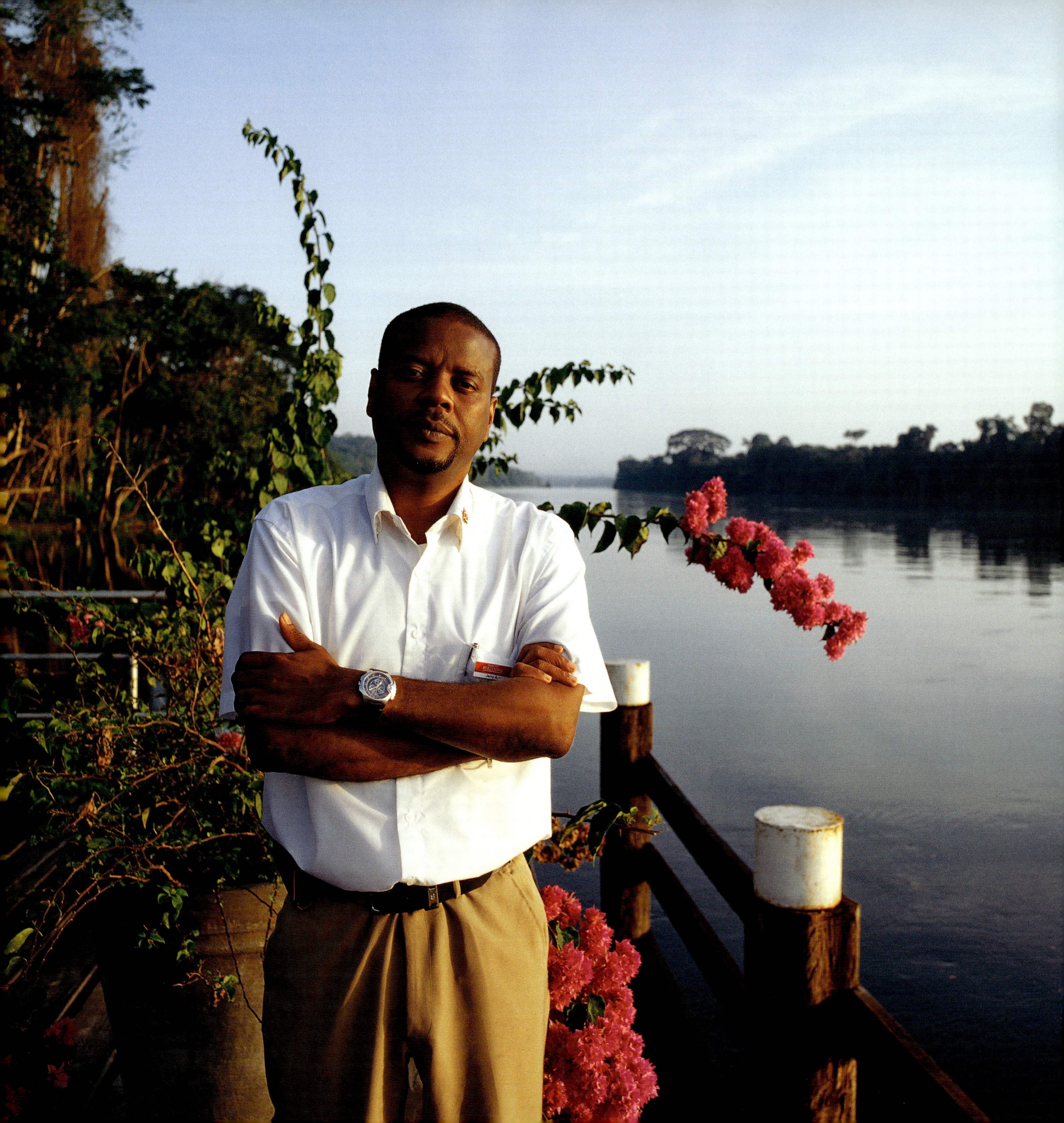

Ik ben in Paramaribo geboren en na mijn schooltijd heb ik me voornamelijk beziggehouden met journalistiek. Ik werkte voor *De Ware Tijd*, *De West*, de radio en de tv. Ik heb ook een tijdje voor het reisbureau Mets gewerkt en dat was een zeer leerzame periode. Ik gaf trainingen aan tourguides en leerde het binnenland goed kennen. Daarna ben ik een tijdje manager in verschillende hotels geweest; ook dat had te maken met mijn belangstelling voor toerisme. Om mijn kennis verder uit te diepen, ben ik naar de University of the West Indies in Jamaica gegaan en daar afgestudeerd. In Guyana kreeg ik een baan als docent aan de opleiding voor toerisme. Als manager op het gebied van toerisme heb ik vervolgens een tijd door het Caribische gebied gezworven. In Barbados was ik coördinator van een serie ecologisch-toeristische projecten die door de EU werden gefinancierd. Hier in Suriname ben ik ook nog projectmanager bij Conservation International geweest.

Ondertussen werd ik me steeds meer bewust van het feit dat het binnenland van Suriname iets heel bijzonders had te bieden op het gebied van toerisme. Dat is niet alleen te danken aan de fantastische natuur, maar ook aan de geheel eigen cultuur van de bewoners. Neem de marrons; daar vind je een cultuur die in de rest van het Caribische gebied niet meer voorkomt. Ik ben er van overtuigd dat een goede samenwerking met de plaatselijke bevolking op het toeristische vlak tot iets moois kan leiden. In mijn periode als manager van Bergendal kreeg ik de gelegenheid om de uitgangspunten van het begrip 'ecotoerisme' in de praktijk te brengen. Zo streefden we ernaar om het merendeel van het personeel uit de directe omgeving, het district Brokopondo, er bij te betrekken. Vervolgens werden ze door ons getraind en begeleid. Op die manier schep je werkgelegenheid en daar is in het binnenland grote behoefte aan. Bovendien stimuleert het de ontwikkeling van het binnenland en inspireert het anderen om ook toeristische projecten op te zetten. Voor Suriname was dit een nieuw concept. Het haakte in op een niche, namelijk de wens van een bepaalde groep toeristen die niet alleen hoge eisen stelt aan de kwaliteit van de omringende natuur, maar ook aan die van de onderkomens, faciliteiten, het voedsel, de bediening en het aanbod van activiteiten. Overigens is dat al langer een trend in het hele Caribische gebied. Uit de reacties van onze gasten begreep ik dat de houding van ons personeel – vriendelijk, behulpzaam – wordt gewaardeerd. Want ja, je kunt de beste faciliteiten hebben, maar uiteindelijk is het toch het personeel dat de doorslag geeft. De prijzen van een uiterst professioneel opgezet ecoresort als dit lijken aan de hoge kant maar je moet niet vergeten dat daar veel bij is inbegrepen. Zoals vervoer van en naar de stad met een eigen bus en boot, en volledig pension. Alleen de alcoholische drankjes zijn voor eigen rekening. Bovendien werd het woord 'eco' waargemaakt. Er was volop aandacht voor de flora en fauna. Natuurliefhebbers konden wandelingen in het bos maken onder leiding van een gids, de omgeving per kano verkennen of een uitstap naar het natuurreservaat Brownsberg maken.
En wat cultuur betreft: een bezoek aan een marrondorp of Jodensavanne behoorde tot de mogelijkheden.

Vanuit het oogpunt van toerisme bekeken, valt er aan het 'Product Suriname' nog veel te verbeteren. Denk alleen maar aan Paramaribo met zijn historische gebouwen. Maar daarbij moet je wel rekening houden met de Surinaamse mentaliteit.
Uit ervaring weet ik dat die in Nederland en het Caribische gebied zakelijker, sneller en directer is. Wat dat betreft moet je in Suriname een stapje terug doen.
Dat neemt niet weg dat ik je één ding durf te voorspellen: vroeg of laat zal het ecotoerisme een van de grootste bijdragen leveren aan ons nationaal inkomen.

# Jerry A-Kum

## Directeur Stichting Toerisme Suriname

***TOON FEY***

## Director Suriname Tourism Foundation

I was born in Paramaribo and after I left school I mainly concentrated on journalism. I worked for *De Ware Tijd*, *De West*, and for radio and TV. I also worked for a while for the travel agent Mets and that was a very instructive period. I gave trainings to tour guides and got to know the interior well. After that I was for a time manager in various hotels; that also had to do with my interests for tourism. In order to increase my knowledge, I went to the University of the West Indies in Jamaica and I took my diploma there. In Guyana, I took a job as a teacher in the course for tourism. I then spent some time drifting around the Caribbean as manager in the field of tourism. In Barbados I was coordinator for a series of ecological tourist projects that were financed by the EU. Here in Suriname I was also project manager for Conservation International.

In the meantime I became increasingly convinced that Suriname's interior had something very special to offer in the field of tourism. Is not only due to the fantastic nature but also to the unique culture of the inhabitants. Take the maroons; they have a culture that no longer exists elsewhere in the Caribbean area. I'm convinced that good cooperation with the local population in the field of tourism can lead to something exceptional. In my time as manager of Bergendal, I had the opportunity of putting the principles of the term 'eco tourism' into practice. And so we tried to attract the majority of the staff from the direct vicinity, the Brokopondo district. They are then trained by us and we support them in their new job. In this way, you create employment and there is considerable need for that in the interior. Furthermore, it stimulates the development of the interior and inspires others to set up tourist projects. This was a new concept for Suriname. It latched on to a niche, namely a type of tourist who not only places high demands on the quality of the surrounding nature but also on the accommodation, facilities, food, service and the activities offered. Incidentally, this has been a trend for some time throughout the Caribbean. The reactions from our guests show that the attitude of our staff – friendly, helpful – is much appreciated. Because you can have the best facilities, but ultimately it is the staff that make the difference. The prices for this extremely professional eco resort may seem rather high, but you mustn't forget that a lot is included in the price. Such as transport to and from the city in our own bus and boat and full board. Only alcoholic beverages are charged separately. And we really did justice to the word 'eco'. There was considerable attention for the flora and fauna. Nature lovers could take guided tours of the forest or scout the surroundings in a canoe or take a trip to the Brownsberg nature reserve. And as far as culture goes: visits to a maroon village or Jodensavanne were also possible.
From a tourist point of view, there is still much to be improved in the 'Suriname product'. Just think of Paramaribo with its historic wooden houses and unique buildings. But you must take the Suriname mentality into account. From experience I know that that is more business-like, faster and directer in the Netherlands and the Caribbean region. Where that is concerned, you have to take a step backwards in Suriname. That doesn't mean that I won't predict one thing: eco tourism is going to become even more important than it is now. In fact: sooner or later, it will make one of the greatest contributions to our national income.

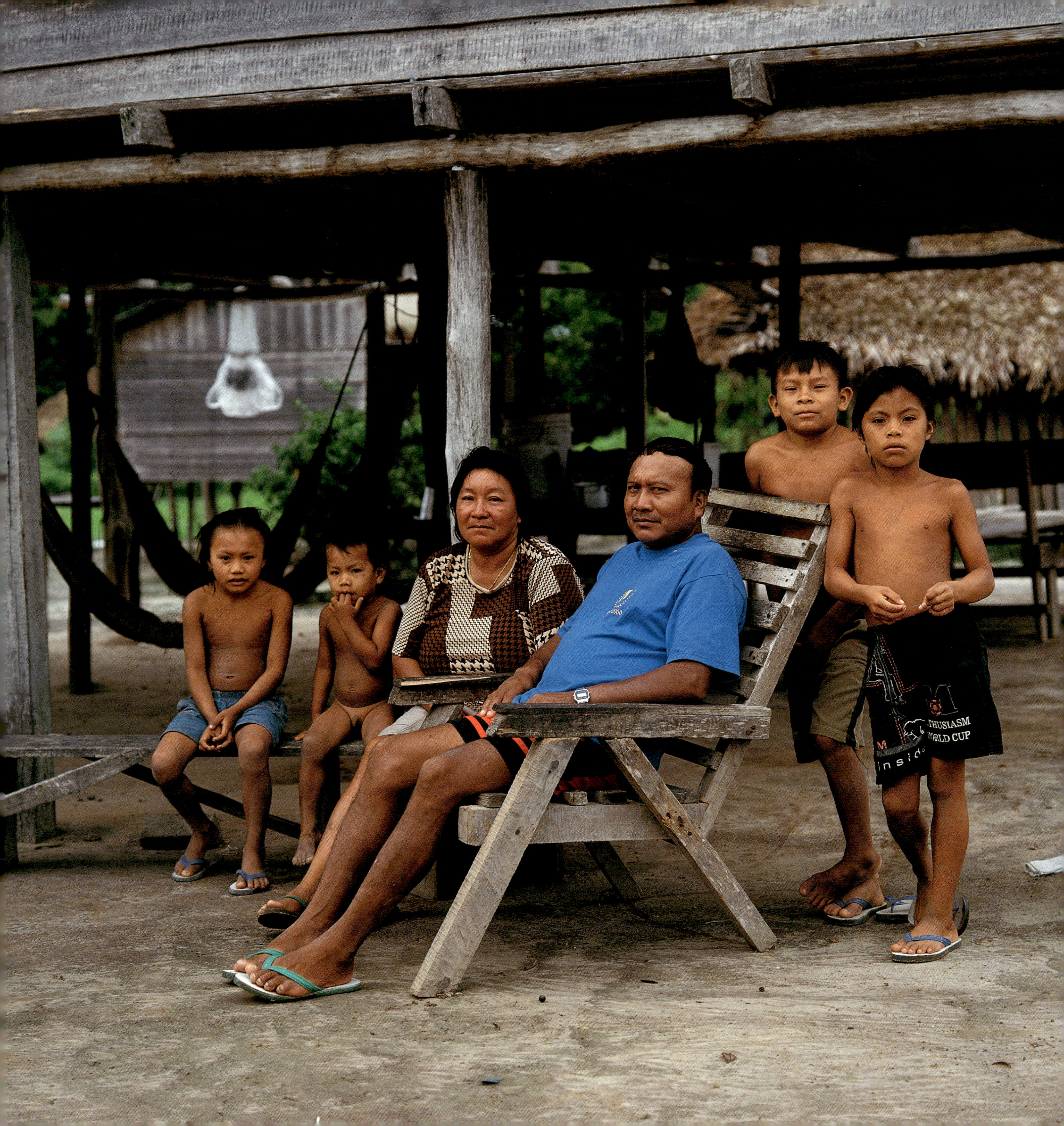

Palumeu ligt op een plaats waar twee rivieren samenstromen: de Palumeu en de Boven Tapanahony. Onze voorouders hebben vroeger ook op deze plek gewoond maar zijn later naar een andere plaats vertrokken. Wij hebben deze plek opnieuw open gekapt en dit dorp gebouwd. Er wonen nu 200 mensen, Trio's en Wajana's. Er is een polikliniek en sinds 1999 hebben we een lagere school met zeventig leerlingen. Acht jaar geleden ben ik gekozen tot kapitein van het dorp. Ik zal proberen u iets te vertellen over ons dagelijks leven.

Er wordt iedere dag gewerkt. De vrouwen gaan bijna iedere dag naar hun kostgrondje, verzamelen hout en maken eten. De meeste mannen gaan ook naar de kostgrondjes, anderen gaan twee keer per week het bos in om te jagen. Er wordt door meer mensen gejaagd dan vroeger en daarom hebben de dieren zich verder teruggetrokken in het bos. De jagers moeten nu verder het bos in dan vroeger. We jagen niet het hele jaar op dezelfde dieren, anders zouden deze verdwijnen. Honden zijn belangrijk bij de jacht. Het zijn extra wapens. Ze jagen *pingo's* (bosvarkens) op of vinden het hol van een gordeldier. Het vlees uit het bos is belangrijk maar we eten voornamelijk vis want iedere dag kun je vissen vangen.

Ik ben heel blij dat we hier onderwijs hebben gekregen. Wij hebben dat hard nodig. Neem nu bijvoorbeeld ons tweeën: u kunt mij niet verstaan en ik u niet. Daarom moeten onze kinderen goed Nederlands leren spreken. Aan mensen als u vraag ik altijd om onze school te steunen en spullen mee te nemen die we voor de school nodig hebben. U vraagt mij of ik niet bang ben dat wij door deze veranderingen onze cultuur zullen kwijt raken. Nee, dat geloof ik niet. Neem een dag als vandaag, zaterdag. Sommige kinderen zijn meegegaan naar de kostgrondjes. Daar zien ze hoe je knollen en vruchten moet laten groeien. Sommige kinderen zijn in het dorp gebleven en leren hoe ze cassave moeten maken. Cassave is ons belangrijkste voedsel.
Er zijn ook jongens die mee gaan jagen. Het gebeurt wel eens dat jongens naar Paramaribo vertrekken. Maar niet vaak. Daar hebben we het geld niet voor en het leven is daar moeilijk en heel anders.

Ons leven heeft heel veel met de natuur te maken. Het bos is voor ons een winkel. We halen er voedsel vandaan. Het levert het hout en de bladeren voor de huizen en de daken. Het bos is een polikliniek waar we medicijnen kunnen halen. In de rivier kunnen we vissen, wassen en met onze kano's varen. Dit bos is van ons en daarom ben ik ook tegen houtkap. Ik weet dat er concessies worden aangevraagd en daar maak ik me soms veel zorgen over. Ik praat hier over met de kapiteins van andere dorpen. We praten dan ook over andere belangrijke zaken, zoals de aanleg van elektriciteit.

Ik ben vóór het toerisme. Als er nieuwe toeristen komen, worden ze door ons ontvangen en drinken we samen *cassiri* en mogen ze foto's maken. Daarna gaan ze naar de huisjes verderop, buiten het dorp. We hebben afgesproken dat ze niet zomaar het dorp inlopen en foto's maken. Voor ons is het toerisme de enige manier om wat geld te verdienen en dat hebben we nodiq om allerlei spullen te kopen, zoals buitenboordmotoren en benzine. Sommige jongens hebben een opleiding gekregen en zijn gids geworden. Dat is goed. Ze verdienen er wat mee en leren de toeristen hoe belangrijk het bos is voor ons. Ik geloof dus in vooruitgang maar ik denk niet dat we onze manier van leven zullen kwijtraken. Dat is iets wat heel diep in ons zit.

# Pesipe Padoe

## Kapitein van het dorp Palumeu

## Captain of Palumeu village

***TOON FEY***

Palumeu lies at the point where two rivers – the Palumeu and the Upper Tapanahony – meet. Our ancestors lived at this spot too, but they later moved elsewhere. We cleared the ground again and built this village. We now have 200 residents, Trios and Wajanas. We have a medical centre, and since 1999 we have had a primary school with 70 pupils. I was elected captain of the village eight years ago. I will try to tell you a little about our daily lives.

We work every day. The women work their land, gather wood and prepare food. Most of the men also work on the land, others go into the forest to hunt twice a week. More people are hunting nowadays, so the animals have retreated deeper into the forest, which means the hunters have to go further in than they used to. We don't hunt the same animals all year round, otherwise they would die out. Dogs are important for the hunters, an extra weapon. They flush out *pingos* (wild boar) and find armadillo burrows. The meat from the forest is important, but we mainly eat fish, because you can catch fish every day.

I'm very glad we have a school here now, we really need it. Take the two of us, for instance: you can't understand me and I can't understand you. That's why our children must learn to speak good Dutch. I always ask people like yourself to support the school and bring things that we need. You ask whether I am afraid that these changes will cause us to lose our traditional culture. I don't think they will. Take today, for example, Saturday. Some of the kids have gone to the family's patch of land with their parents. They see how fruit and vegetables grow. Some kids have stayed behind in the village, learning how to make cassava, our most important food. Some boys also go hunting. Boys sometimes go off to Paramaribo, but not very often.
We don't have the money, and life is hard and very different there.

We live very close to nature. The forest is like a shop for us. We get food there, and wood and leaves to build houses. The forest is also our pharmacy, where we go for medicines. We use the river to fish, wash and get around by canoe. This forest is ours, and I am against logging. I know that companies have applied for concessions, and I worry about it a lot. I talk to the captains of other villages about it. But we also talk about other things, like getting connected to the electricity supply.

I am in favour of tourism. When new tourists arrive we welcome them, drink *cassiri* with them, and let them take photos. Then they go to stay in their houses outside the village. We have agreed that they won't just walk into the village and start taking pictures. Tourism is the only way for us to earn a bit of money, which we need to buy all kinds of things like outboard motors and fuel. Some of the boys have been trained as guides. That's good.
It earns them some money, and they can teach the tourists how important the forest is to us. So I believe in progress, but I don't think we will lose our way of life. It's too deep within us.

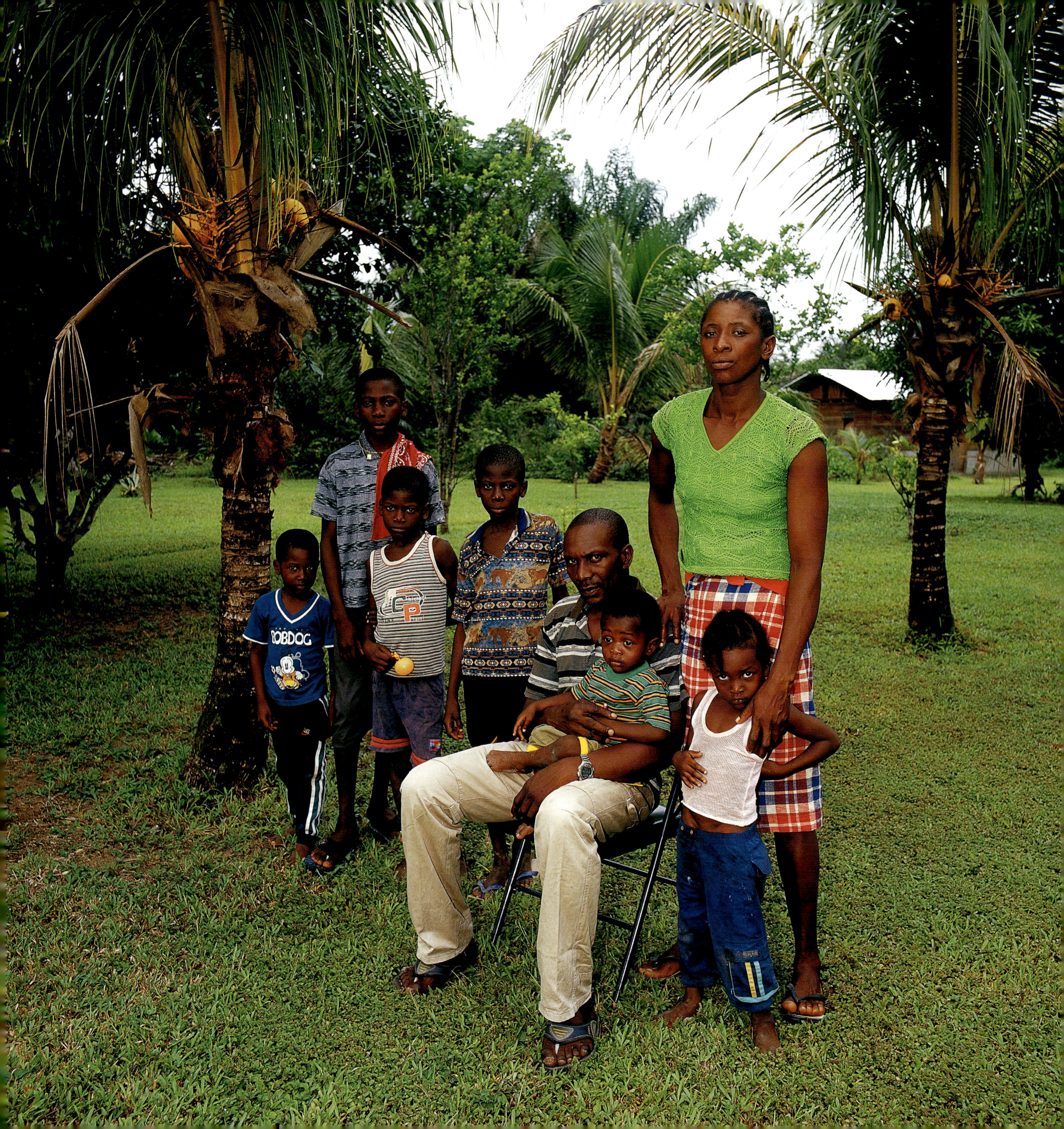

Ik ben niet hier, maar een paar dorpen verderop langs de rivier geboren. Toen ik een baan kreeg in Djumu als verpleger, ben ik in Bendekondre gaan wonen. Ik heb dat gedaan omdat mijn moeder afkomstig is uit dit dorp. Zoiets is belangrijk voor ons omdat het erven van grond en goederen volgens de vrouwelijke lijn loopt. Dat geeft je meer rechten en vrijheid, op de grond van je moeder mag je doen wat je wilt.

Als verpleger moet je in staat zijn om veel verschillende ingrepen te doen. Je moet bevallingen kunnen leiden, extracties uitvoeren, katheters inbrengen, wonden hechten en verzorgen – noem maar op. Als er zich gecompliceerde gevallen voordoen, moet je via de radioverbinding om advies vragen. Ik heb dat vijftien jaar gedaan. Daarna ben ik als gids meegegaan met expedities, zoals bijvoorbeeld naar het graf van de ontdekkingsreiziger Eilerts de Haan. Die kennis van het bos wordt je al als kind aangeleerd. Die expedities zijn heel interessant maar ook uitputtend. De omstandigheden zijn zwaar, je sleept met motoren, benzinetanks en rubberboten. En als ik na zo'n expeditie weer thuiskom, moet er van alles gebeuren. De voorraden in de winkel zijn bijna op, het onkruid in de tuin is veel te hoog. Met een expeditie verdien ik niet genoeg om hier iemand mijn werk te laten doen. Daarom ben ik ermee opgehouden. Ik ben nu beslist niet alleen maar winkelier. Ik ben ook landbouwer en ik fok kippen. Mensen komen nog steeds bij me voor medisch advies en medicijnen. Voor die medicijnen vraag ik bijna geen geld. Maar ik geef ze met opzet niet voor niks weg. De mensen moeten leren dat je voor sommige dingen nu eenmaal moet werken.

Misschien moet ik mijn positie hier wat beter uitleggen. Je moet begrijpen dat ik me zorgen maak over de situatie in het binnenland: de gezondheidszorg, onderwijs en werkgelegenheid. De jacht en de landbouw bieden niet genoeg werk. Veel jongeren zoeken hun heil in de stad en zoals je weet loopt dat niet altijd goed af. Geen wonder: ze zijn slecht opgeleid, krijgen geen baan en raken in een sociaal isolement. Wat ik hier probeer te doen, is te laten zien dat het mogelijk is om ook op onze geboortegrond een bestaan op te bouwen. We zijn het niet zo gewend maar we zullen iets meer ondernemingszin moeten ontwikkelen. Daarom laat ik tegen betaling mensen naar Atjoni varen om spullen op te halen. Een paar jongens halen zand uit de rivier en maken er stenen van, een paar anderen kunnen inmiddels goed metselen en worden daarvoor betaald. Zo kunnen we misschien voorkomen dat de jeugd wegtrekt. Als dat gebeurt, blijven er straks alleen nog ouderen over. Zonder enige zorg, want voor hulp zijn ouderen hier afhankelijk van de opvang door de familie. Gelukkig zien sommige jongens die terug uit de stad zijn gekomen, dat er hier toch een toekomst mogelijk is. Op het ogenblik ben ik bezig om de winkel uit te breiden met een grote ruimte. Dat is goed voor het dorp, hier kunnen dan ook bijeenkomsten en voorlichtingsavonden worden gehouden.

Toerisme kan natuurlijk een belangrijke bijdrage leveren aan de werkgelegenheid in het binnenland. Maar de kwaliteit van het toerisme zal verbeterd moeten worden. Wij moeten beter begrijpen wat de toeristen nu precies verlangen. Omgekeerd moeten de toeristen leren hoe ze met de plaatselijke bevolking moeten omgaan. Nu heeft die er vaak alleen maar hinder van en zien ze groepjes blanke toeristen met camera's door hun dorpen lopen terwijl al het geld in de zakken van de touroperators verdwijnt. De bevolking zal echt veel directer bij het toerisme betrokken moeten worden.

# Ile Opodi

## Winkelier / transporteur binnenland

**TOON FEY**

## Shopkeeper / Transporter in the interior

I wasn't born here, but a couple of villages further along the river. When I got a job as a nurse in Djumu I went to live in Bendekondre, where my mother comes from. It was important to be there, because land and goods are inherited through the female line. And owning property gives you much more freedom: on your mother's land you can do what you want.

As a nurse you have to know how to carry out all sorts of medical procedures – deliver babies, extract teeth, insert catheters, stitch wounds and so on. In complicated cases you have to get advice over the radio. I worked as a nurse for fifteen years. Then I became a guide and went on expeditions like the one to the grave of the explorer Eilerts de Haan. Forest craft is something you learn as a child. The expeditions are very interesting but they're exhausting too. Conditions are really hard and you have to drag outboard motors, petrol tanks and rubber boats around. And when I get home from an expedition there's so much to do. The shop's stocks are really low and the weeds in the garden are knee-high. I don't earn enough as a guide to have someone take over for me in the shop. That's why I stopped. But I'm definitely not just a shopkeeper now. I work the land and I breed chickens. People still come to me for medical advice and medicines. I don't ask much money for them, but I deliberately don't give them away for nothing. People have to learn that there are some things for which you just have to work.

Perhaps I should explain my position here a bit more clearly. You have to understand that I am very concerned about the situation in the interior. Leaving aside issues like health care and education, the problem of unemployment is very serious here. Hunting and agriculture don't provide enough jobs, so lots of young men go off to the towns and as you know that doesn't always work out. No wonder: they're badly educated, can't get a job and become socially isolated. What I'm trying to do is to show people that it's possible to build a life here in the place where we were born. It's not our way, but we have to develop a bit more of the entrepreneurial spirit. That's why I pay people to travel to Atjoni and pick up supplies for me. A couple of boys make bricks from sand out of the river; others have learned how to lay bricks and earn money from that. In this way we can perhaps stop all the young people leaving. If that happens, there will only be old people left, without any kind of care because they are dependent for that on their families. Luckily some of the young men who have returned from the towns can see that they could have a future here. At the moment I'm busy building a large extension to the shop premises. That will be good for the village. They can hold meetings and information evenings here.

Tourism can of course create employment opportunities in the interior. But then we have to improve the facilities on offer. We have to find out exactly what tourists want. On the other hand, the tourists have to learn how to get along with the local population. At the moment they are more often just a nuisance for the locals. They see groups of white people with cameras walking through their villages and all the money ending up in the tour operators' pockets. The local community will have to be much more directly involved in the tourist business.

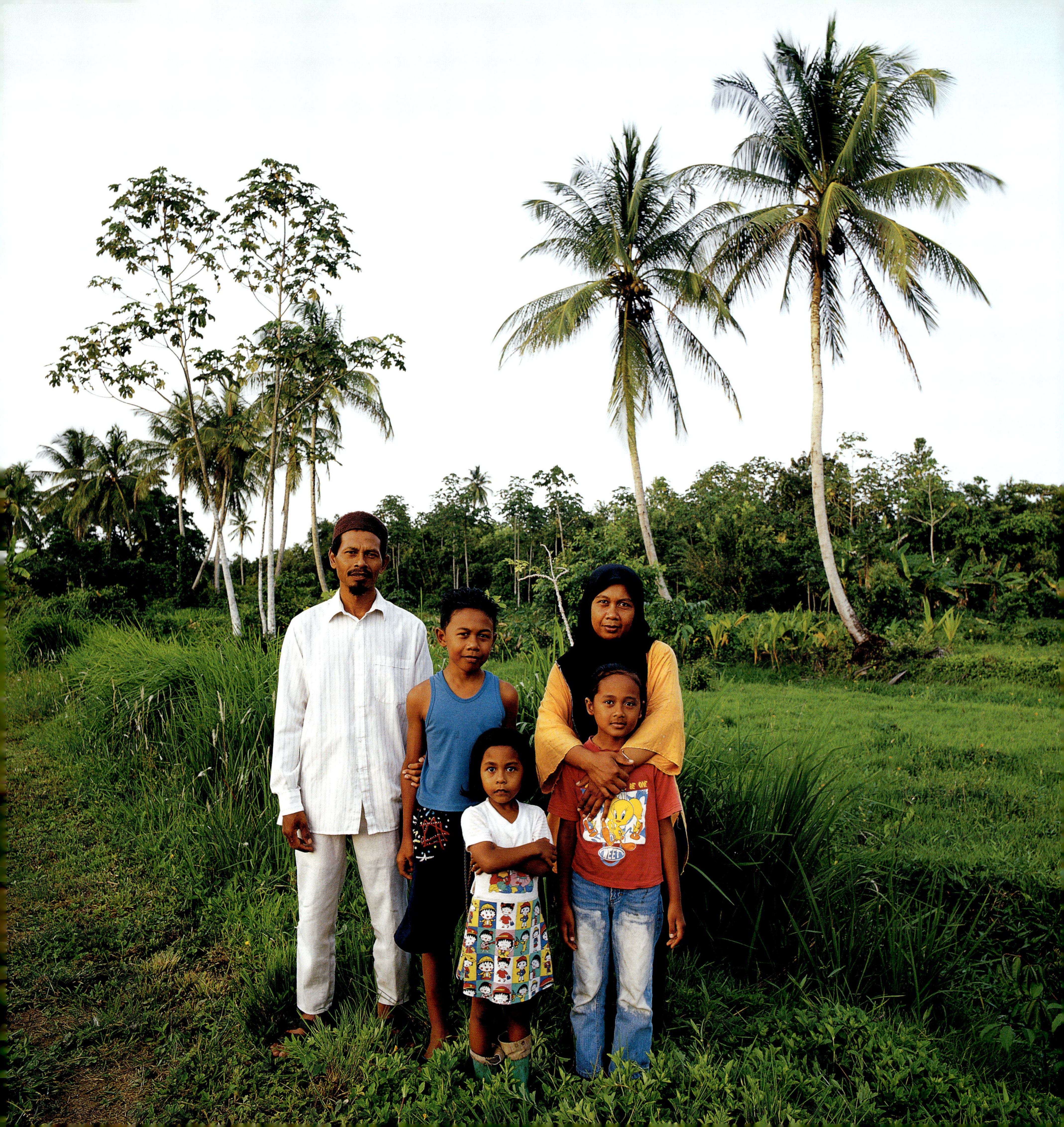

Ik ben geboren in Kampong Baroe in het district Saramacca en ben al 15 jaar getrouwd met Ngademin Mertodikromo. Wij hebben drie kinderen: zoon Aziz van 12 jaar en twee dochters, Siti van 8 en Asma van 5 jaar.
Mijn overgrootvader kwam als contract-arbeider uit Java naar Suriname, mijn opa was een van de eersten die het lukte om een stukje domeingrond te kopen.
De grond waarop ons huis staat, was van mijn schoonouders. Later is het land verdeeld tussen de twee zonen. Mijn man werkt bij de overheid, bij de dienst milieubeheer. Als de kinderen op school zijn, sta ik in de winkel, hier aan huis. Wij hebben twee hectare land en daarop verbouwen we pinda's, markoesa, citrusvruchten, groenten en fruit. Verder hebben wij 300 kippen, drie koeien en een kalfje.
'sMiddags werk ik samen met mijn man op het land en staat Aziz in de winkel. Daar verkopen we onze eieren, melk en wat er van het land komt. Elke dag sta ik om half zes op, ga baden, doe mijn gebed en verzorg de kinderen totdat ze met de bus naar school gaan. Aziz zit op de openbare Mulo in Groningen. Siti en Asma gaan naar een katholieke school. Er is ook nog een EBG-school* hier in Groningen, maar geen openbare. Vanaf acht uur sta ik in de winkel, tot twee uur 's middags. Daarna doe ik mijn gebed, eet en hou ik siësta. Van vijf tot 's avonds negen werk ik op het land of sta in de winkel. Daarna doe ik weer mijn gebed, eet, maak huiswerk met de kinderen, speel met ze en ga naar bed.

Het salaris van mijn man plus de landbouwopbrengst is niet genoeg om van te leven. De kleine winkel levert niet veel op want we leven tussen twee supermarkten in. Daarom staan wij op zondag ook op de Tourtonnemarkt in Paramaribo met kippen en groente. Naast ons staan dan mijn broer met orchideeën en mijn zus met vruchten. Dat is elke zondag een soort reünie, de kinderen ontmoeten hun neefjes en nichtjes en voor ons is het ontspanning. Zo hebben we heel goed contact met onze familieleden.

Elke vrijdag gaan wij naar de moskee, waar mijn hele familie ook komt. De kinderen krijgen daar les in Arabisch lezen en in het lezen van de koran. Samen met mijn man doe ik dat ook. Wij willen in deze wereld – vooral na 9/11 – zelf weten wat er in de koran staat. Er is veel verdeeldheid in de islamitische wereld, ook hier in Suriname. Er bestaan verschillende opvattingen over Mekka. Wij zijn oostbidders omdat Mekka vanuit hier gezien in het oosten ligt. Maar er zijn ook westbidders, die nog steeds met het gezicht naar het westen gekeerd bidden, zoals in Indonesië. Maar vanuit Suriname gezien ligt Mekka in het oosten. Zij doen het dus verkeerd, vinden wij.

Er zijn hier helaas niet veel mogelijkheden voor werk. Veel mensen hosselen en planten allemaal zelf. Er is veel concurrentie en geen export naar de internationale markt. De kooplui voor de centrale markt kopen voor hele lage prijzen op. Ik vis graag maar de vis is ook bedoeld om te eten. Achter in het land bij de buren is een vijver ontstaan doordat schelpzand is weggehaald voor de verkoop. Daar vang ik krobia en pataka. Als ik tijd heb tenminste want ik heb het nu druk met het verzorgen van de pinda-aanplant. Ik vind dat wij in een moeilijke wereld leven, met veel criminaliteit. Mijn man en ik zien er nu al tegenop dat onze kinderen straks de wereld in gaan en misschien wel verkeerde vrienden krijgen.

*EBG = Evangelische Broedergemeente

# Marienten Mertodikromo

## Landbouwster/winkelierster/marktkoopvrouw

## Smallholder/Shopkeeper/Market trader

***GRÉ PLOEG***

I was born in Kampong Baroe in Saramacca district, and I have been married to Ngademin Mertodikromo for 15 years. We have three children: a son Aziz, who is 12, and two daughters: Siti aged 8 and Asma aged 5. My great-grandfather came from Java to Suriname as an indentured labourer. My grandfather was one of the first people to buy a piece of state land. The land we now live on belonged to my parents-in-law. It was divided between their two sons. My husband works for the government, in the environmental management department. When the kids are at school I work in the shop, here at home. We have two hectares of land which we use to grow peanuts, granadilla, citrus and other fruits and vegetables. We also have 300 chickens, three cows and a calf. In the afternoon my husband and I work on the land while Aziz minds the shop. That's where we sell our eggs, milk and the produce from our land. I get up at 5.30 every morning, take a bath, pray and get the children ready in time for the school bus. Aziz is at the state advanced elementary school in Groningen. Siti and Asma go to a Catholic school. There is also an EBG school* here in Groningen, but no state school. I work in the shop from eight in the morning to two in the afternoon. Then I pray, eat and take a siesta. From five to nine o'clock I work on the land or in the shop. Then I pray again, eat, help the children with their homework, play with them and go to bed.

We cannot live on my husband's salary and what we make from our smallholding. The shop does not earn much because we live between two supermarkets. So we also have a stall on the Tourtonne market in Paramaribo on Sundays, selling chickens and vegetables. My brother has a stall next to us selling orchids, and my sister sells fruit. It's like a family reunion every Sunday. The kids meet up with their cousins, and we get to relax. It keeps us close to our family.

My whole family attends mosque on a Friday. The kids learn to read Arabic and they read the Koran. My husband and I also read it - we want to know for ourselves what it says in the Koran, especially since 9/11. The Muslem world is very divided, and Suriname is no exception. Muslems have different views about Mecca. We pray to the east because Mecca is east of here. But there are also people who pray to the west, like they did in Indonesia. But Mecca is east of Suriname, so we think they do it wrong.

Unfortunately, there's not much work here. People hustle to get by and we all grow fruit and vegetables. There is a lot of competition, and we can't export to the international market. The buyers for the central market buy everything up at very low prices.

I like fishing, but what I catch is for us to eat. Out back, near our neighbours' land, there is a pond where they dug out shell-sand to sell. I catch krobia and pataka there. If I have time, that is, because I'm very busy tending the peanuts at the moment. I think we live in a difficult world, there's lots of crime. My husband and I are already dreading our children going out into the world and perhaps meeting the wrong kind of people.

* EBG: Evangelical Brotherhood Community

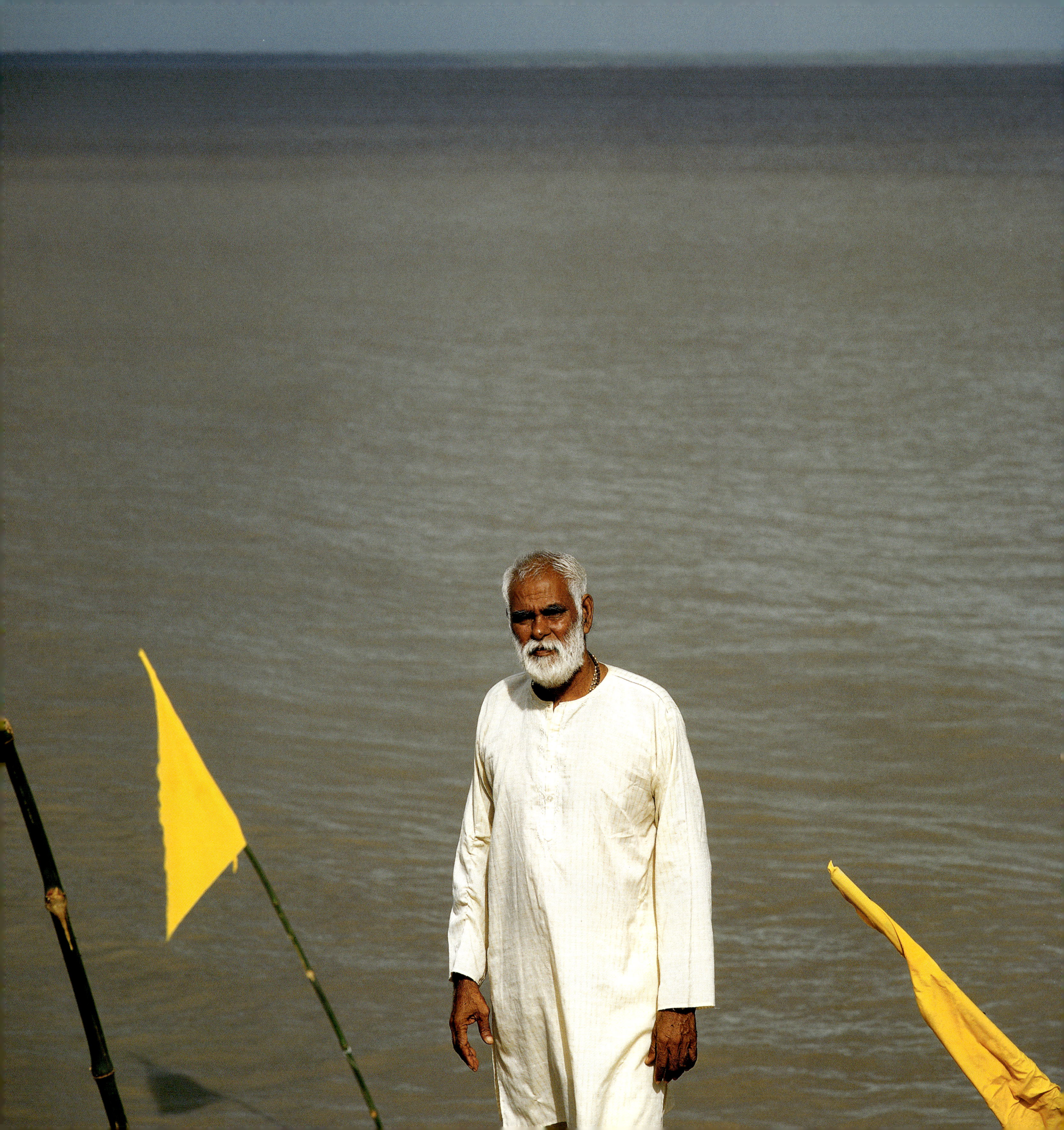

Mijn vader kwam als contractarbeider met de laatste boot uit India om op de suikerplantage in Mariënburg te werken. Na zijn contractperiode besloot hij te blijven en in ruil daarvoor kreeg hij drie hectare grond aangeboden. Samen met mijn moeder heeft hij die opengekapt en bewerkt. Ze hielden kippen en een paar koeien en verbouwden groenten en rijst. Elektriciteit en stromend water waren er niet. Mijn moeder begon een handeltje, eerst met hun eigen producten. Rijst werd per kopje verkocht. Later verkocht ze ook levensmiddelen van de groothandel. Ze was nooit naar school geweest, maar kon heel goed rekenen en had een ongelooflijk goed geheugen. Ze verleende ook kredieten aan kleine boeren met geldgebrek.

Ons gezin bestond uit negen kinderen. We hadden geen bedden, die had niemand. We lagen op lege rijst- of meelzakken. Later stopte mijn moeder daar stro in, zo leek het op een matras. Er was maar één school in Nieuw Nickerie, een katholieke, dus daar gingen we heen. Dat wil zeggen: alleen mijn broers en ik. Voor mijn zusjes was geen geld voor nette kleding en schoenen en dat was wel verplicht.

Mijn zusjes trouwden al op de leeftijd van 12 of 13 jaar, dat was in die tijd normaal. Hun mannen waren landbouwers maar de vrouwen werden later allemaal winkeliers, gestimuleerd door onze moeder. Zij hadden dan wel geen schoolopleiding gehad maar wel Hindi-lessen gevolgd en konden daardoor goed tellen. De landbouw was toen nog kleinschalig. We kapten de enorme bomen met de hand. De rijst werd met de hand geplant en geoogst door de droge halmen tegen een bank te slaan. Soms lieten we de ossen over de halmen lopen en raapten we de losse korrels op.

We woonden met onze gezinnen allemaal bij onze ouders in, op een gegeven moment met wel 25 man. Iedereen werkte en zodra er geld genoeg was om een paar hectare grond en een tractor te kopen, werd er gezamenlijk een huis gebouwd en ging broer of zus met gezin apart wonen. Omdat ik de jongste van de negen kinderen was, mocht ik naar de Mulo. Daarna heb ik de landbouwschool gedaan en kreeg ik een baan als kassier. 's Middags werkte ik op de 2,5 hectare land die ik van mijn vader had gekregen en tussendoor in de winkel van mijn moeder. Op mijn zevenentwintigste ben ik getrouwd met de dochter van een rijsthandelaar. Met gespaard geld kon ik op een gegeven moment tamelijk veel grond kopen en grootschalig rijst gaan verbouwen. De zaken gingen prima, we verdienden goed. Helaas ging het in de jaren tachtig heel slecht. De militairen haalden onze spullen en voorraden weg en bovendien verloor ik mijn belegde geld doordat de geldschieter failliet ging. Zelf was ik ook bijna failliet. Maar een Hindostaan verkoopt nooit wat hij bezit, ik hield dus alleen mijn grond en huizen over.

Dankzij de rijstbouw en een goede handelsgeest zijn we er weer bovenop gekomen. We hebben vijf zonen en een dochter – die hebben we wel naar school gestuurd. Ze is nu onderwijzeres in Paramaribo. Van mijn zonen is er één econoom en één landbouwer, de anderen zitten in de handel. Ook al de neven en nichten zitten in de handel. Dat is allemaal te danken aan het zakeninstinct van hun grootmoeder.

De laatste jaren zet ik mij voornamelijk in voor de tempel Eekta Ganga Mandir op de dijk van de Corantijn rivier. We zijn met een kleine tempel met maar één beeld begonnen. Nu staat er een veel grotere met zestien beelden en uitzicht op zee. Ganga is de moeder en godin van de zee.

Ik ben tevreden met wat ik nu heb, een kleine houten woning onderaan de dijk. Mijn vrouw heeft nog steeds een marktkraam. Er is nog iets wat ik ga doen: een reis maken naar Uttar Pradesh in India. Daar spreekt men dezelfde Hindi-taal als hier in Suriname. Ik ben heel benieuwd of ik daar nog familie kan vinden.

# Ramsewak Kamta / Rijstbouwer / handelaar

**_GRÉ PLOEG_**

## Rice farmer / Tradesman

My father came as an indentured labourer on the last boat from India to work on the sugar plantation in Mariënburg. After his contract ended he decided to stay, and was given three hectares of land. He and my mother cleared and cultivated the land. They kept chickens and a few cows and grew vegetables and rice. There was no electricity or running water. My mother started trading, their own products at first. She sold rice by the cup. Later she also sold groceries that she bought wholesale. She had never been to school but she was very good at arithmetic and had an unbelievably good memory. She also lent money to smallholders who were a bit short.

There were nine children in my family. We didn't have beds, nobody did. We slept on empty rice or flour sacks. Later my mother stuffed them with straw, so they were like mattresses. There was only one school in Nieuw Nickerie, a Catholic school, so that's where we went. Or should I say, my brothers and I went. There was no money to buy my sisters decent clothes and shoes, and you had to have them to go to school, it was a rule.

My sisters married when they were 12 or 13, which was normal back then. Their husbands were farmers but their wives all became shopkeepers, encouraged by my mother. They hadn't been to school but they had had Hindi lessons, so they could do arithmetic. We only farmed on a small scale in those days. We chopped down enormous trees and planted rice by hand, and harvested the rice by bashing the dry stalks against a bench. Sometimes we let the oxen walk over the stalks and picked up the grains of rice afterwards.

We all lived in our parents' house, together with our families. There were 25 of us at one point. Everyone worked, and as soon as there was enough money to buy a few hectares of land and a tractor, we all got together to build a house, and one of my brothers or sisters moved in with their family. I was the youngest of the nine children, so I was allowed to go to the advanced elementary school. Then I went to agricultural school and got a job as a cashier. In the afternoons I worked on the two-and-a-half hectares of land my father had given me, and also in my mother's shop. When I was 27 I married the daughter of a rice trader. After a while, I used my savings to buy quite a lot of land and I began growing rice on a fairly large scale. The business did well, and we earned quite a lot of money. But in the 1980s things started to go wrong. The army took our equipment and supplies, and I lost the money I had invested because my financial backer went bankrupt. I was almost bankrupt myself. But a Hindustani will never sell his possessions, so I kept my land and houses.

The rice farm and good business sense have helped us get back on top. We have five sons and a daughter, and they all went to school. Our daughter is a teacher in Paramaribo. One of my sons is an economist, one a farmer and the rest are tradesmen. Their cousins are also all in trade. All thanks to their grandmother's business instinct.

Over the past few years I have devoted a lot of my time to the Eekta Ganga Mandir temple on the dike of the Corantin River. We began with a small temple with just one statue. Now we have a much bigger one, with sixteen statues and a view of the sea. Ganga is mother and goddess of the sea.

I am happy with what I have now, a small wooden house beside the dike. My wife still runs a market stall. But there is one thing I'm going to do: visit Uttar Pradesh in India. They speak Hindi there like we do here in Suriname. I would like to see if I can find any relatives there.

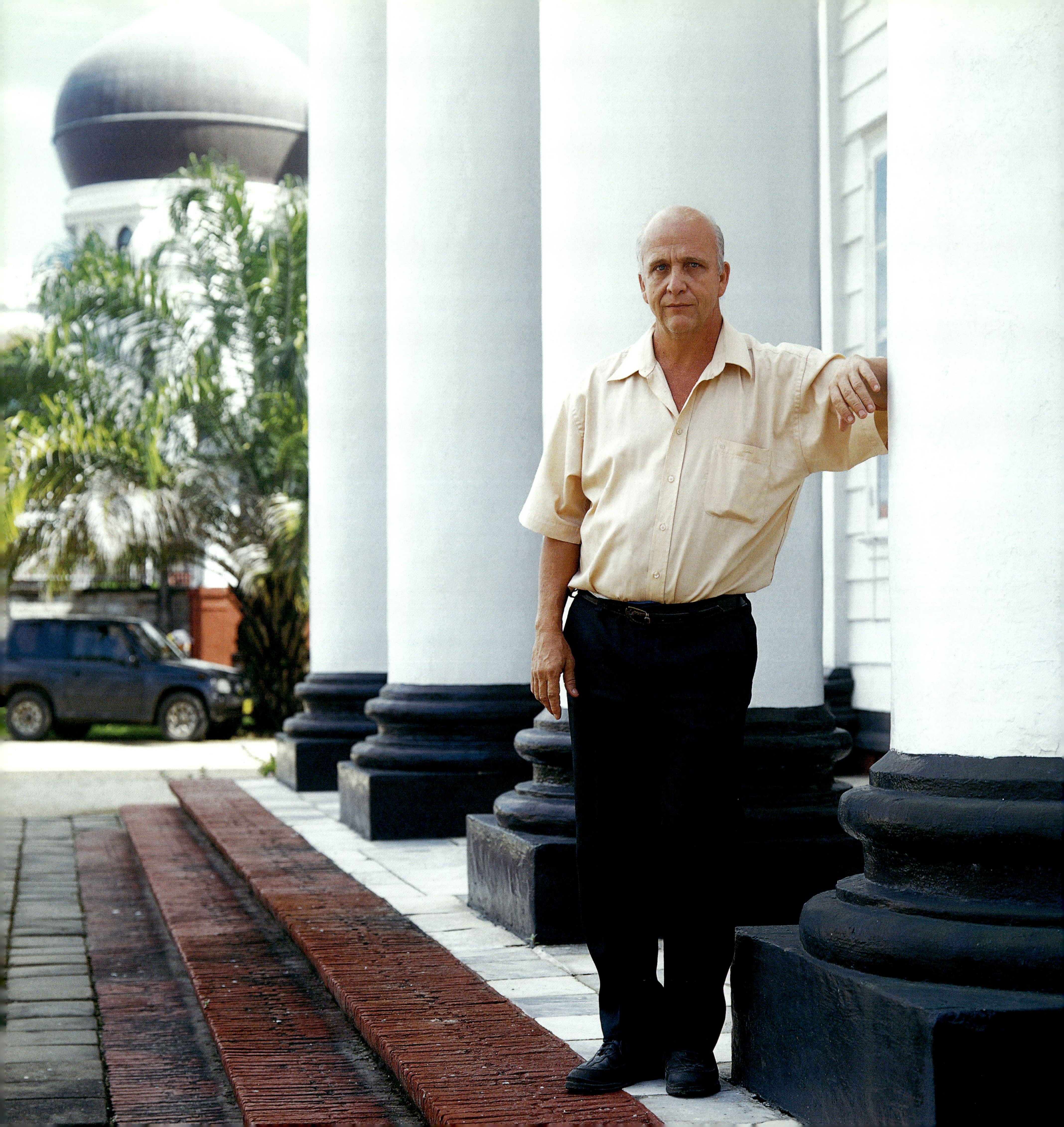

Suriname betekent alles voor me. Als je het met de rest van de wereld vergelijkt, is het een stukje paradijs. We leven met veel verschillende mensen in vrede bij elkaar, we hebben geen natuurrampen, we kennen geen hongersnood. Ik voel me hier gelukkig. Mijn voorouders zijn in 1741 vanuit Spanje naar Suriname vertrokken. Ik weet dat zo precies omdat het heel makkelijk was om mijn stamboom na te gaan. Joden schrijven overal ter wereld alles op. Dat hebben ze altijd gedaan, de bijbel is daarvan het beste bewijs. Hun namen kom je overal tegen, in geboorte-, overlijdens- en huwelijksregisters. Als er geen burgerlijke stand bestaat, kun je altijd nog in de archieven van de Joodse Gemeente speuren. Op die manier konden we onze stamboom traceren tot in de veertiende eeuw in Spanje.

Zelf ben ik voorzitter van de Joodse Gemeente in Suriname. Dit is een kleine maar actieve gemeente. We houden regelmatig diensten en bijeenkomsten, regelmatig komt er een rabbijn naar Suriname of komen er leraren op bezoek. De Joodse Gemeente neemt hier een bijzondere plaats in. In de loop van de tijd heeft er natuurlijk een sterke assimilatie plaats gevonden.
Men zegt wel eens: als je hard genoeg schudt aan de stamboom van de Surinamer, valt er altijd wel ergens een Jood uit. De invloed die het jodendom heeft gehad op de Surinaamse samenleving, is groot. In de creoolse keuken bijvoorbeeld kom je typisch joodse invloeden tegen, zoals *pom* en *viadoe*. Veel creolen eten ook geen vis zonder schubben of varkensvlees.

Ik voel me honderd procent Joods en ben betrokken met wat er in Israël gebeurt. Maar ik zal mijn geboorteland nooit verlaten. Ik verkeer soms wel eens in tweestrijd. Wat ben ik nu in de eerste plaats: Joods of Surinaams? Joden hebben in de loop van de geschiedenis veel ellende meegemaakt en moesten vaak van de ene plek naar de andere vluchten. Gelukkig is daar in Suriname nooit sprake van geweest. We zijn altijd vrij geweest in de uitoefening van onze godsdienst en dat zal ongetwijfeld zo blijven. In Suriname zijn we gewoon gewend aan die verschillende godsdiensten. Dat betekent niet dat ik erg tevreden ben over onze politiek. Vaak is dat een ramp. De politiek houdt heel veel tegen. We zouden moeten uitgroeien tot een echte natie, want dat zijn we nog steeds niet. De politiek is verdeeld in hokjes, we moeten leren om van dit land te houden en er trots op te zijn. Ik zie geregeld mensen om me heen die achter een ticket naar Nederland aanzitten. Ik vraag me dan af: waarom doe je dat? Volgens mij ga je de ellende tegemoet. We leven hier toch gelukkig? Ik zou me wel twee keer bedenken. Als je Suriname afspiegelt tegen Nederland, komen wij er tweemaal beter van af, zou ik zeggen.

# Jules Donk / Voorzitter Joodse Gemeente

## Leader of the Jewish Community

***HENNAH DRAAIBAAR***

Suriname is everything to me. It's a little piece of paradise compared to the rest of the world. Lots of different people living together peacefully, no natural disasters, no hunger. I'm very happy here. My ancestors came to Suriname from Spain in 1741. I know, because it was very easy to trace my family tree. Jews keep records of everything, the whole world over. We always have done – the bible is the best evidence of that. You find Jewish names everywhere in birth, death and marriage registers. If there is no register, you can always look in the archives of the Jewish community. That's how we managed to trace our family tree back to 14th-century Spain.

I am the leader of the Jewish community in Suriname. It's a small but very active community. We hold regular services and meetings, and rabbis and teachers often visit Suriname. The Jewish community has a very special role here. Over the years we have become highly assimilated, of course. People say: if you shake a Surinamese family tree hard enough, a Jew will always fall out. Judaism has had a big impact on Surinamese society. Take Creole cuisine, for example, which is full of typical Jewish influences like *pom* and *viadu*. Creoles hardly eat pork or fish without scales either.

I feel a hundred per cent Jewish, and I care about what happens in Israel. But I will never leave this country. I sometimes feel split in half: am I Jewish first and foremost, or Surinamese? Throughout history, Jews have experienced a great deal of sorrow, and have often had to flee from one place to another. Fortunately, that has never happened in Suriname. We have always been free to practise our religion, and I have no doubt that that will remain so. But that doesn't mean I'm happy with the political situation here. It's often a disaster. Politicians hamper progress. We should mature into a real nation, but we haven't yet. Politics is too divided. We have to learn to love and be proud of this country. I often see people desperate for a ticket to the Netherlands, and I wonder why. I think they are just asking for trouble. We're happy here, aren't we? I would certainly think twice about leaving. Compared to the Netherlands I'd say we're twice as well off here.

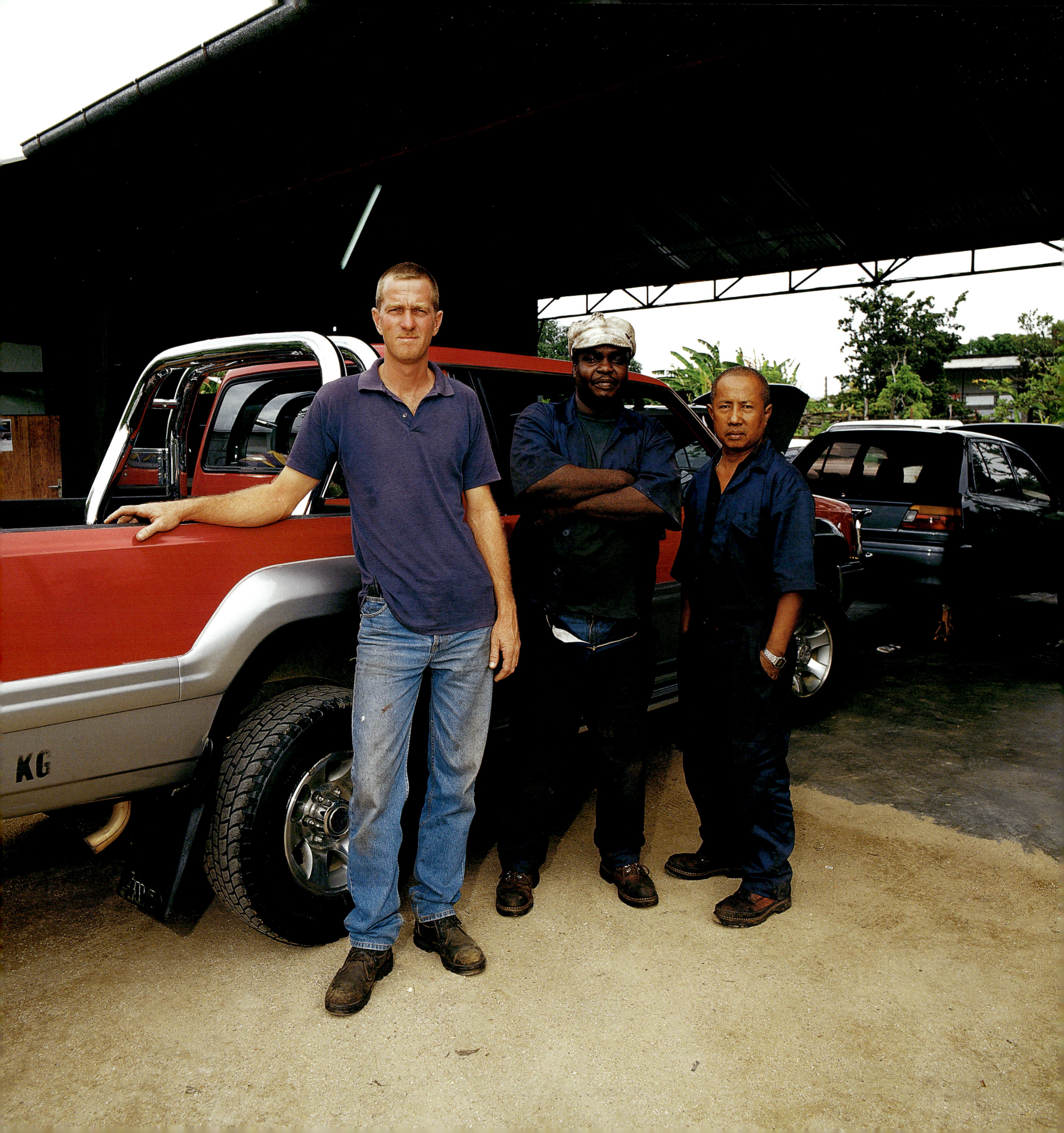
KG

Mijn overgrootvader van mijn vaders kant is naar Suriname gekomen als politie-commissaris, van mijn andere voorouders weet ik het eigenlijk niet. Ik ben echt wat ze hier een boeroe noemen, een blanke Surinamer dus. Thuis spraken we Nederlands maar op straat sprak ik Surinaams met mijn vriendjes.

Het heeft lang geduurd voordat ik wist wat ik nou eigenlijk wilde. Toen ik een keer zag hoe mijn oudste broer, die heel technisch is, een bromfiets uit elkaar haalde en die daarna weer in elkaar zette, liet me dat niet meer los en begon ik dat ook te doen. Al gauw werden het auto's. Het leek een goed plan om in Nederland, in Driebergen, autotechniek te gaan studeren. Nou, dat is een behoorlijke mislukking geworden. Ondanks mijn Nederlandse afkomst voelde ik me er absoluut niet thuis. Op een paar familieleden na kende ik niemand, in het weekend gingen bijna alle studenten naar huis. Ik miste Suriname en had een hekel aan het weer. Kou maakt me door en door chagrijnig, ik kan er echt niet tegen. Ik heb werkelijk mijn best gedaan maar het bleek dat ik in Nederland gewoon niets had te zoeken. Dat heeft ook iets met mijn jeugd te maken, denk ik. Als kind kwam ik alleen thuis om te eten en te slapen, verder was ik altijd buiten, op straat of in het bos. Altijd op blote voeten en alleen in een korte broek. Een enorme vrijheid. Toen ik het na twee jaar in Nederland echt niet meer uithield, kon ik terecht in dit gebouwtje. Mijn vader had dat laten neerzetten voor mijn technische broer die een bedrijfje zou beginnen maar die had daar na zijn studie helemaal geen zin meer in. Ik ben hier toen in mijn eentje begonnen, nu heb ik drie monteurs in dienst en iemand voor de administratie. Wat auto's betreft, heb ik de situatie de laatste tien jaar ontzettend zien veranderen. Het wagenpark is in een paar jaar tijd minstens vertienvoudigd, hier in de stad loopt het verkeer steeds vaker vast. Al die nieuwe auto's geven trouwens wel een beetje vertekend beeld van de welvaart want zóveel is die nou ook weer niet gestegen. Maar het is hier heel makkelijk om een auto aan te schaffen, een kleine aanbetaling is genoeg, daarna volgen de maandelijkse afbetalingen. En vergeet niet dat voor Surinamers auto's belangrijk zijn. Een mooie auto geeft meer status dan een mooi huis. De standaard uitvoering kom je dan ook maar weinig tegen, ze zijn meestal voorzien van allerlei extra's en een geweldige geluidsinstallatie. Vergeleken met Nederland heb je hier veel meer reparaties aan het onderstel. Als ik daarvoor onderdelen bestel, krijg ik wel eens te horen: 'Hoe is het nou toch mogelijk dat dit nu al vervangen moet worden? Normaal gesproken hoeft dat onderdeel helemaal nooit vervangen te worden. Dat komt eigenlijk alleen in derdewereldlanden voor.' Die mensen zijn duidelijk niet bekend met de toestand van de Surinaamse wegen die vaak onverhard zijn en gemene kuilen hebben.

Vroeg of laat, als ik de ware vrouw heb gevonden, wil ik zeker kinderen. Ik denk niet dat het ook boeroe's gaan worden. Want ja, laat ik het maar eerlijk zeggen: ik val niet zo op blanke vrouwen. Maar voorlopig ben ik tevreden met mijn leven. In mijn vrije tijd ga ik het liefst naar het binnenland. Meestal met de auto en vaak neem ik dan mijn boot mee om op de rivier te varen. Vissen, zwemmen, slapen in de hangmat op een mooie plek, vrienden en vriendinnen mee. Wat wil je nog meer?

# Vincent Heshusius

## Garagehouder

## Garage owner

***TOON FEY***

My great-grandfather on my father's side came to Suriname to work as a Chief of Police. I do not really know anything about my other ancestors. Here I am known as a 'Boeroe', a white Surinamese. At home we spoke Dutch but on the street I spoke Surinamese with my friends.

It took a long time before I knew what I really wanted to do. But then I saw my eldest brother, who is very technically minded, taking apart a moped and putting it back together again.

I caught the bug and started to do it, too. I soon progressed to cars. I decided it would be a good idea to study car mechanics in Driebergen in the Netherlands. But that was a complete disaster. Despite my Dutch background, I felt like a fish out of water. I knew no one, apart from a couple of family members, and in the weekends almost all the students went home. I missed Suriname and hated the Dutch weather. The cold made me really miserable. I just can't stand it. I really did my best, but I couldn't settle in the Netherlands. I think it had something to do with my childhood. As a child I only came home to eat and sleep. The rest of the time I was outside, playing in the streets or the woods. I roamed around in shorts and bare feet. A tremendous sense of freedom.

After two years, I couldn't take any more of living in the Netherlands. I came back and was lucky to be able to use this small building. My father had it built for my brother, who was going to start a small business. But he didn't want to do that once he'd finished studying. I started out on my own. Now I employ three mechanics and someone for the administrative work.

As regards cars, I've seen staggering changes during the past ten years. In the last few years, the number of cars has increased at least ten times and traffic jams are a regular occurrence here in the town. All those new cars give a distorted image of the level of prosperity, which hasn't increased much at all. But it is very easy to buy a car here. A small down-payment is all you need, followed by monthly instalments. Don't forget, Surinamese people attach a great deal of importance to cars. A nice car gives the owner more status than an attractive house.

So there are few standard models and most cars are fitted with all kinds of extras and fantastic sound systems. Compared to the Netherlands the vehicles here need a lot more repair work on the chassis. When I order the parts I quite often get asked: 'Have you got to replace that already? That never usually has to be replaced, only in third world countries.' People clearly don't know about the state of Surinamese roads, which are often unpaved and are full of vicious potholes.

I do want children sometime, when I've found the right woman. I don't think they too will end up as 'Boeroes'. After all, if I'm completely honest, I'm not that attracted to white women. But, for the time being, I'm happy with my life. In my spare time I like to go on trips inland. I usually go by car and often take my boot and sail up the river to fish, swim, or lie in my hammock in some beautiful spot with a group of friends. What more could a man want?

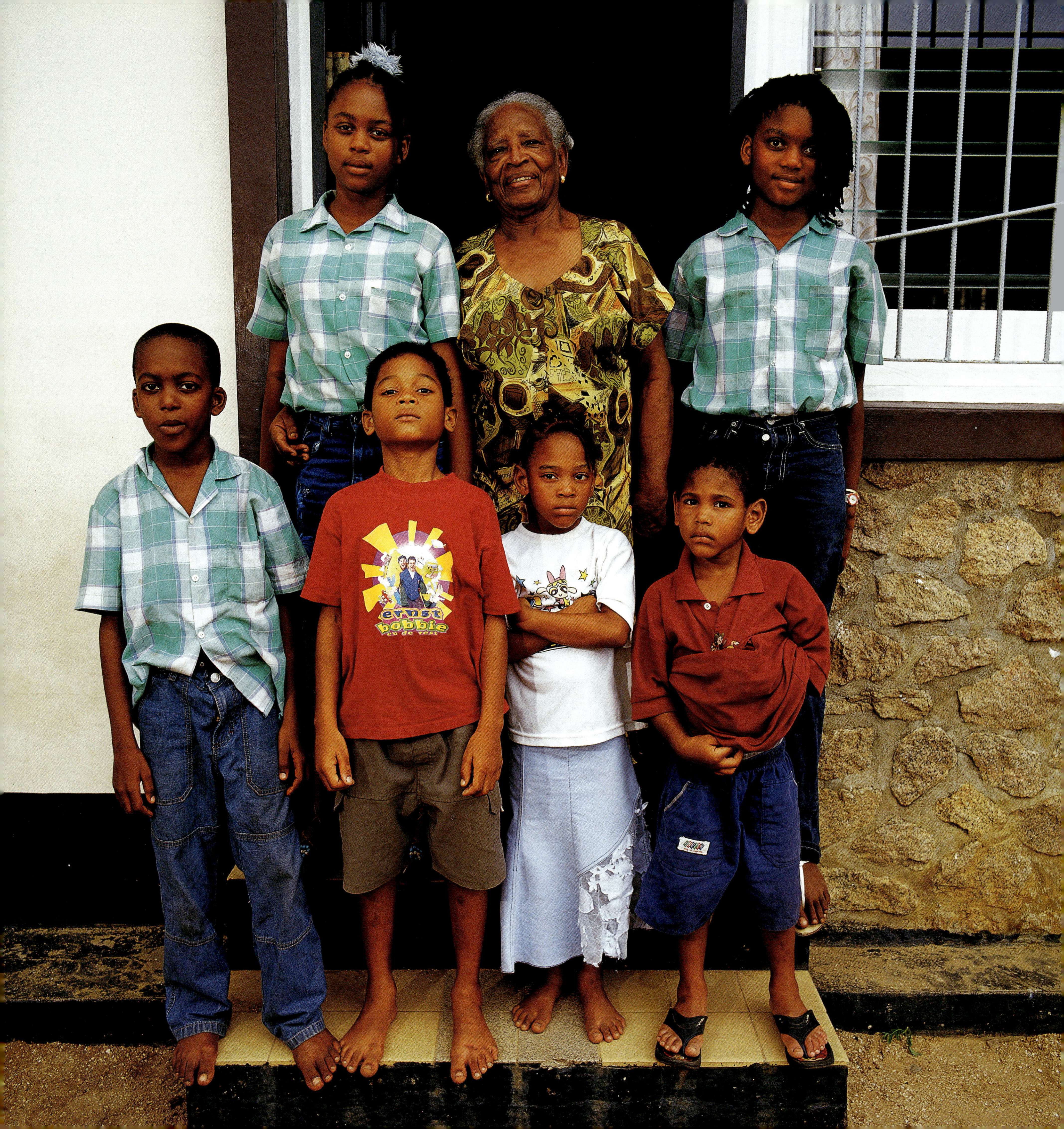
ernst
bobbie
en de rest

Ik ben geboren op de Burenstraat 27 en op dat adres woon ik nog steeds. Mijn moeder kwam hier wonen toen ze drie jaar was dus de familie woont hier nu meer dan honderd jaar. Vroeger woonden we in een houten huisje achterop het erf, daarna zijn we aan de straat gaan wonen in een stenen huis. De Burenstraat was vroeger een zandweg. Aan weerszijden van de weg liepen gootjes; ieder huis had een houten bruggetje om droog over te steken naar de straat.

Paramaribo was toen veel stiller dan nu. Er waren weinig auto's, je zag voornamelijk ezelskarren en fietsen. Dievenijzers bestonden nog niet, je kon je ramen gewoon open laten als je even wegmoest. Ik hou niet van diefijzers, het lijkt wel alsof mensen nu in kooien wonen. Als er brand uitbreekt, zit je gevangen. Daar zijn al ongelukken mee gebeurd.

Ik weet dat discriminatie toen wel voorkwam maar ik heb er zelf nooit mee te maken gehad. Met Nederlanders heb ik nooit problemen gehad, ik had vrienden onder alle rassen en soms – ook op mijn werk – was ik de enige kleurlinge. De manier waarop je behandeld wordt, heeft ook veel met je eigen instelling te maken. *Black is beautiful*, toch?

Het is waar dat ik mijn hele leven anderen heb geholpen en dat vind ik vanzelfsprekend. Daar ben ik mee opgegroeid. Mijn moeder zei altijd: *Mi pikin, yu mu nyan nanga sma, da sma e nyan nanga yu baka*: mijn kind, je moet andere mensen te eten geven, dan geven andere mensen jou weer te eten. Anders gezegd: je moet de liefde die je ontvangt doorgeven aan anderen. Mijn moeder had ook al kinderen in huis, bijvoorbeeld een meisje waarvan de moeder was overleden en de vader was verdwenen. Sommige kinderen kwamen alleen overdag, om te eten of om voor te zorgen. Op die manier heb ik ook altijd voor kinderen gezorgd. Sommigen zijn gebleven en hebben zelf kinderen gekregen. De meesten zijn goed terecht gekomen en ik zie ze vaak. En ze zorgen ook voor me, ze nemen me mee op reis. Naar Miami of, zoals laatst, op een cruise. Ik ben ook heel wat keren in Nederland geweest. Wel altijd in de zomer, natuurlijk.

Ook ouderen probeer ik te helpen. Ik ken iemand die geen geld heeft voor het ziekenfonds en dat betaal ik dan want stel je voor dat er iets gebeurt. Er zijn een paar oudjes die ik een vast bedrag per week geef om van rond te komen. Dat zijn allemaal kleine bedragen hoor, en er zijn ook weer mensen die mij daarbij helpen.

Ik heb een goede jeugd gehad. Als kind hield ik veel van sport, ik was lid van Elvedo: 'een lichaam vol energie door oefening'. Ik deed aan turnen, maar ook aan wielrennen. Er was een jaarlijkse wielerronde, twintig keer hetzelfde parcours, dwars door de binnenstad. Ik reed op een gewone fiets en werd een keer eerste, later meestal tweede of derde. Die ronde is toen naar mij vernoemd, ook omdat ik veel voor die vereniging deed.

Ik leerde voor apothekersassistente. Toen ik daarmee klaar was, kon ik een baan krijgen in Nickerie. Maar ik wilde in Paramaribo en bij mijn moeder blijven.
Zo kwam ik terecht bij de apotheek van Polanen en daar ben ik vijftig jaar gebleven.

Veel mensen kennen me als kokkin. Ik heb altijd graag gekookt, al vroeg maakte ik taarten voor verjaardagen. Langzamerhand is dat uitgegroeid tot een bezigheid die me wat extra's oplevert. Op bestelling maak ik verschillende soorten taarten: rum, ananas, room, cassave. Verder ook pom, pasteien en dranken: orcheade, gemberbier, tamarindestroop, markoesa. En ondertussen heb ik overdag nog steeds drie kinderen. Mensen vragen wel eens aan me: heb je zelf ook kinderen? Ik zeg dan altijd: nee, niet van mijn bloed – maar wél van mijn hart.

# Olga Sumter

## Kinderopvangster / kokkin

## Childminder / Cook

***TOON FEY***

I was born at 27 Burenstraat, and I still live there to this day. My mother moved here when she was three, so my family has been living here for over a hundred years. We used to live in a little wooden house on the back of the plot, but later we moved into a brick house by the street. Burenstraat used to be a sandy lane, with ditches on either side. Every house had its own little bridge over the ditch.

Paramaribo was a lot quieter back then. There weren't many cars, mostly just donkey carts and bikes. There were no bars at the window, you could just leave them open if you went out. I don't like all these metal bars, it's like people are living in cages nowadays. And if there's a fire, you're trapped. There have been lots of accidents.

I know there was discrimination back then, but I never felt it. I have never had any problems with the Dutch. I had friends from all races and sometimes I would be the only coloured person, even at work. The way people treat you depends to some extent on your own attitude though. But black is beautiful, right?

It's true that I've spent my whole life helping others. To me, it's the natural thing to do, it's how I was raised. My mother always said: *Mi pikin, yu mu nyan nanga sma, da sma e nyan nanga yu baka*: 'Child, if you give food to others, people will give you food'. In other words: you have to pass the love you receive on to others. My mother used to take in kids. There was one little girl whose mother had died and her father had disappeared. Some kids only came during the day, to eat or be looked after.

So I've always taken care of kids. Some stayed and now have kids of their own. Most of them ended up fine, and I see them often. They look after me now, take me on trips every now and again. I've been to Miami, and I went on a cruise recently. I've also been to the Netherlands lots of times. Always in the summer, of course.

I also try to help old people. I know one old person who has no money to pay for health insurance, so I pay for it – otherwise just imagine if something happened. I give a few old people money every week to help them get by. Only a small amount, and other people help me out.

I had a good childhood. I loved sport as a child, and was a member of Elvedo: 'a body full of energy thanks to exercise'. I did gymnastics and cycling. There was an annual bike race, twenty times round the same course right through the middle of town. I rode just a normal bike, and I came first once, but after that I was usually second or third. They named the race after me in those days, because I did so much for the club.

I trained to become a pharmacy assistant. When I'd finished I could have got a job in Nickerie, but I wanted to stay in Paramaribo with my mother. That's how I ended up at Polanen's pharmacy, and I stayed there fifty years.

Lots of people know me for my cooking. I've always enjoyed cooking. When I was little I used to make birthday cakes. Gradually it's turned into something that brings in a little extra money. I make all different kinds of cake to order: rum, pineapple, cream, cassava. I also make pom, pies and drinks: orcheade, ginger beer, tamarind syrup, granadilla. And I still look after three kids in the day. People sometimes ask me whether I have children myself. I always say: no, not of my own blood, but I do have kids in my heart.

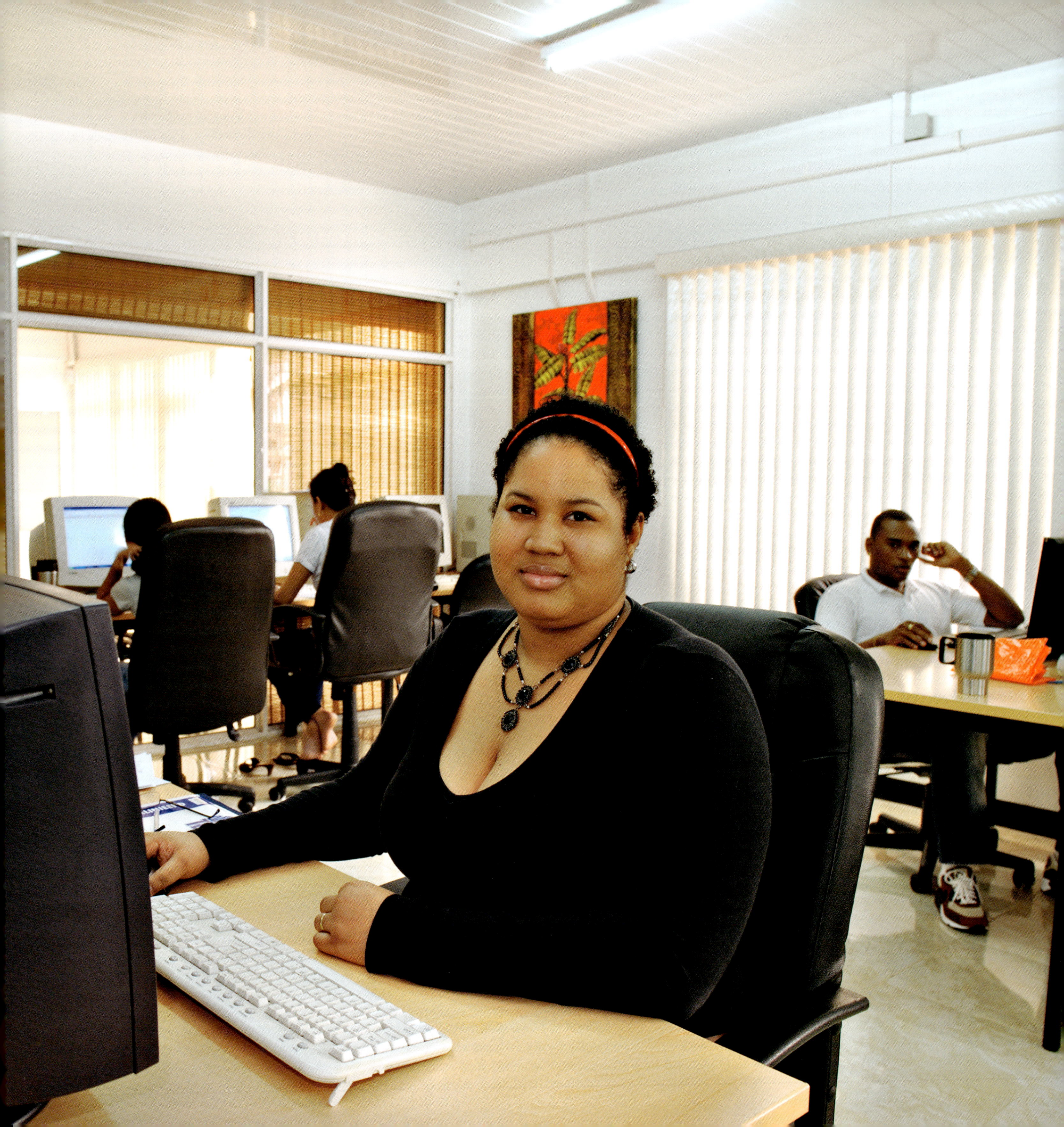

Voordat ik hier werkte, studeerde ik journalistiek en volgde ik allerlei computercursussen. Via een vriendin hoorde ik dat dit bedrijf, Alembo, naar mensen zocht. Het bedrijf is opgezet door een Nederlandse jongeman van Surinaamse afkomst met behoorlijk wat ervaring in de ICT. Toen ik kwam solliciteren, vroeg hij me om een tekst voor een website te schrijven en dat ging goed; ik kon meteen beginnen. Die websites maken we voor Nederlandse klanten en in het begin was dat weleens lastig voor me. Om een goede, informatieve tekst over bijvoorbeeld een 'afwateringssysteem' te schrijven, moest ik behoorlijk wat research plegen. Tegenwoordig hou ik me met andere zaken bezig en dat komt voornamelijk omdat één van onze belangrijkste klanten KPN is. Het komt erop neer dat wij een belangrijk deel van de boekhouding van KPN verzorgen. Voor een Nederlands bedrijf heeft het verschillende voordelen om dat werk in Suriname te laten uitvoeren. Wij kunnen dat een stuk goedkoper aanbieden omdat loonkosten en overhead hier heel wat lager zijn. En daar komt natuurlijk bij dat wij hier ook Nederlandstalig zijn waardoor er zich geen communicatieproblemen voordoen. Dit werk kun je niet uitbesteden in India, zoals sommige callcenters doen. Om goed op de hoogte te blijven van nieuwe ontwikkelingen, ben ik kort geleden een tijdje in Nederland geweest om bij KPN trainingen te volgen. Ik was nog nooit in Nederland geweest maar het ging prima. De werksfeer beviel me heel goed, er was een goede interactie en flexibiliteit. Heel leerzaam. Maar het was koud, zo koud! Voor het eerst heb ik sneeuw en hagel meegemaakt. Wat de communicatie met Nederland betreft: dat levert over het algemeen weinig problemen op, hoewel de infrastructuur hier soms te wensen over laat. De stroomvoorziening en de internetverbinding haperen soms weleens maar daar zijn we op voorbereid. En je moet natuurlijk rekening houden met het tijdverschil van vier of vijf uur. Ik zeg tegen de mensen van mijn team dan ook altijd: regel de zaken met Nederland in de ochtend want als het bij ons middag is, gaan in Nederland de bedrijven dicht. Het voordeel is dan weer dat ze de volgende ochtend meteen aan de slag kunnen met het werk dat wij hier hebben afgeleverd. Bij Alembo werken op het ogenblik zo'n vijfentwintig mensen en die zijn allemaal behoorlijk jong. Daar heeft onze baas een paar goede redenen voor. Een beginnend bedrijf als dit kan nieuwe medewerkers maar een beperkte zekerheid bieden en dan is het onverstandig om mensen te zoeken die al verantwoording dragen voor een huis en kinderen. Bovendien zijn deze jonge mensen flexibeler en laten zij zich beter bijsturen en dat is best belangrijk. Wij willen hier een bedrijfscultuur scheppen anders dan gebruikelijk.

Ik heb eigenlijk wel een druk leven. Ik werk van 's morgens zeven tot half vier en van zes uur tot negen uur 's avonds volg ik mijn journalistenopleiding. En ik werk ook nog als coördinator voor een vrijwilligersorganisatie die zich inzet voor de gemeenschap. Via een fonds van de Rotary begeleid ik projecten voor mensen die in de problemen zitten, vaak door geldgebrek. Maatschappelijk betrokken; zo mag je me geloof ik wel noemen, ja. Ik ben een beetje een bemoeial die de dingen graag regelt maar die mensen zijn soms hard nodig. Voorlopig hoop ik met dit bedrijf te kunnen meegroeien en mijn leidinggevende taken te kunnen uitbreiden. Ik mag niet mopperen. Op mijn 24ste verdiende ik al meer dan een leerkracht.

# Ketura Vrede

## Teamleidster detacheringsbedrijf

## Team leader outsourcing company

***TOON FEY***

Before I worked here, I studied journalism and took all sorts of computer courses. A girlfriend told me that this company, Alembo, was looking for people. The company was set up by a fairly young man of Suriname descent with considerable experience in ICT in the Netherlands. When I came in for an interview, he asked me to write a text for a website and that went well; I could start immediately. We make those websites for Dutch customers and in the beginning it was sometimes awkward for me. In order to write a good, informative text about, for example, a 'drainage system', I had to do quite a bit of research. At the moment I concentrate on other things and that is primarily because one of our largest customers is KPN, a Dutch telecom company. In a nutshell, we look after an important part of KPN's bookkeeping. There are various advantages for a Dutch company to have that work done in Suriname. We can be quite a bit cheaper because wages and overheads are a lot lower here. And then, of course, there is the additional advantage that we also speak Dutch here so no problems with communication arise. You can't contract this work out to India, as some call centers do. To remain abreast of new developments, I recently spent some time in the Netherlands, attending KPN training sessions. I had never been to the Netherlands before but everything went well. I liked the working environment, there was good interaction and flexibility. Very instructive. But it was cold, so cold! It was the first time that I had encountered snow and hail. As far as communications with the Netherlands: on the whole that doesn't cause many problems, although sometimes the infrastructure leaves something to be desired. The electricity supply and the internet connection sometimes break down but we are prepared for that. And you also of course have to take the time difference of four or five hours into account. I always tell the people in my team: do your business with the Netherlands in the morning, because when it is afternoon here, the companies in the Netherlands are closed. The advantage is that they can get to work on things we have delivered straight away the next morning. At the moment around twenty-five people work for Alembo and they are all fairly young. Our boss has a few good reasons for this. A young company such as this can only give a new employee a limited degree of security and so it isn't sensible to take on people who have the responsibility for a house and children. What's more, these young people are more flexible and are open to direction and that is quite important. We want to create a company culture here that is somewhat different to what is usual in Suriname.

I actually have quite a busy life. I work from seven in the morning to three thirty in the afternoon and I attend journalism classes from six to nine in the evenings. And I also work as coordinator for a voluntary organisation that devotes itself to the community. Thanks to a Rotary fund, I can support projects for people facing difficulties, often through lack of money. Socially involved; I suppose you could call me that, yes. I'm something of a meddler who likes to arrange things, but those people are sometimes really necessary. For now, I hope to continue growing with this company and be able to expand my management tasks. I can't complain. At the age of twenty-four I already earned more than a teacher.

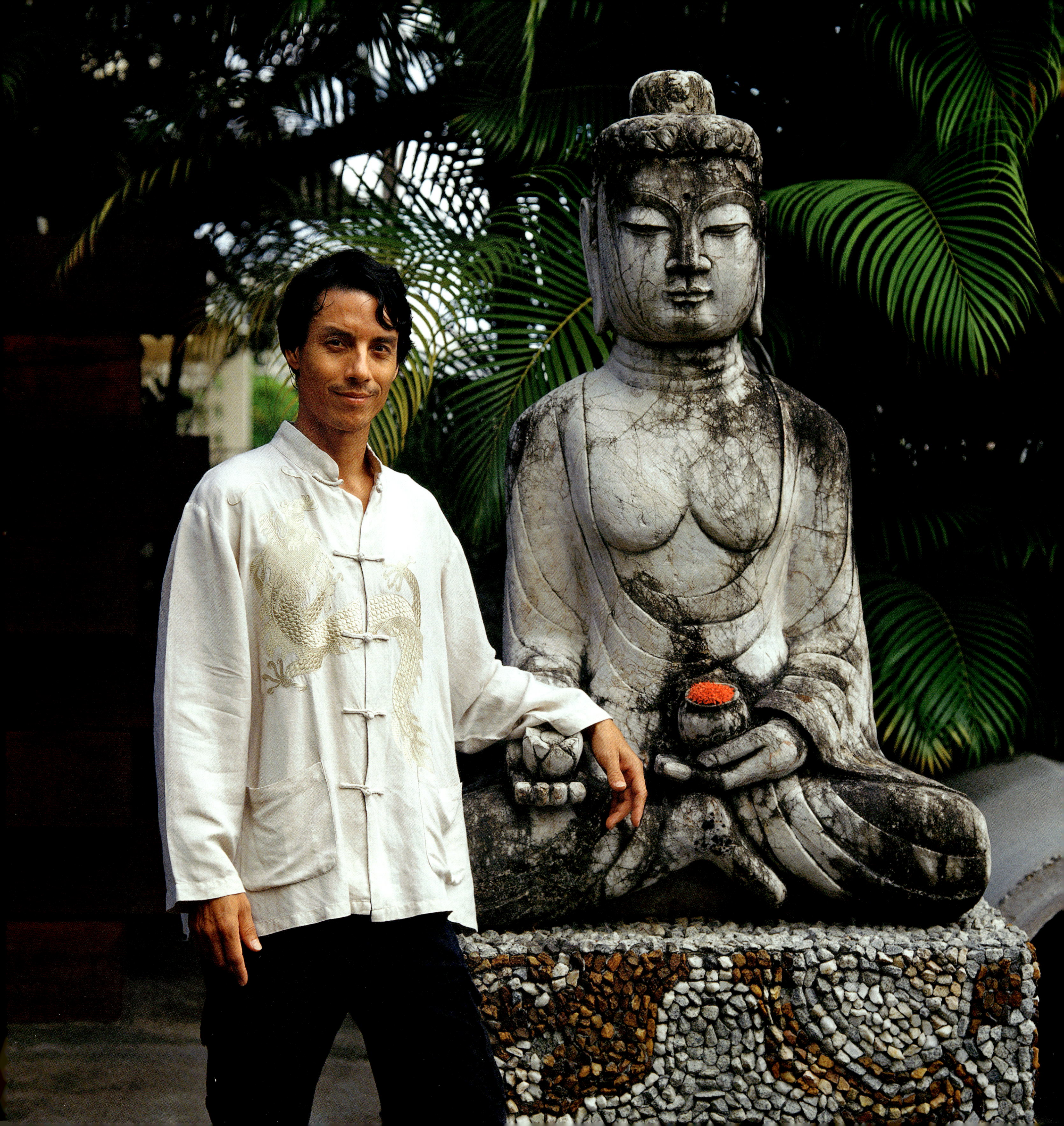

Tot mijn derde heb ik hier vlakbij gewoond, aan de Kwattaweg. Daarna ben ik met mijn moeder naar Nederland verhuisd. Mijn vader werkte voor een internationaal bedrijf en om de drie jaar kreeg hij een andere post. Dat betekende dat we steeds naar een ander land verhuisden: Malawi, Zimbabwe, Chili, Australië, Japan, Italië, om maar een paar voorbeelden te noemen. Ik ging naar boarding schools – vandaar ook mijn Engelse accent.

Na mijn kostschoolperiode ben ik ook zelf gaan reizen: Guatemala, Mexico. Op een gegeven ogenblik, dat was in Honduras, vroeg ik me af waar al dat reizen nu eigenlijk voor nodig was. En zo kwam Suriname weer in beeld, het land waar ik tenslotte was geboren. Ik verlangde naar het land, naar mijn familie en niet te vergeten: naar die fantastische natuur. En zo keerde ik zo'n elf jaar geleden terug naar Suriname.

In het begin wist ik niet wat ik eigenlijk wilde. In Guatemala had ik plannen om in het bos te gaan wonen en mijn geld te verdienen met ecotoerisme. Dat wilde ik hier ook wel. Maar het kwam er niet van. Ten slotte ben ik een winkel begonnen met meubelen en decoraties voor huis en tuin. Ik verkocht mooie spullen: schilderijen, kruiken, vazen en uit Indonesië geïmporteerde meubelen. Dat liep goed maar ik raakte erop uitgekeken.

Nu is het zo dat mijn moeder heel goed Thais kan koken. En omdat ze wist dat ik eigenlijk iets anders wilde, zei ze op een keer: 'Waarom begin je geen Thais restaurant?' Ik vond het meteen een goed idee en bovendien: dankzij de winkel had ik hier een prachtig ingerichte tuin. Het enige probleem was dat er in Suriname geen Thaise koks rondliepen. Aan mijn neef, die in Thailand werkte, vroeg ik om op zoek te gaan. Dat is gelukt en na een tijdje hadden we drie Thaise koks die nu allemaal in Suriname wonen. De koks werken veel met groenten en om die typisch Thaise smaak te krijgen, importeren we oosterse kruiden. In het begin dachten de gasten dat we een speciale Javaanse keuken hadden maar nu weet iedereen dat het om een wezenlijk andere keuken gaat. Aan zo'n andere, voor Suriname onbekende smaak bestond kennelijk behoefte want het restaurant liep meteen prima. Dat is niet alleen te danken aan de bijzondere keuken maar ook aan de inrichting van het huis en die van de tuin; duidelijk anders dan de meeste Surinaamse restaurants.

Hoewel ik me nu helemaal thuis voel in Suriname, moest ik in het begin toch wennen. Door het werk van mijn vader heb ik in heel wat verschillende landen gewoond en vaak beschouwde men mij als een van hen, een autochtoon. Vreemd genoeg was dat hier anders, vaak geloofde men – ironisch genoeg – dat ik hier niet geboren was. Ik werd als een buitenlander gezien. Dat kwam natuurlijk enigszins door mijn Engelse accent maar óók omdat de Surinamers sterk zijn gericht op hun eigen groepje. Binnen hun eigen cirkeltje kent iedereen elkaar. Met die houding heb ik moeite gehad, zelfs zo erg dat ik me afvroeg of ik niet beter naar een ander land kon gaan.

Maar door mijn werk ben ik me hier steeds meer thuis gaan voelen. Het restaurant is een succes geworden. In buitenlandse bladen wordt het aangeprezen als een van de beste in Paramaribo. Ik hou ervan om er dagelijks te zijn, een praatje met de gasten te maken. En dat is dan ook direct het enige nadeel van zo'n goedlopend restaurant: ik kom te weinig in dat schitterende binnenland.

# Alan Hazel

## Restauranthouder

**_HENNAH DRAAIBAAR_**

## Restaurant owner

Until I was three, I lived quite near here, on Kwattaweg. Then my mother and I moved to the Netherlands. My father worked for an international company and he was given a new position every three years. That meant we were always moving to a new country: Malawi, Zimbabwe, Chile, Australia, Japan, Italy, to name but a few. I went to English language boarding schools – which accounts for my English accent. When I finished boarding school, I began travelling myself. Guatemala and Mexico, where I lived for six months. At a certain moment – I was in Honduras – I began asking myself what was the point of all this travelling around the world. And so Suriname came into the picture – it was, after all, the country of my birth. I had a yearning for my country, for my family and, last but not least, for the fantastic nature. And so I returned to Suriname around eleven years ago. Initially, I really didn't know what I wanted. In Guatemala, I had hatched a plan to live in the woods and earn my money with eco-tourism and I wanted to do that here as well. But nothing came of it and finally I started a shop with furniture and decorative items for the home and garden. I bought beautiful things: paintings, vases, jars and imported furniture from Indonesia. Things went well, but I finally lost interest. Now, the thing is: my mother cooks great Thai food. And because she knew I really wanted to do something different she said: why not open a Thai restaurant? I thought it was a good idea, and there was another benefit: thanks to the shop, I already had a beautiful garden here. The problem was there were no Thai cooks in Suriname. I asked my cousin, who works in Thailand, to look out for some good cooks. He succeeded and after a while we had three Thai chefs who now all live in Suriname. The chefs use a lot of vegetables, but in order to achieve that typical Thai taste, we also import oriental herbs and spices. Initially our guests sometimes thought we had a Javanese kitchen, but now everybody knows that it is an essentially different cuisine. Apparently, there was a need for a taste that was unknown in Suriname, because the restaurant did well right from the start. That is not only thanks to the special food, but also to the décor of the house and the garden; it is clearly different to most other Suriname restaurants. Although I now feel completely at home in Suriname, I really had to adjust at the start. Because of my father's work I had lived in many different countries and often the people thought that I had lived there all my life. Strangely enough, that wasn't the case here, and ironically people didn't believe that I had been born here. I was considered a foreigner. That was naturally partly due to my English accent, but also because the Surinamers are very focussed on their own group. Within their own little crowd, everybody knows everybody. I have often been bothered by this attitude, and I have even asked myself whether it wouldn't be better to move to another country. After all, my past has made me something of a cosmopolitan. But thanks to my shop and certainly thanks to my restaurant, I now feel increasingly at home here. The restaurant is a great success, and even foreign magazines say it is one of the best in Paramaribo. I enjoy being there every day, chatting to the guests. And that is the only disadvantage of such a busy restaurant: I hardly ever visit the beautiful interior.

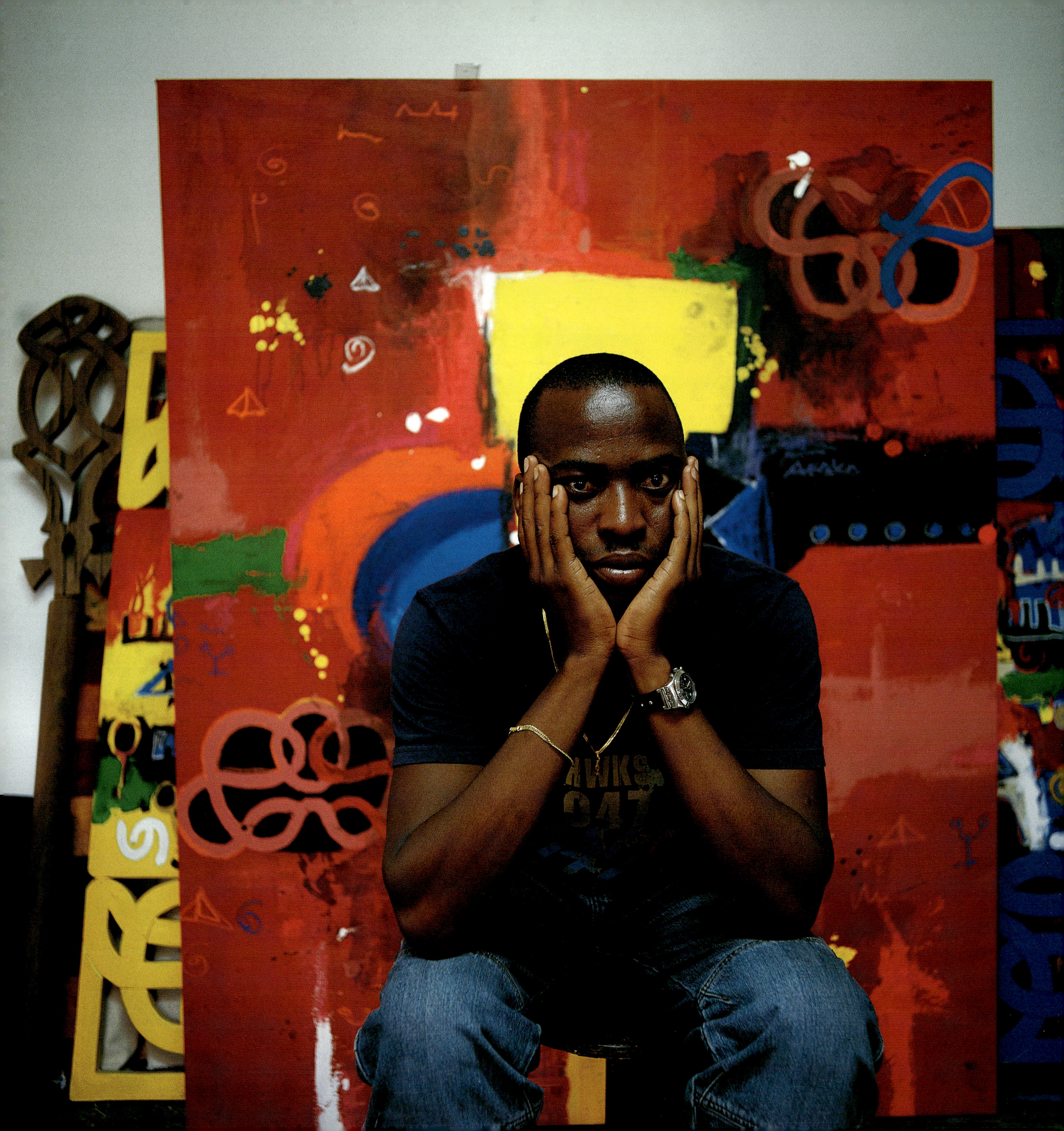

Ik ben geboren in Pelgrimskondre, niet ver van Moengo. Toen de binnenlandse oorlog uitbrak, was ik vijftien. Vrienden en vriendinnen zijn daar bij betrokken geraakt, sommigen zijn omgekomen. Als kind heb ik altijd veel getekend en dat is doorgegaan, ook toen Ik later op de Mulo in Paramaribo zat. Daarna tekende ik op het Nola Hatterman Instituut totdat ik een beurs kreeg voor de kunstacademie in Jamaica. Die periode is belangrijk voor me geweest. Niet omdat die Caribische wereld mijn werk beïnvloedde, maar omdat ik daar de gelegenheid had om uit te zoeken wat me als kunstenaar bezielde. Ik hield op met te tekenen wat mensen mooi vonden, mijn werk werd abstracter. Ik keek naar de marrons in Jamaica; die droegen pakken, woonden in nette huizen en reden in auto's. Zo besefte ik hoe uniek en authentiek de Surinaamse marrons waren. Min of meer afgesloten van de buitenwereld hebben zij hun eigen cultuur behouden en ontwikkeld. De gevoelens van mijn eigen mensen, de marrons, te vertolken: daar gaat mijn kunstenaarschap over. Hierin speelt het bloedbad in Moiwana een belangrijke rol. Negenendertig mensen werden hier afgeslacht, inclusief baby's en kinderen. Huizen werden in brand gestoken, foto's en andere herinneringen weggevaagd. Veel mensen vluchtten naar de stad of Frans Guyana.

De binnenlandse oorlog is een keerpunt geweest in de geschiedenis van de marrons. Wij, Surinaamse jongeren, weten eigenlijk weinig van de marroncultuur. Buitenlandse antropologen hebben onderzoeken gedaan in het binnenland maar die kennis is grotendeels verdwenen naar Nederland en Amerika. In Moiwana staat nu een kunstwerk van me, een installatie die de verschrikking van destijds uitbeeldt. Jammer genoeg is Suriname niet erg kunstminded. Toen ik uit Jamaica kwam en de hele dag schilderde, vonden de meesten dat maar onzin. Een culturele structuur ontbreekt. Suriname beschikt over goede individuele kunstenaars maar zoiets als een Surinaamse School bestaat niet. Kunst krijgt nog steeds veel te weinig aandacht, zeker op scholen. Nee, in mijn werk zijn weinig invloeden vanuit Nederland te vinden. Sommige mensen denken dat er veel Afrikaanse invloeden in mijn kunst zijn verwerkt. Dat is niet zo. Ik heb in Afrika gereisd en het is een misverstand om te denken dat er nog allerlei banden met onze marroncultuur bestaan. Ik heb daar heel weinig van terug gevonden. Mijn inspiratiebron is in de eerste plaats de Surinaamse marroncultuur. Maar dat betekent niet dat ik niet graag in andere landen kom. Om tentoonstellingen in te richten kom ik nogal eens in Amerika, Frankrijk, Duitsland, Zwitserland en Brazilië. En Nederland, natuurlijk. Ik ga altijd naar het Rijksmuseum. Nederland is een heel interessant land, maar ik zou er niet kunnen wonen. Niet alleen vanwege het klimaat, maar ook vanwege het tempo. Er is gewoon te weinig tijd. Wat kunst betreft is Europa natuurlijk fantastisch. De kunst van de afgelopen duizenden jaren, uit alle delen van de wereld – je kunt het allemaal gaan bekijken.

Wat de toekomst betreft: ik wil hier, in Marowijne, een kunstpark oprichten. Een multicultureel centrum* waar kunstenaars uit de hele wereld langere tijd kunnen verblijven en waar allerlei workshops worden gegeven. Zo'n uitwisseling is niet alleen stimulerend voor de hele Surinaamse kunstwereld, maar ook voor de typische marroncultuur.

* Tembe Art Studio te Moengo is inmiddels opgericht.

# Marcel Pinas / Kunstenaar / Artist

***TOON FEY***

I was born in Pelgrimskondre, not far from Moengo. When the civil war broke out, I was fifteen. Friends of mine got involved in the war and some of them got killed. As a young child, I used to draw a lot and I kept it up while I was at secondary school in Paramaribo. After that, I went to the Nola Hatterman Institute where I continued drawing until I got a scholarship to attend the art academy in Jamaica. That was an important period in my life. Not because the Caribbean influenced my work, but because it gave me the opportunity to find out what inspired me as an artist. I stopped drawing things that other people liked, and my work became more abstract. I watched the Maroons in Jamaica: they wore suits, lived in respectable houses and drove cars. That's when I realised how unique and authentic the Surinamese Maroons were. More or less isolated from the outside world, they have preserved and developed their own culture. Expressing the feelings of my own people, the Maroons, that is what my art is about. The massacre in Moiwana plays an important part in this. Thirty-nine people were slaughtered, among them babies and children. Houses were set on fire, pictures and other memories were wiped out. Many people fled to the city or French Guiana. The civil war was a watershed in the history of the Maroons. We, the young people of Suriname, actually know little about Maroon culture. Foreign anthropologists have done research in the interior of Suriname, but most of that knowledge is now in the Netherlands and America. One of my pieces, depicting the horrors of that time, is now on display in Moiwana.

Unfortunately, Suriname is not very art-minded. After I returned from Jamaica I painted all day, most people thought that was a waste of time. There is no cultural structure in Suriname. There are good individual artists but there is no such thing as a Surinamese school. The arts still receive far too little attention, especially in schools. No, not many influences from the Netherlands can be found in my work. Some people see many African influences in my art, but that is not true. I have travelled in Africa and it is a misconception to think that there are still many ties with our Maroon culture. I saw very little of that. The Surinamese Maroon culture is my main source of inspiration. But that doesn't mean that I don't like visiting other countries. I go to America, France, Germany and Brazil quite often to arrange exhibitions. And the Netherlands, of course. I always visit the Rijksmuseum. The Netherlands is a very interesting country, but I couldn't live there. Not just because of the climate, but also because of the pace of life. There just isn't enough time. As far as the arts are concerned, of course, Europe is wonderful. You can see works of art dating back thousands of years and from all over the world. And the future? I want to start an art park here in Marowijne. A multicultural centre* where artists from around the world can come for an extended stay and where all sorts of workshops are given. Such an exchange is not only stimulating for the whole Suriname art world, but also for the typical maroon culture.

* Tembe Art Studio, Moengo, has been founded.

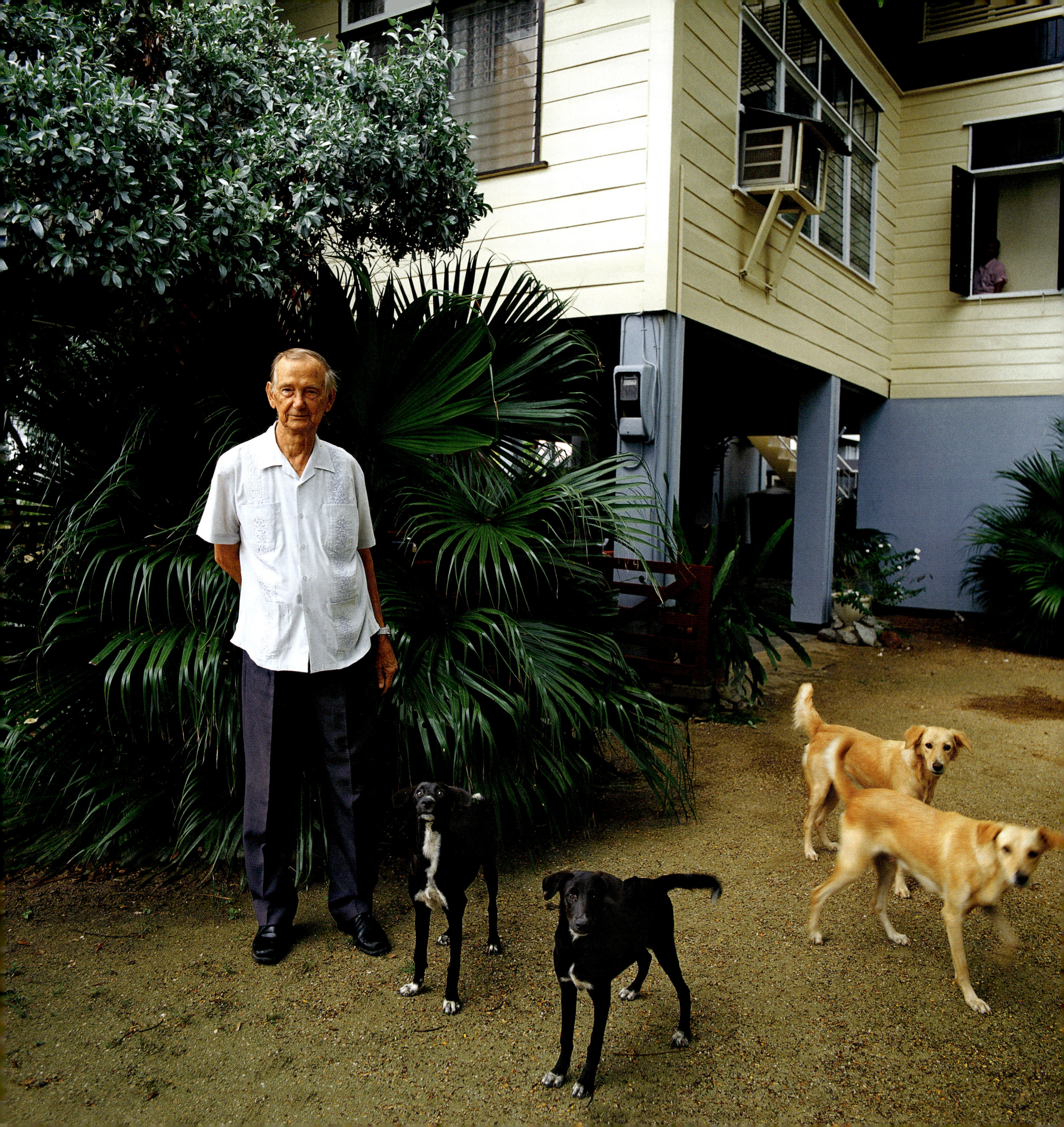

Ik ben hier in 1931 geboren. Tegenwoordig zou je het 'de stad' kunnen noemen maar toen lag deze plek daarbuiten. Mijn grootvader was boer en uiteindelijk stammen wij allemaal af van die ene boer uit Doetinchem die in 1845 naar Suriname vertrok. Zijn land is in de loop van de tijd verdeeld onder de familie en zodoende ben ik inmiddels zó omringd door familie dat we het hier weleens 'Loordorp' noemen. Zelf woon ik in de Hendrik Loorstraat, genoemd naar mijn vader. Hij was de eerste Loor die geen boer maar onderwijzer werd. Als schoolhoofd kreeg hij een benoeming in Nickerie. Daar heb ik van mijn vierde tot mijn negende jaar gewoond. Na de middelbare school koos ik ook voor het onderwijs. Ik volgde de onderwijzersopleiding, want een kweekschool bestond nog niet. Na mijn hoofdakte werd ik 'districtskwekeling op blote voeten'. Dat heette zo omdat je zo weinig verdiende dat je geen schoenen kon kopen. Dat maakte ook duidelijk dat ik een échte Surinamer was.

In 1956 vertrok ik naar Nederland om te gaan studeren aan de Vrije Universiteit van Amsterdam. Maar ik had zo'n last van heimwee dat ik na mijn kandidaats terugging naar Suriname en weer ging doceren. Het duurde twintig jaar voordat ik besloot mijn studie af te maken. Na mijn doctoraal werd ik in Suriname benoemd tot hoofd van de afdeling Culturele Zaken van het ministerie van Onderwijs. Ik geloof dat je mag zeggen dat ik uitgroeide tot een autoriteit op het gebied van de Surinaamse geschiedenis. En die historie is buitengewoon interessant en geschakeerd. Later werd ik docent aan een opleiding voor leraren. Hoewel ik nu geen les meer geef, word ik regelmatig geraadpleegd door studenten en instanties. Ik heb boeken en artikelen geschreven over veel historische onderwerpen en meegewerkt aan tv-programma's. Het is altijd mijn streven geweest om de Surinamers zo veel mogelijk kennis bij te brengen. Dat geldt zeker voor kinderen. Als ik kinderen over onze geschiedenis vertel, vermeng ik die soms ook met anekdoten en verhalen. Neem bijvoorbeeld het verhaal over de vreselijke slavenhoudster Susanna Duplessis die het huilende kind van een slavin net zo lang onder water hield totdat het verdronk. En of ze ook echt uit jaloezie de borst van de slavin Alida heeft afgesneden, is historisch gezien op geen enkele manier te bewijzen. Maar dergelijke verhalen helpen wel om die kinderen een beeld van die tijd te geven, van een periode waarin slaven werden onderworpen aan de wreedheid en willekeur van hun eigenaren. Overigens: mijn eigen kennis en belangstelling richt zich voornamelijk op de periode van 1930 tot 1975, dus tot aan de Onafhankelijkheid.

Als land hebben we moeilijke tijden meegemaakt. Maar zoals de situatie nu is, kan ik alleen maar zeggen: ik ben blij dat ik hier woon. En wat mijn eigen leven betreft: in feite heb ik altijd geboft met mijn werk en mijn levensomstandigheden. Daar moet ik in alle eerlijkheid wel aan toevoegen dat de sterke achteruitgang van mijn ogen de kwaliteit van mijn leven de laatste jaren wel heeft verminderd. Nee, ik heb eigenlijk nooit overwogen om mij in Nederland te vestigen, hoewel dat in zekere zin wel voor de hand lag. Mijn beide dochters wonen in Europa, de een in Nederland en de ander in Frankrijk. Net als mijn kleinkinderen zie ik die dus veel minder vaak dan ik zou willen. Maar dat wordt enigszins goedgemaakt door de vele bezoeken die we afleggen. En wanneer ik dan na enkele weken in Suriname terug kom, weet en voel ik het: ik ben weer thuis.

André Loor overleed op 10 december 2013.

# André Loor

## Historicus

## Historian

***HENNAH DRAAIBAAR***

I was born here in 1931. Today you would call it 'the city', but back then this place was out in the countryside. My grandfather was a farmer and we actually all descend from that one farmer from Doetinchem who emigrated to Suriname in 1845. As time passed, his land was divided up among the family and now I'm so surrounded by family that we sometimes call it 'Loor village'. I live on Hendrik Loor Street, named after my father. He was the first Loor who didn't want to become a farmer but a teacher instead. As school principal, he was given a position in Nickerie, and I lived there from the age of five until I was nine. After secondary school, I also decided to enter teaching. I followed the 'teachers' training course', because there was no training college at the time. After I obtained my certificate, I became 'district trainer on bare feet'; it was called that because you earned so little you couldn't afford shoes. That proved that I was a real Surinamer. The ties with the Netherlands no longer existed.

In 1956 I went to the Netherlands to study at the Free University of Amsterdam. It had been my intention to finish my studies, but I became so homesick that I returned to Suriname after gaining my bachelor's degree and started giving lessons there. It subsequently took twenty years before I decided to finish my studies. After my doctorate, I was appointed head of the Cultural Affairs department of the Ministry of Education in Suriname, and I learned more and more about the cultural history of our country. I think you could say that I have developed into an authority in the field of Suriname history. And that is exceptionally interesting and varied. Later, I became a professor at the institute for teaching training. Although I no longer give lessons, I am constantly consulted by all sorts of students and agencies. I have written many books and articles about historical subjects and have also worked on TV programmes. It has always been my desire to help Surinamers learn as much of their own history as possible. That is certainly true for children. When I tell children about our history, I sometimes mix in anecdotes and stories. Take, for example, the story of the cruel slave mistress Susanna Duplessis, who held the crying child of a slave under water until it drowned. And whether she really did cut off the breast of the slave Alida because of jealousy has never been proven historically. But such stories help the children to get an idea of those times, of a period in which slaves were subjected to the arbitrary cruelty of their owners. Incidentally: my own knowledge and interest is primarily in the period from 1930 to 1975, so up to Independence.

We have, of course, undergone several difficult periods as country. But the way things are now, I can only say: I am happy that I live here. As for my own life: in fact, I've always been fortunate with my work and living circumstances. I should in all honesty add that the drastic decline in my sight has reduced the quality of my life in recent years. No, I have never really considered settling in the Netherlands, although in some ways that would seem the obvious thing to do. Both of my daughters live in Europe, one in the Netherlands and the other in France. I don't see them or my grandchildren as much as I would like, but that is in some way rectified by the frequent visits we pay to each other. And when I then return to Suriname after being away for several weeks, I know and feel that I'm home again.

André Loor passed away on December 10, 2013.

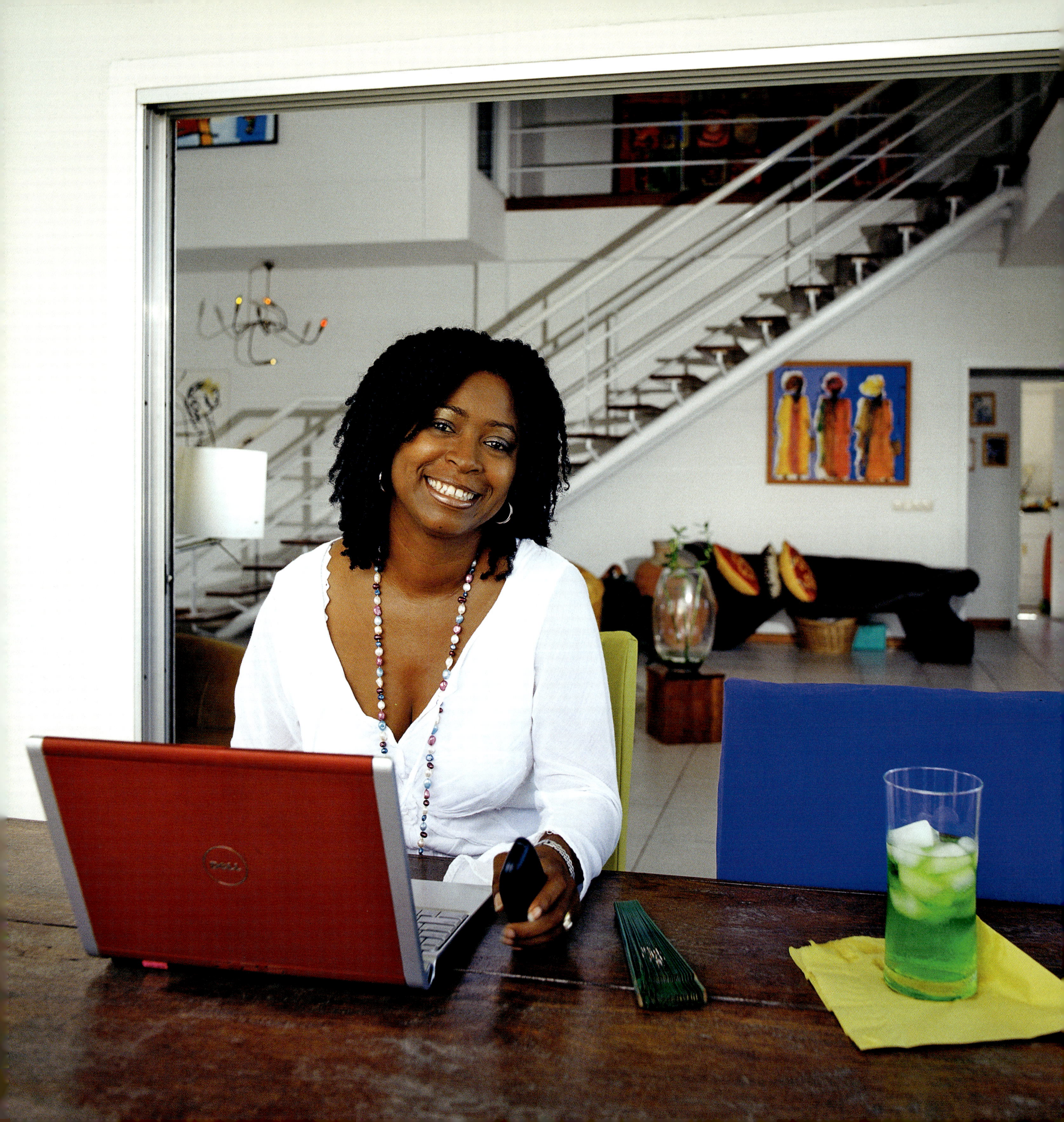

Ik ben in Suriname geboren maar als jong meisje naar Rotterdam verhuisd. Daar heb ik ook mijn middelbare school en verdere opleidingen gevolgd. Ik heb een tijdje Nederlands gegeven op een school in Capelle aan den IJssel, daarna bij kranten en weer later bij Radio Rijnmond gewerkt. Daar heb ik veel van geleerd. Ik heb het altijd prima naar mijn zin gehad in Nederland en daarom is het soms weleens lastig om precies uit te leggen waarom ik tien jaar geleden toch voorgoed ben teruggekeerd naar Suriname. Je kunt het vergelijken met voedsel. Soms mis je daarin een bepaalde smaak, alsof het zout of een bepaald kruid ontbreekt. De finishing touch. Je volledig thuis voelen, iets vinden wat je ergens anders niet vindt.

Eenmaal terug in Suriname ben ik als correspondent voor de NOS gaan werken, eerst alleen maar voor de radio. Dat is een heel goede manier gebleken om het land opnieuw te leren kennen. Een perfecte inburgeringscursus, zou je kunnen zeggen. Want ik ging overal naartoe, sprak met politici, ambtenaren, zakenlui, mensen uit het binnenland, kinderen, mensen op straat, noem maar op.

Toch is mijn band met Nederland niet vervaagd. Ook al voor mijn werk moet ik er vaak naartoe. Je moet niet vergeten dat ik er niet alleen de lagere school heb doorlopen maar ook de middelbare school. Vooral die laatste moet je niet onderschatten; dat is de plek waar je vaak vrienden voor het leven maakt en dat is in mijn geval ook zo. Het blijft wonderlijk, die liefde voor twee landen. Soms voel ik me als een kind van gescheiden ouders. Ook al kies je in de praktijk voor één van beide, je blijft toch loyaal en van alle twee houden. Die loyaliteit aan Suriname houdt meer in dan sommige remigranten weleens denken. In hun idealisme hoor je ze nogal eens hoog opgeven over 'het land meehelpen opbouwen'. In de praktijk komt daar niet zoveel van terecht. Over dit onderwerp had ik een heel interessant gesprek met Henk Arron, de eerste premier van de republiek Suriname. Hij zei: goed dat mensen terugkeren maar ze moeten met hun blote voeten in de modder en met beide handen in de klei. Waarmee hij wilde zeggen: werk hier aan je eigen opbouw, dan komt het met het land vanzelf goed. Dat is ook mijn motto: niet zeuren maar doen.

Ons productiebedrijf The Back Lot kun je daarvan een voorbeeld noemen. We maken educatieve programma's voor de jeugd. We maken nu twee goed lopende programma's: het Surinaamse Jeugdjournaal en Krutu, het discussieprogramma voor jongeren waarin allerlei actuele kwesties worden besproken. Dergelijke programma's bestonden hiervoor nog niet. Die betrokkenheid van de jeugd is hard nodig in een land waarin de jongeren de meerderheid vormen. Dat ze weinig belangstelling hebben voor de politiek, valt te begrijpen. De reden waarom sommige mensen – de goede niet te na gesproken – in de politiek gaan, is alleen maar om er zelf beter van te worden. Het ontbreekt die mensen niet alleen aan opleiding maar ook aan visie. Ik werk hard en vind het heerlijk om die programma's te maken. Maar mijn grootste passie blijft toch de journalistiek. Als er een reportage moet worden gemaakt, laat ik het kantoor even achter me.

# Hennah Draaibaar

## Correspondent / programmamaker

## Correspondent / Programme maker

***TOON FEY***

I was born in Suriname but moved to Rotterdam when I was still a girl, and I went to school and university there. For a time, I gave Dutch lessons at a school in Capelle aan den IJssel, then I worked for newspapers and later joined Radio Rijnmond. I learnt a lot there. I always enjoyed being in the Netherlands and that sometimes makes it difficult to explain exactly why I decided to return to Suriname for good some ten years ago. You can compare it to food. Sometimes you miss a certain taste, as if salt or a particular spice is missing. The finishing touch. Feeling completely at home, finding something you can't find anywhere else.

When I returned to Suriname, I started work as a correspondent for the NOS (Dutch Broadcasting Foundation). First just for the radio. That turned out to be a good way of getting to know the country again. A perfect citizenship course, you could say. For I went everywhere, spoke to politicians, civil servants, business people, people from the interior, children, people on the street, you name it.

Yet my links with the Netherlands have not weakened. I have to go there often for my work. You mustn't forget that I didn't only attend primary school there but also secondary school. And you shouldn't underestimate the latter; that is the place where you often make friends for life and that is also true in my case. It remains strange, this love for two countries. Sometimes I feel like a child with divorced parents. Even if you choose one in practice, you stay loyal to them both and love them. That loyalty to Suriname is more than some returning emigrants imagine. In their idealism, you often hear them proclaiming about 'helping to build the country'. In practice, that rarely happens. I had an interesting discussion about this with Henk Arron, the first prime minister of the Suriname republic. He said: it's good that people return but they should stand with their bare feet in the mud and with both hands in the clay. By which he meant: work here on your own development, then things will turn out fine for the country. That is also my motto: don't complain, get on with it. You could call The Back Lot, our production company, an example of this. We make educative programmes for young people. We are now producing two successful programmes: the Suriname Children's News and Krutu, the discussion programme for young people in which all sorts of current affairs are discussed. Such programmes didn't exist before. Involvement from young people is really necessary in a country where young people form the majority. That their interest in politics is low is understandable. The reason why some people – with no disrespect to the good ones – go into politics is only to profit from it themselves. Such people lack not only an education but also a vision. I work hard and thoroughly enjoy making all these programmes. But my biggest passion is still journalism. If I have to cover some event, then I simply shut down the office.

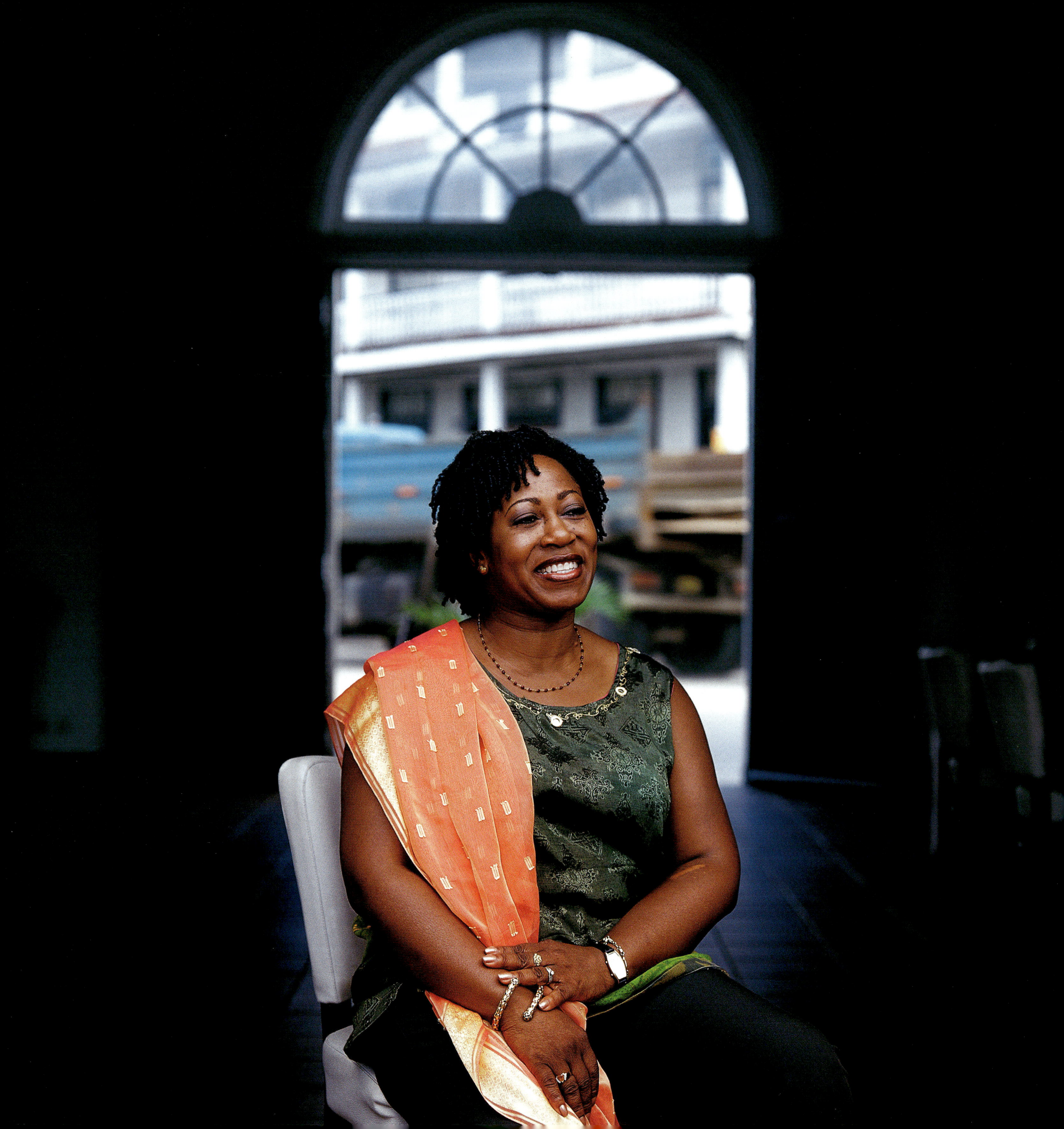

Op het ogenblik heb ik last van de Parbo Blues. Het is een gevoel dat de laatste jaren steeds terugkeert. Wanneer ik hier ben, wil ik eigenlijk niet weg. Al dagen voordat ik weer vertrek, krijg ik de blues en dat maakt me een beetje ziek. Ik ben hier geboren en halverwege de jaren zeventig naar Nederland verhuisd. Maar Suriname heeft me nooit losgelaten. Ik grijp iedere gelegenheid aan om even hier naartoe te komen. Vaak is dat tussen optredens in en dat is dan een kwestie van goed plannen. Ook na dertig jaar voelt het nog steeds als thuiskomen. Bij mijn familie, bij mijn neefjes en nichtjes. De dagen waarop ik niet hoef te repeteren zijn helemaal voor hen. Ik sta voor ze op, kook voor ze en maak uitstapjes met ze. Ik kom uit een familie met prachtige stemmen. Daar deed ik eerst niets mee. Na het gymnasium begon ik aan een rechtenstudie. Na een paar jaar hakte ik de knoop door en volgde ik mijn passie voor zingen door naar het conservatorium te gaan. Nog voordat ik afstudeerde kwam mijn eerste album *Take It From The Top* uit en had ik al een hoofdrol gespeeld in de musical *A Night at the Cotton Club*. Daarna kwam de internationale doorbraak. Ik kreeg een contract bij Blue Note. Ik was me ervan bewust dat veel Surinamers trots op me waren. Ik zing nu overal ter wereld maar het blijft bijzonder om in Suriname op te treden.

Hoeveel ik ook van Suriname houd, ik kan hier jammer genoeg niet mijn brood verdienen. De markt is te klein. Het mag niet gebeuren dat de mensen na drie maanden denken: daar heb je haar weer! Zingen betekent alles voor me, het is een levenstaak, het maakt me zielsgelukkig. Misschien is het in de toekomst mogelijk om het wonen in Suriname en Nederland te combineren, bijvoorbeeld een half jaar hier en een half jaar daar. Dat is nu nog niet mogelijk. Ik zou me wat meer op het Caribische gebied kunnen richten en ook lesgeven vind ik heel leuk. Wat ik in Nederland het meest mis, is mijn familie. Het liggen in de hangmat op het balkon bij mijn zus... Maar ik mis ook de Surinaamse natuur, we beseffen misschien wel te weinig hoe bijzonder ons land is. Ik ben dol op het binnenland. Als je daar 's nachts naar de sterrenhemel kijkt, kun je bijna niet geloven dat er zo veel sterren zijn. Je hebt het gevoel dat je ze bijna kunt aanraken. Alles is ongerept, het ruikt anders. En dan die geluiden... Als ik 's morgens langs de rivier zit en de dag zie beginnen, realiseer ik me hoe nietig ik ben. Dat ik maar een heel klein schakeltje in het universum ben. De schoonheid van Suriname maakt me iedere keer weer gelukkig.

# Denise Jannah

## Jazz zangeres

## Jazz singer

***HENNAH DRAAIBAAR***

I've got the Parbo Blues at the moment. It's a feeling that's kept coming back over the past few years. When I'm here, I don't want to leave. Days before I'm due to go, I get the blues, and it makes me feel slightly ill. I was born here, and moved to the Netherlands in the mid-1970s. But Suriname has never let me go. I take every opportunity to come here. I'm often between performances, so I have to plan it really well.

It still feels like coming home, even after 30 years. Home to my family, to my nieces and nephews. Days when I don't have rehearsals I spend entirely with them. I get up with them, cook for them and take them on outings. My whole family have beautiful voices. I didn't do anything with my voice at first, and in fact went off to study law after finishing grammar school. But after a few years I finally bit the bullet and went to the conservatory to indulge my passion for singing.

Even before I graduated my first album, *Take It From The Top*, had come out, and I'd already played the lead in the musical *A Night at the Cotton Club*. Then came my international breakthrough. I got a deal with Blue Note. I realised lots of Surinamese people were proud of me. I now sing all over the world, but it's still special to perform in Suriname.

No matter how much I love Suriname, I can't earn a living here. The market is too small. You can't have people thinking, after three months, 'oh no, it's her again'. Singing is everything to me, it's my purpose in life, it makes me happy inside. Maybe in the future I can live in the Netherlands and Suriname, six months here and six months there. But I can't right now. I could focus more on the Caribbean, and I love teaching too. What I miss when I'm in the Netherlands is my family. Lying in a hammock on my sister's balcony. And I also miss the landscape. I think we probably don't realise how unique our country is. I love the interior. If you look at the stars there at night, you can hardly believe there are so many. You feel you could almost touch them. Everything's unspoilt, it smells different. And the sounds... When I sit by the river in the morning, watching the day begin, I realise how insignificant I am, that I'm just one small link in the universe. The beauty of Suriname always cheers me up.

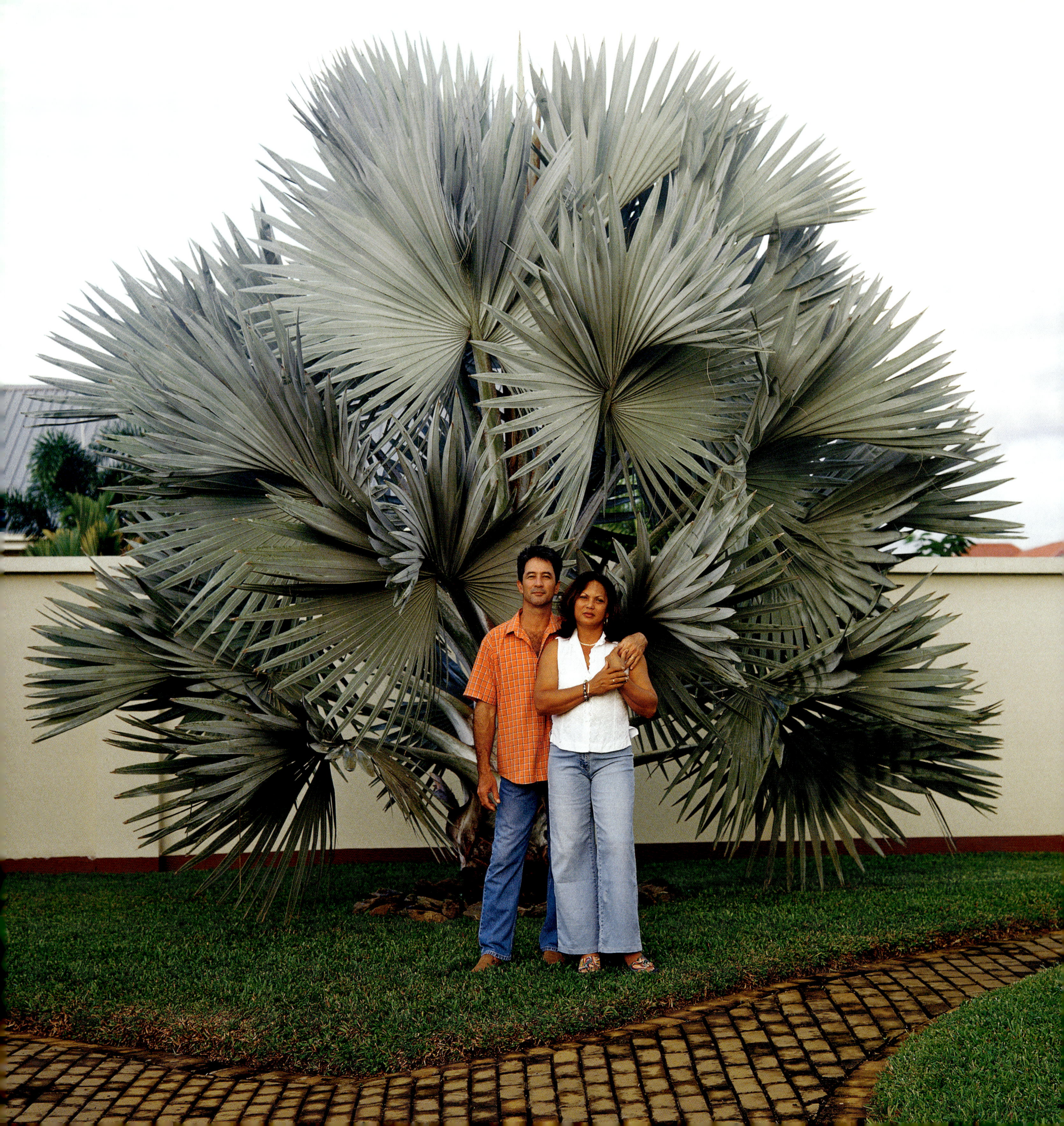

Ik ben opgegroeid in de Amsterdamse Kinkerbuurt en heb een mix in mij van Creools, Hindostaans, Portugees, Engels en Joods bloed. Na jaren tussen baksteen en beton verlangde ik naar ruimte en ongerepte natuur.

In 1986 besloot ik voorgoed terug te gaan naar Suriname. Vrienden verklaarden me voor gek want het land stond er na de binnenlandse oorlog en het militaire regime niet best voor. De schappen in de winkels waren leeg, internationaal gezien was het land geïsoleerd en het binnenland was niet veilig. Toch wilde ik samen met wat vrienden het binnenland in, het liefst op een zo onbewoond mogelijke plek, om te vissen en te jagen.

We kozen voor de airstrip langs de Kabalebo rivier, ooit aangelegd in het kader van Operation Grasshopper met de bedoeling het binnenland te ontsluiten. Van die plannen is nooit iets terechtgekomen en de startbaan werd niet meer gebruikt. Toen we na anderhalf uur vliegen in de buurt kwamen en ik naar beneden keek, dacht ik: Oei, hoe gaat die piloot dat doen? Het gras stond manshoog. Na een paar verkennende rondjes besloot de piloot te landen. De propeller maaide door het hoge gras, maar het lukte. Daar stonden we dan, in the middle of nowhere. Maar ik vond het een openbaring, dit was waar ik in Nederland van had gedroomd.

We vonden een oude boot die de luchtvaartdienst had achtergelaten en knapten die op zodat we ermee konden vissen. Daarna gingen we er vaker heen, de overwoekerde landingsbaan werd platgebrand. We maakten de meest fantastische plannen over wat we met deze unieke plek konden doen. Maar uiteindelijk bleef alleen ik over. Er brak een onzekere tijd aan. Ik onderhield de airstrip en zorgde voor een paar minimale voorzieningen. Het probleem was natuurlijk ook dat het toerisme in Suriname nog nauwelijks iets voorstelde. Ik ben jaren bezig geweest om deze plek te mogen huren, dat lukte pas in 2000. Met het geld dat ik verdiende met mijn handel in producten voor de goudsector, bouwden we een paar kampen. Allemaal met de hand want er was geen geld om machines in te vliegen. De eerste mensen die hier kwamen waren backpackers. Die vormden als het ware de voorhoede van de toeristen die later kwamen. In 2004 begonnen we met de bouw van de Main Lodge en een jaar later werd Nature Resort Kabalebo officieel geopend.
Inmiddels hebben we 21 mensen in dienst. Ongeveer 80 procent van onze gasten komt uit Nederland. Échte natuurliefhebbers maar ook ouders van de vele Nederlandse stagiaires die hun kinderen in Suriname komen opzoeken. Ook komen er hier nogal wat sportvissers uit Amerika. Die hebben er veel geld voor over om op bijzondere plekken te vissen. Waar ook ter wereld.

Je moet niet vergeten dat in deze omgeving nooit mensen hebben gewoond; de visstand is overdadig. Trouwens: gevangen vissen worden teruggezet.

Wat het toerisme in het algemeen betreft: het is jammer dat de overheid daar nog steeds niet de enorme potentie van inziet. Ze praten er over maar er wordt nog steeds niets geïnvesteerd. Dat hebben ze in Costa Rica beter gedaan, daar is het ecotoerisme een belangrijke bron van inkomsten.

Onze kinderen studeren in Nederland. De afstudeerscriptie van mijn dochter gaat over Kabalebo. We hopen dat de kinderen, eenmaal terug in Suriname, de zaken overnemen. Dan kunnen wij ons beperken tot adviseren en kunnen we gaan reizen, andere landen en culturen zien. Maar Suriname blijft ons land.

# Karel Dawson

## Ondernemer en oprichter ecoresort

## Founder eco-resort

***HENNAH DRAAIBAAR***

I grew up in the Kinkerbuurt in Amsterdam and I have a mixture of Creole, Hindustani, Portuguese, English and Jewish blood in my veins. After spending years surrounded by brick and concrete, I longed for space and the unspoilt nature of the Suriname rain forest. In 1986 I decided to return to Suriname for good. Some people thought I was crazy, because after the domestic war and the military regime, things did not look bright for the country. The shops were empty and the country was isolated internationally and the interior was not yet safe. And yet I wanted to go into the interior with some friends, preferably to a place that was completely uninhabited, to fish and hunt there. We chose the deserted, overgrown airstrip along the Kabalebo river, which had been constructed as part of Operation Grasshopper with the intention of securing the interior. Nothing came of those plans and the airstrip was not used any more. When, after a flight of an hour and a half, we approached our destination, I looked down and thought: it's impossible, how is the pilot going to manage? The grass was head high. The pilot circled a few times and then decided to land. The propeller cut through the tall grass, but we made it. And there we were: in the middle of nowhere. But I thought it was a revelation; this is what I had dreamt about back in the Netherlands. We found an old boat that the airline had left behind and we repaired it so that we could go fishing. After that, we often visited it; we burnt away the overgrown airstrip. We made the most fantastic plans about what we could do with this unique spot. But in the end I was the only one left. It was the start of a time of uncertainty. I maintained the airstrip and provided a number of basic facilities. The problem was, of course, that tourism in Suriname didn't count for very much. I spent years trying to rent this spot, and I finally succeeded in 2000. Using the money I had earned with my trade in products for the gold sector, we built a few camps along the rivers and started deforesting the surroundings. We did it all by hand, because there wasn't enough money to fly in machinery. The first people who came here were backpackers; they were pioneers for the tourists who would come later. In 2004 we started building the Main Lodge and a year later, Nature Resort Kabalebo was officially opened.

Now we employ twenty-one people here. Around eighty percent of our guests are from the Netherlands. Genuine nature lovers, but also parents of the many Dutch students on work placement who come to visit their children in Suriname. We also have quite a few sport anglers from America, and those people are willing to spend a lot of money to visit the best places anywhere in the world. You mustn't forget that people have never lived in this spot, so the fish are plentiful. Fish that are caught are returned to the water. About tourism in general: it is a pity that the government still doesn't see its enormous potential. They talk about it but never invest anything in it. They handled things a lot better on Costa Rica, where eco-tourism has been an important source of income for some time. Our children are studying in the Netherlands. My daughter's thesis is about Kabalebo. We hope that the children will take over here when they return to Suriname, and then we can limit ourselves to giving advice. And then we can travel ourselves, visit other countries and cultures. But Suriname will always be our country.

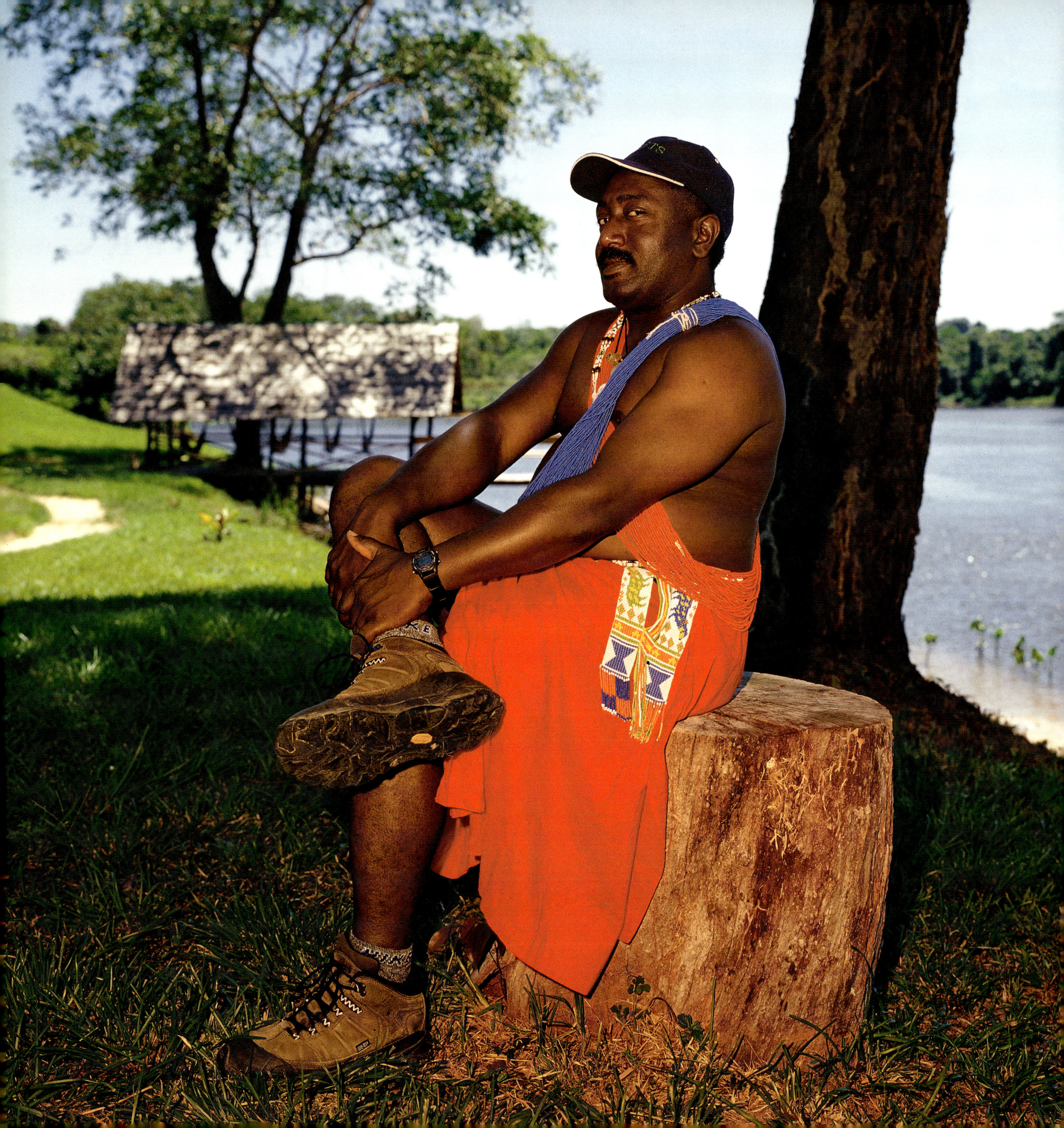

Ik ben diep in het binnenland geboren, langs de Gran Rio, in Boven Suriname. Op mijn zesde zijn we naar de stad verhuisd. Toen mijn vader in Frans Guyana ging werken, ben ik bij een bevriende Libanese familie in huis gekomen en daar ben ik verder opgevoed. Na de technische school heb ik verschillende beroepen gehad: automonteur, loodgieter en in de elektronica. Op een gegeven moment ben ik veel gaan lezen en heb ik verschillende talen geleerd, ik spreek nu behoorlijk goed Engels.

Ondertussen speelde ik ook nog in een kasekoband. Leuk was dat, want muzikanten trekken als een magneet meisjes aan. Ik ben me altijd een Saamaka blijven voelen. Toen ik op mijn 27ste mijn familie in het binnenland bezocht, kreeg ik heimwee naar het bos. Terug naar mijn roots. Met mijn oom ben ik daarna heel vaak het bos ingetrokken; hij leerde me van alles over de natuur en die kennis komt me nu, als gids bij de Mets, goed van pas. Dit werk ligt me heel goed, ik hou van het bos maar ook van sociale contacten. Ik vind het prettig om voor Mets te werken. Het is een van de eerste reisbureaus die zich op het binnenland richtten, ze hebben een reputatie te verliezen dus denken ze goed na over hun aanpak. Het woord 'ecotoerisme' heeft bij ons echt betekenis. Zo is de samenwerking met de lokale bevolking een belangrijk punt.

Het personeel op de ecoresorts is zoveel mogelijk afkomstig uit de omgeving, jonge mannen worden opgeleid tot gids, er moeten nieuwe korjalen worden gebouwd, de bevolking krijgt de gelegenheid om zelfgemaakte voorwerpen te verkopen. Op die manier levert het toerisme een bijdrage aan de ontwikkeling van het binnenland. Het aantal vluchten naar de stad is toegenomen en dat heeft het voordeel dat de mensen nu hun producten naar de stad kunnen exporteren, zoals pinda's, tajablad, kruiden of bananen.

Het toerisme groeit hard en dat vraagt om een goede begeleiding. Voorlichting en communicatie spelen een belangrijke rol. Ik breng mijn gasten voor vertrek enige basiskennis van de natuur en de bevolking bij. Om een voorbeeld te noemen: hoe om te gaan met het maken van foto's. Vrouwen die in de rivier baden of de was doen, dragen vaak geen bovenkleding. Het is beslist niet de bedoeling dat je daar ongevraagd je camera op richt. Het is voorgekomen dat mensen uit het binnenland in de stad rondlopen en dan opeens een ansichtkaart zien waarop ze zelf of een familielid halfbloot opstaan. Dat is heel vervelend, ook voor mij.

Het begeleiden van mensen die nog nooit in het Surinaamse binnenland zijn geweest, vraagt wel om een zekere mensenkennis en praktische vaardigheid. Wat moet je doen als iemand zijn enkel breekt? Of, zoals me niet lang geleden is overkomen: tijdens een boswandeling valt iemand flauw en krijgt iemand anders opeens heftige diarree. Op zo'n ogenblik is het wel handig dat je EHBO-cursussen hebt gevolgd en iets van medicijnen weet. Het werk als gids ligt me heel goed, ik hoop het nog lang te kunnen doen.

Ik ben tweemaal in Nederland geweest. Het viel me op dat de mensen daar minder lachen. Maar de fietsers lachten vaker dan de automobilisten. En ja, er wordt heel hard gewerkt, het leven is er serieuzer. De Nederlanders die hier naartoe komen, zie ik ter plekke ontspannen. De angst voor enge beesten zit er goed in maar dat maakt zo'n trip ook wel weer spannend. Het komt weleens voor dat er een vogelspin in de kamer zit of er een slang onder het bed ligt.

Eigenlijk altijd ongevaarlijke soorten. Maar goed, eenmaal terug in Nederland levert dat natuurlijk wel spannende verhalen op in de vriendenkring. Misschien zouden ze zelfs een beetje teleurgesteld zijn als ze zoiets niet hadden meegemaakt.

# Nootje (Nohar Hollandé) / Gids / Guide

***TOON FEY***

I was born deep in the interior, near the Gran Rio, in Upper Suriname. We moved to the city when I was six. When my father went to work in French Guiana, I was taken in by friends, a Lebanese family, and grew up with them. After technical college I had various jobs: car mechanic, plumber and things to do with electronics. But then I started to read a lot and learned various languages – I now speak English fairly well. At the same time, I played in a kaseko band. That was fun, because musicians are like magnets to girls.

I have always continued to feel like a Saamaka. When I was twenty-seven, I visited the interior with my family, and I immediately became homesick for the forest. Back to my roots. After that, I often went into the forest with my uncle; he taught me a lot about nature and I now put that knowledge to good use as a guide at the Mets. This work really suits me, I like the forest but also enjoy social contacts. I really like working for Mets. It is one of the first travel agencies which concentrates on the interior; they have their reputation at stake so they think very carefully about how they approach things. The word 'eco-tourism' has real meaning for us. The collaboration with the local population is important in this. The staff at the eco-resorts are as far as possible locals, young men are trained as guides, new dugouts have to be made, the population have the opportunity to sell their home-made articles. In this way, tourism makes a contribution to the development of the interior. The number of flights to the city has increased and that has the advantage that the people can now export their produce to the city, produce such as peanuts, taja leaf, herbs or bananas.

Tourism is growing rapidly and that requires careful handling. Information and communication play an important role. Before we leave, I teach my guests some basic knowledge of nature and the local inhabitants. To give you an example: how should you act when taking photographs. Women who are bathing or doing washing in the river often wear no clothing above the waist. It is certainly not the intention that you focus your camera on them without asking. It has actually happened that people are walking through the city centre and suddenly see a postcard showing themselves or their family half naked. That is very annoying, for me as well. Accompanying people who have never been to the Suriname interior demands a certain knowledge of people and practical skills. What do you do if somebody breaks their ankle? Or, as happened to me recently: during a trek through the forest somebody faints and somebody gets a terrible case of diarrhoea. When that happens it's useful if you have followed first aid classes and know something about medicine. Working as a guide really suits me, I hope to do it for a long time.

I've been to the Netherlands twice. What struck me is that people do not laugh as much there. But cyclists laugh more than car drivers. And yes, people work very hard, life is more serious. When the Dutch come here, I see them relax. They are really scared of nasty creatures but that makes the trip all the more adventurous. Sometimes a bird spider gets into a guest room or they find a snake under the bed. Actually, they are always harmless. But once they return to the Netherlands, they have a thrilling tale to tell their friends. Perhaps they might even be a little disappointed if it didn't happen to them.

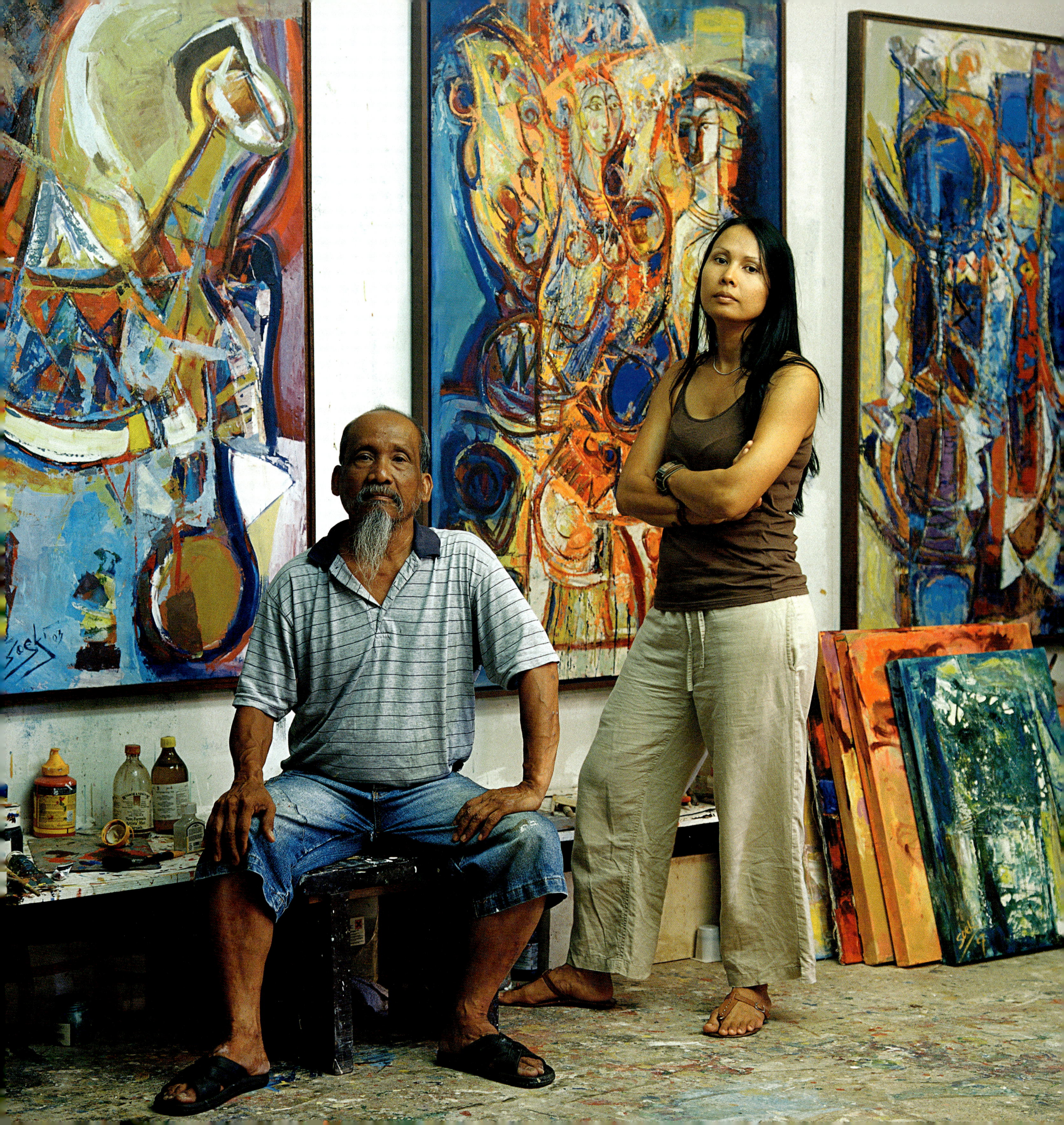

De contractarbeiders die uit Nederlands-Indië naar Suriname werden gehaald, zoals mijn grootouders, hadden het niet makkelijk. Ze moesten hard werken en verdienden weinig. De taal spraken ze niet, ze waren niet op school geweest en konden geen brieven naar huis schrijven. Ze woonden in barakken bij de plantage.
Als na vijf jaar hun contract was afgelopen, mochten ze terugkeren maar geld hadden ze er niet aan overgehouden. De meesten zijn nooit meer teruggekeerd naar Indonesië. Mijn ouders werkten ook op de plantages. Aan school ben ik nauwelijks toegekomen. In zijn vrije tijd speelde mijn vader op de galan, mijn ooms schilderden en maakten wajangpoppen. Dat heeft me wel geïnspireerd. Ik wilde maar één ding: tekenaar worden. Bovendien was ik nogal klein en ongeschikt voor het zware werk op een plantage. Eenmaal in de stad heb ik me aangemeld bij Nola Hatterman. Vijf jaar lang ben ik daar iedere avond naar toe gegaan en ik werd steeds gretiger. Toen zijn er tekeningen van mij naar de Kunstacademie in Rotterdam gestuurd en werd ik aangenomen. Zo van de jungle naar een wereldstad. Ik vond het fantastisch en genoot van de artistieke vrijheid en het gebruik van kleuren. Bij Nola Hatterman mocht je alleen figuratief werken: portretten, stillevens, Surinaamse huizen, bomen. En in Rotterdam zag ik opeens Cobra-schilders. Appel, Lucebert! Ik heb geluk gehad om juist in die periode in Nederland te zijn. Het was een opwindende tijd vol vernieuwing en veranderingen. Ik voelde me er helemaal op mijn gemak. Geld had ik nauwelijks, ik verdiende wat bij door schepen schoon te maken, soms werd ik geholpen door Surinamers en later leerde ik mijn Nederlandse vrouw kennen waaraan ik heel veel heb te danken. Door mezelf af te vragen: wie ben ik, wat wil ik later gaan doen, kreeg mijn kunst steeds meer inhoud. Na vijf jaar wist ik dat het tijd was om weer terug naar Suriname te gaan. Terug naar huis.
De eerste tijd in Suriname was moeilijk, zeker voor mijn vrouw die nog nooit in de tropen was geweest. De Surinamers vonden mijn kunst maar raar en wild, het duurde een tijd voordat ze eraan gewend waren. Ik weet nog hoe blij ik was toen ik mijn eerste schilderij verkocht voor 250 Surinaamse guldens. We verhuisden van het ene huurhuis naar het andere, ik verdiende wat geld door een paar ochtenden in de week tekenles te geven. Ten slotte werd mijn werk steeds meer geaccepteerd.
Een gebeurtenis die grote invloed op mijn kunst heeft gehad was de expositie van een bekende batik-kunstenaar in de Indonesische ambassade. Ik kende de patronen natuurlijk van de sjaals en omslagdoeken van mijn familieleden. Ik wilde daar beslist meer van weten en de technieken leren kennen. Dankzij een subsidie kon ik een jaar naar Java om daar de batik-kunst te bestuderen. Ik geef er ook les in.

Mijn dochter is ook kunstenares. Net als ik heeft ze ook in Nederland op de academie gezeten. In haar werk speelt batik ook een belangrijke rol, ze past die techniek toe in haar schilderijen en sculpturen. Ondanks die Javaanse invloeden zijn we alle twee echte Surinaamse kunstenaars. Want dat maakt de Surinaamse kunst zo interessant: we worden beïnvloed door het land, de rivieren, het licht, de veren van de vogels, noem maar op. En tegelijkertijd koesteren en gebruiken we elkaars culturele achtergronden. Een melting pot. Een keuken met smaken uit de hele wereld.

# Soeki en Sri Irodikromo

## Kunstenaars

## Artists

***TOON FEY***

The contract labourers who were brought from Dutch East Indies to Suriname, like my grandparents, did not have it easy. They had to work hard and earned little, too little to save anything. They didn't speak the language, they hadn't been to school and couldn't write letters to those back home. They lived in barracks near the plantation. When their five-year contract came to an end, they were allowed to return home, but they did not have any money to show for their work. And so most of them never went back to Indonesia. My parents also worked on the plantations. I hardly got round to attending school. In his spare time, my father played the galan, my uncles painted and made wajang dolls. That inspired me to become an artist. I only wanted one thing: to draw. I was also rather small and unsuited for the heavy work on a plantation. When I arrived in the city, I got in touch with Nola Hatterman. I went there every evening for five years and I became more and more eager. Then some of my drawings were sent to the Art Academy in Rotterdam and I was offered a place there. From the jungle to a world city. I thought it was fantastic and enjoyed the artistic freedom and the use of colours. At Nola Hatterman's you could only do figurative work: portraits, still lifes, Surinamese houses, trees. And in Rotterdam I suddenly saw the Cobra painters. Karel Appel, Lucebert! I was lucky to be in the Netherlands during that period. It was an exciting time, full of revitalisation and change. I felt completely at ease. I had hardly any money, I earned a bit on the side by cleaning ships, sometimes I was helped by people from Suriname and later I got to know my Dutch wife, to whom I owe a lot. By asking myself: who am I, what do I want to do later, my art acquired more content. After five years I knew it was time to return to Suriname. To go back home.
The initial period back in Suriname was difficult, particularly for my wife who had never before been in the tropics. The people in Suriname thought my art odd and wild, it took some time before they became accustomed to it. I still remember how happy I was when I sold my first painting for 250 Suriname guilders. We moved from one rented house to another. I earned some money by giving drawing lessons several mornings a week. In the end, my work became increasingly accepted.

An event which had considerable influence on my art was the exhibition of a well-known batik artist in the Indonesian embassy. Naturally I knew the patterns from the scarves and shawls belonging to members of my family. I now really wanted to get to know more about them and to learn the techniques. Thanks to a subsidy, I was able to spend a year on Java studying batik art. I also give lessons in it.
My daughter is also an artist. Just like me, she studied at the Academy in the Netherlands. Batik plays an important role in her work; she uses the technique in her painting and sculpture. Despite the Javanese influences, we are real Surinamese artists. For that makes the Surinamese art so interesting: we are influenced by the country, the rivers, the light, the feathers of birds – you name it. And at the same time we cherish and use each other's cultural backgrounds. A melting pot. A kitchen with flavours from the whole world

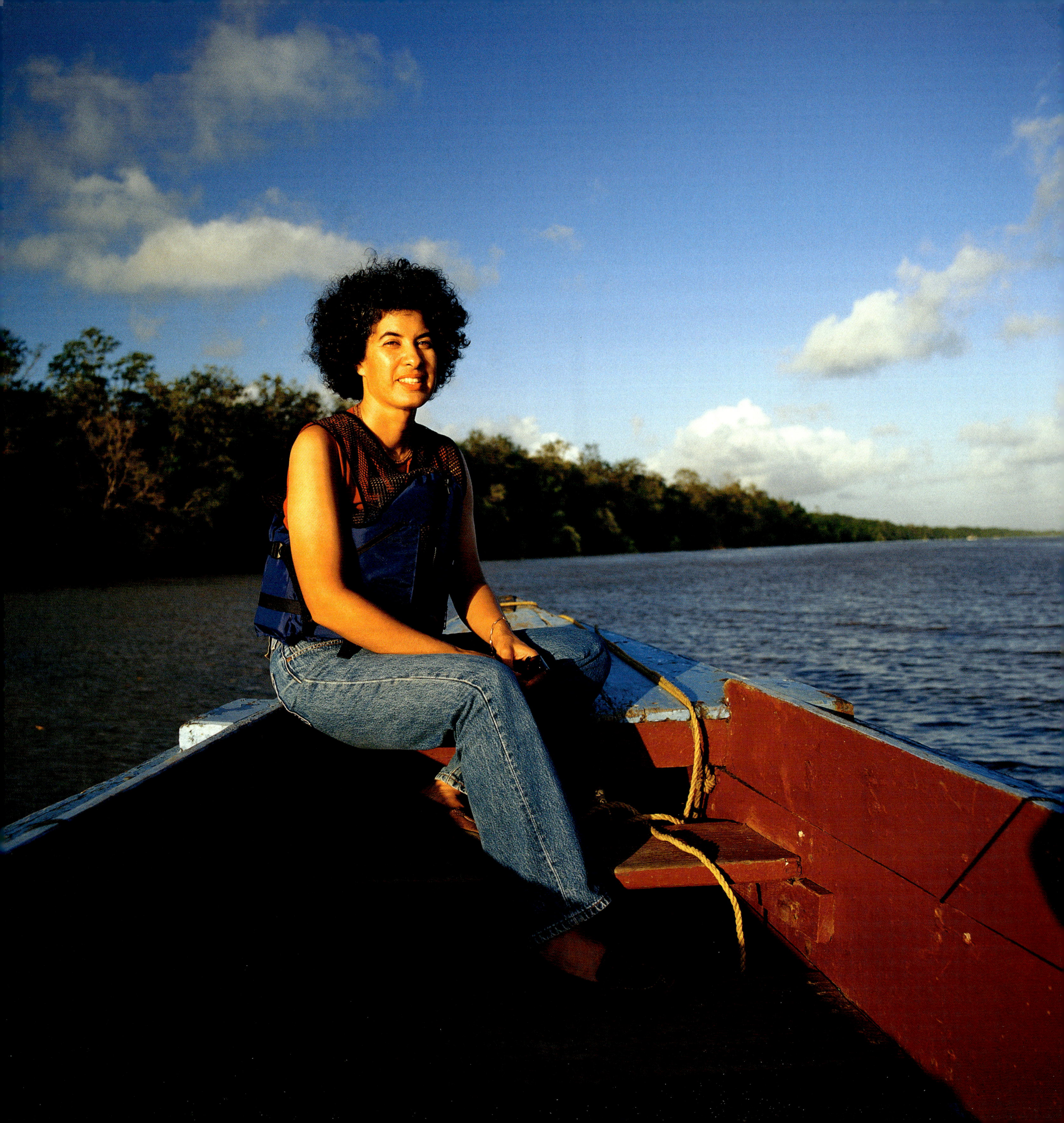

Ik kom uit een gemengd Surinaams gezin en ben niet hier geboren, maar in Den Haag. Daarna hebben we nog in Alphen aan den Rijn, Vleuten en Hoorn gewoond. Toen ik 13 was, besloten mijn ouders terug te gaan naar Suriname. Na de middelbare school in Suriname vertrok ik naar Brussel om daar aan de Rijkshogeschool voor Vertalers en Tolken Engels en Russisch te gaan studeren. Dankzij mijn goede studieresultaten mocht ik vervolgens nog een additionele opleiding in Engeland volgen. Toen ik daarmee klaar was, wilde ik graag terug naar Suriname. Maar dat lukte niet. De ambassade weigerde een ticket voor me te boeken omdat men, in verband met de binnenlandse oorlog, het onverstandig vond om mij te laten terugkeren. En zo ben ik nog een paar jaar in Nederland gebleven. In Hilversum had ik een prima baan als vertaler – daar lag het niet aan. Maar de voornaamste reden waarom ik ten slotte toch naar Suriname terug wilde was eigenlijk heel simpel: ik had het gewoon te koud! Vanaf mijn kindertijd ben ik altijd al geboeid geweest door alles wat met de natuur te maken heeft.

Eind 2005 heb ik een stichting opgericht die zich sterk maakt voor een groen, schoon en gezond Suriname. Een van de activiteiten van de stichting is het opvangen van gewonde of uit hun leefgebied verdreven luiaarden, miereneters en gordeldieren. Als de dieren weer op kracht zijn, worden ze vrijgelaten in het bos. In de toekomst hopen we dit uit te breiden met andere diersoorten. Jammer genoeg zijn er nogal wat Surinamers die denken dat wilde dieren alleen maar goed zijn als bron voor eiwitten. Of om te vangen en als huisdier te houden. Deze mentaliteit begint gelukkig langzamerhand te veranderen. We worden steeds vaker gebeld door mensen die proberen wilde dieren als huisdier te houden, vooral luiaarden, en die dan na een tijdje toch wel beseffen dat dit dier thuishoort in het bos.

We werken veel met vrijwilligers, voornamelijk Surinamers, en dat draagt zeker bij tot een mentaliteitsverandering ten opzichte van natuurbehoud en de waardering voor de natuur in het algemeen. Zo'n mentaliteitsverandering heeft Suriname ook in bredere zin nodig, ook over hoe wij geld kunnen verdienen. We moeten af van het idee dat je een economie alleen maar draaiend kunt houden door het afgraven van je eigen bodem. Wij kunnen ook geld verdienen zonder onze natuurlijke rijkdommen te plunderen. Waar we behoefte aan hebben, zijn jonge, vooruitziende leiders, die Suriname moeten brengen naar een kenniseconomie, waardoor we ook onze kennis over de natuurlijke omgeving ten gelde kunnen maken.

Al een paar jaar houd ik me ook bezig met het onderzoek naar de Guiana dolfijn, de profosu. Dat is een kleine dolfijn die niet groter wordt dan ruim twee meter en alleen in de kustwateren van Zuid Amerika voorkomt. Ze leven jarenlang in hetzelfde gebied en brengen daar ook hun kalveren ter wereld. In Suriname is dat de brede monding van de Suriname Rivier. Voor de bootsmannen in Leonsberg die met natuurliefhebbers varen, levert dat een welkome – en bovendien duurzame – bijverdienste op. Om te voorkomen dat het dolfijntoerisme een schadelijk effect op de dieren heeft, worden de bootsmannen getraind door onze stichting. Als ik even de gelegenheid heb, ga ik mee met zo'n vaartocht. Het is prachtig om die dolfijnen bezig te zien, ze maken sprongen uit het water, de staartvin mooi omhoog, rollen om of kijken bewust naar de mensen aan boord. Het maakt iedereen blij en opgewonden. Zelfs de meest norse typen veranderen ter plekke in enthousiaste natuurliefhebbers.

Monique Pool werd in 2015 uitgeroepen tot één van de *CNN heroes* vanwege haar werk met onder andere luiaarden.

# Monique Pool

## Vertaalster / Change-maker natuur & milieu

## Translator / Change-maker Nature & Environment

***TOON FEY***

I am from a Surinamese family of mixed origin but was born in The Hague, and I also lived in Alphen aan den Rijn, Vleuten, and Hoorn, all in The Netherlands. When I was 13, my parents decided to return to Suriname. After finishing secondary school in Suriname I went to study English and Russian at the Brussels State Institute for Translators and Interpreters. Following this study I was given the opportunity to continue with additional training in England. When I finished this training I wanted to return to Suriname but the Surinamese embassy thought it inadvisable for me to return at that time due to the prevailing political turmoil in the country. Thus, I was forced to remain in the Netherlands for a few years. During this period I was fortunate enough to secure a good job in Hilversum. However, throughout my stay I longed to return to Suriname, primarily because Holland was simply too cold! From childhood I have been interested in nature.

In late 2005 I set up a foundation that wishes to contribute to a society in which people work consciously for continued improvement of their environment, and promote a green, clean and healthy Suriname. One of the foundation's activities involves sheltering injured or uprooted sloths, anteaters and armadillos and releasing them back in the wild. Later we hope to expand the work to other animals as well. One of the biggest problems we face is the widespread belief among Surinamers that wild animals are only there to be killed for their meat or to be captured and kept as pets. Fortunately, there are signs that these attitudes are changing. For example, we are now increasingly contacted by people who have been trying to keep wild animals, especially sloths, as pets but come to the realisation that these animals indeed belong in the forest. Most of the foundation work is done with the support of volunteers, who for the most part are Surinamers, and this fact too no doubt in part both reflects and contributes to a change in the general mentality towards conservation and appreciation of nature in our country. Suriname certainly needs such a change in mentality, also in the sense of how we can earn money. We in fact need to free ourselves from the idea that you can only earn money from extractive activities. We can also earn money without loosing our natural wealth. What we need are young, visionary leaders, who can change Suriname toward a knowledge economy, where we will sell also our knowledge about the natural environment.

Finally, I have also been involved for several years in researching the Guiana dolphin. The Profosu is a small dolphin that grows to around 2 meters, and is only to be found in the coastal waters of South America. It is known that these animals remain in the same location for many years and also give birth to their calves in that location. In Suriname they are found in the wide estuary of the Suriname River. Nowadays they are a source of valuable income for local boatmen who take nature lovers out on the river to see them in their natural habitat. The foundation will train these boatmen to prevent this dolphin tourism doing damage to the animals and their habitat. There surely cannot be anything more wonderful than watching these graceful creatures doing full leaps, tail-flips, pectorals, somersaults or consciously look at the people on board (spy-hop). Their antics really make anybody who has the good fortune to witness them into an enthusiastic nature lover, if they were not already one before.

In 2015 Monique Pool was named one of *CNN's heroes* for her work with sloths.

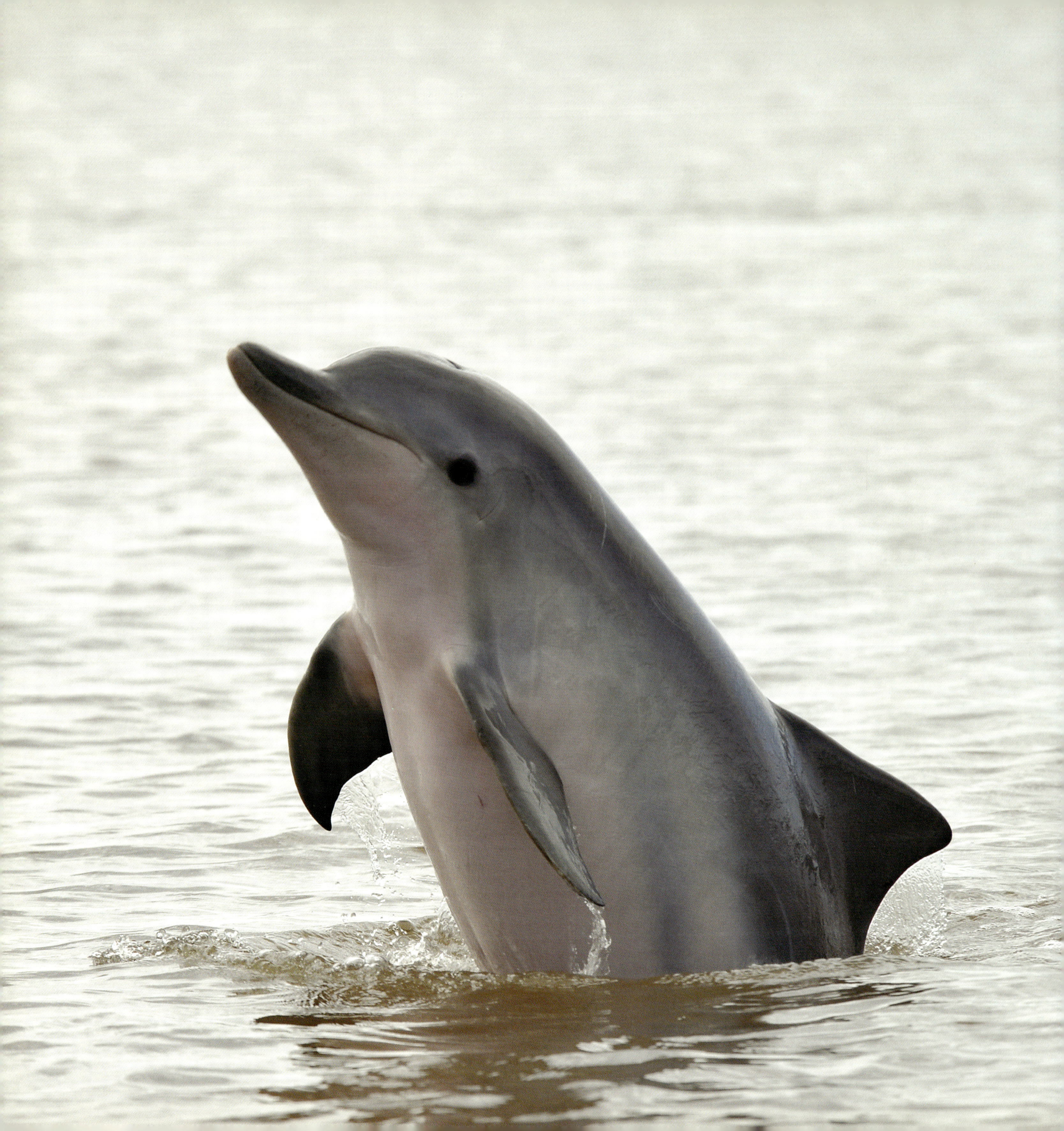

**Fotografie**/*Photography*

Marco de Nood
Ed Hogenboom, page 76, 129
Kishorkoemar Bhola, page 140
Staatsolie Maatschappij Suriname N.V., page 144, 145

**Tekst, eindredactie**/*Text, final editing*

Toon Fey

**Interviews**

Toon Fey, Gré Ploeg, Hennah Draaibaar

**Distributie Suriname**/*Distribution Suriname*

VACO Publishers N.V.

**Vertaling**/*Translation*

Andy Brown, Jonathan Ellis

**Ontwerp en vormgeving**/*Lay-out and design*

KentieDesign BNO

**Lithografie**/*Lithography*

Nederlof

**Druk**/*Printing*

DZS Grafik

Bestellen in Nederland/Order in the Netherlands
ISBN 978 90 5594 707 2, Scriptum 2017
info@scriptum.nl, www.scriptum.nl

Bestellen in Suriname/Order in Suriname
ISBN 978 99914 0 110 2, VACO Publishers N.V. 2017
vacopublishers@interfundgroup.com, www.vacopublishers.com



# Colofon / Colophon

SURINAME DISCOVERED

Special thanks to:

- Conservation International Suriname
- HiJet
- Neotropical Insects
- Surinam Airways

This book was produced with the support of:

METS Travel & Tours · Blue Wing Airlines fly allways · VACO Publishers

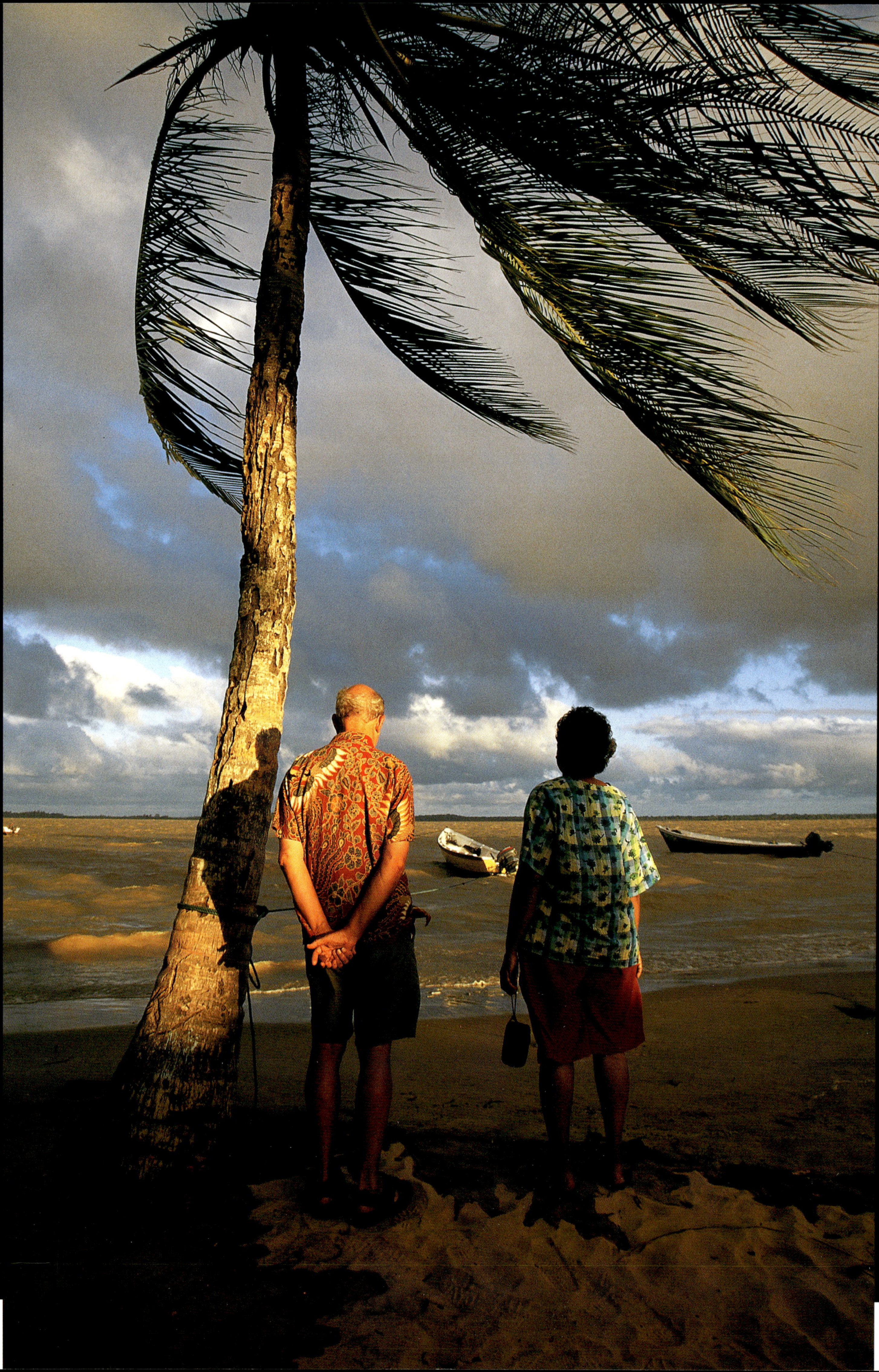

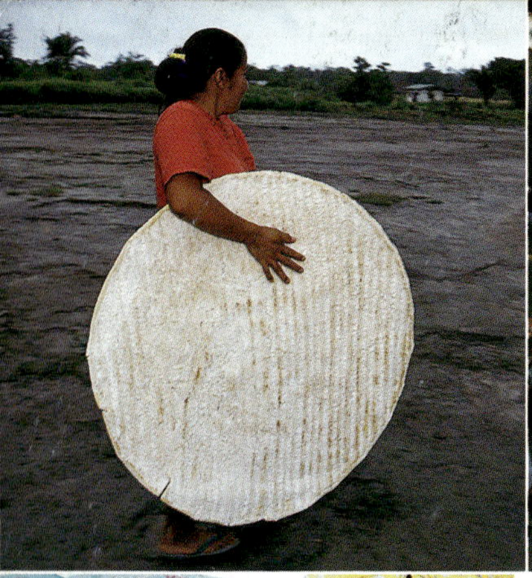
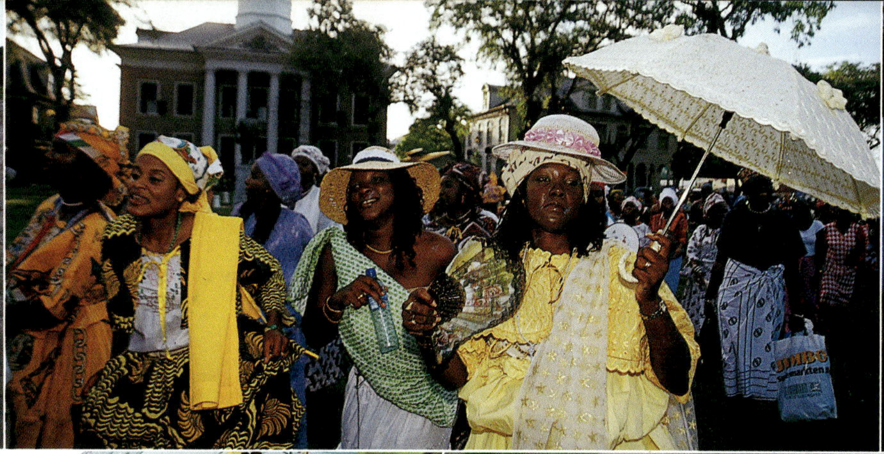
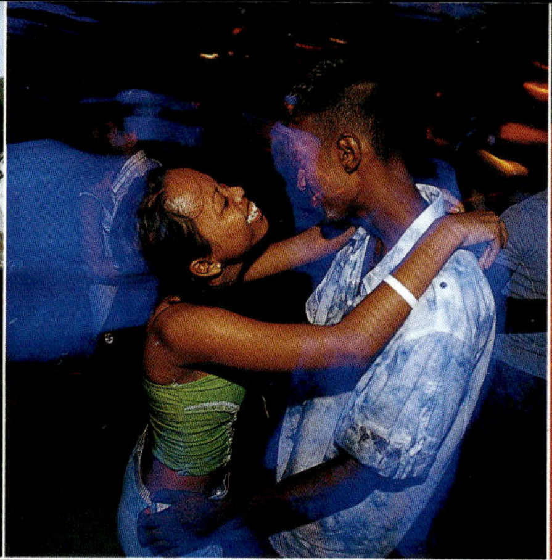
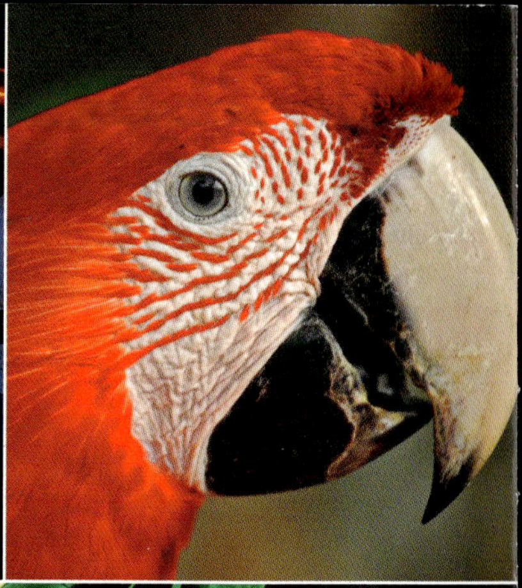
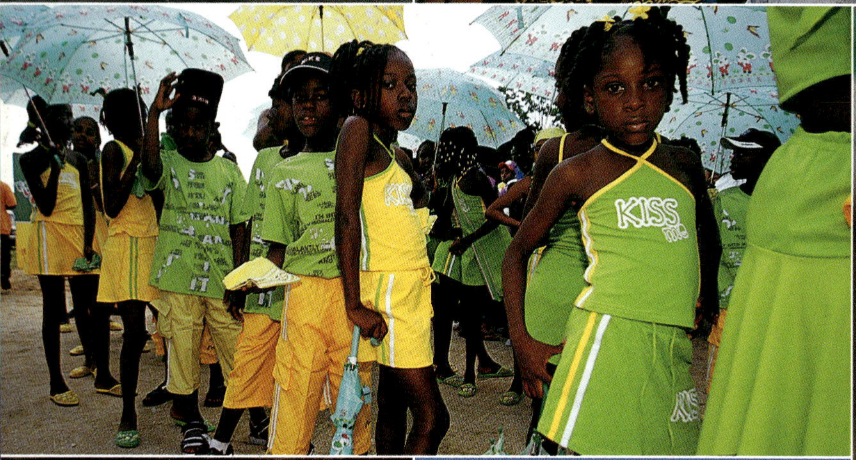
KISS
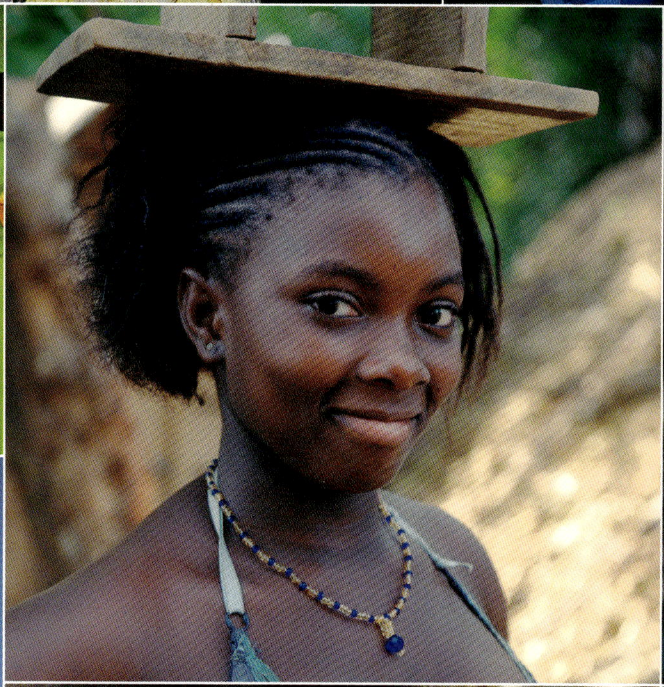
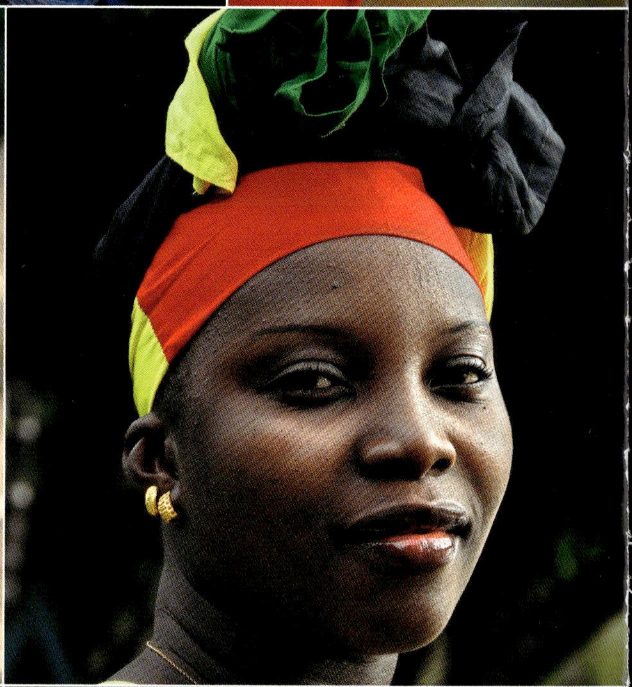
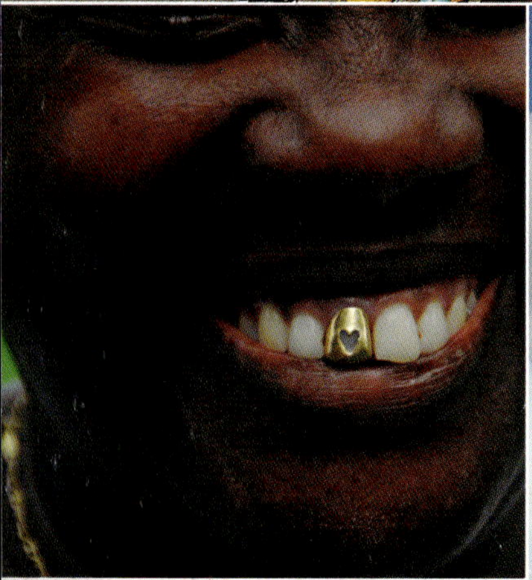
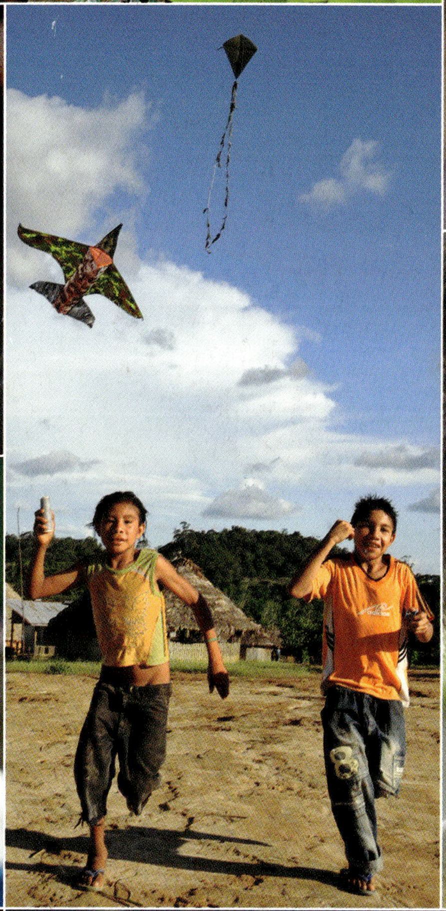
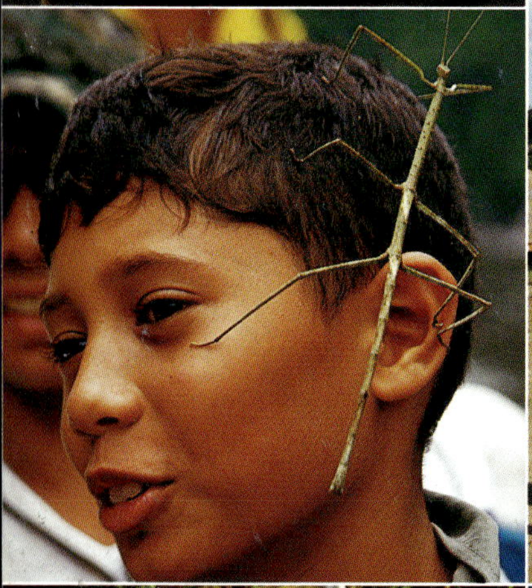
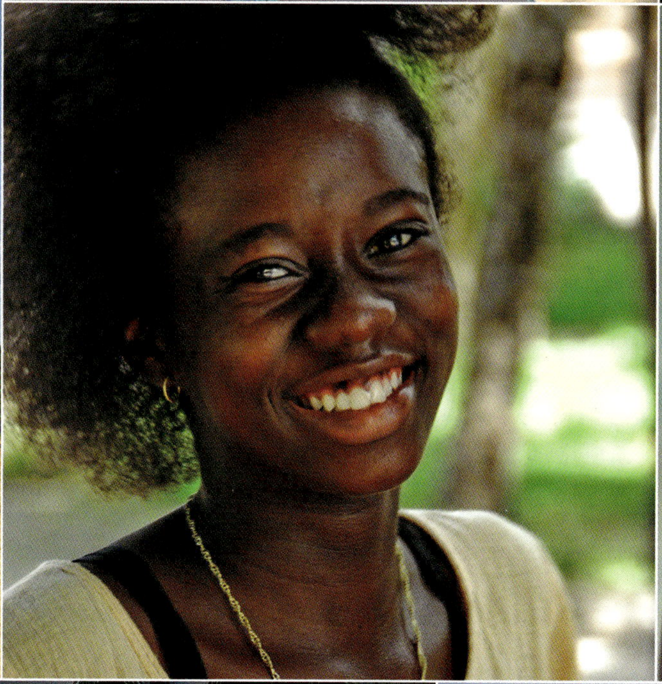
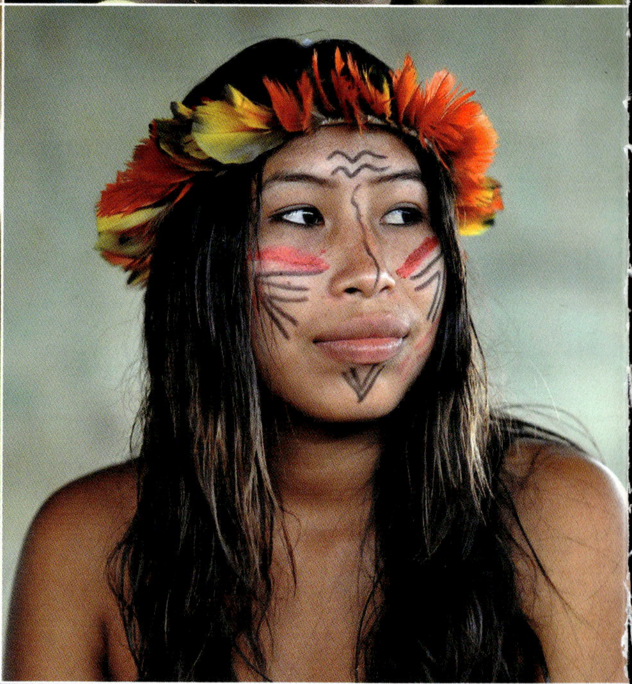
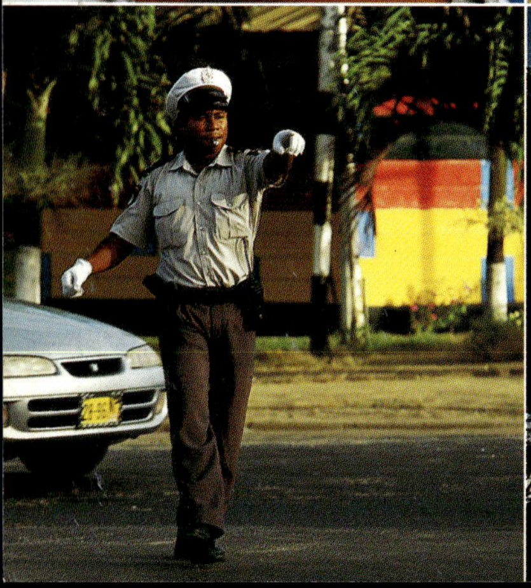
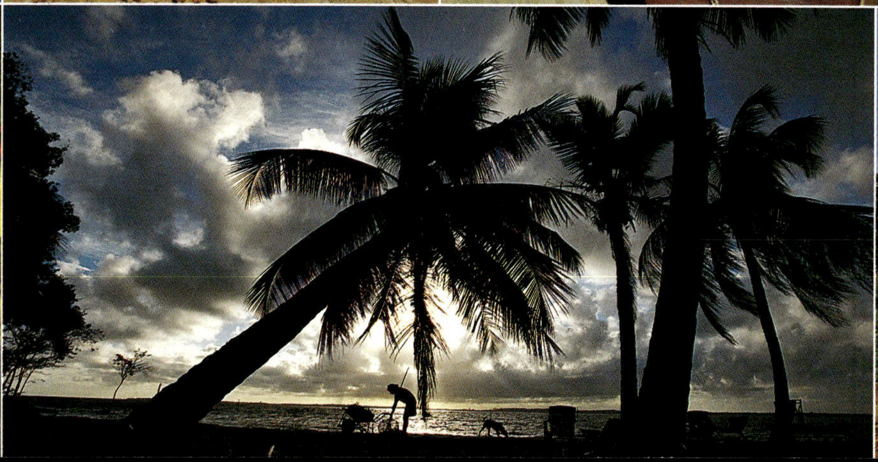
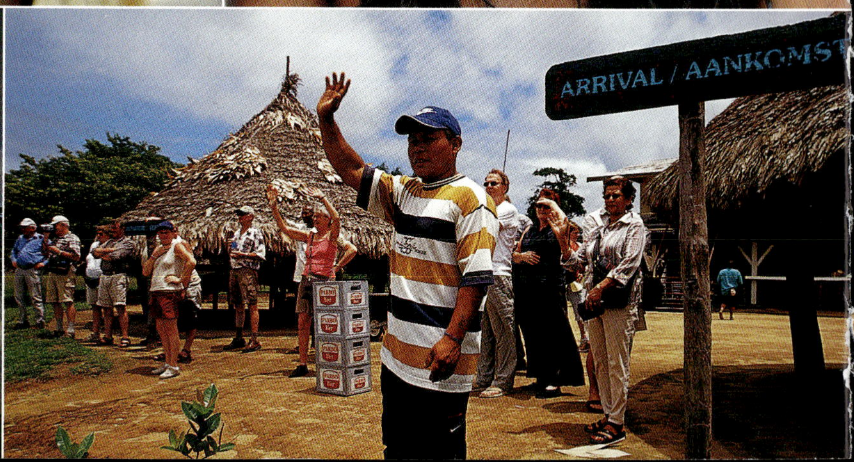
ARRIVAL / AANKOMST